工商管理教学案例精选——财务篇

主　编　苏锦旗
副主编　黄当玲　李　瑞

科学技术文献出版社
SCIENTIFIC AND TECHNICAL DOCUMENTATION PRESS
·北京·

图书在版编目（CIP）数据

工商管理教学案例精选. 财务篇 / 苏锦旗主编；黄当玲，李瑞副主编. —北京：科学技术文献出版社，2023.5

ISBN 978-7-5235-0291-4

Ⅰ. ①工… Ⅱ. ①苏… ②黄… ③李… Ⅲ. ①工商行政管理—教案（教育）—汇编 Ⅳ. ① F203.9

中国国家版本馆 CIP 数据核字（2023）第 098915 号

工商管理教学案例精选——财务篇

策划编辑：张 丹　责任编辑：李 晴　责任校对：张 微　责任出版：张志平

出 版 者　科学技术文献出版社
地　　址　北京市复兴路15号　邮编　100038
编 务 部　(010) 58882938，58882087（传真）
发 行 部　(010) 58882868，58882870（传真）
邮 购 部　(010) 58882873
官方网址　www.stdp.com.cn
发 行 者　科学技术文献出版社发行　全国各地新华书店经销
印 刷 者　北京厚诚则铭印刷科技有限公司
版　　次　2023 年 5 月第 1 版　2023 年 5 月第 1 次印刷
开　　本　889 × 1194　1/16
字　　数　501千
印　　张　18.75
书　　号　ISBN 978-7-5235-0291-4
定　　价　58.00元

前　言

案例教学的本质是给学员提供一个包含着有待于解决的问题、有待于决策的特定管理情境，让学员以个人或者团队的方式去诊断和解决问题。通过案例的引入，为学员提供一个逼真的练兵场，使他们在实践中展开讨论学习，提高分析问题和解决实际问题的能力。通过对实际案例的解剖和分析，不仅可以加深学员对管理理论的理解，而且对管理的本质及其不确定性也会有更深的洞悉和体验。管理者所面临的是复杂、动态的环境，需要权衡相互冲突的目标，其解决问题的方法、手段也不止一种，管理决策通常只能得到一种“满意解”，而不是“最优解”。对管理者而言，最重要的是方案的选择，而不是答案。本案例精选通过生动活泼的语言和真实素材，剖析了各个本土化品牌，为学员提供最贴近企业实践的案例复盘，是一种适合工商管理教育的独特且行之有效的教学方法。

《工商管理教学案例精选——财务篇》一书的案例来源于西安邮电大学近几年获入选“中国管理案例共享中心”案例库或“MPAcc 教学案例库”的案例，汇集了 22 篇最贴近学员日常和企业实践的真实商业案例，每篇案例均由案例正文、教学目的与用途、启发思考题组成，涉及财务会计、管理会计、财务管理、审计与内部控制和风险管理等方面。案例剖析了数字经济背景下企业财务领域面临的主要问题及成因，提出适应企业财务变革与转型的解决方案，为 MPAcc、MBA 学员和管理类研究生案例教学提供理论与实践相融合的课程资源，丰富课程教学的内容，强化学生专业思维结构的建立，弥补传统理论教学中存在的“理论知识学习与企业情境体验脱节”的问题，优化学员的专业知识结构，从知识来源多元化、知识转化情景化和知识迁移实践化 3 个方面促进教学效果的提升。

本书的案例从多个侧面反映了中国经济改革和实践的成果及有待解决的问题，为工商管理教育提供了全新的素材，案例兼具启发性和导向性，贴合工商管理的实际教学需要，有助于教师的授课和学员实际管理能力的提升，同时将为广大实际工作者提供参考和借鉴，为国内各大商学院提供高质量的案例集锦，是一本践行“行动学习”的成果荟萃。

目　录

案例 1

莫道收入沿旧袭，戴目改革傲云霄[①]
——新收入准则在 QH 电信企业中的应用

李永红　李　瑞　张　薇　张　瑶　董　卓　张淑雯

案例正文

引言

2018 年 1 月，天气阴沉，满天是厚厚低低灰黄色浊云。突然，温暖的阳光穿透叠叠云层照进办公室，还夹杂着丝丝凉意。最近，QH 电信企业的财务总监由于收入准则的修订而愈加烦躁。2017 年 7 月 5 日，我国发布了准则修订的最终版——《企业会计准则第 14 号——收入》，并于 2018 年 1 月 1 日开始施行。新收入准则统一收入确认模型、调整收入确认标准、细化收入计量基础、明确收入分配方法、提高披露列报要求，这些变化有利于增强收入确认和计量的可比性和可靠性，有利于提高财务报告信息的质量。

由于电信企业的交易具有一定的特殊性和复杂性，为新收入准则的执行带来了一定的挑战。收入作为会计的六大要素之一，是用来衡量企业规模大小、经营成果、运行情况和绩效考核的重要指标。不仅对经营者的影响重大，也对投资者的决策及政府的监管有着重大意义。收入确认方法的改变既影响着企业的利润，同时影响着企业的发展潜力。不仅如此，新修订的收入准则只是原则导向，没有针对具体行业和具体业务的确认标准。如何合理应用新收入准则是电信企业会计处理面临的一大难题。

一、先为之容——案例背景

1. 公司背景

QH 电信企业作为 LT 集团的省级直属分公司，于 2009 年 1 月 1 日正式运转，下辖 2 个市级分公司、6 个自治州分公司、4 个县级市分公司、27 个县级分公司、7 个自治县级分公司，服务网点遍布 QH 省城乡各地。QH 电信企业实现移动（话音、移动增值业务）、固网（固话、数据、宽带、互联网应用及固网增值等业务）全业务经营。GSM、CDMA 网络覆盖了除玉树、果洛个别县以外的所有县及部分重要乡镇、重要旅游景点和交通干线。随着新一代通信技术的发展，QH 电信企业聚焦创新合作战略，全面推进“五新”建设，形成互联网化、IT 集中化的运营模式，实现混合制改革，发展速度、质量和效益明显提升。企业秉承“情系中国结、LT 四海心”，逐步打造了 LT 特色的“亲情化、差异化、个性化”的优秀服务品牌，关注西部大开发，投身 QH 省大发展，为信息化建设作出了积极的贡献。

---

① 案例来源：中国管理案例共享中心，并经案例作者同意授权引用。
本案例于 2019 年 11 月 13 日入选中国管理案例共享中心案例库。
由于企业保密的要求，在本案例中对有关名称、数据等做了必要的掩饰性处理。
本案例只供课堂讨论之用，并无意暗示或说明某种管理行为是否有效。

2. 新收入准则修订背景

随着运用越来越尖端的技术的软件与不断提高的计算能力相结合，现有的企业经营模式发生了巨大的改变，新业态、新商业模式层出不穷，经济活动复杂多变，原有的收入准则难以满足会计实务的发展需要及财务信息使用者的需求。因此，国际会计准则理事会与美国财务会计准则委员会启动了收入确认联合项目，持续推进收入准则的趋同工作，并于 2014 年 5 月联合发布了《国际财务报告准则第 15 号——与客户之间的合同产生的收入》（简称“IFRS15”），它将取代 IFRS 及 US GAAP 下现行的收入确认指引。

为了促使新收入准则在我国更好地实施，我国对于新收入准则采用分步骤实施的方式，具体如下：第一步，从 2018 年 1 月 1 日起，在境内境外同时上市的公司和在境外上市的公司开始执行新准则；第二步，从 2020 年 1 月 1 日起，境内的其他上市公司开始执行新收入准则；第三步，从 2021 年 1 月 1 日起，其他非上市公司开始执行新收入准则。由于中国电信业三大运营商都是境外上市的企业，因而，QH 电信企业从 2018 年 1 月 1 日起需要执行新收入准则。新收入准则如何在电信企业进行运用，是当前亟待解决的问题。

二、积基树本——QH 电信企业新收入准则应用基础

由于新收入准则与原有的收入准则存在诸多不同之处，改变了收入确认模型，对 QH 电信企业的影响非常大。因而，在 2018 年开始实施新收入准则之前，QH 电信企业就根据自身的需要，全面评估集团经济业务，为新收入准则的顺利实施打下基础。

1. 全面评估经济业务，重新规划会计科目

随着信息技术的不断发展，QH 电信企业的新兴业务发展越来越快。目前，QH 电信企业已经在云计算、大数据、物联网、IDC 业务等多个领域发挥自身的优势，拓展相应的业务类型。因而，QH 电信企业在 2017 年开始对自身的经济业务进行全面评估，将以往的创新业务进行重新评估，按照新收入准则的规定，重新梳理合同条款，估算重大融资成分的比例，进行创新业务的会计处理。QH 电信企业认为，新收入准则的实施会对新兴 ICT 业务的影响最大，从而将新兴 ICT 业务的收入类型单独列示，以显示出新兴 ICT 业务的重要性。具体的会计科目前后对比如表 1–1 所示。

表 1–1　QH 电信企业收入类型对比

	2017 年之前	2017 年之后
收入类型	通话及月租费收入	通话及月租费收入
	增值业务收入	增值业务收入
	宽带、数据及互联网收入	宽带及移动数据服务收入
	网间结算收入	网间结算收入
	电路及网元租赁收入	电路及网元租赁收入
	信息与通信技术服务收入	数据及其他互联网应用收入
	其他	其他

从上表可以得知，QH 电信企业在 2017 年单设数据及其他互联网应用收入替代原有的信息与通信技术服务收入，将宽带、数据及互联网收入中的互联网收入放入数据及其他互联网应用收入中，体现出新兴 ICT 业务主要是以提供大数据应用为主的业务。

2. 强化信息化平台，固化新收入准则

QH 电信企业一直以 ERP 系统为核心，其主要的系统搭建如图 1–1 所示。

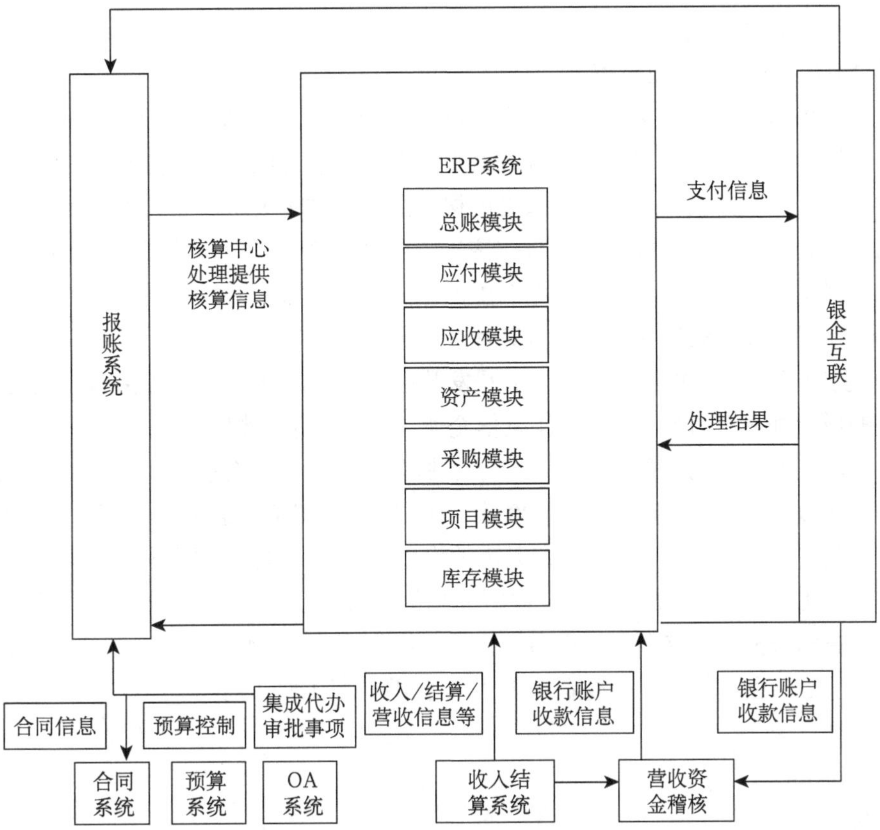

图 1–1　QH 电信企业财务信息系统

可以看到，QH 电信企业信息化程度较高，其收入结算系统与 ERP 系统进行连接，直接对应应收模块及项目模块，实现了企业内部纵向信息穿透、横向流通贯彻的平面一体化管控体系。由于收入准则的变更，导致收入确认规则的改变，QH 电信企业在实施新收入准则前，研究新收入准则的具体规则，将 ICT 业务中影响最大的部分直接固化于收入结算系统中，如 ICT 业务交易价格的确定、交易价格的分摊等规则，进而实现业务与财务之间在信息系统中的融合。

三、研精覃思——新收入准则在 QH 电信企业的具体应用

新收入准则的修订，预示着我国当前的收入确认从收入费用观向资产负债观的转变，同时将合同作为收入确认的出发点，将业务纳入收入确认的唯一标准，体现了当前业财融合的新趋势。尤其是 QH 电信企业在新兴 ICT 业务方面开拓性的应用，也为其他电信企业提供了一定的借鉴。

1. 新兴 ICT 业务概述

QH 电信企业的新兴 ICT 业务主要包括 IT 业务、云计算、大数据、物联网、IDC 业务。新兴 ICT 项目类业务是指面向客户提供定制化开发服务的集成服务业务，包含 IT 服务业务和以项目形式提供的云计算、大数据、物联网集成服务。为适应新的市场环境和客户需求，规范新兴 ICT 项目类业务运营和计收方式，根据服务产品和设备的提供方式，将现有业务类型分为以下 4 类：提供服务 + 设备所有权转移、简单转包服务及设备、提供服务 + 融资出租设备和提供一揽子服务。

2. 新兴 ICT 业务具体会计处理

（1）提供服务 + 设备所有权转移

提供服务 + 设备所有权转移主要是指收入合同中明确列出服务和设备销售价款，设备的所有权在交付后即刻转移给客户。此时，收入的核算方式是按照合同规定的提供服务和销售设备价款，分别计列主营业务收入和其他业务收入，各项收入需严格按照会计准则要求的收入确认时点进行计列，即集成服务按照完工百分比法确认，后续维护服务按受益期分期确认，设备销售在对方能够实质控制设备时确认。同时，提供服务按照收入与成本相匹配的原则在确认收入时计列主营业务成本，设备销售按照设备采购金额在确认设备销售收入时计入其他业务成本。

QH 电信企业向客户提供办公系统的技术开发及运营环境的硬件安装与调测，在与客户签订的合同中按照提供的设备和服务分别报价。QH 电信企业向第三方采购相应设备及软件服务。其中收入合同中表明，乙方向甲方提供的设备、设计、施工、服务等总价格（含税价）为人民币 223 080 元，包含设备总价 44 300 元，集成服务总价 60 000 元，OA 项目终端费、通信业务服务费（12 个月）总价 118 780 元。支出合同中表明，乙方向甲方提供的设备、设计、施工、服务等的总价格（含税价）为人民币 93 870 元，设备总结 39 670 元，软件服务总价 54 000 元。项目涉及 IT 部分和 CT 部分，合同中分别明确了设备和服务的收支金额，设备收入 3.8 万元，成本 3.4 万元，毛利率 10%；服务收入 5.7 万元，成本 5.1 万元，毛利率 10%；整体 IT 项目综合毛利率 10%。

具体会计处理：

①收入核算

A. 提供服务

借：应收账款 –ICT 款

贷：主营业务收入 –IT 业务 – 系统集成服务 –6% 增值税率等

贷：应交税费 – 应交增值税 – 应交增值税（汇总缴纳）– 销项税额 – 应税服务 –6% 税率等

B. 销售设备

借：应收账款 –ICT 款

贷：其他业务收入 – 销售通信商品 – 其他 – 第三方设备销售 –IT 业务 –16% 增值税率

贷：应交税费 – 应交增值税 – 应交增值税（属地缴纳）– 销项税额 – 销售货物及劳务 –16% 税率

②成本核算

A. 采购服务

借：主营业务成本 –IT 服务成本 – 系统集成服务 – 基础设施集成等

借：应交税费 – 应交增值税 – 应交增值税（汇总缴纳）– 进项税额

贷：应付账款 – 非预提性质 –ICT 款

B. 采购设备

借：其他业务成本 – 销售通信商品 – 其他 – 第三方设备销售 –IT 业务

借：应交税费－应交增值税－应交增值税（汇总缴纳）－进项税额

贷：应付账款－非预提性质－ICT 款

（2）简单转包服务及设备

简单转包服务及设备主要是指无附加集成服务或附加集成服务较少，且项目毛利率低于 5% 的转包业务。此时，QH 电信企业根据是否有控制权，结合毛利及其他条件判断为代理，按收支差额计入其他业务收入。

QH 电信企业向客户提供智能化工程施工服务，并将项目整体转包给第三方。收入合同中表明，工期为 2017 年 12 月 20 日至 2018 年 7 月 30 日，总日历天数为 250 天，工程质量符合合格标准，按照施工期即期造价信息编制决算总价下浮 30.2%，合同价为 10 398 871 元。支出合同中表明，工期为 2017 年 12 月 20 日至 2018 年 7 月 30 日，总日历天数为 250 天，工程质量符合合格标准，合同价为 9 962 100 元，项目直接按收支差额计入其他业务收入。

具体会计处理：

①收入核算

A. 提供服务

借：应收账款－ICT 款

贷：其他业务收入－代办业务－IT 业务－6% 税率等

贷：应交税费－应交增值税－应交增值税（汇总缴纳）－销项税额－应税服务－6% 税率等

B. 销售设备

借：应收账款－ICT 款

贷：其他业务收入－代办业务－IT 业务－16% 税率

贷：应交税费－应交增值税－应交增值税（属地缴纳）－销项税额－销售货物及劳务－16% 税率

②减收核算

借：其他业务收入－代办业务－IT 业务－6% 税率

贷：主营业务成本－IT 服务成本－系统集成服务－基础设施集成

借：其他业务收入－代办业务－IT 业务－6% 税率

贷：主营业务成本－IT 服务成本－其他服务

借：其他业务收入－代办业务－IT 业务－16% 税率

贷：主营业务成本－IT 服务成本－经营租赁

借：其他业务收入－代办业务－IT 业务－16% 税率

贷：其他业务成本－销售通信商品－其他－第三方设备销售－IT 业务

（3）提供服务＋融资出租设备

提供服务＋融资出租设备的收入合同以打包服务形式或设备租赁方式签订并约定客户分期付款，但业务实质含设备且设备的实质控制权发生了转移。符合以下一项或多项情形的，视为设备的实质控制权发生了转移：在租赁期届满时，租赁资产的所有权转移给承租人；承租人有购买租赁资产的选择权，因价格原因可合理地确定承租人将会行使这种选择权；资产的所有权虽然不转移，但租赁期占租赁资产使用寿命的大部分（75%及以上）；合同约定的租金现值几乎相当于（90% 及以上）租赁开始日租赁资产公允价值；租赁资产专属性强，如果不做较大改造，只有承租人才能使用。

此时，收入核算方式为集成服务按照完工百分比法、后续维护服务按受益期分期确认主营业务收入；在客户能够实质控制设备时按现值一次性计入主营业务收入中的融资租赁收入，利息分期计入主营业务收入中的融资租赁收入，同时形成长期应收款，按 16% 缴纳增值税并开具发票。如在合同中明确约定设备租赁金额，以合同记载的金额入账；如合同未明确约定，以各项服务和设备的单独售价或公允价值进行拆分；如确实无法拆分，全部按设备租赁确认收入。同时，提供服务按照收入与成本相匹配的原则在确认收入时计列主营业务成本，自建自购设备出租按照设备购置金额或资产价值在确认租赁收入时计入主营业务成本；租入设备出租按使用权资产价值冲减主营业务收入。

QH 电信企业向客户提供大数据平台的系统建设、软件服务等，客户按年平均支付服务费，但约定了服务期满后平台归客户所有。QH 采用“背靠背”模式，向第三方采购部分平台系统建设等系统集成服务。其收入合同表明，智慧旅游大数据平台归甲方所有。乙方为甲方定制化开发的软件产品版权归甲方所有，乙方不得在未经甲方和景区、宾馆及旅游企业的全部设施归甲方所有。支出合同表明，本合同总价为乙方提供合同相关系统集成服务至甲方指定地点的服务价格。本项目合同含税总额 7 054 000 元，税率 6%，服务期限 5 年，每年服务费为 1 410 800 元，税率为 6%。项目按设备和服务的单独售价或公允价值进行拆分。

具体会计处理：

①收入核算

首先，识别合同包含特定资产；其次，确认租赁符合融资租赁的条件。如在合同中明确约定设备租赁金额，以合同记载的金额入账；如合同未明确约定，以各项服务和设备的单独售价或公允价值进行拆分；如确实无法拆分，全部按设备租赁确认收入；如 QH 电信企业自有资产融资出租，QH 电信企业可全额确认收入；如为 QH 电信企业租入资产融资出租，QH 电信企业应按差额确认收入。

A. 提供服务

借：应收账款 –ICT 款

贷：其他业务收入 – 代办业务 –IT 业务 –6% 税率等

贷：应交税费 – 应交增值税 – 应交增值税（汇总缴纳）– 销项税额 – 应税服务 –6% 税率等

B. 融资出租设备

（A）一次性确认租赁收入

借：长期应收款 –ICT 款

贷：主营业务收入 –IT 业务 – 融资租赁 –16% 增值税率

贷：应交税费 – 应交增值税 – 应交增值税（汇总缴纳）– 销项税额 – 应税服务 –16% 税率

贷：未实现融资收益 –ICT 款

（B）分期收款及销账

借：营业款结算

贷：预收账款 –ICT 款

借：预收账款 –ICT 款

贷：长期应收款 –ICT 款

（C）按月确认利息收入

借：未实现融资收益 –ICT 款

贷：主营业务收入 –IT 业务 – 融资租赁 –16% 增值税率

贷：应交税费 – 应交增值税 – 应交增值税（汇总缴纳）– 销项税额 – 应税服务 –16% 税率

②成本核算
A. 采购服务
借：主营业务成本 –IT 服务成本 – 系统集成服务 – 基础设施集成等
借：应交税费 – 应交增值税 – 应交增值税（汇总缴纳）– 进项税额
贷：应付账款 – 非预提性质 –ICT 款
B. 采购设备
（A）购入方式
a. 运营公司直接从第三方购入
借：主营业务成本 –IT 服务成本 – 融资租赁
借：应交税费 – 应交增值税 – 应交增值税（汇总缴纳）– 进项税额
贷：应付账款 – 非预提性质 –ICT 款
b. 联通租赁公司购入后，运营公司以使用权资产租入
（a）确认使用权资产
借：使用权资产 – 原值
借：租赁负债 – 未确认融资费用
贷：租赁负债 – 本金
（b）终止确认使用权资产并确认主营业务成本
借：主营业务成本 –IT 服务成本 – 融资租赁
贷：使用权资产 – 原值
（c）分期付款
借：租赁负债 – 本金
借：应交税费 – 应交增值税 – 应交增值税（汇总缴纳）– 进项税额
贷：应付账款 – 非预提性质 –ICT 款
（d）按月确认利息费用
借：财务费用 – 利息支出 – 长期负债折现利息 – 租赁负债利息
贷：租赁负债 – 未确认融资费用
借：主营业务成本 –IT 服务成本 – 融资租赁
贷：财务费用 – 利息支出 – 长期负债折现利息 – 租赁负债利息
（B）自建方式
借：主营业务成本 –IT 服务成本 – 融资租赁
贷：固定资产
（C）运营公司从第三方以使用权资产租入方式
a. 确认使用权资产
借：使用权资产 – 原值
借：租赁负债 – 未确认融资费用
贷：租赁负债 – 本金
b. 终止确认使用权资产并冲减主营业务收入
借：主营业务收入 –IT 业务 – 融资租赁 –16% 增值税率
贷：使用权资产 – 原值

c. 分期付款

借：租赁负债 – 本金

借：应交税费 – 应交增值税 – 应交增值税（汇总缴纳）– 进项税额

贷：应付账款 – 非预提性质 –ICT 款

d. 按月确认利息费用

借：财务费用 – 利息支出 – 长期负债折现利息 – 租赁负债利息

贷：租赁负债 – 未确认融资费用

借：主营业务收入 –IT 业务 – 融资租赁 –16% 增值税率

贷：财务费用 – 利息支出 – 长期负债折现利息 – 租赁负债利息

（4）提供一揽子服务

提供一揽子服务主要是指通过向客户提供业务咨询、解决方案、自主实施和自主运营的一体化全服务项目，其不针对设备单独约定销售价格，设备资产的所有权不转移且客户不能取得资产的实质控制权。提供一揽子服务的收入核算方式主要是按合同约定的金额，全额分期确认为主营业务收入，其中符合经营性租赁条件的设备租赁收入计入经营租赁产品收入。同时，提供服务按照收入与成本相匹配的原则在确认收入时计列主营业务成本，设备按照自购自建、租入等模式，匹配相应会计处理原则。具体核算方式如下：

自购、自建模式：按自有资产折旧金额计列主营业务成本；

使用权资产租入模式（即固定租金模式）：按使用权资产折旧金额计列主营业务成本，并分期计列利息费用；

可变租金租赁形式租入设备（即可变租金模式）：按设备租赁金额计列主营业务成本。

QH 电信企业为客户建设视频监控集中存储平台，提供平台维护及保修，按年收取服务费，无所有权转移及实质控制权转移条款，并约定合同期满后如继续合作须另行签约。联通向第三方采购提供服务所需设备，取得设备所有权。收入如合同表明，乙方负责建设视频监控集中存储平台，满足5000 路高清视频流的实时存储、转发和管理的功能；乙方的机房、电源、空调、网络等配套设施保障平台安全稳定运行；乙方负责平台的日常维护、故障处理及保修和应急保障服务。本合同期为 5 年，合同总金额为 4 990 000 元，本价格为含税价，税率 6%。支出合同表明，买方向卖方支付的合同总价（含税价）为人民币 919 990.89 元，合同产品的所有权及风险自货物交付之日起由卖方转移至买方。按合同约定的金额，全额分期确认为主营业务收入。

具体会计处理：

①收入核算

识别合同是否包含特定资产，如不包含特定资产，可全额计列服务收入；如包含特定资产且租赁不符合融资租赁，则租赁部分确认为经营租赁收入。

A. 提供服务

借：应收账款 –ICT 款

贷：主营业务收入 –IT 业务 – 系统集成服务 –6% 增值税率等

贷：应交税费 – 应交增值税 – 应交增值税（汇总缴纳）– 销项税额 – 应税服务 –6% 税率等

B. 经营出租设备

借：应收账款 –ICT 款

贷：主营业务收入 –IT 业务 – 经营租赁 –16% 增值税率

贷：应交税费 – 应交增值税 – 应交增值税（汇总缴纳）– 销项税额 – 应税服务 –16% 税率

②成本核算

A. 采购服务

借：主营业务成本 –IT 服务成本 – 系统集成服务 – 基础设施集成等

借：应交税费 – 应交增值税 – 应交增值税（汇总缴纳）– 进项税额

贷：应付账款 – 非预提性质 –ICT 款

B. 自购自建资产及设备

借：主营业务成本 – 折旧费

贷：累计折旧 – 累计折旧

C. 可变租金形式租入方式

借：主营业务成本 –IT 服务成本

借：应交税费 – 应交增值税 – 应交增值税（汇总缴纳）– 进项税额

贷：应付账款 – 非预提性质 –ICT 款

D. 使用权资产租入方式

（A）确认使用权资产

借：使用权资产 – 原值

借：租赁负债 – 未确认融资费用

贷：租赁负债 – 本金

（B）分期付款

借：租赁负债 – 本金

借：应交税费 – 应交增值税 – 应交增值税（汇总缴纳）– 进项税额

贷：应付账款 – 非预提性质 –ICT 款

（C）按月确认利息费用

借：财务费用 – 利息支出 – 长期负债折现利息 – 租赁负债利息

贷：租赁负债 – 未确认融资费用

（D）按月计提折旧并确认成本

借：主营业务成本 – 使用权资产折旧

贷：使用资产累计折旧 – 累计折旧

四、结语

新收入准则以合同为基础，建立了普遍适用于各个行业统一的收入确认模型，建立了完善的理论框架和一致的规则，有助于解决旧准则针对不同交易形态的收入确认标准不一致的问题，增强了行业的可比性，加强了信息披露。尤其是对于特定交易的会计处理的指引，有助于规范对相关业务的会计处理问题，减少企业会计处理的随意性，有助于提高不同主体间财务信息的可比性。

电信企业作为我国第一批开始实行新收入准则的企业，其业务类型的特殊性导致新会计准则难以落地，尤其是收入确认模型导致电信企业受到了巨大的影响。由于新收入准则没有统一的标准，在实务中运用时的困难较大。想要解决这一难题，除了政策制定单位需要出台相应的应用指南外，更需要电信企业内部对于新收入准则给予明确的应用对策。

案例使用说明

一、教学目的与用途

1. 适用课程

本案例为描述型案例，主要适用于“中级财务会计”“会计学原理”等课程中与收入确认相关的章节。

2. 适用对象

案例适用于 EMBA 和 MBA 学员；也可用于企业高管人员的培训，尤其是针对财务部门管理人员的培训；同时，也适用于企业管理专业本科生和管理专业硕士研究生。

3. 教学目的

本案例通过对新收入准则在 QH 电信企业的应用基础进行分析，阐述新收入准则在 QH 电信企业新兴 ICT 业务的具体应用，以实现以下的教学目标：

（1）引导学员深入了解新收入准则的修订观念；

（2）引导学员深入探究新收入准则的应用基础，并综合运用资产负债观、控制模型等知识，结合业务的特点，对业务进行一定的处理。

本案例所涉及的知识点包括：

①资产负债观；

②控制模型；

③委托代理理论。

二、启发思考题

① 收入准则修订的原因是什么？

② 收入确认的时点是如何进行确认的？

③ 电信企业应用新收入准则的应用基础是什么？

④ 简单转包服务及设备是如何进行收入确认的？

⑤ 新收入准则对电信行业的影响？

三、分析思路

教师可以根据自己的教学目标（目的）来灵活使用本案例。这里提出本案例的分析思路，仅供参考。

本案例通过对 QH 电信企业应用新收入准则的基础进行分析，进而对其新兴 ICT 业务具体应用新收入准则进行阐述，引导学生了解收入准则修订的背景、内容及会计处理，加深学生对新收入准则的理解与运用。同时，通过该案例的描述，使学生能够结合企业的具体情况，为企业量身定做适合企业的新收入准则实施方案。

案例以新收入准则的具体应用为主线，引导学生思考新收入准则对企业会计确认的影响，具体思路如下：

首先，介绍收入准则修订的背景，通过背景介绍使学生对新收入准则有初步了解；

其次，通过对 QH 电信企业实施新收入准则的基础进行分析，明确新收入准则应用的事前工作；

最后，通过对 QH 电信企业新兴 ICT 业务对新收入准则具体应用进行阐述，进而明确各部分的会计处理，为其他企业提供一定的借鉴。

详细分析思路与步骤图如图 1-2 所示。

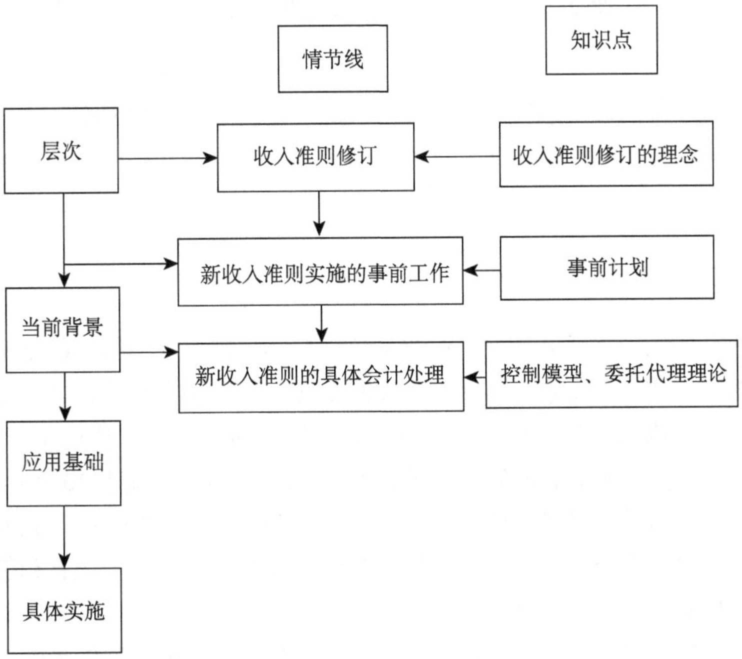

图 1-2　案例分析思路

案例 2

莫言租赁循旧则，翘首改革立于间[①]
——新租赁准则在 ZY 移动通信公司的应用

李永红　李　瑞　辛艳丽　郭怡璇　卢宣任

案例正文

引言

2019 年 1 月，墨色的浓云挤压着天空，沉沉的仿佛要坠下来，压抑得仿佛整个世界都静悄悄的。淡漠的风凌厉地穿梭着，将人的惊呼抛在身后。此时，ZY 移动通信公司的财务总监坐在办公桌前，陷入了沉思。近期租赁准则的修订仿佛一块沉重的石头压在他的心头，让他喘不过气来。2018 年 12 月 7 日，我国财政部正式发布了《企业会计准则第 21 号——租赁》，并于 2019 年 1 月 1 日开始执行。新租赁准则不再划分融资租赁和经营租赁两种租赁类型，新增了租赁的识别、分拆及合并原则，并且，对于发生选择权重事件和租赁变更情况下有了新的会计处理方法，这些变化有利于真实反应经济业务发生情况，有利于提高财务报告的信息质量。

由于电信企业的交易具有一定的复杂性和特殊性，为新租赁准则的实施带来了一定的挑战。租赁被界定为在约定的期间里，出租方将资产使用权让渡与承租方从而获取协商一致的货币的行为，对于节约税负、降低交易费用及减少不确定性起到了关键作用，对于租赁当事人（出租人和承租人）均存在有利之处。租赁准则的改变，不仅对企业的利润产生了影响，而且对投资者的正确决策及政府的有效监管产生了重大意义。同时，新修订的租赁准则只是原则导向，没有针对具体行业和具体业务的确认标准。因此，电信企业如何具体运用新租赁准则来解决现实中遇到的会计处理问题具有一定难度。这无疑让最头疼的财务总监开始思考企业如何让新租赁准则落到实处。

一、先为之容——案例背景

1. 公司背景

ZY 移动通信公司成立于 2000 年 4 月，是从原邮电部下属电信总局剥离出来成立的直接面向市场、企业化运作的大型国有企业，同年 10 月分别在香港和纽约两地的交易所上市。该公司是一家基于 GSM、TD-SCDMA 和 TD-LTE 制式、FDD-LTE 制式网络的移动通信运营商。在中国 31 个省（自治区、直辖市）经营基础电信业务、增值电信业务、互联网视听节目服务、手机电视分发服务、IPTV 传输服务、广播电视节目制作经营等业务。ZY 移动通信公司凭借不断升级的网络和优良的服务，得到了用户的

---

① 案例来源：中国管理案例共享中心，并经案例作者同意授权引用。
本案例于 2020 年 12 月 31 日入选中国管理案例共享中心案例库。
由于企业保密的要求，在本案例中对有关名称、数据等做了必要的掩饰性处理。
本案例只供课堂讨论之用，并无意暗示或说明某种管理行为是否有效。

高度认可，公司实现了跨越式的发展。现如今，公司根据国际资本市场要求，建立和不断完善符合国际惯例的企业治理结构，实现了跨越式发展，企业运营水平走在了行业前列，成长为业绩优秀、管理出色、服务优质、行业领先的主导运营商，实现了国有资产、品牌价值的保值增值。

2. 新租赁准则修订背景

在全球租赁行业迅速发展的大趋势下，我国租赁业务的复杂程度日趋加深。2019 年之前我国适用的旧租赁准则（以下简称旧 CAS21）采取的相关会计处理暴露出了一些缺陷，投资者很可能会因为资产负债表未真实反映企业的经济业务而做出错误的决策。因此，国际会计准则委员会于 2016 年 1 月发布了《国际财务报告准则第 16 号——租赁》（以下简称 IFRS16），要求承租人将经营租赁业务纳入表内核算，使投资者能够了解企业真实的财务状况。在 IFRS16 发布后，我国财政部也把修订租赁准则作为重点项目对待，在 2018 年 1 月向外界发布了新版企业会计租赁准则（以下简称新 CAS21）的修订征求意见稿，并最终在 2018 年 12 月正式发布《企业会计准则第 21 号——租赁》。

为了促使新租赁准则在我国更好的实施，我国对于新租赁准则采用分步骤实施的方式，具体如下：第一步，从 2019 年 1 月 1 日起，在境内外同时上市的企业及在境外上市并采用国际财务报告准则或企业会计准则编制财务报表的企业开始执行新准则；第二步，从 2021 年 1 月 1 日起，其他执行企业会计准则的企业（包括 A 股上市公司）开始执行新租赁准则。由于中国三大电信运营商都属于在境外上市的企业，因而 ZY 移动通信公司从 2019 年 1 月 1 日起需要开始执行新租赁准则。新租赁准则如何在移动通信企业进行运用，是当前亟待解决的问题。

二、根深蒂固——ZY 移动通信公司新租赁准则应用基础

在 2019 年新租赁准则落地实施之前，ZY 移动通信公司绝大多数租赁业务都被视作经营租赁处理，而新租赁准则相较之前变化如此之大，其最本质的区别还是不再区分融资租赁和经营租赁。因此，在新租赁准则出台之后，ZY 移动通信公司财务部门的首要任务是基于租赁的计量和确认及使用权理论的原理，对公司的租赁产品重新进行识别和划分。

ZY 移动通信公司涉及的业务类型多种多样，其牵涉到的租赁产品类型也比较复杂。根据合同梳理的业务难度高低，公司的租赁产品类型大致划分为 3 类（图 2–1）：单一租赁类型、合同条款易判定型、合同条款不易判定型。

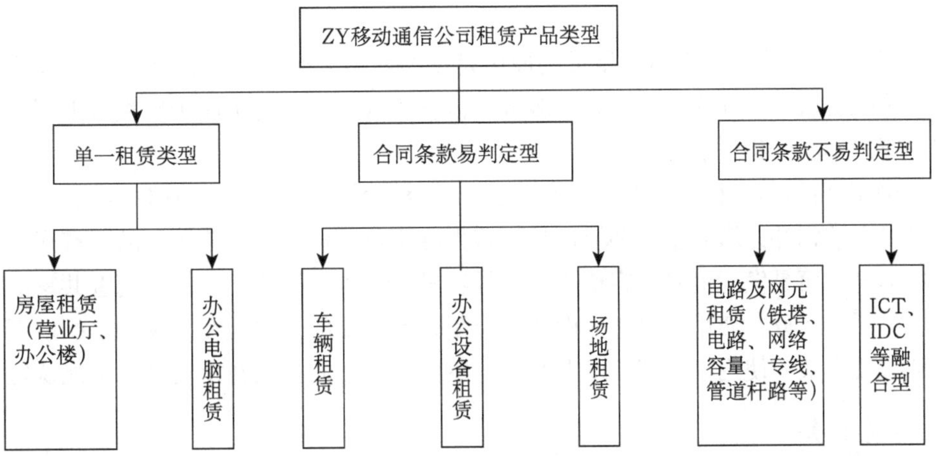

图 2–1　ZY 移动通信公司租赁产品类型

根据新租赁准则中规定的租赁识别原则，本案例将租赁业务逐一列出，并对具有代表性的铁塔业务进行了具体分析。具体如下：

1. 铁塔业务

铁塔业务主要包括铁塔类资产和室内分布资产。其中，铁塔类资产包含铁塔、基站站址和基站占用场地、移动机房、配套电力设施，以及对基站的维护服务等内容。

① 铁塔被识别为租赁的原因是ZY移动通信公司通过与中国铁塔公司或其他铁塔经营单位签署相关协议，确定在合适的位置使用铁塔，在最佳的位置架设移动通讯天线，通过天线发射和接收无线电信号的功能来实现通讯信号的全覆盖。天线安装在铁塔上什么位置对信号的覆盖和质量会有很大的影响，所以协议会约定天线的高度，也就是在相关协议上可以界定天线的物理位置。例如，运营商因为信号覆盖的原因要调整天线的位置，交易双方要重新协商后，签订新的协议才能调整天线的位置。由于产权方不能根据自己的意愿改变天线安装的位置，也不能单方面移动和改变铁塔里的设备，因此，铁塔所有人在整个租赁期间无实质性的替换权。同时，在协议规定的时间内，使用者对既定铁塔位置的专属使用权具有排他性权利，因此，在此期间，能够得到某一个高度的位置带来的所有经济利益。使用方可以根据自己的意愿自主决定在已经取得的位置放置可以覆盖范围更广、无线电信号质量更好的天线，使用方能够决定在协议规定的位置以什么样的方式使用和达到什么样的目的，而所有权方无权干涉。综上所述，使用方可以控制协议规定的铁塔某一位置的使用权，则该铁塔可被识别为租赁资产。

② 站址场地被识别为租赁是由于铁塔及里面的设备必须占用一定的场地。从铁塔建造开始直至竣工，铁塔就需占据某一场地，这个场地就被确定了。因此，铁塔所占用的场地应与铁塔资产合在一起，场地和铁塔共同被识别为一个租赁项目。

③ 机房及配套不属于租赁的原因是机房及配套的所有者为使用者提供的仅是放置通信设备及配套电源的物理空间，使用者的设备在该物理空间里如何放置，对无线电信号的覆盖范围和质量没有直接的影响；另外一方面，所有权方需要把机房及配套设施提供给多个使用人共同使用，在不影响通信质量的前提下，最大限度地利用机房资源。所有权人可以根据共享使用人的数量随时通知不同的使用人移动机房内的设备，使机房空间得到更好的利用。由于机房及配套设施共享引起的各个使用人的设备摆放并不固定，所以各个使用人不能确定机房内的哪个物理空间是属于自己的，也不能享用机房内的所有物理空间。因此，机房及配套设施产生的经济利益没有完全流入某个使用人，所有人在使用期内具有实质性的替换权。基于以上原因，机房及配套设施在新准则下不被识别成一项租赁业务。

④ 维护、电力引入等服务不属于租赁的原因是铁塔所有人会为承租铁塔的承租人提供必要的维护、电源接入等配套服务。显而易见，以上服务所依托的人力和设备不属于新租赁准则定义的可识别的租赁资产，所以不属于租赁业务。

⑤ 室内分布产品不属于租赁的原因是室内分布设备可满足楼宇内移动用户对移动信号覆盖和质量的要求，可以有效弥补铁塔对室内环境信号覆盖强度不足的弱点。因该设备的所有人提供给使用人的并不是设备本身，而是发射信号的容量，而信号容量是可以分配给不同的使用者共享的，并且信号容量在物理上也不可区分，使用人对室分设备的控制是不完整的，并且在协议约定的期间，不能保证所有的经济利益流入某一使用人。基于以上原因，室内分布产品根据新租赁准则不能认定为租赁。

2. 房屋租赁业务

房屋租赁主要包括营业厅租赁、办公楼租赁和非铁塔机房租赁。在合同中，通常会明确指定租赁标的资产的地理位置、面积等租赁标的资产的信息，且在整个租赁期间，出租方无实质性替换权。在整个租赁期间，公司可以获得对应标的资产几乎所有经济利益，并且有权主导标的资产的使用方式和使用目的，故此类业务一般属于租赁业务。

3. 场地业务

场地租赁主要包括室内及机房等网络场地租赁、营销场地租赁和仓储场地租赁等类型，对于场地租赁，重点需要关注场地位置是否在合同中明确约定或指定。其中，指定位置的场地及未明确指定位置的场地租赁业务均不属于租赁。

4. 广告位业务

广告位业务包括未明确指定位置或可替换的广告位、滚动播放的广告、低价值豁免广告位及租赁广告位。其中，未明确指定位置或可替换的广告位及滚动播放的广告位业务由于不存在可识别资产，不属于租赁。

5. 网络资源业务

网络资源业务包括村村通资产业务、TD 网络业务、铁通城域网资源租赁业务、光纤业务、第三方电路业务、专线业务、国际通信转接服务及互联互通业务。其中，在前 4 项业务中，公司享有几乎所有经济利益的流入并且可以控制使用方式和使用目的，因此均被识别为租赁；其余业务均为利用网络资源满足公司网络服务需求的服务业务，不识别为租赁。

6. 管道业务

仅在合同中明确约定了指定位置的整个管道，且该管道存在特定管孔为公司独享，享有几乎所有经济利益流入，并且出租方在整个租赁期内没有实质性替换权，管道的使用方式和使用目的由公司控制，则考虑识别为租赁。

其他情况下考虑管道业务实质为租用地下空间，管道本身是出租方为公司提供地下空间传输服务的配套设施，且存在运营商与其他单位共享情况，则不存在可识别资产，不识别为租赁。

7. 车辆业务

车辆业务是指公司为满足生产经营、客户服务、会议接待等需要，与专业汽车服务公司合作，使用汽车服务公司相关车辆的业务活动。ZY 移动通信公司的车辆业务包括 3 种类型：合同中约定车型、车架号、车牌号，且在整个租赁期间汽车服务公司无实质性替换权；合同中未明确约定车型、车架号、车牌号等，但在车辆交付给公司使用时是明确指定车辆，并且在整个租赁期内出租方不会任意替换车辆，除非车辆正常维修维护保养或特定事件时予以替换；未指定特定车辆。其中，前两者由于公司有权主导该车辆的使用方式和使用目的，归属于租赁业务。

8. 设备及终端业务

设备及终端业务是指公司为满足生产经营、客户服务等需要从其他公司租赁设备及终端，主要租赁类型包括办公设备租赁（如电脑、打印机）、终端（互联网设备）、通信设备及机柜租赁等。虽然合同初始时未指定具体被用来履行合同的设备，出租方可能存在多个满足合同要求的设备，但设备在交付给客户时是指定的，只有该设备可被用于履行该合同，且在整个租赁期间内，出租方无实质性替换权，在租赁期开始起交付给公司的设备即为可识别资产。而公司可以通过独享获得该设备的几乎所有经济利益流入，且有权主导该设备的使用方式和使用目的，故此类业务属于租赁业务。

三、迁思回虑——新租赁准则在 ZY 移动通信公司的具体应用

1. 搭建新租赁系统，建立新核算框架

在对租赁业务重新识别和划分后，ZY 移动通信公司的财务部门迅速召集人手，就关于如何应用新租赁准则进行了讨论。首先，他们决定搭建新的租赁系统，建立起租赁业务财务核算框架，用来支撑租赁业务会计的核算。具体如下：

（1）租赁模块承租非铁塔业务计量全流程

①识别拆分——同步并补录租赁信息

在合同系统审批表中，租赁所需的已存在字段直接推送到租赁模块。符合租赁条件的合同，其他所需字段在合同起草时，合同系统页面中添加 URL 链接，进入租赁模块进行信息补录，然后将信息反吐回合同系统；租赁信息填写完成后，才能继续进行合同后续审批流程。

②相关计量

初始确认计算：交付日资产初始确认，系统内置计算模型，自动根据合同付款时间和金额及补录的折现率等信息计算租赁负债，使用权资产等财务信息。然后手工点击推送资产信息及报账信息，推送状态返回给租赁模块，生成凭证，然后自动生成总账报账单相关信息导入报账系统总账模块。

后续计量：相关财务费用凭证，租赁模块计算确认后自动生成凭证信息同步到报账系统总账模块；租赁费用计提调整信息和折旧信息，租赁模块计算并确认后生成调整凭证同步到报账系统总账模块。

③租赁修改

在合同系统建立的合同修改通过 URL 实现，直接在租赁模块录入的合同修改手工在租赁模块确认并复核。租赁模块自动计算对使用权资产和租赁负债的影响，自动生成租赁负债和使用权资产调整信息同步到资产模块及报账系统总账模块，如图 2–2 所示。

（2）租赁模块承租铁塔业务计量全流程

①定期读取铁塔起租和账单信息 / 手工录入批量起租表：铁塔 CRM 系统定期推送起租和账单数据文件至三费系统服务器，租赁模块自行下载与解析。三费系统将实际报账账单数据文件推送至三费系统服务器，租赁模块自行下载与解析。对于没有上线三费系统的省份可在租赁模块直接上传批量起租表。

②相关计量

初始确认计量：交付日资产初始确认，系统内置计算模型，自动根据合同付款时间和金额及补录的折现率等信息计算租赁负债，使用权资产等财务信息。手工点击推送资产信息及报账信息，推送状态返回给租赁模块，生成凭证，然后自动生成总账报账单相关信息，导入报账系统总账模块。

后续计量：财务费用凭证，租赁模块计算确认后自动生成凭证信息同步到报账系统总账模块；租赁费用计提调整信息和折旧信息，租赁模块计算并确认后生成调整凭证同步到报账系统总账模块。

③租赁修改：在合同系统建立的合同修改通过 URL 实现，直接在租赁模块录入的合同修改手工在租赁模块确认并复核。租赁模块自动计算对使用权资产和租赁负债的影响，自动生成租赁负债和使用权资产调整信息同步到资产模块及报账系统总账模块，如图 2–3 所示。

2. 关键业务概述

ZY 移动通信公司财务部门力求将新租赁准则落在实处。在重新识别、划分租赁产品及搭建了新的租赁核算系统后，财务部门对于新租赁准则的具体核算仍在继续讨论。

由于 ZY 移动通信公司自 2015 年引入铁塔业务以来，与其相关的租赁费用每年都在快速上涨，并在租赁业务中占有不小的比重，因此将铁塔业务作为 ZY 移动通信公司的关键业务。

铁塔业务中的分类主要包括：铁塔类产品和室分产品。铁塔业务的供应商主要为中国铁塔股份有限公司（以下简称“铁塔公司”或“供应商”）和第三方铁塔公司（以下简称“第三方铁塔”或“第三方供应商”）。

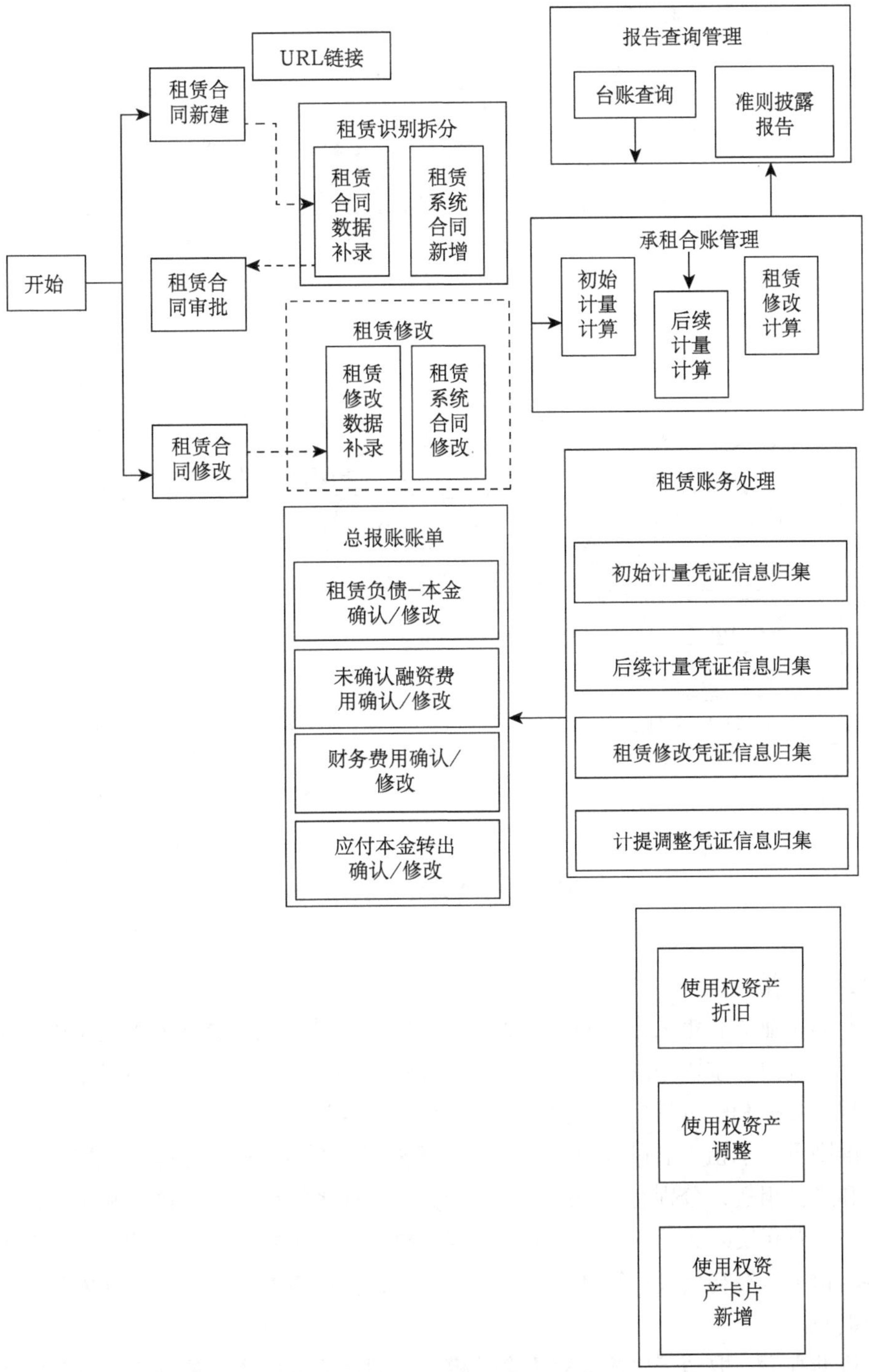

图 2-2　租赁模块承租非铁塔业务计量全流程示意

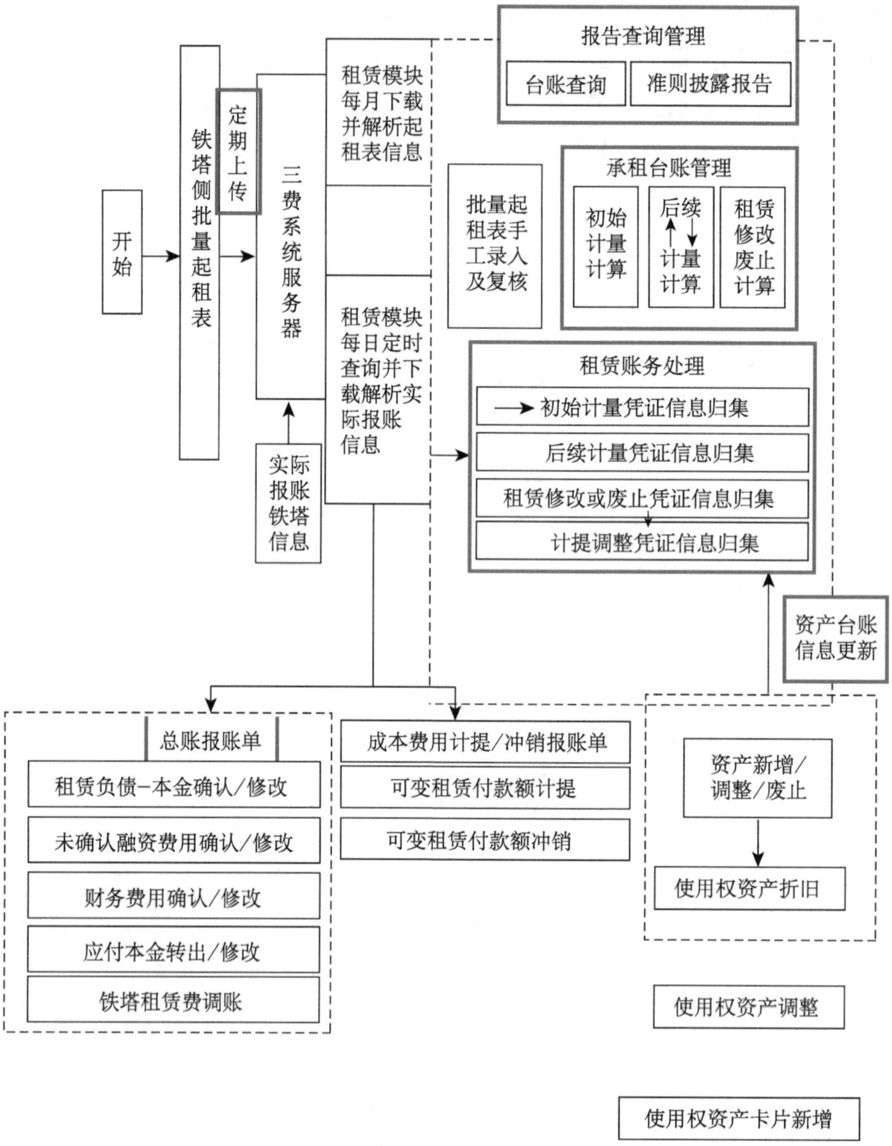

图 2-3　租赁模块承租铁塔业务计量全流程示意

3. 关键业务核算

对通信企业租赁业务有重大影响的铁塔业务，如何对其进行相关会计处理是重中之重。面对新租赁准则，其会计处理由双重模型改为单一模型，租赁的识别、分拆以及合并也发生了变化，这些变化对企业的多项报表数据和财务指标均产生了影响，如图 2-4 所示。

在旧租赁准则下，承租人通过判断风险报酬是否转移，将租赁业务划分为融资租赁和经营租赁。针对融资租赁和经营租赁，分别有不同的会计处理方式。前者需要在表内确认相关资产负债，而后者不在表内确认与经营租赁有关的资产和负债，仅仅需要在表外披露与重大经营租赁相关的信息。对于经营租赁产生的租金，在初始及后续计量的整个过程中，按照直线法，在租赁期内计入相关资产成本或者计入当期损益。

而在新租赁准则下，取消了之前的双重会计模型，即承租人融资租赁在表内确认相关资产负债和经营租赁，不在表内确认相关资产和负债，而仅需在表外披露与重大经营租赁相关的信息，变为使用单一的表内会计模型，在确认过程中，除去短期租赁和低价值资产租赁，对所有租赁确认使用权资产和租赁负债。新租赁准则在初始计量时，使用权资产根据成本计量，租赁负债根据租赁期开始日尚未支付的租赁付款额的现值计量；在后续计量时，需要对使用权资产进行计提折旧及减值，租赁负债在计量时，首先按照实际利率法计提利息费用，然后按摊余成本计量。关于具体如何处理铁塔业务，财务部门相关人员进行讨论后做出以下总结。

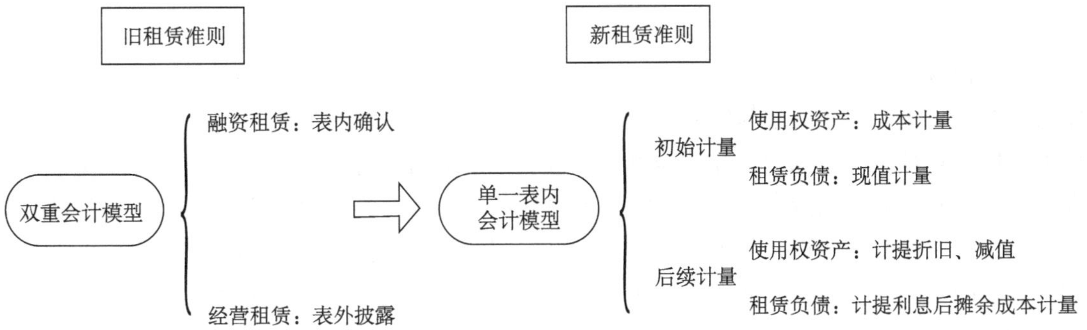

图 2–4　新旧租赁准则对比

（1）如果公司所租赁的铁塔具有较为相同的功能，此时可以考虑采用组合法进行核算。对于在同一个自然月内批量起租或者在一个自然月内批量终止的铁塔租赁业务，可以应用组合法进行核算，运用使用权资产和租赁负债进行相关计量。租赁组合及租赁期的后续的实务操作具体如下：

①在 2018 年 1 月 1 日之前，如果铁塔租赁业务的起始日与到期日一致，可以统一作为一个租赁组合进行核算；

②在 2018 年 1 月 1 日之后，新增铁塔租赁业务可按照起始日和到期日处于同一个月的一批铁塔租赁业务算作一个租赁组合，对其进行后续核算。租赁期的确定，可按照服务开始日起持续约定的月数来确定。

（2）根据公司与铁塔公司签订协议的内容，由于不同电信运营商的使用效率（共享率）不同，以铁塔租赁业务的基准价格为基础，因此，不同的电信运营商可以享受不同的折扣率。该项业务实质为公司支付的租赁付款额指的是 3 家共享条件下的，也就是折扣率最高的租赁付款额，这相当于是实质意义上的租赁付款额。如果是在单家独享或者是两家共享的情况下，由于折扣率发生了变化，公司此时需要支付额外的租金，这部分额外的租金也为租赁付款额，它不随时间的变化而变化，也不取决于比率或者指数，因此，它作为可变租赁付款额计入当期损益。所以，可以将铁塔和场地租赁进行固定租赁付款额和可变付款额的拆分：

①固定租赁付款额。处于 3 家共享这种情况下的租赁业务，此时租赁付款额作为固定租赁付款额，这种情况是属于新租赁准则的规定范围。

②可变付款额。在并非是 3 家（一家或两家）共享的情况下，若是实际支付的部分，也就是铁塔 + 场地服务费的总额大于 3 家共享情况下的金额，多出的部分可当作服务费，计入当期损益。

（3）一般情况下，第三方铁塔公司提供的铁塔租赁业务是按照公司的特殊要求进行建设的，因此共享情况比较少。此时在核算使用权资产和租赁负债时，租赁付款额应该根据第三方铁塔公司提供的实际账单上的金额去确定。

（4）折现率的确定

在计量租赁负债时，折现率可以通过租赁内含利率或承租人的增量借款利率来确定。若租赁内含利率可以直接确定，在对租赁付款额进行折现时应该采用该利率。在无法直接确定租赁内含利率的情况下，应采用承租人的增量借款利率进行折现。由于在实务操作过程中，上述信息往往不在租赁合同中包含，承租人较难确认租赁内含利率。因此，需要考虑增量借款利率，此时公司在考虑集团的债务结构及筹资机制等因素下进行统筹举债，由集团统一制定折现率。

（5）涉税处理

①企业所得税

作为承租人，由于会计处理与税务处理存在差异，会产生递延所得税。对于计提折旧费用，在会计处理上，以成本计量使用权资产并计提折旧，该成本是指租赁付款额的现值和初始直接费用；在税法处理上，计税基础通过租赁合同中约定的付款总额和承租人在签订租赁合同过程中发生的相关费用确定，然后通过计税基础计算扣除折旧。对于利息费用的确定，会计上核算时，通过实际利率法计算租赁期内各期间的利息，计入当期损益；而在税法上，对会计核算上计算的租赁期内各期间的利息是不进行抵扣的。

在采用新租赁准则后，租赁负债在摊销时采用固定的折现率，由于这个原因，在整个租赁期内，计入损益表的支出会出现前高后低的情况，此时会计核算的结果和现行税法规定的经营租赁所得税处理的时间存在差异，因此在租赁前期会产生较多的递延所得税资产，会对资产负债表和利润表产生影响。在整个租赁期间，税法上允许税前扣除的金额和会计上计入损益的金额两者保持一致。

②增值税

在新租赁准则下，区分租赁或服务是通过承租人有没有拥有特定资产的控制权这个角度进行的，而现行增值税条例中规定，判断经济行为的适用税目及在开具增值税发票时，主要通过出租人和标的物进行判断。因此，对于同一项经济行为，承租人进行的会计处理可能与出租人开具发票时的增值税的适用税目存在一定的差异。上述划分能否得到税务机关的认可，认定的适用税目能否得到税务机关的认证，将会对公司作为承租人时其增值税进项税额的抵扣情况产生影响。

四、结语

新租赁准则建立了完善的理论框架，有助于解决旧准则针对不同交易形态的租赁确认标准不一致的问题。新租赁准则对承租人的确认及计量做出了重大改变，提高了财务报告的信息质量，有助于解决经营者利用经营租赁操纵财务报表的问题，同时提高了会计信息的质量，维护了会计信息使用者的利益。对于一些特殊交易，新租赁准则的修订有助于规范相关租赁业务的会计处理问题，减少会计处理的随意性。

电信企业作为我国第一批开始实行新租赁准则的企业，由于新租赁准则没有统一的标准，且电信企业业务类型复杂特殊，导致新准则难以落地，在实际应用中困难较大。想要解决这一难题，除了政策制定单位要出台相应的应用指南外，更需要电信企业内部人员尽快熟悉新租赁准则的账务处理和理论依据，给予明确的应用对策。

案例使用说明

一、教学目的与用途

1. 适用课程

本案例为描述型案例，主要适用于“高级财务会计”“中级财务会计”等课程中与租赁相关的章节。

2. 适用对象

案例适用于 EMBA 和 MBA 学员（尤其是可用于企业财务部门人员的培训），也适用于企业管理专业本科生和管理专业硕士研究生。

3. 教学目的

本案例以 ZY 移动通信公司应用新租赁准则为主线，重点阐述了在新租赁准则下，ZY 移动通信公司的应用基础及关键业务的会计处理。要实现的教学目的在于：

① 通过新旧租赁准则的对比，引导学员深入了解新租赁准则的修订理念；

② 引导学员掌握新租赁准则下重新规范的租赁识别模型；

③ 引导学员深入探究新租赁准则的应用基础，并综合运用资产负债观等理论知识，结合公司实际业务的特点，进行相关的会计处理。

本案例分析需要学员识别的主要知识点包括：使用权资产观念、资产负债观和控制模型。

二、案例要解决的关键问题

① 租赁准则修订的原因是什么？

② 新租赁准则下租赁是如何识别的？

③ 电信企业应用新租赁准则进行会计处理的基础是什么？

④ 铁塔业务是如何进行会计处理的？

⑤ ZY 移动通信企业新租赁准则的应用结果对其他企业有何启示？

三、案例分析思路

本案例以新租赁准则的具体应用为主导，指引学员们针对新租赁准则对企业会计处理的影响进行思考。这里提出本案例的分析思路，仅供参考。教师可以根据自己的教学目标（目的）来灵活使用本案例。

本案例通过对 ZY 移动通信公司应用新租赁准则的基础进行分析，从而阐述其关键业务对于新租赁准则的具体应用，引导学生了解租赁准则修订的背景、内容及会计处理，加深学生对新租赁准则的理解与运用。同时，通过对该案例的描述，使学生能够结合企业的具体情况，为企业量身定做适合企业的新租赁准则实施方案。具体分析思路如下：

第一，介绍租赁准则修订的背景，据此思考租赁准则修订的原因，使学生初步了解新租赁准则；

第二，基于控制模型的理论知识，明确 ZY 移动通信公司在租赁期内如何识别租赁，以确保会计信息的真实性；

第三，通过对 ZY 移动通信公司应用新租赁准则的基础进行分析，明确新租赁准则实施的事前工作；

第四，以公司的关键业务（铁塔业务）为例，分析在新租赁准则下，对相关业务如何进行具体的会计处理，以便为其他电信企业提供一定的参考；

第五，通过 ZY 移动通信企业在新租赁准则的具体应用过程中发现的问题，为其他企业提供一些启示。

详细分析思路与步骤图如图 2-5 所示。

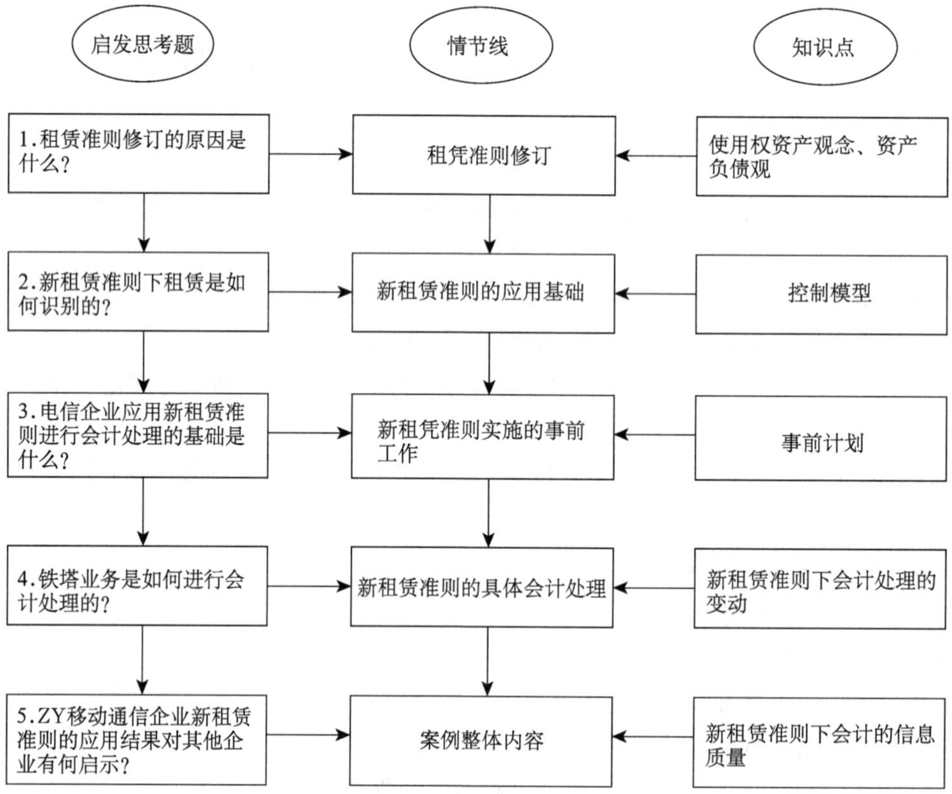

图 2-5　案例分析思路

案例 3

岁岁重阳，今又重阳，但看黄花不用伤
——高新热力之融资租赁[①]

李　瑞　李永红　曹翠珍　陈建伟　韩剑英　董　卓

案例正文

引言

早春三月，毛毛细雨悄无声息地飘落着，千万条细丝，荡漾在半空中，丝丝缕缕缠绵不断。此时，西安高新热力财务总监站在办公室窗前，万千思绪缠绕心头。高新热力于 2007 年成立至今，已承接高新区 99.68 万家企业与 356.33 万业主的城市供暖配套服务，随着供暖事业版图的极速扩张，企业资金频频出现断层现象。2019 年初，高新热力被西安市政府委托承接“断头路”项目的改造施工，然而企业内源融资不足以支撑项目运转需求，外部融资渠道单一导致外源资金来源有限，使得项目迟迟无法启动。高新热力作为西安市五大市政集中供热企业之一，供热项目必须按进度推进，资金短缺问题刻不容缓！

可补齐资金缺口又谈何容易，该选择怎样的融资方式？确定怎样的融资标准？又该如何选择最优合作对象？高新热力有限公司能不能探寻到合适的融资方式，解决企业资金匮乏问题，一切都迫在眉睫！

一、背景简介

1. 融资租赁发展概况

融资租赁起源于 20 世纪 50 年代的美国，80 年代以后进入创新和高速发展阶段。经过近 70 年的发展，融资租赁已经成为与银行、证券、保险、信托并列的五大金融业务形式之一，占全球设备投资的 30%左右。

近年来，随着银监会《金融租赁公司管理办法》和国务院办公厅《关于加快融资租赁业发展的指导意见》等文件的出台，我国融资租赁开始进入高速发展期。如图 3–1 所示，截至 2019 年 12 月底，全国融资租赁合同余额约为 66 540 亿元，比 2018 年底的 66 500 亿元增加约 40 亿元，增长 0.06%。目前，我国融资租赁市场规模已稳居全球第 2 位，全球份额高达 20% 以上。

---

① 案例来源：中国管理案例共享中心，并经案例作者同意授权引用。
本案例于 2021 年 4 月 19 日入选中国管理案例共享中心案例库。
由于企业保密的要求，在本案例中对有关名称、数据等做了必要的掩饰性处理。
本案例只供课堂讨论之用，并无意暗示或说明某种管理行为是否有效。

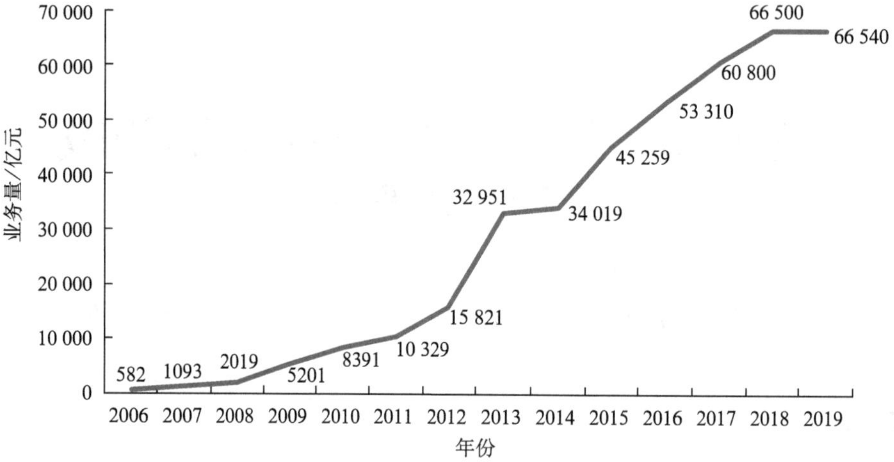

图 3–1　我国融资租赁业务总量发展情况

2. 热力行业发展现状

热力行业是我国公用事业单位的基础单位之一，满足了我国长江以北居民基本的冬季采暖需求。作为基建领域的重要组成部分，热力行业不仅与城市的发展息息相关，也会直接影响着国家经济的发展趋势。根据终端消费者的不同，热力行业的需求主要来自于工业用热和居民采暖。

工业用热消费占全国热力消费总量的比重超过 70%，是我国热力消费的主要领域。与居民采暖市场明显的季节性不同，工业用热需求为连续性需求。近年来，随着我国工业的稳步发展，工业用热需求逐年上升。

居民供暖主要采取集中供热的形式，以保证城市供暖为主。近年来，随着我国经济社会发展和人民生活水平提高，居民供暖逐步向夏热冬冷等非传统采暖区的南方地区发展。目前，居民采暖的热力消费占全国热力消费总量约 30%，未来随着我国城镇化水平的提高及供暖区域向南扩张，我国居民采暖消费量将稳步增长。

供热是城市公共服务业的一个重要部分，是城市建设和居民生活质量的重要保障。近年来，受政府对基础设施投资建设力度加大及供热需求持续增长的双重影响，热力行业的固定资产投资总额持续大幅提升，集中供热行业取得了快速发展，全国的集中供热面积和供热量得到稳定增长。自 2013 年起，我国城市供热能力持续稳定上升，行业态势向好。到 2020 年末，城市供热能力（蒸汽）达到最低 14 万吨 / 小时，供热能力（热水）85 万兆瓦，供热管道 40 万千米，集中供热面积 150 亿平方米。随着供热能力的提升和供热面积的扩展，供热企业未来效益将不可限量。但随之而来的是供热企业对锅炉的拆除和旧城区的管网建设改造等项目的高额投资、人员工资的大幅上涨等原因导致的资金支出，加之供热行业项目投资建设期长、投资回报期长，由此形成的资金缺口极大的阻碍了热力企业的进一步发展。

二、热力行业融资现状

1. 传统融资方式受限

市场需求使得供热企业拥有不可限量的发展潜力，但现金流压力却是热力行业发展的致命弱点，快速合理融资成为热力行业发展的重中之重。如图 3–2 所示，热力行业融资方式以财政拨款、国内贷款、自筹资金为主，总计占比高达 86%。国内贷款主要是由地方投融资平台所取得的金融支持，其实质投融资主体还是地方政府，故以地方政府为主体的融资比例占到 59%。然而，自国家从 2014 年开始严格管控地方政府隐性债务以来，供热企业取得政府融资平台担保贷款的难度也在加大。随着监管制度的不断完善，大多数大型热力企业依靠其自身实力尚可获得财政拨款和贷款支持，但对于中小型企业而言，其自身综合实力不足以支持其获得银行贷款、财政拨款等方式的融资，寻求融资方式的创新迫在眉睫。

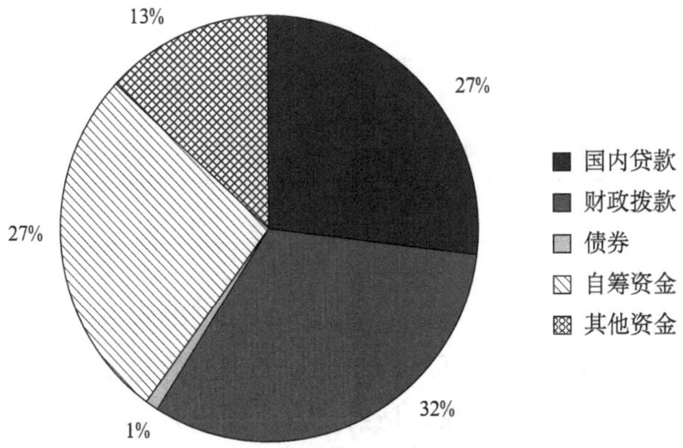

图 3–2　热力行业融资情况

2. 融资方式创新

为了支持中小型热力企业的发展，国务院出台了一系列相关政策。2014 年 11 月 26 日，国务院发布《国务院关于创新重点领域投融资机制鼓励社会投资的指导意见》，鼓励和引导民间资本进入城市供水、燃气、供热、污水和垃圾处理等市政公用行业。2016 年 9 月 22 日，住房城乡建设部等 5 部委发布《关于进一步鼓励和引导民间资本进入城市供水、燃气、供热、污水和垃圾处理行业的意见》，鼓励民间资本直接投资或通过 PPP 模式参与城镇供热建设运营，支持相关企业和项目发行短期融资券、中期票据、资产支持票据、项目收益票据等非金融企业债务融资工具及可续期债券、融资租赁、项目收益债券等。2017 年 12 月 20 日，国家发改委、证监会等 10 部门发布《关于印发北方地区冬季清洁取暖规划（2017—2021 年）的通知》，鼓励民营企业进入清洁供暖领域；支持符合条件的清洁供暖企业 IPO、再融资。上述政策的出台旨在解决供热行业建设周期长、投资回收期长等导致的资金紧张问题，鼓励企业大力推进集中供热、清洁供热的建设开发，实现热力行业的变革转型。

热力行业积极响应国家政策，采用多元化融资方式解决企业所遇到的资金问题。截至目前，热力行业普遍采用的新型融资方式主要包括 PPP、资产证券化和融资租赁，如表 3–1 所示。PPP（Public - Private - Partnership）项目合作是最早应用于热力行业的新型融资方式，通过民间资本与资本市场解决市政项目资金难题。据财政部 PPP 中心数据显示，与热力有关的 PPP 入库项目 1620 个，占总数的 16.6%。但随着武汉地铁 8 号线 PPP 项目等大量违规操作使得财政部对 PPP 项目监控力度加强，项目融资成本增加，已然不再是最好的选择。自从证券交易所开放企业资产证券化业务备案以来，收费权类资产支持证券发行量与日俱增，自 2014 年第一单迁安热力供热收费权资产支持证券开始，供热收费权资产证券化已进入常态化。但资产证券化作为衍生金融工具，易引发系统性金融风险和现金流风险，资产证券化风险系数过高。根据中国租赁联盟发布的《2018 年中国融资租赁业发展报告》，能源设备租赁位居融资租赁资产行业榜首，占比高达 20%，融资租赁在能源类行业的普及，具备极大的优势去解决热力行业遇到的融资难问题。

表 3-1 新型融资方式对比

	PPP	资产证券化	融资租赁
审批时间	18 ～ 24 周	8 ～ 20 周	2 ～ 4 周
手续繁简程度	较烦琐	较烦琐	简单
资金用途限制	仅用于 PPP 项目	无	无
还款压力	低	高	高
对企业要求	必须公共项目	有预期的收入和资产	有优质底层资产
融资风险	较小	高	较小

对此，融资租赁作为以“融物”方式实现“融资”的新型融资方式，将成为大多数中小型热力企业的核心融资方式。融资租赁将热力企业沉淀的固定资产转换为急需的现金流，以其优质资产作为担保，兼具风险小、门槛低、灵活型高等特性，是当前中小型热力企业获得融资的最为有效的方式。

三、案例引入

1. 企业简介

西安高新区热力有限公司成立于 2008 年 2 月，是西安高新区龙头企业——西安高科（集团）公司旗下专业从事集中运营的现代国有公用服务企业，主要负责高新区内所有企、事业单位的生产、生活用气及冬季各住宅小区采暖热水的供给与配套服务工作，同时承担着区内主要供热设备及管道的设计、安装、维修、保养和改造工作，是西安市五大市政集中供热企业之一。

截至 2019 年 4 月，拥有西户路热源厂、三星热源厂、融鑫路热源厂、紫薇田园都市热源厂、鱼化热源厂 5 个主要热源厂，供热覆盖区域为西安市行政规划的高新区全区域，供热管网长度 107 公里，总入网面积为 2714 万平方米，实际供热面积为 2365 万平方米，如图 3-3 所示。随着西安国际化大都市建设脚步的加快，高新热力紧抓大西安都市圈的发展机遇，依托高新区内优良的营商环境，持续增加热源厂及管网的投资建设，扩大供热规模，为保障人民生活幸福及营造高新区舒适生活环境奠定坚实基础。

2. 融资动因

2018 年 9 月，中共西安高新区工委联合西安高新区管委会发布了《关于西安高新区 2018 年道路建设计划（含断头路）》（高新党发〔2018〕127 号）的通知，文件以高新区“大干 123，建好首善区”为目标，坚决打通“断头路”，促进产业加速发展，做好民心民生工程。本计划共梳理建设 138 条道路、4 座危桥改造，总里程 259.3 千米，总投资 109.89 亿元，其中道路建设投资 102.78 亿元，绿化投资 7.2 亿元。该计划不仅需要推进道路建设，同时还需要确保各类管线、综合管廊、配套设施、绿化等建设任务同步完成。高新热力公司作为西安市五大市政集中供热企业之一，紧跟政策导向，全力辅助打通“断头路”项目的开展。

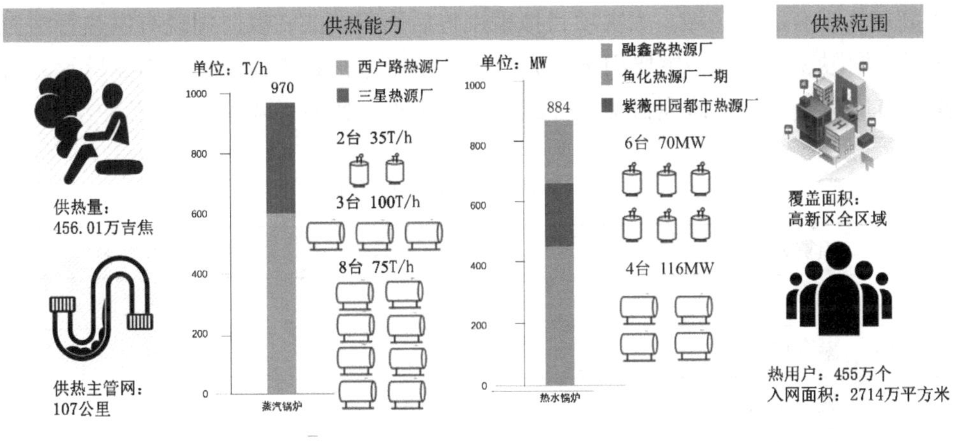

图 3–3　高新热力供热能力

2019 年 2 月 26 日，西安高新区行政审批服务局审核通过了由西安高新区热力有限公司牵头负责的西安高新区道路建设计划热力管网建设项目，高新热力承接了市级工程项目——“断头路”施工项目。项目部经理对“断头路”项目所需资金进行预算规划，项目施工周期内需投入 10.2 亿元资金，目前可供支配的资金共计 3 亿元，具体情况如表 3–2 所示。“断头路”工程项目不可搁置，可高新热力面对 7 亿元的资金缺口，又该如何获取呢？

表 3–2　高新热力 2019 年管网建设投资计划

单位：万元

建设周期	第一年	第二年	合计
建设投资（含利息）	50 437	52 201	102 638
资本金	14 443	16 207	30 650
债务资金	35 994	35 994	71 988

四、项目方案

2019 年 3 月 1 日，西安高新热力有限公司经过多轮会议、多番考量、反复斟酌之后，决定采用融资租赁的方式开展筹资活动。2019 年 3 月 5 日，西安高新热力有限公司向集团资本运营上报公司融资需求，并在集团官网统一发布融资租赁项目公开遴选方案。西安高新区热力有限公司根据《西安高科（集团）公司公开融资管理暂行办法》的精神，结合公司本次融资租赁公开遴选的具体情况，将融资租赁项目分为项目启动阶段和遴选合作机构阶段。

1. 项目启动阶段

高新热力明确项目启动阶段的重点工作为明确项目具体情况、组建公开融资评选小组及公开项目评选标准。

（1）项目情况简介

西安高新区热力有限公司为推进 2018—2019 年打通道路热力管网工程项目的进程，将高新热力现有供热管网进行融资性售后回租，进而为项目的运转引进足额资金。目前公司管网资产规模约为

11 亿元，覆盖高新区现有成熟区域。本次项目拟采用售后回租模式，以公司现有供热管网为租赁物，计划融资 5 亿元、期限 3 ～ 5 年，主要用于补充公司流动资金，具体情况如表 3–3 所示。高新热力为保障项目的高效有序进行，将具体项目实施分成了 4 个阶段，如表 3–4 所示。

表 3–3 融资租赁具体项目情况

租赁方式	售后回租
租赁标的物	供热管网
融资规模	5 亿元
融资期限	3 ～ 5 年
资金用途	补充流动资金

表 3–4 融资租赁具体实施阶段

实施阶段	时间	具体任务
第一阶段	2019 年 3 月 7 日	在集团公司官网公开发布了融资需求，并收到 5 家机构报名
第二阶段	3 月 13 日至 4 月 20 日	根据初步方案遴选出入围金融机构，积极配合金融机构完成尽职调查
第三阶段	4 月 21 日至 4 月 30 日	各金融机构提交正式经审批方案
第四阶段	5 月 13 日	召开融资公开评选会议，选定最优方案

（2）组建评选小组

高新热力为保障项目的公平公正，在项目发起之初成立了公开融资评选小组，对各家金融机构报送的融资租赁方案进行评审。其中评选组组长为专项负责的总经理，组员主要由公司班子成员、计划财会部、内控部相关人员构成，监督组成员由集团 4 部分各抽调 1 人组成，通过合理的人员配置，支撑项目的有序进行。

（3）公开评选标准

根据企业会计准则第 21 号租赁准则相关规定、集团公司《公开融资管理暂行办法》及公司自身融资租赁具体情况，明确融资租赁遴选项目要点，进而制定公开融资项目评分表，如表 3–5 所示。

表 3–5 融资租赁售后回租项目评分

项目	子项	评价说明	分值	分数	评分参考
定性评价	金融机构概况	金融机构综合实力	10 分		按照金融机构在全国及西安的综合实力情况打分
	团队配备	本次为公司配备专业团队的情况	10 分		团队专业性强，服务质量高，8 ～ 10 分；专业性一般，服务一般，4 ～ 7 分；专业性不强，服务差，0 ～ 3 分

续表

项目	子项	评价说明	分值	分数	评分参考
定性评价	与金融机构合作情况	与公司日常合作情况	10 分		与机构有良好合作历史，服务质量高，8 ～ 10 分；服务团队专业性一般，服务质量一般，4 ～ 7 分；服务态度差，0 ～ 3 分。
	方案要点	方案思路是否清晰，整体可行性是否较强	10 分		所提供的融资方案思路清晰，操作性及可行性强，8 ～ 10 分；融资方案思路清晰，操作性及可行性一般，4 ～ 7 分；融资方案思路不清晰，操作性及可行性差，0 ～ 3 分
实施要点	综合融资成本	结合期限和发行规模，利率低的给予较高评价	15 分		最低者 15 分，依次按 2 分递减
	融资规模	能够结合公司融资实际需求合理确定融资规模	10 分		额度最高者 10 分，依次按 2 分递减
	融资期限	融资期限不少于 3 年，资金使用期限长	10 分		最长者 10 分，依次按 2 分递减
	还款方式	还款方式与公司生产经营及现金流周期性贴合度	10 分		贴合度最高者 10 分，依次按 2 分递减
	资金使用及监管要求	资金使用是否便捷，监管是否宽松	5 分		对资金使用限制少，实际使用方便，4 ～ 5 分；对资金使用限制较少，使用相对方便，2 ～ 3 分；对资金使用限制严格，使用不便，0 ～ 1 分
	放款时间	放款时间较快的给予较高评价	5 分		放款时长最短者 5 分，依次按 1 分递减
	担保 / 增信措施	担保增信措施较少的给予较高评价	5 分		担保措施最为宽松简便的 5 分，依次按 1 分递减
综合加减分	由评委根据自己的职业判断，对各金融机构的综合水平及方案优劣等方面独立分析、综合确定		± 5 分		评委的职业判断，对各金融机构的综合水平及方案优劣等方面独立分析、综合确定，综合性较强者 +5，综合性较弱者 –5
总评分					

2. 项目遴选阶段

截至 2019 年 3 月 7 日，高新热力融资租赁项目共有 5 家金融机构进行登记报名，分别为德汇租赁、交银租赁、平安租赁、招银租赁及紫光租赁。3 月 22 日，高新热力计划财会部汇总各金融机构初步方案，根据本公司公开融资项目初选原则，遴选出入围金融机构交银租赁、招银租赁和紫光租赁 3 家公司。

（1）各金融机构报送方案汇总

交银金融租赁有限责任公司成立于 2007 年 12 月 28 日，注册资本 85 亿元，为交通银行全资子公司。截至 2018 年末，租赁资产余额为 2319 亿元，排名全国金租公司第 2 位。交银租赁针对此次融资项目给出为期 5 年，融资额度为 3 亿元，按季度等额还款的租赁方案，该融资租赁项目的静态融资成本为 3.29%，综合融资成本为 6.33%，融资租赁的手续费按项目金额的 3.5% 进行计算，具体方案如表 3–6 所示。

表 3–6 交银租赁提交的租赁项目方案

项目金额	300 000 000 元	保证金	0
承租人	西安高新热力有限公司	服务费	10 500 000 元
还款方式	等期等额还款（季度期）	项目期限	5 年
担保人	西安高科（集团）公司	租赁物件	供热管网等动产
静态成本	3.29%	综合成本	6.33%
放款方式	协议达成后一周内银行转账	名义货价	1 元
资金监管要求	新增融资在满足断头路项目建设资金的基础上可在集团内统一调配		

招银金融租赁有限公司成立于 2008 年 4 月 23 日，注册资本 60 亿元，为招商银行全资子公司。截至 2018 年末，租赁资产余额为 1713 亿元，排名全国金租公司第 3 位。招银租赁就此次项目提出期限为 3 年、融资额度为 2 亿元，按等期非等额还款的方案，该融资租赁项目年化利率为 3.20%，综合融资成本为 6.32%，保证金按照融资租赁项目金额的 3% 征收，服务费以项目金额的 2.8% 进行核算，其具体项目内容如表 3–7 所示。

表 3–7 招银租赁提交的租赁项目方案

项目金额	200 000 000 元	保证金	6 000 000 元
承租人	西安高新热力有限公司	服务费	5 600 000 元
还款方式	等期非等额还款 （一 / 四季度还款额较大）	项目期限	3 年
担保人	西安高科（集团）公司	租赁物件	供热管网等动产
静态成本	3.20%	综合成本	6.32%
放款方式	协议达成后一周内银行转账	名义货价	1 元
资金监管要求	新增融资在满足断头路项目建设资金的基础上可在集团内统一调配		

紫光融资租赁有限公司成立于 2016 年 8 月 22 日，注册资本 10 亿元，为紫光股份控股子公司，主要涉及信息技术、教育文旅、城市公用、技能环保等业务板块。紫光租赁高度重视此次融资项目的达成，提出融资金额 2 亿元、融资期限 4 年、按季等期等额还款的租赁方案，该融资租赁项目静态融资成本为 3.75%，综合融资成本为 8.33%, 保证金以融资租赁项目金额的 6.92% 征收，服务费以项目金额的 4.4% 进行核算。具体如表 3–8 所示。

表 3–8 紫光租赁提交的租赁项目方案

项目金额	200 000 000 元	保证金	13 840 000 元
承租人	西安高新热力有限公司	服务费	8 750 000 元
还款方式	等期等额还款（季度期）	项目期限	4 年

续表

担保人	西安高科（集团）公司	租赁物件	供热管网等动产
静态成本	3.75%	综合成本	8.33%
放款方式	协议达成后一周内银行转账	名义货价	1 元
资金监管要求	新增融资在满足断头路管网项目建设资金的基础上可在集团内统一调配		

（2）确定融资租赁合作方

高新热力以自身经济状况为依据，从定性评价和实施要点两方面对 3 家金融机构进行对比分析，依据公开融资项目评分表对入围金融机构进行打分。在定性评价方面，交银租赁和招银租赁起步较早，且均为国内排名前 10 位银行的控股子公司，而交银租赁在方案思路方面更为清晰，可行性较强，故而其在定性评价方面得分最高。从实施要点来看，招银租赁综合融资成本最低，且其支持等期非等额还款模式对于季节性收益突出的热力公司而言，将是最为满意的决策，实施要点分析得分位列前茅。然而美中不足的是融资额度较少，不足以支撑“断头路”项目的运转实施。通过对比交银租赁和紫光租赁，交银租赁整体打分高于紫光租赁，紫光租赁彻底退出此次租赁活动。最终，西安高新热力公司依据最终评分情况（表 3–9），选择招银租赁和交银租赁这两家更为满意的机构进行合作，达成融资租赁协议。

表 3–9　融资项目评分情况

项目	子项	评价说明	分值	交银租赁	招银租赁	紫光租赁
定性评价	金融机构概况	金融机构综合实力	10 分	10 分	10 分	9 分
	团队配备	公司配备专业团队的情况	10 分	10 分	10 分	10 分
	与金融机构合作情况	与公司日常合作情况	10 分	9 分	9 分	9 分
	方案要点	方案思路是否清晰，整体可行性是否较强	10 分	10 分	9 分	9 分
实施要点	综合融资成本	结合期限和发行规模，利率相对低的给予较高评价	15 分	13 分	15 分	12 分
	融资规模	能够结合公司融资实际需求合理确定融资规模	10 分	9 分	9 分	9 分
	融资期限	资金使用期限长	10 分	10 分	8 分	9 分
	还款方式	还款方式与公司生产经营及现金流周期性贴合度	10 分	9 分	10 分	9 分
	资金使用及监管要求	资金使用是否便捷，监管是否宽松	5 分	5 分	5 分	5 分
	放款时间	放款时间较快的给予较高评价	5 分	5 分	5 分	5 分

续表

项目	子项	评价说明	分值	交银租赁	招银租赁	紫光租赁
实施要点	担保 / 增信措施	担保增信措施较少的给予较高评价	5 分	5 分	5 分	5 分
综合加减分	由评委根据自己的职业判断，对各金融机构的综合水平以及方案优劣等方面独立分析、综合确定		±5 分	—	—	—
总评分				95 分	95 分	91 分

3. 项目评价

高新热力利用融资租赁获得了 5 亿元的现金流，使得“断头路”项目正常开工。“断头路”项目是为了配套政府所建设的供热管网设施，供热面积高达 1197.2 万平方米，可使高新热力的总供热规模提高约 30%，建设期为两年。如表 3-10 所示是第三方机构对“断头路”项目做出的可行性研究，“断头路”项目投产后将持续产生现金流，并于 2024 年实现净现金流量转正，项目计划所产生的现金流将优先用于融资租赁债务的偿还。

表 3-10 项目投资现金流量

单位：万元

项目	2018 年	2019 年	2020 年	2021 年	2022 年	2023 年	2024 年	2025 年
生产负荷（%）	0	0	16	38	68	86	100	100
1. 现金流入								
1.1 营业收入	0	0	16 543	24 190	29 691	33 770	39 281	39 281
1.2 固定资产进项税抵扣	0	0	9	22	74	131	174	174
小计	0	0	16 552	24 212	29 765	33 901	39 455	39 455
2. 现金流出								
2.1 建设投资	49 555	49 555	0	0	0	0	0	0
2.2 经营成本	0	0	3 615	5 322	7 478	12 008	14 170	14 170
2.3 流动资金	0	0	335	91	118	73	55	55
小计	49 555	49 555	3 950	5 413	7 596	12 081	14 225	14 225
3. 净现金流量	-49 555	-49 555	12 602	18 890	22 196	21 763	25 056	25 056
4. 累计净现金流量	-49 555	-99 110	-86 508	-67 618	-45 422	-23 659	1 397	23 659

高新热力通过融资租赁的方式获得融资，不仅有效的体现了资产价值优势，还减轻企业财务指标的波动。2019 年财务报表显示，高新热力短期偿债能力提高，流动比率提高 0.1，速动比率提高 0.11。由此可以看出，高新热力不仅通过融资租赁弥补了资金缺口，并且改善了企业的财务指标，提高了短期偿债能力。

长期偿债能力也有保证，如表 3-11 所示，高新热力 2020 半年报显示，2020 年上半年合计净流出资金 7000 万元，现有资金量满足高新热力的偿债需求。当新建的供暖管网投产后，高新热力的供热规模和营收水平将有较大提升，有利于企业未来的成长。本次融资租赁解决了高新热力发展中所遇到的现金流困境，该案例也为国内热力行业解决资金困境提供了解决思路。

表 3-11　高新热力 2020 半年报收支明细

单位：万元

项目	余额
一、上期资金结余	34 087.33
二、经营及投资性资金收支净额	24 056.54
（一）资金流入	78 851.97
（二）资金流出	54 795.43
三、外部融资收支流出	-31 021.26
四、本期期末资金结余	27 122.61

五、结语

融资租赁作为国内兴起的创新型融资产品，以企业有可靠收入的资产作为融资标的物，盘活了企业存量资产，获得了高效高质资金支持。企业的融资租赁项目应从定性评价和实施要点方面出发，以自身经济状况为基准，以重要性水平为依据，对影响项目达成的综合融资成本、融资期限、融资规模、金融机构综合实力等要素进行评价，进而选择满意度最高的融资租赁方案。

融资租赁作为以“融物”方式实现“融资”的新型融资模式，其核心优势是资金使用灵活性较强，而劣势在于资金流向把控力度不足。高新热力企业作为公共事业单位之一，其在进行融资租赁时应严格遵守财政部等 6 部委《关于进一步规范地方政府举债融资行为的通知》（财预〔2017〕50 号）的规定，对平台公司的融资行为应进行科学管理，使平台公司快速向市场化国有企业转变。地方政府要合理定位自身的职责，不能对平台公司运行进行过度干涉。对高新热力这类公共事业单位而言，开展融资租赁活动不仅需要制定科学的资金使用管控体系，以期实现企业价值最大化，同时需要把握政府与企业的界限，严格遵守相关法律规定，杜绝可能产生的隐形债务风险。

2017—2019 年资产负债及利润，如表 3-12 至表 3-15 所示。

表 3-12　2017 年资产负债

单位：元

资产	2017 年 12 月	负债和所有者权益	2017 年 12 月
流动资产		流动负债	
货币资金	413 433 053.37	应付票据	322 578 983.22
应收账款	2 639 680.09	预收款项	102 882 660.32
预付账款	15 537 713.00	应付职工薪酬	8 350 614.95

续表

资产	2017 年 12 月	负债和所有者权益	2017 年 12 月
其他应收款	1 370 685 963.91	应交税费	866 623.63
存货	464 037 963.91	其他应付款	1 782 555 315.86
其他流动资产	51 958 963.91	一年内到期的非流动负债	110 000 000.00
流动资产合计	2 318 292 298.75	流动负债合计	2 327 234 197.98
非流动资产		非流动负债	
长期股权投资	36 000 000.00	长期借款	480 000 000.00
固定资产	1 403 481 006.73	长期应付款	1 196 465 445.40
在建工程	437 431 392.44	其他非流动负债	17 129 800.00
固定资产清理	106 771.30	非流动负债合计	1 693 595 443.38
无形资产	129 331 304.74	负债合计	4 020 829 443.38
长期待摊费用	286 821.33	所有者权益：	
递延所得税资产	87 581.79	股本	19 000 000.00
非流动资产合计	2 006 724 878.33	资本公积	400 000 000.00
资产合计	4 325 017 177.08	未分配利润	−114 812 266.30
		所有者权益	304 187 733.30
		负债和股东权益合计	4 325 017 177.08

表 3–13　2018 年资产负债

单位：元

资产	2018 年 12 月	负债和所有者权益	2018 年 12 月
流动资产		流动负债	
货币资金	584 085 117.92	应付票据	294 743 139.38
应收账款	589 137.66	短期借款	60 000 000.00
预付账款	42 526 745.29	预收款项	194 183 639.24
其他应收款	987 151 781.99	应付职工薪酬	6 985 735.18
存货	423 070 231.16	应交税费	7 141 303.71
其他流动资产	63 469 878.86	其他应付款	1 602 554 838.92
流动资产合计	2 100 892 892.88	一年内到期的非流动负债	170 000 000.00
非流动资产		流动负债合计	2 335 608 656.43
长期股权投资	36 000 000.00	非流动负债	
固定资产	1 594 461 618.60	长期借款	464 500 000.00
在建工程	345 222 644.66	长期应付款	960 816 752.37

续表

资产	2018 年 12 月	负债和所有者权益	2018 年 12 月
固定资产清理		其他非流动负债	14 673 400.00
无形资产	125 621 425.99	非流动负债合计	1 439 990 152.37
长期待摊费用	11 263.77	负债合计	3 775 598 808.80
递延所得税资产	2 592 857.65	所有者权益	
非流动资产合计	2 103 909 810.67	股本	62 624 500.00
资产合计	4 204 802 703.55	资本公积	473 945 736.64
		未分配利润	−107 366 341.89
		所有者权益	429 203 894.75
		负债和股东权益合计	4 204 802 703.55

表 3–14　2019 年资产负债

单位：元

资产	2019 年 12 月	负债和所有者权益	2019 年 12 月
流动资产		流动负债	
货币资金	340 873 270.70	应付账款	222 556 997.40
应收账款	668 691.19	短期借款	160 000 000.00
预付账款	32 168 762.36	预收款项	168 285 278.40
其他应收款	1 621 919 762.36	应付职工薪酬	7 393 392.99
存货	414 963 155.35	应交税费	1 763 689.51
其他流动资产	54 311 242.18	其他应付款	1 619 172 117.86
流动资产合计	2 464 904 199.05	一年内到期的非流动负债	290 448 157.12
非流动资产		流动负债合计	2 469 619 633.72
可供出售金融资产	71 351 882.16	非流动负债	
固定资产	1 609 917 456.50	长期借款	803 000 000.00
在建工程	393 557 545.90	长期应付款	1 005 359 572.84
固定资产清理		递延收益	12 517 000.00
无形资产	186 926 950.75	非流动负债合计	1 820 876 572.84
长期待摊费用		负债合计	4 290 496 206.56
递延所得税资产	101 578.90	所有者权益	
非流动资产合计	2 261 855 414.21	股本	62 624 500.00
资产合计	4 726 759 613.26	资本公积	473 945 736.64

续表

资产	2019 年 12 月	负债和所有者权益	2019 年 12 月
		未分配利润	-100 306 829.94
		所有者权益	436 263 406.70
		负债和股东权益合计	4 726 759 613.26

表 3-15　2017—2019 年利润

单位：元

项目	2017 年度	2018 年度	2019 年度
一、营业收入	418 479 407.03	484 511 314.14	581 700 307.72
减：营业成本	344 664 778.27	484 511 314.14	522 045 929.06
税金及附加	4 254 766.04	2 752 154.83	2 140 756.06
销售费用	1 961 232.46	2 978 342.69	2 205 421.16
管理费用	15 508 197.96	19 620 843.62	17 662 850.40
财务费用	2 694 266.11	27 127 517.01	8 191 341.70
资产减值损失	-953 980.44	107 164.94	10 021 103.45
加：其他收益	6 660 000.00	7 360 000.00	7 110 000.00
二、营业利润	3 398 075.32	10 977 903.32	9 791 486.56
加：营业外收入	5 771 000.00	3 306 400.00	2 524 768.41
减：营业外支出			59 651.68
三、利润总额	9.169 075.32	13 038 234.88	13 502 671.73
减：所得税费用	238 495.11	3 574 772.52	3 625 552.28
四、净利润	8 930 580.21	9 927 899.21	9 412 682.60
五、综合收益总额	8 930 580.21	9 927 899.21	9 412 682.60

案例使用说明

一、教学目的与用途

1. 适用课程

本案例为描述型案例，主要适用于“高级财务会计理论与实务”“高级财务管理理论与实务”等课程中与融资租赁相关的章节。

2. 适用对象

案例适用于 EMBA 和 MBA 学员，可用于企业高管人员的培训，尤其是针对财务部门管理人员的培训；同时，也适用于企业管理专业本科生和管理专业硕士研究生。

3. 教学目标

本案例着力于高新热力融资租赁项目全过程的分析，探究融资租赁项目方案遴选应关注的核心要素，以实现以下的教学目标：

① 引导学员深入了解融资租赁的具体内容；

② 引导学员深入学习融资租赁项目在企业融资管理中的具体操作，并综合运用融资租赁以“融物换取融资”特性，实现资源的合理配置，优化企业负债结构。

本案例所涉及的知识点包括：

① 融资租赁；

② 融资方式对比分析；

③ 融资项目成本测算。

二、启发思考题

① 高新热力选择融资租赁的动因及主要目的是什么？

② 高新热力融资租赁项目方案遴选应该关注的要素是什么？

③ 高新热力是如何从静态和动态两方面进行融资项目成本测算的？

④ 融资租赁的实施有哪些积极影响？

⑤ 针对公共事业单位开展融资租赁的启示有哪些？

三、分析思路

教师可以根据自己的教学目标（目的）来灵活使用本案例。这里提出本案例的分析思路，仅供参考。

本案例以高新热力融资动因为出发点，通过对比分析不同融资方式的可行性，继而选定融资租赁作为获取融资的核心渠道，最终着力于高新热力融资租赁项目全过程的分析。教师可引导学员了解融资租赁的具体实施流程及融资租赁项目方案遴选的核心要素，加深学员对融资租赁的理解和应用。同时，通过该案例的描述，使学员能够结合企业的具体情况，为企业量身订制融资租赁方案。

详细分析思路与步骤如图 3–4 所示。

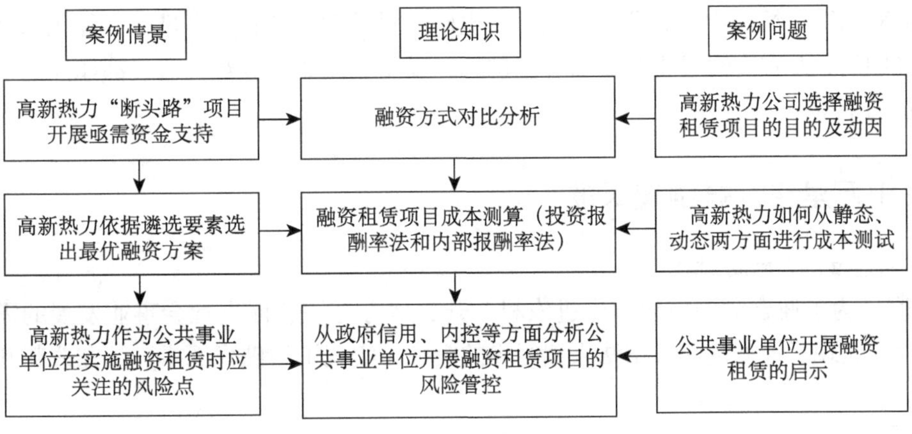

图 3–4　案例分析思路

案例 4

匆道金融守旧规，鸿鹄改革任先锋
——新金融工具准则对 A 农商银行信贷业务的影响[①]

魏　明

案例正文

引言

2020 年 12 月 5 日，接连下了好几天雨的西安好不容易开始转晴，艳阳高照，晴空万里，会议室里虽有阳光洒进，但仍能感到一丝丝寒意。“我们今天进行季度汇报。首先由信贷部李经理汇报一下你们部门业务情况。”王行长忧心忡忡地看着在场的各部门经理。李经理一滴汗水从脑门流下，“上一季度的贷款业务较 2019 年增长 7.5%，主要分布在农村地区。但存在一大问题是，受到洪涝灾害和新冠疫情的影响，部分村民还贷风险较大，可能会存在还不上贷款的现象……”王行长一边听汇报，一边翻阅着 2020 年前 3 个季度的财务报表，发出了深深的叹息，顿时会议室里鸦雀无声，气氛降至冰点……

王行长当然清楚：导致利润下滑和不良贷款率增长的“元凶”是新冠疫情。由于 2019 年新冠疫情的暴发，全球经济严重受创，许多大型企业开始“节衣缩食”，裁员的裁员，降薪的降薪，以求能度过这次危机，更何况那些千千万万的小微企业，没能熬过这个“寒冬”便纷纷倒下，导致信贷回收严重受阻。因此，利润下滑对他来说是有心理准备的。而且，按照银保监会的规定，行里 2021 年必须采用新金融工具准则，预计也会对整体财务状况产生较大的影响。

王行长想起，国内上市的银行在 2018 年首次实行新金融工具准则后，财务状况、经营成果和现金流量都产生了不同程度的影响。外有疫情暴发，内有新准则变更，这波“前后夹击”让王行长焦虑万千。为了应对新冠疫情对中小企业的影响，行里已经对贷款业务和产品进行了优化和升级。而实行新金融工具准则后，A 农商银行将会面临哪些挑战，以及应该如何应对，这些都如挥之不去的乌云，笼罩在王行长的上空……

一、关山万里路，拔剑起长歌

1. 为民利企的“加油站”

1951 年底，为了迎合面向农民、走进农村、开放地方经济、促进社会事业发展的需求，A 农商银行应运而生，实现了地方性非上市法人银行零的突破，实现了“破壳而生”。在改革开放与市场经

① 资料来源：中国管理案例共享中心，并经案例作者同意授权引用。
本案例于 2022 年 3 月 8 日入选中国管理案例共享中心案例库。
由于企业保密的要求，在本案例中对有关名称、数据等做了必要的掩饰性处理。
本案例只供课堂讨论之用，并无意暗示或说明某种管理行为是否有效。

济体制的刺激下，该模式下的农商银行也在飞速发展，时至今日存贷款余额已经占据了全省金融同业前 3 名的位置，存款余额更是独占鳌头，稳稳占据着第 1 名的位置。该行提供的金融服务深入全省各区县级单位，农商行和农信社分别有 51 家和 40 家，农合行有两家，全省开设的营业网点约有 2400 个，占全省银行业金融机构营业网点总和的三成之多，而从业人员更是达到了全省银行业金融机构从业人员总数的 1/4，人数约 3 万人。

A 农商银行是按照有关法律法规，经国家有关部门批准，由 104 家县级联社、3 家合作银行出资入股成立。在省政府的委托下，A 农商银行联合全省各地方金融机构进行统一管理，地方性金融机构的抗风险能力得到提高，也为当地政府解决了历史遗留的“包袱”问题。该行为陕西省的经济建设提供重要服务，特别是对农村经济的发展有着举足轻重的作用，A 农商银行的发展见表 4–1。

表 4–1　A 农商银行的发展[①]

第一阶段	1951—1958 年	部分农民参与入股，通过信贷活动为合作社社员的生产和生活提供服务
第二阶段	1959—1980 年	这期间人民公社、生产大队先后进行管理，导致经营管理混乱，发展停滞
第三阶段	1980—1995 年	A 银行的经营管理逐渐走向正轨
第四阶段	1996—2003 年	农村信用社与农业银行分离，发展步入快车道
第五阶段	2003 年至今	农信社进行完善的重要阶段

现阶段，A 农商银行正在“脱胎换骨”，已经有部分县级信用联社改制为农村商业银行，2015 年 6 月底，西安市城区农信社也改制成为 QL 银行，资本规模排在全国农商行第 4 位。主要经营业务包括贷款业务、代理担保业务、货币结算业务及投资理财业务等，服务对象涉及个体商户、公司、机构等各类客户。A 农商银行的营业收入结构如图 4–1 所示，贷款业务及垫款结构如图 4–2 所示。

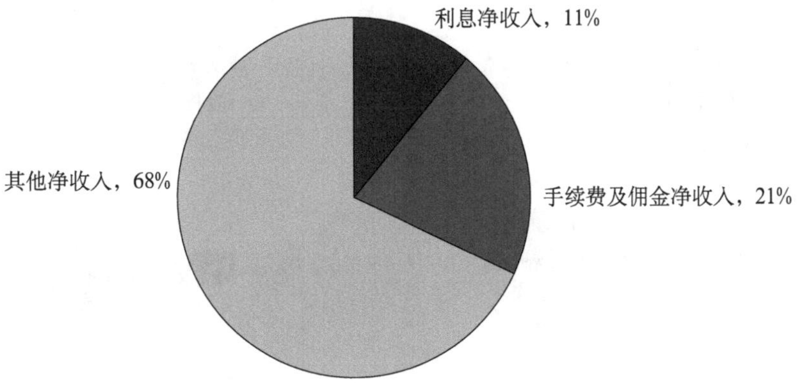

图 4–1　营业收入结构[②]

A 农商银行在近些年来，始终秉持服务老百姓、服务人民的思想，立足于扶持地方经济的发展。从大的方向看，A 农商银行着力突破“三农”问题；小的方向则是应对各种小微融资困难的问题，虽

① 来源：A 农商银行官网 http://www.sxnxs.com/business7m/index.jhtml。

② 来源：A 农商银行 2020 年前三季度财务报表。

只占据着全省约 14% 的存款，却还是能够发放全省近四成的现行体制下的农业经营主体贷款、七成的普惠型涉农贷款及九成的扶贫小额贷款，最终以实现“回归本源、专注主业”为主体性目标，以提升普惠银行可得性、开拓研发推广数字普惠贷款体系为软实力目标，从而真正为三秦百姓谋福利，成为老百姓心中的“良心、放心、贴心”银行。

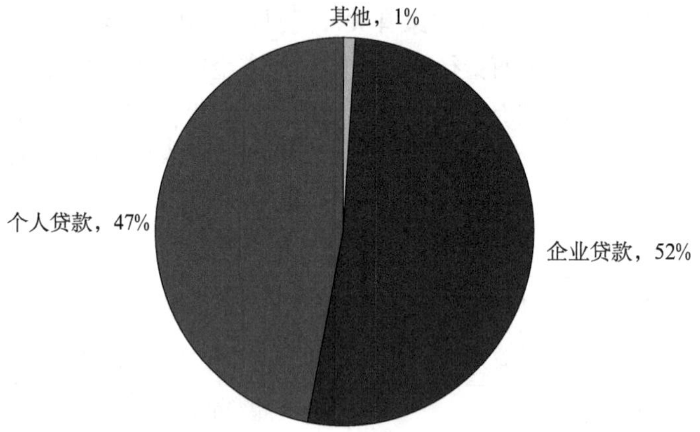

图 4–2　贷款及垫款结构①

2. 金融甘霖，就是这么“惠”

随着互联网的发展，各行各业都开始试图借此机会进行改进和探索新领域，A 农商银行也不断在智能化和数字化方向探索，个人数字普惠贷款“秦 e 贷”和小微数字普惠贷款“秦 V 贷”两大普惠贷款业务正是推进信贷服务数字化转型的成功产物。其中，“秦 e 贷”普惠贷款业务和“秦 V 贷”业务两大业务的铺开成功使得 A 农商银行形成了综合了城乡村一体化的线上线下信贷服务系统。A 农商银行主要信贷业务如图 4–3 所示。

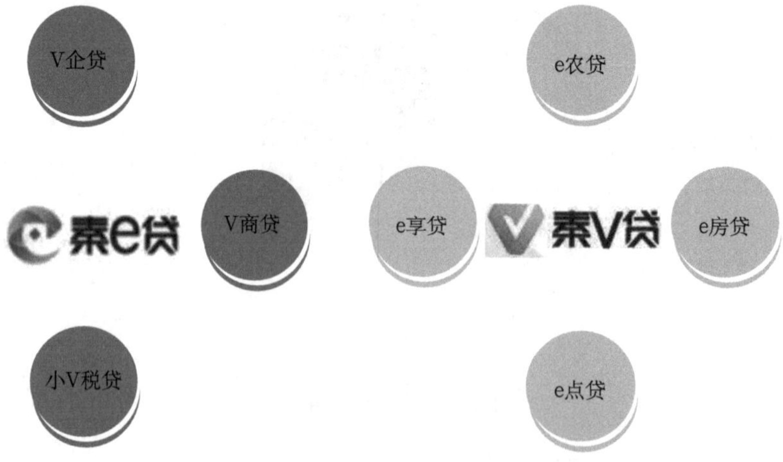

图 4–3　A 农商银行的主要信贷业务②

① 来源：A 农商银行 2020 年前三季度财务报表。

② 来源：A 农商银行官网 http://www.sxnxs.com/business6m/index.jhtml。

二、老行业的新征途

截至发稿，我国 48 家上市银行有近一半已经开始实施新准则。其中，大型银行 6 家，股份制银行 7 家，城商类银行 13 家。相关数据显示，农村商业银行数量占地方金融银行约一半，资本、资产和利润分别占农合机构的 66.7%、63% 和 70.5%，贷款占比以提高至 70%。农村合作银行逐步跨入我国银行业的主力军，作为“新星”，农商银行的新金融工具准则改革则受到“举世瞩目”的阶段。我国银行业根据职能可以分为五大类，具体如图 4–4 所示。

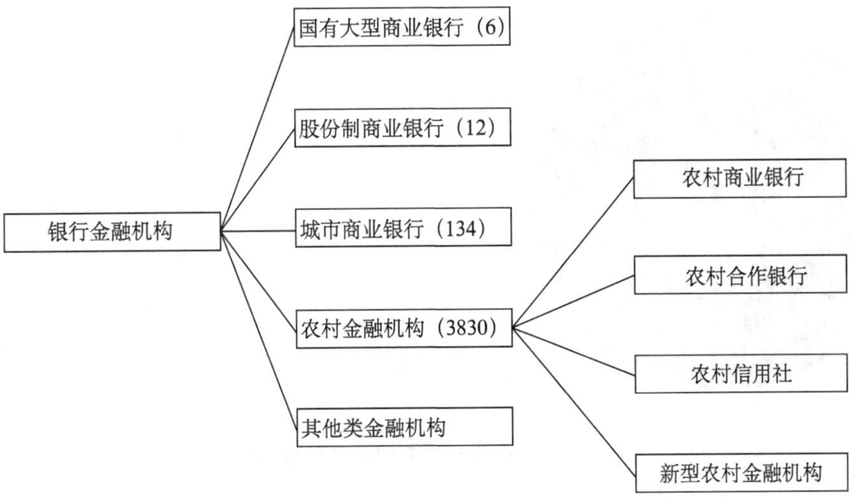

图 4–4　我国银行金融机构主要分类 ①

截至 2019 年底，我国共有农村金融机构 2200 家（其中 1478 家农商银行，722 家农村信用社），农村金融机构总资产为 37.2157 万亿元，比上年同期增长 7.6%；总负债为 34.2504 万亿元，比上年同期增长 7.4%。农村金融机构总资产占银行业总资产的 13.17%。在传统贷款业务方面，公司贷款持续增长，贷款投向不断优化，“三农”及小微企业贷款增长较快。银保监会数据显示，2019 年末企业贷款增速将超过 25%。近 3 年 A 农商银行的各类商业银行贷款业务增速如图 4–5 所示。

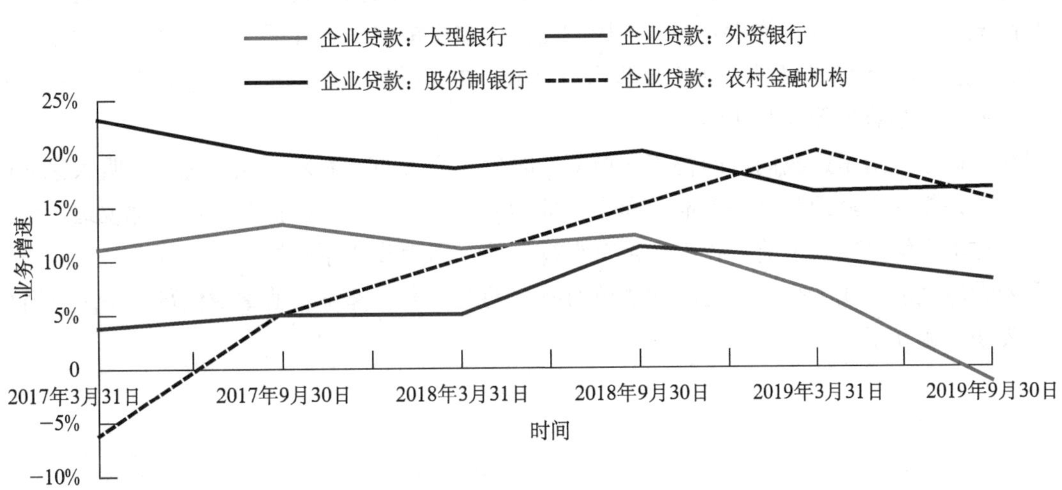

图 4–5　2017—2019 年各类商业银行贷款业务增速 ②

① 来源：中国人民银行 – 银行分类 http://hefei.pbc.gov.cn/hefei/2927537/122429/2462587/index.html。

② 来源：国家统计局 https://data.stats.gov.cn/easyquery.htm?cn=C01。

三、甜蜜事业，今天你“新”动了吗？

1. “贷”动绿色，润泽乡村

A 农商银行作为地方性银行，充分发挥法人银行机制优势，坚定“支农支小”市场定位，在发挥地方金融“大哥”的同时积极探索多元化的跨区发展。当前，银行贷款客户 25 万户，户均贷款 20 余万元，超过 70% 地信贷资金投向涉农领域。2020 年该银行的各贷款占比如图 4-6 所示。

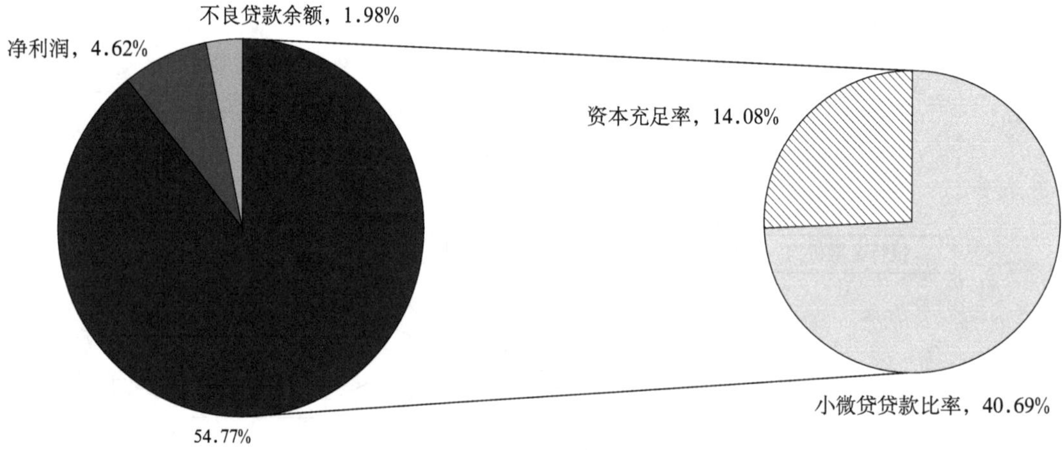

图 4-6　2020 年 A 农商银行各贷款占比 ①

2. 点滴成江河，扬帆正当时

旧准则下以“历史损失”为基础的金融资产减值准备计量方法与信用风险管理的实际有偏差，存在计提滞后和不充分的缺点，不能真实地反映出金融资产的情况；新金融工具准则就是为了解决旧准则下减值延迟确认的缺陷，而这一问题也是引发 2008 年次贷危机的重要因素之一。根据对银行部门人员的访问，得知存在以下问题：资产在完整经历带包出售、核销、抵押拍卖、诉讼及查封等流程后才确认为资产减值损失，但是依照相关规定，在资产完成前两个步骤之前就可以确认；有部分资产已经出现减值迹象，但没有明显的标志事件，工作人员依旧会按照正常资产进行管理，就会存在计量金额偏低的情况；在旧准则下贷款业务中，采用“已发生损失模型”来计提减值准备，导致不良贷款率逐年提升，也会形成减值准备的“顺周期性”。2016—2020 年 A 农商银行的企业贷款不良率和个人贷款不良率的变动趋势如图 4-7 所示。

“现在根据上级指示，我们行即将步入革新的时代。今天叫大家来，也是想听一听大家对改革的建议。还有就是想让李经理分享一下他上周去总部学习的心得。”王行长意味深长地说道。信贷部李经理说：“在不了解这项政策前，我内心是有点抵触的，因为改变原有的模式让人总是感觉不安。但是经过深入学习之后，我了解到，这次的改革对我们的发展大有裨益。就拿我们部门贷款业务给大家介绍一下改变在哪儿了。”

① 来源：A 农商银行年度财务报表。

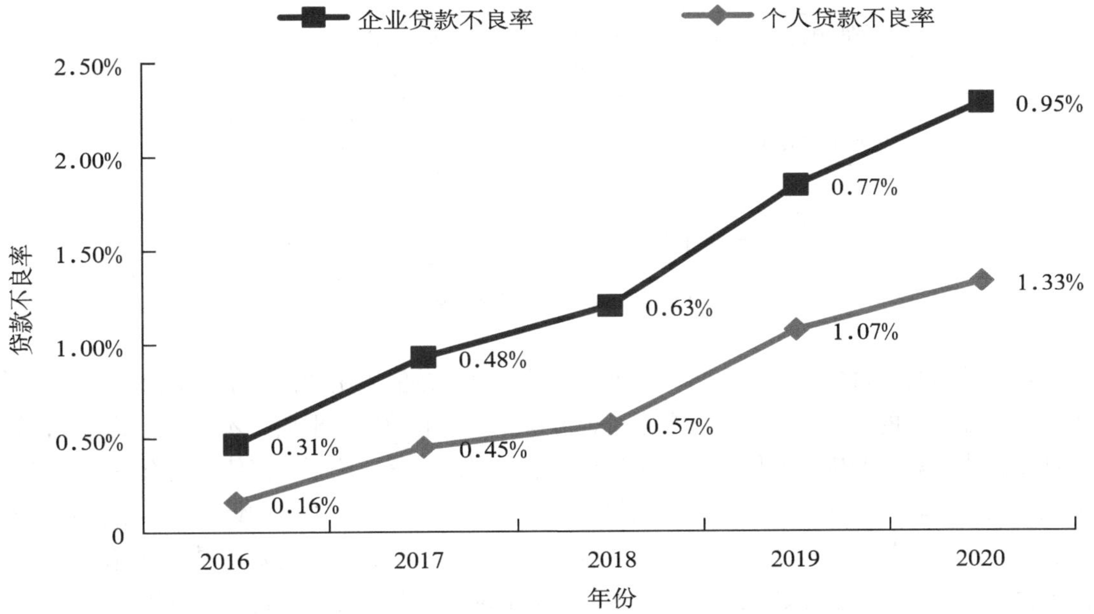

图 4-7　2016—2020 年 A 农商银行企业贷款不良率和个人贷款不良率变化①

四、律回春晖渐，万象益更新

随着全球金融市场逐步开放和各类金融工具的与时俱进，新金融工具准则对市场经济的影响正在迅猛增加。自 2008 年全球范围内爆发次贷危机以来，世界各地均存在一些经济管理问题，也包括金融准则的不适应性。国际会计准则及我国会计准则的推行，可以更好地应对金融机构风险不确定性，保证资产结构的高质量。企业根据实际情况分不同批次实施新金融工具准则，简称“新准则”。我国新金融工具准则修订如图 4-8 所示，在我国实施的具体要求如图 4-9 所示。

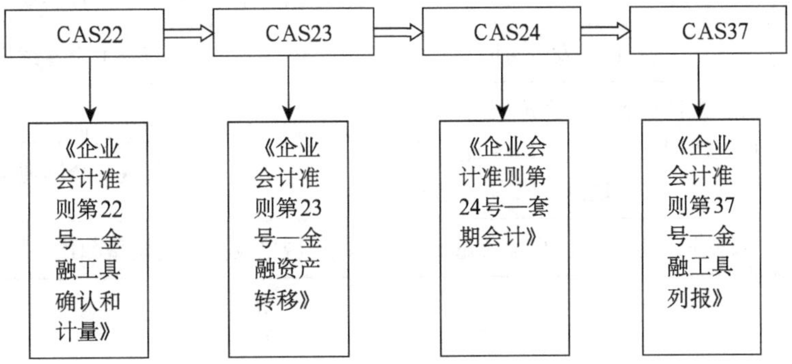

图 4-8　我国新金融工具准则变化②

① 来源：根据 A 农商银行 2016–2020 年财务报表汇总整理。

② 来源：财政部官网 http://kjs.mof.gov.cn/zhengcefabu/201704/t20170406_2575699.htm。

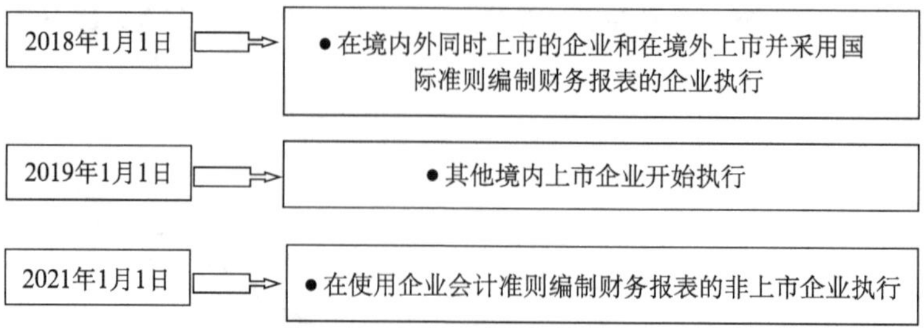

图 4-9 我国实施的具体要求 ①

出于对会计信息质量的可靠性要求，旧准则要求对贷款减值采用“已发生损失法”，该事项是自初始确认后已经发生的，且能够对预计未来现金流量产生影响的确定事项，才可以计提减值，如果没有确凿证据证明金融资产确有减值，则不能计提减值。因此，该方法下的减值计提有一定的滞后性，容易使企业低估风险。而新准则采用“预期信用损失法”，金融资产减值的计提标准不再局限于确凿证据和客观事实，而是通过信用风险机制评估风险，在金融资产获得时需要计提预期信用损失减值，强调前瞻性，能够督促企业更加及时、足额地计提减值准备，减少经济下行对银行体系的影响，提高银行的稳定性。新旧准则金融资产减值模型对比情况如表 4-2 所示。

表 4-2 新旧准则金融资产减值模型对比情况 ②

减值模型	已发送损失模型	预期信用损失模型
计提损失的依据	历史信息、当前资产状况	历史信息、当前资产状况、未来现金流量的影响因素
实际利率	初始账面净值和预期未来现金流量	初始账面净值和扣除预期信用损失的净现金流量
减值确认	已发生的减值事实	信用风险未显著增加——未来 12 个月内预期信用损失
		信用风险已显著增加——整个存续期间的预期信用损失
		已发生信用损失——整个存续期间的累计预计信用损失
损失确认时间	贷款损失发生时间	贷款整个存续期间
减值准备转回	有客观证据表明资产价值已恢复，可以转回已减值损失，转回金额不得超过摊余成本	通过调整预期现金流量转回，转回金额不得超过实际利率折现的合同现金流量
账面净值	反映已发生损失的现金流量折现	反映已发生损失模型和预期损失的现金流量折现

五、喜忧参半：只争朝夕谋新篇

近年来，为积极响应国家号召，A 农商银行由于自身定位的特殊性，努力践行“金融扶贫攻坚、信合一马当先”的承诺，积极探索适合贫困群众、带贫企业特点的信贷产品，因此，贷款资产比例占到了总资产的一半以上。在新旧准则变化的背景下，A 农商银行的风险主要来源于信贷业务。在面临

① 来源：财政部官网 http://kjs.mof.gov.cn/zhengcefabu/201704/t20170406_2575699.htm。
② 来源：搜狐财经 https://www.sohu.com/a/322837507_784300。

不同的减值方式时，对贷款减值计提额的影响不同，那么信贷业务会如何变化？相关财务指标又会有怎样的变化呢？将 2020 年的财务报表汇总后，按新金融工具进行调整或许能够说明问题。

1. 信贷业务

在王行长的指示下，财务部门将 2020 年前 3 季度的报表项目按照新金融工具准则作了调整，并形成了财务分析报告。根据分析报告得出，若实行新准则，变化最大的是以公允价值计量且其变动计入当期损益的金融资产，新旧准则下其账面价值相差 2553.12 亿元，对 A 农商银行新旧准则下的不同报表科目进行对比见表 4–3。

表 4–3　2020 年前 3 季度的报表项目对比①

单位：百万元

按旧 CAS22 分类	账面价值	按新 CAS22 分类	账面价值
以公允价值计量且其变动计入当期损益的金融资产	5 299.51	以公允价值计量且其变动计入当期损益的金融资产	7 852.63
可供出售金融资产	14 964.53	以公允价值计量且其变动计入其他综合收益的金融资产	15 447.60
持有至到期投资	35 421.84	以摊余成本计量的金融资产	232 960.35
贷款和应收账款	200 683.75		
金融资产合计	256 369.63	金融资产合计	256 260.58
以摊余成本计量的金融负债	5 269.40	以摊余成本计量的金融负债	5 279.28
指定以公允价值计量且其变动计入当期损益的金融负债	893.61	指定以公允价值计量且其变动计入当期损益的金融负债	883.91
金融负债合计	6 163.01	金融负债合计	6 163.19

2. 新金融工具“入表”

除了信贷业务主要项目的变化，王行长还注意到，A 农商银行使用新金融工具准则后，对与信贷相关的财务指标如不良贷款率、拨备覆盖率等产生影响见表 4–4。

表 4–4　信贷业务相关指标新旧准则变化②

单位：%

财务指标	减值模型	2016 年	2017 年	2018 年	2019 年	2020 年 9 月
资产充足率	已发生损失模型	11.86	12.82	13.40	13.04	13.74
	预期损失模型	11.52	12.49	13.10	12.84	13.48

① 来源：根据 A 农商银行 2020 年前 3 季度财务报表汇总整理。

② 来源：根据 A 农商银行 2016—2020 年财务报表汇总整理。

续表

财务指标	减值模型	2016 年	2017 年	2018 年	2019 年	2020 年 9 月
不良贷款率	已发生损失模型	2.34	2.21	1.75	1.96	2.17
	预期损失模型	2.41	2.35	1.83	2.04	2.25
拨备覆盖率	已发生损失模型	193	167	213	268	289
	预期损失模型	212	181	227	283	301
贷款迁徙率（次级贷款迁徙率）	已发生损失模型	81	88	75	68	64
	预期损失模型	75	84	71	63	58

不良贷款率为银行期末不良贷款余额与期末贷款余额之比，是反映银行信贷风险的重要指标，其数值的高低会间接影响到贷款损失准备的计提。数据显示，A 农商银行的各项贷款在整体占比中有较为明显的优势，具体贷款余额占比为 18%，接近西安市区 1/5 的贷款规模。具体贷款占比如图 4–10 所示。

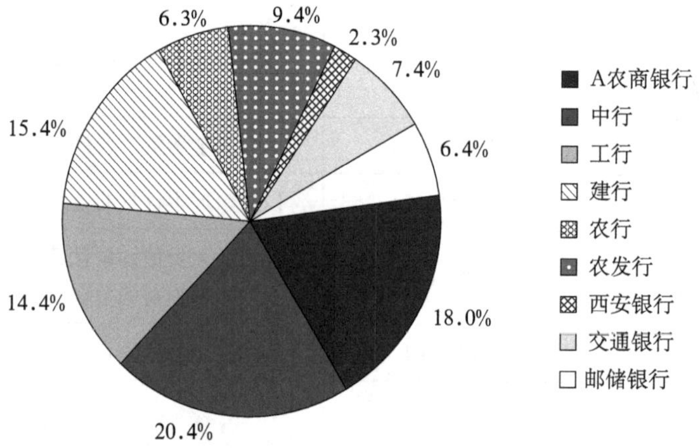

图 4–10　2020 年末西安九家金融机构贷款余额占比[①]

将 A 农商银行的信贷业务分为 3 阶段进行计算，第一阶段的贷款划分为对公和个人贷款两类，按照行业进行粗略划分，具体划分情况及相应贷款数额如图 4–11 所示。

计算减值准备金额，将调整后的历史违约损失率与账面价值相乘，即可得到减值准备金额，如图 4–12 所示。

A 农商银行现阶段仍采用已发生损失模型进行贷款减值损失的计算与处理。李经理通过对新旧模型的应用效果进行对比分析发现，采用预期损失模型计算，A 农商银行能够有效地预测贷款减值损失的未来变动趋势，更接近后期收益核算的真实性与准确性，如图 4–13 所示。

① 来源：中国人民银行西安分行官网 http://xian.pbc.gov.cn/xian/129424/index.html。

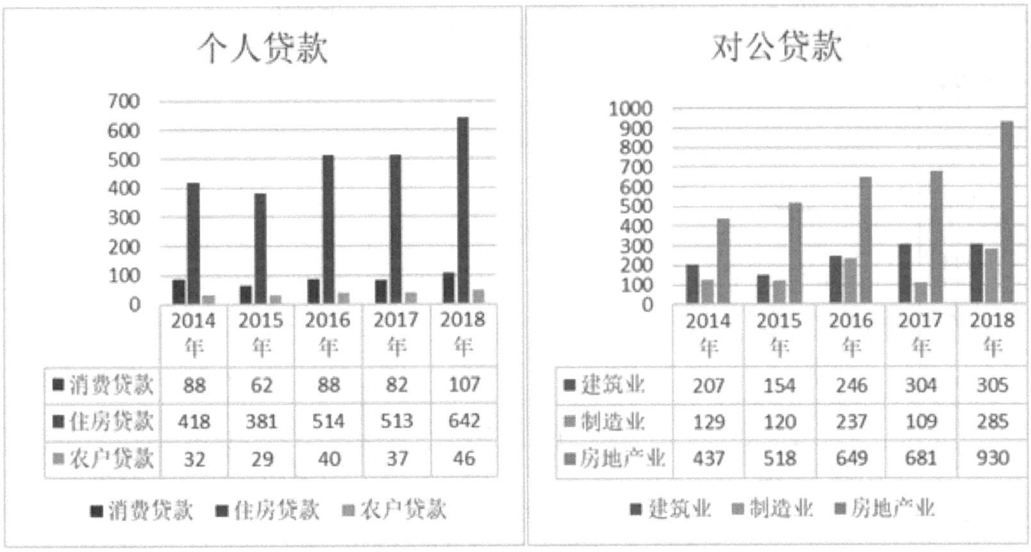

	2014年	2015年	2016年	2017年	2018年
消费贷款	88	62	88	82	107
住房贷款	418	381	514	513	642
农户贷款	32	29	40	37	46

	2014年	2015年	2016年	2017年	2018年
建筑业	207	154	246	304	305
制造业	129	120	237	109	285
房地产业	437	518	649	681	930

（a）个人贷款　　（b）对公贷款

图 4-11　2014—2018 年 A 农商银行第一阶段贷款划分情况

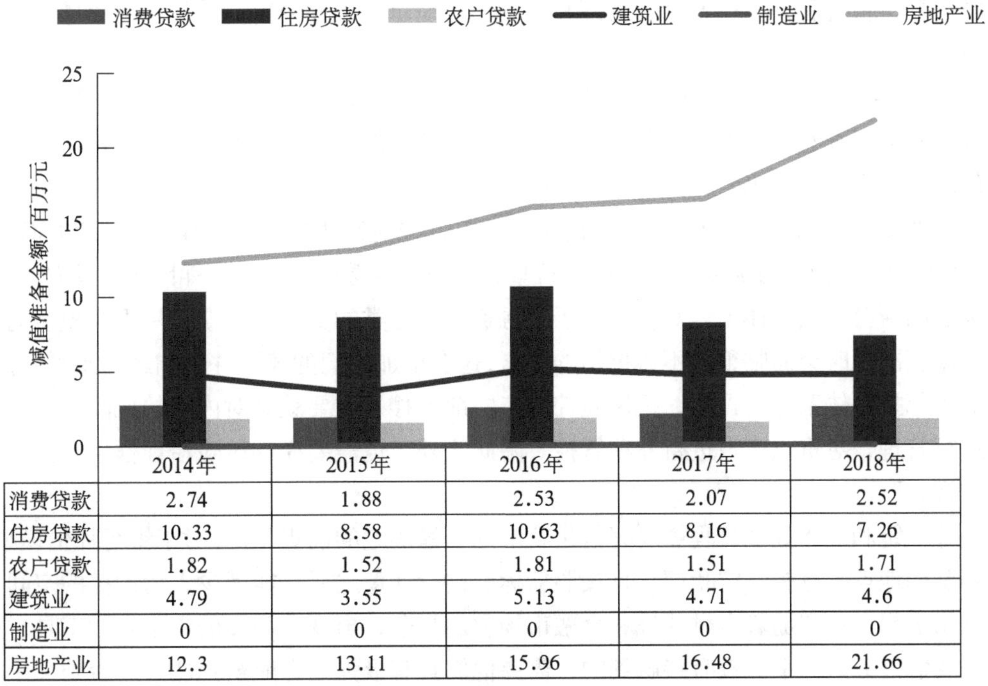

	2014年	2015年	2016年	2017年	2018年
消费贷款	2.74	1.88	2.53	2.07	2.52
住房贷款	10.33	8.58	10.63	8.16	7.26
农户贷款	1.82	1.52	1.81	1.51	1.71
建筑业	4.79	3.55	5.13	4.71	4.6
制造业	0	0	0	0	0
房地产业	12.3	13.11	15.96	16.48	21.66

图 4-12　2014—2018 年 A 农商银行减值准备金额[①]

① 来源：根据 A 农商银行 2014—2018 年财务报表汇总整理。

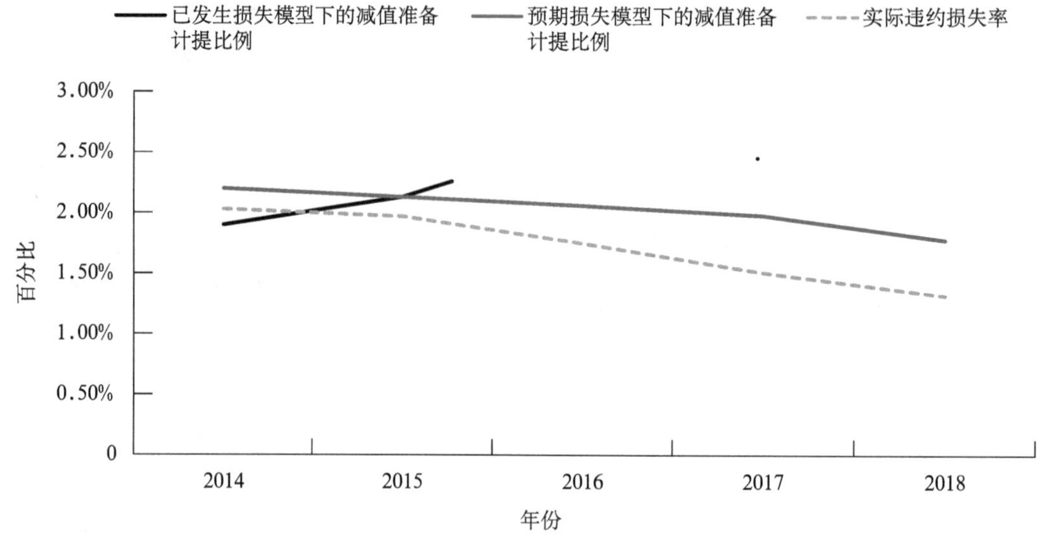

图 4-13　新旧模型应用效果对比①

六、铆足“牛劲儿”，“犇”向新征程

看过财务分析报告后，王行长将信贷部和授信部经理留在了办公室，希望一起商量新金融工具准则的应对事宜。

“老李，财务部的分析报告我看了，如果在2021年实行新金融工具准则，咱们行受到的影响不小。从最直观的指标分析来看，新准则对公司的偿债能力和盈利能力两方面的影响不容乐观。你有什么好的建议来应对新准则的实施吗？”王行长开口问道。

李兵说：“来之前我已经想好了，对于此次金融工具准则的变更，我认为可以从两方面着手应对。首先，在银行内部，按照新准则对金融资产进行重新分类，主要对会计核算科目和计量方式进行修改，采用重分类后的新会计核算体系。其次，由于金融资产重分类的变化和预期信用损失模型的使用，我们在具体实施新准则时会面临很多不可抗拒的因素，这会增加我们的风险并影响经营水平和盈利能力。我们需要对内部控制体系进行评估，把风险控制点向前推移，主要就是对内部的风险评估、分析、考核和计量进行管理，对重点客户进行专项管控。除此之外，也需要完善风险治理框架，提高对风险管控部门的重视。”

会计核算系统和业务处理流程需要完善是新准则平稳落地的前提条件。对于银行评估模型的变更，王行长更是赞同地点了点头，“我们一旦按照新标准进行计量之后，能减少人为调控的空间。”谨慎的王行长又马上想道：“随着金融环境和金融市场愈加复杂，出现了很多的衍生金融工具，这些金融资产可能是我们财务人员平时没有接触到的，需要他们具有极强的专业辨别能力，否则会影响对这类金融资产的确认和后续计量的准确判断。加上现在市场中公允价值难以确定，难以根据市场环境选择恰当的估值方法，这也是我们银行发展的最大障碍。”对于王总的担忧，李经理解释道：“我们可以和会计教育机构合作，对行里上上下下进行全面而又有针对性的培训来解决这个棘手的问题。对于行里的管理层，帮助他们从宏观上把控新准则的理念，了解准则的变化内容及所涉及的业务范围，转变业务系统和经营管理模式。对于专业的财务人员，要求他们不仅要从理论上进行学习，还要实操训练，

① 来源：根据A农商银行2014—2018年财务报表汇总整理。

熟练掌握各类金融工具使用的评估模型和贷款减值模型，学会运用新的会计核算系统和处理方法。对于其他相关的如风控、软件技术等部门，也要加强培训，这样一来就能保证新准则平稳落地了。”

王行长想了想，还是担心不良贷款会失控，说道：“在贷款产品和客户信用风险的评估方面还是要再谨慎一些，我们的不良贷款数额过大，有必要建立一个我们自己的资产管理公司，加快不良资产的处置。这样吧老李，你提前去和其他部门经理沟通，看看能不能将这个事确定下来，从这个角度出发应该会稳妥一些。老张，关于明年要支持乡村振兴战略和扶贫贷款项目，你有什么建议吗？”

张经理说：“2021 年将是我们行巩固拓展脱贫攻坚成果和有效衔接乡村振兴的关键性一年。首先，我们要保持初心不改，利用好脱贫人口小额信贷政策，宣传推广‘三秦创业贷’等具有特色农户贷款，大力支持具有产业带动性和带贫益贫作用的产业项目。其次，我们计划推出以‘产业兴旺、生态宜居、乡风文明、治理有效、生活富裕’为核心的产品体系。面对不同需求的客户，进行个性化订制出适配的贷款产品。面向部分规模经营主体，推广‘三秦农经贷’、‘职业农民贷’、‘小 V 税贷’及各类特色产业贷款等。面向农民生产经营、消费升级等方面，推广农户小额信用贷款、农户经营性贷款、个人综合消费贷款、秦 e 贷等生活富裕系列产品。下一步，将在这 50 余款乡村振兴产品基础上，持续加快金融产品创新推广，进一步丰富产品体系，不断提升‘三农’金融服务效能。”

“没关系，对于我们来说，在明年将实行新金融工具准则的情况下，支持乡村振兴战略实施可是一项重大决策，你慢慢算。”王行长说道。他又补充道：“不过，老李还有老张，你们都要注意和业务部门加强沟通，只有获得详细准确的信息，才能更好地预估实施新金融工具准则将对银行产生的影响，也方便我们进行下一年的工作安排。”

七、尾声

随着夜幕慢慢来临，王行长依然坐在办公桌前忙碌着，而身后的老李还在计算和完善预期信用损失模型，老张则专心思考和各地政府的合作项目，同时撰写着下一年度工作计划。12 月份的西安已经进入寒冬，玻璃上凝结着晶莹剔透的水珠。透过窗户，街上的夜景显露出别致的美丽，五光十色的霓虹着实诱人。为了应对新冠疫情的影响，A 农商银行适时调整了业务安排战略部署。明年就要实行新金融工具准则了，主打扶贫战略的 A 农商银行该做哪些准备以应对新准则的变化？未来之路如何走，走向何方，这些都需要管理层们进行认真考虑和部署……

案例说明使用

一、教学目的与用途

1. 适用课程

本案例主要适用于“财务会计理论与实务”课程，重点学习关于新金融工具准则下金融资产的分类和计量及其对银行信贷业务的影响等内容。

2. 适用对象

本案例适用于 MBA 学生、会计专硕（MPAcc）学生、会计学研究生和会计专业高年级本科生的课程教学。

3. 教学目标

本案例通过对比新旧金融工具准则的主要事项，结合新金融工具准则应用对 A 农商银行信贷业务的具体影响进行深入探讨，以实现以下教学目标：

① 引导学员思考新金融工具准则对银行不同业务带来的财务影响，并从根本上理解为何准则的变化会带来上述财务影响；

② 引导学员掌握新金融工具准则下金融资产的分类与计量，熟悉预期信用损失模型的计算依据和运用；

③ 引导学员思考和讨论为了应对新金融工具准则的落地实施，银行业应该在哪些方面做好准备。

在能力训练上，通过对案例的解析和探讨，提升学员的综合分析能力、逻辑思维能力、深入思考能力、总结概括能力、解决实际问题的能力。

二、启发思考题

① 新金融工具准则下，金融资产如何分类和计量的？在资产减值的处理上与旧准则相比有什么区别？

② 新旧金融工具准则对比下，A 农商银行将金融工具从“四分类”转为“三分类”后会对财务报表信息披露产生怎样的影响？新准则下信贷业务应如何进行账务处理？

③ 结合案例情景，A 农商银行如何将新金融工具准则平稳有效落地到信贷业务中？针对较大的不良贷款率应如何应用新的金融工具准则？

④ A 农商银行的信贷业务采用预期信用损失模型是改善资产减值的最佳途径吗？此次变革对其他农村金融机构带来什么样的启示？

三、案例分析思路

本案例的分析以新金融工具准则为基础，从 A 农商银行的经营现状出发，通过模拟运用新金融工具准则，研究其对 A 农商银行信贷业务带来的财务影响及为何准则的变化会带来上述影响，最后提出应对准则变化的相关措施。

教师可以根据自己的教学目标来灵活使用本案例，如图 4-14 所示，分析思路仅供参考。

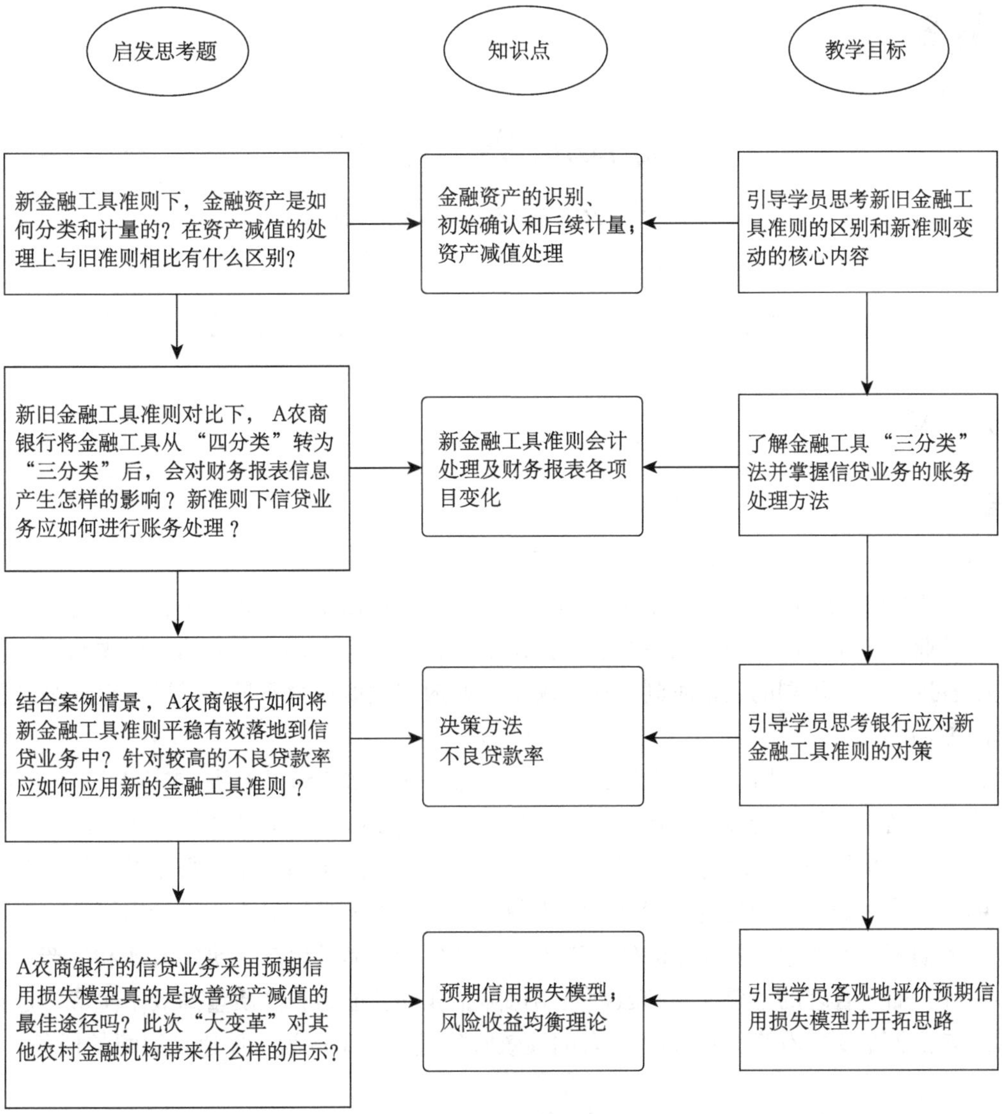
启发思考题
知识点
教学目标
新金融工具准则下，金融资产是如何分类和计量的？在资产减值的处理上与旧准则相比有什么区别？
金融资产的识别、初始确认和后续计量；资产减值处理
引导学员思考新旧金融工具准则的区别和新准则变动的核心内容
新旧金融工具准则对比下，A农商银行将金融工具从“四分类”转为“三分类”后，会对财务报表信息产生怎样的影响？新准则下信贷业务应如何进行账务处理？
新金融工具准则会计处理及财务报表各项目变化
了解金融工具“三分类”法并掌握信贷业务的账务处理方法
结合案例情景，A农商银行如何将新金融工具准则平稳有效落地到信贷业务中？针对较高的不良贷款率应如何应用新的金融工具准则？
决策方法
不良贷款率
引导学员思考银行应对新金融工具准则的对策
A农商银行的信贷业务采用预期信用损失模型真的是改善资产减值的最佳途径吗？此次“大变革”对其他农村金融机构带来什么样的启示？
预期信用损失模型；风险收益均衡理论
引导学员客观地评价预期信用损失模型并开拓思路

图 4-14　案例分析思路

案例 5

顺应时势寻变革
——XMJ 绩效管理之路[①]

田巧娣　黄当玲　贾　璐　张　雪　杨嘉琪

案例正文

引言

窗外乌云密布，正如办公室里心情惆怅的李秀波。

李秀波是 XMJ 的董事长，6 年前，40 岁的他就当上了这家国有企业的董事长，凭着良好的个人素质和扎实敬业的工作态度，李秀波在董事长岗位上一直得心应手，为企业的发展做出了不可磨灭的贡献。但随着进入五年规划的攻坚时刻，却出现了企业内在发展动力不足的问题，企业绩效管理开始逐渐暴露出弊端。

XMJ 的绩效管理也是经历了一次次的尝试——失败——再次尝试的过程，本以为在经历了这些后，会迎来大晴天，结果却是晴转多云。近期，各部门领导频繁反映现行的绩效管理无法激发员工的工作积极性，在员工看来似乎多劳多得已不现实，所以出现了消极怠工的现象，很多员工怨声载道。

作为单件、小批量、定制化生产特点的煤机制造企业，需要高精尖人才设计出符合客户要求的产品，同时，劳动密集型产业需要专业的生产工人保证高质量产品的生产。研发人才和生产人员都是企业的核心资源，需要合理的考核计划和激励机制保障企业创新能力和高质量高效率生产，这对于企业的可持续发展至关重要。看来，对 XMJ 现有的绩效管理进行变革成为一项迫在眉睫的任务。

一、“剥茧现真章”——XMJ 背景

1. 行业背景

煤炭装备制造业是我国煤炭工业和国民经济的战略性产业，是煤炭工业结构调整、转型升级和持续发展的装备部，是煤炭科技成果转化为生产力的重要载体。我国煤机装备制造业产量和规模位居世界第一，但大而不强。随着供给侧改革的深入和“中国制造 2025”战略实施，国内煤炭市场发生深刻变化，持续淘汰落后产能，整合煤矿资源，致力培育具有较强国际竞争力的亿吨级特大型煤炭企业集团。在此背景下，国内煤机行业产品结构“低端产品产能过剩，高端产品供不应求”的倒挂问题凸显，大型和关键设备仍然依赖于国外进口。

“煤炭智能开采是新一代采矿业技术竞争的核心。”在 2019 年 5 月召开的全国煤矿薄煤层智能

---

① 案例来源：中国管理案例共享中心，并经案例作者同意授权引用。
本案例于 2019 年 11 月 5 日入选中国管理案例共享中心案例库。
由于企业保密的要求，在本案例中对有关名称、数据等做了必要的掩饰性处理。
本案例只供课堂讨论之用，并无意暗示或说明某种管理行为是否有效。

开采现场推进会上，中国煤炭工业协会会长王显政表示，煤炭智能开采可以充分发挥煤矿全要素生产作用，实现效率变革，促进煤炭行业由要素驱动型向创新驱动型转变；可以带动建立新技术、新产品、新模式等突出优势，增强煤炭企业核心竞争力；可以推动煤炭开采向清洁生产方向转变，有助于实现产业升级和可持续发展。

2019 年有望迎来煤机采购需求高峰。以采煤机产品为龙头带动掘进机、连采机、煤矿专用设备、煤矿成套装备、再制造产业发展；产业向非煤领域拓展，寻找新的盈利增长点；进一步加强人力资源管理、信息化管理、安全管理和经营风险防控，通过体制机制改革和技术创新，打造国家级煤矿装备制造工业园，建设科技创新型、管理精细型、和谐发展型的产、学、研综合发展的国内一流高端煤矿装备生产制造企业是行业发展的必然趋势。

2. 历史沿革

XMJ 始建于 1951 年，是我国采煤机设计制造的大型国有骨干公司。2008 年 8 月，由 SX 煤业化工集团有限责任公司与 ZM 能源集团有限公司合作投资进行战略重组，其组织框架如图 5–1 所示。

2016 年 7 月，公司技改升级整体搬迁至 X 市经济技术开发区。XMJ 是进行采煤机、掘进机、矿井提升专用设备等产品研发、设计、制造、营销、服务为一体的大型国有高新技术企业。XMJ 秉承“诚信、高效、共赢、发展”的经营理念，在省政府的强力支持下实现了迅猛发展，先后取得了许多国家级、省级优秀称号；企业销售市场不断扩大，不仅远销全国 27 个省、直辖市、自治区 400 多家煤炭企业，并且成功进入印度、孟加拉国、俄罗斯、越南、印度尼西亚等国际市场。

XMJ 紧抓“中国制造 2025”发展契机，按照高质量发展要求，以科技创新和管理创新为驱动，增强自主研发能力，持续开展技术升级和品质提升，做精主导产品，加大对外合作力度，加快结构调整步伐，制定了 XMJ 新时期的战略规划，计划用 5 年时间（2017—2021 年）将采煤机打造成行业领军品牌，将企业创建成具有国际竞争力的中国一流煤机制造企业，全力打造优质高端煤机制造供给服务实体。

企业五年规划层层递进：2017 年和 2018 年，提升产品质量；2019 年和 2020 年实现科技创新、生产提速、运行提效；到 2021 年以高端品牌效应、先进的科技研发实力、稳定的产品质量，明显提升企业综合实力，力争 5 年内将利润总额翻 5 番，最终将企业创建成具有国际竞争力的中国一流煤机制造企业。

3. 绩效管理现状

在五年计划出台的同时，XMJ 也将以 360 度绩效考核为主的绩效管理变革为以 KPI 考核为主的管理。新的绩效管理办法分为绩效考核和激励管理两部分。

（1）绩效考核

企业按照各单位业务属性分系统的实施绩效考核。将绩效考核划分为生产、技术、营销、管理 4 个系统，并实行经营业绩指标考核和重点项目专项相结合的多维度绩效考核体系。其中，生产系统实行产值质量考核制度，技术系统实行经营业绩指标和重点项目考核制度，营销系统实行营销业绩风险抵押考核制度，管理系统实行经营业绩指标和重点工作考核制度。各个系统中按照不同部门、岗位分别设置考核内容，制定 KPI 指标及权重。

以生产系统为例。作为 XMJ 绩效管理核心的生产系统，采用基础产值指标和基础质量指标考核、重点项目专项考核相结合的多维度考核体系。根据岗位分为两大类，按照不同的权重和不同的指标分别进行考核：第一类是对于分公司一线人员、技术人员、管理辅助人员设置的考核权重和指标；第二类是针对分公司中层。各系统具体考核指标及权重如图 5–2 所示。

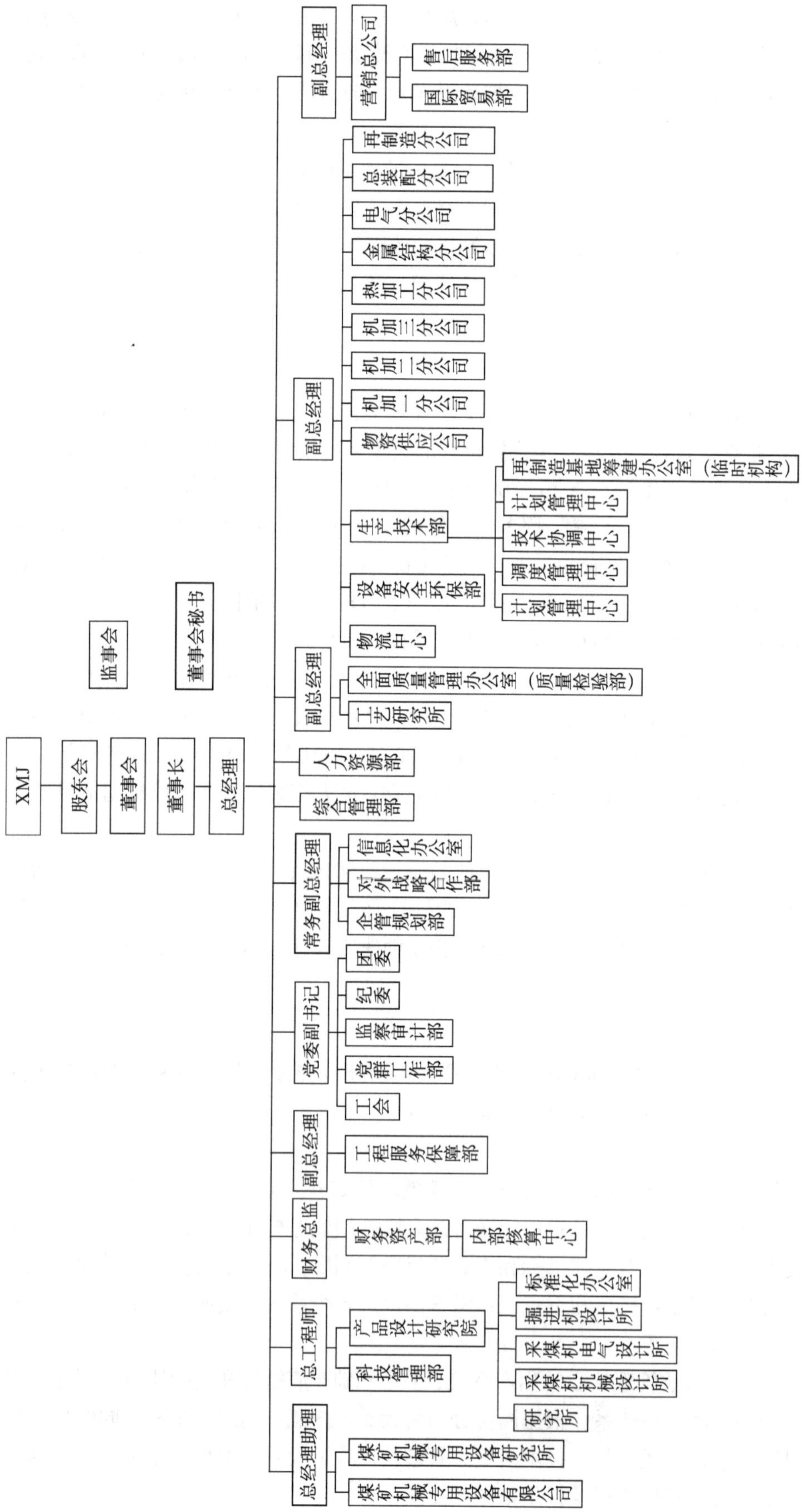

图 5-1　XMJ 组织框架结构

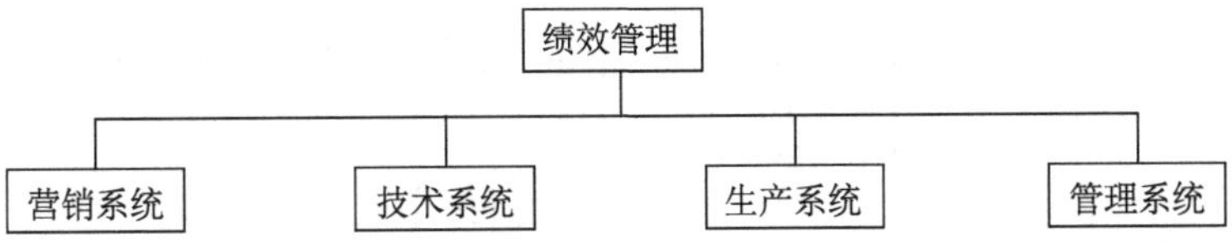
绩效管理
营销系统
技术系统
生产系统
管理系统

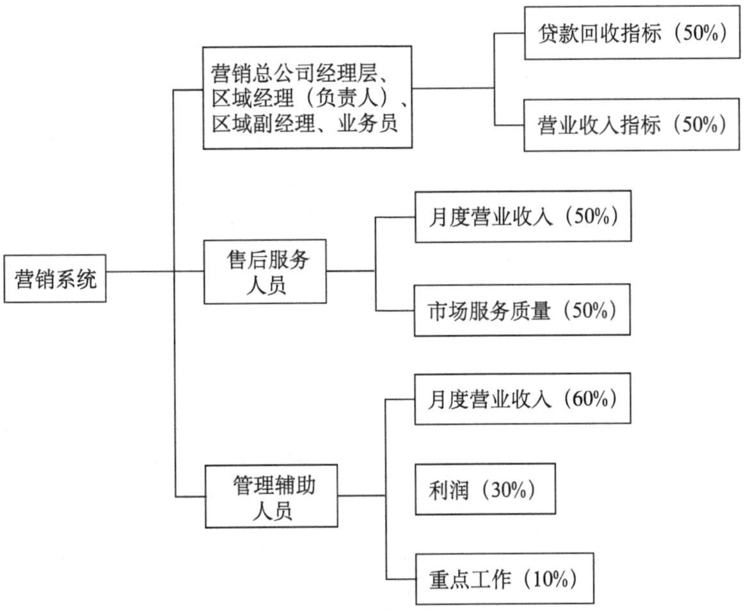
营销系统
营销总公司经理层、区域经理（负责人）、区域副经理、业务员
贷款回收指标（50%）
营业收入指标（50%）
售后服务人员
月度营业收入（50%）
市场服务质量（50%）
管理辅助人员
月度营业收入（60%）
利润（30%）
重点工作（10%）

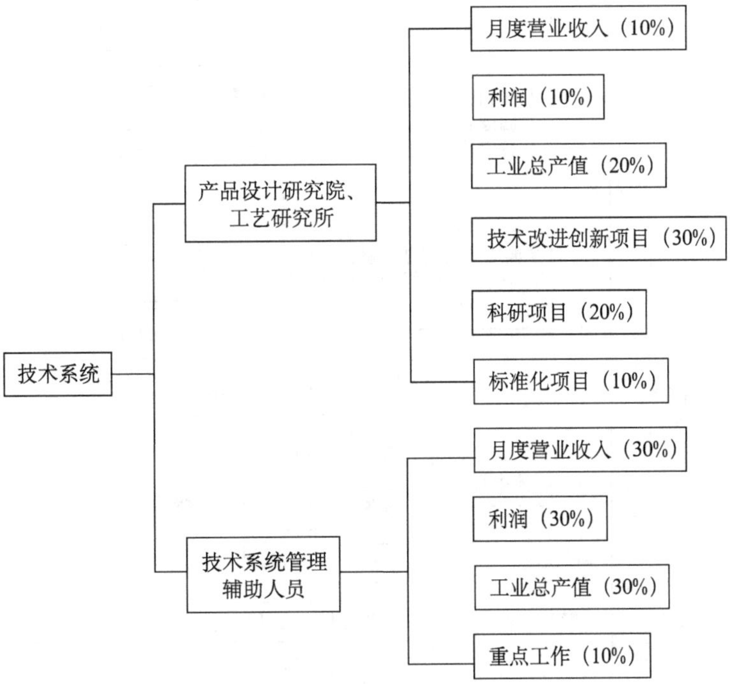
技术系统
产品设计研究院、工艺研究所
月度营业收入（10%）
利润（10%）
工业总产值（20%）
技术改进创新项目（30%）
科研项目（20%）
标准化项目（10%）
技术系统管理辅助人员
月度营业收入（30%）
利润（30%）
工业总产值（30%）
重点工作（10%）

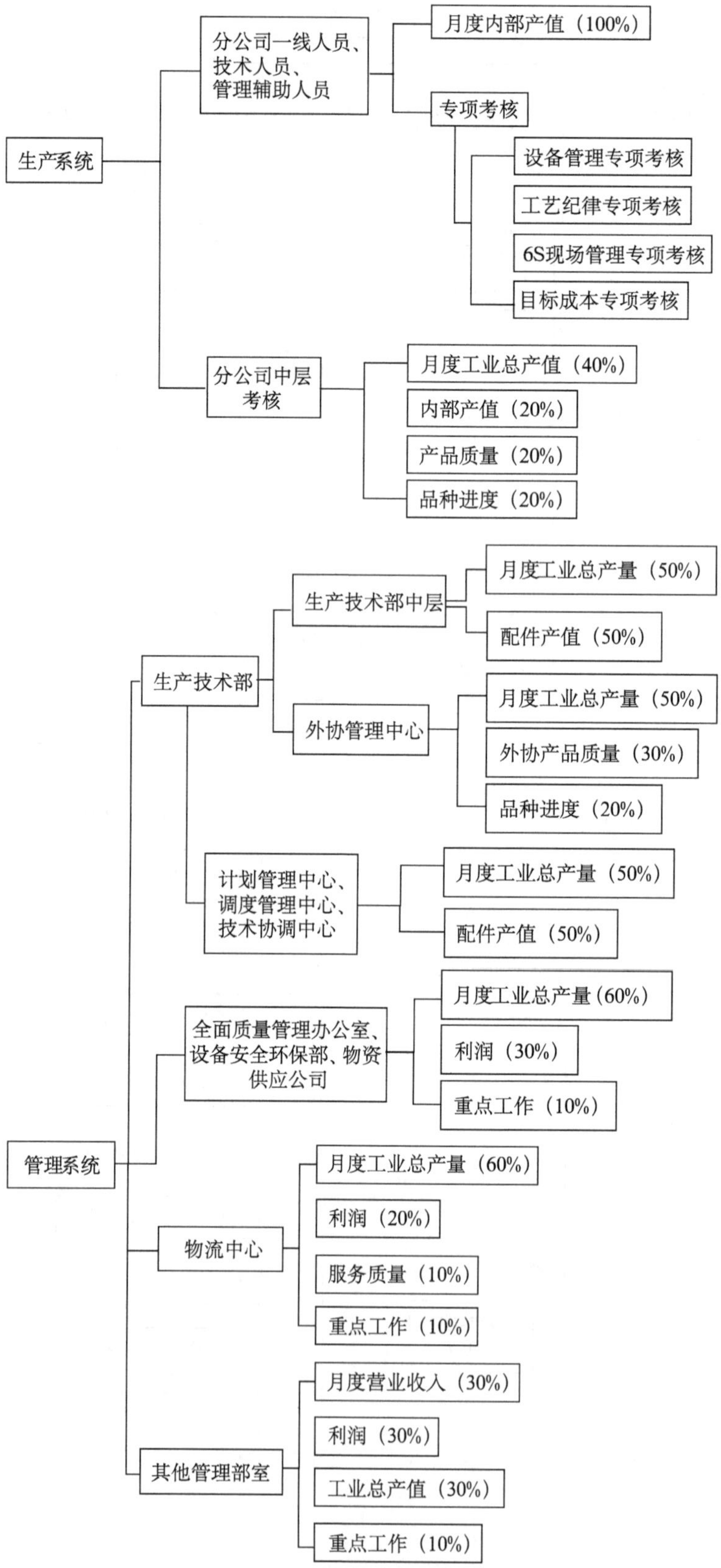

图 5-2　XMJ 绩效考核指标

考核周期根据考核内容分为月度考核、季度考核和年度考核。月度考核主要是月度经营业绩指标考核、产品质量考核、重点工作考核、专项考核等；季度考核如技术系统的科研项目完成率、标准化项目完成率等；年度考核如技术成果激励、安全风险抵押等。考核成员单位月度考核和季度考核于月、季度结束后 5 个工作日内完成，年度考核于次年 1 月 10 日前完成。

（2）激励管理

为了实现技术创新成果与收益相结合，实现对技术技能人员创新成果的长效精准激励，发挥科学技术对公司的推动作用，培养造就大批知识型、技术型、创新型的高技能职工队伍，XMJ 于 2017 年 11 月发布《技术成果激励办法（试行）的通知》。XMJ 的激励管理主要针对技术人员，通过岗位分红激励和项目收益分红激励两种方式，进一步激发广大技术人员的积极性和创造性，完善技术人员的中长期激励机制，以期加快实施国家创新驱动发展战略，全力实现企业核心技术突破。

通过技术成果分红机制，考核委员会定期进行科学考核评审。2017 年度，企业技术专利申报比上年同期增长 29%；发表科技论文比上年同期增长 2.4 倍。企业评定的科技成果包括技术成果、科技论文、授权专利、企业标准，共评出 6 项获奖项目，科技成果激励奖金惠及所有技术人员，金额达数百万元，使科技成果转化为实实在在的分红收入，极大激发技术人员工作热情。

二、大雪压青松——迫在眉睫的绩效管理变革

绩效管理问题频繁的反映，让李董事长决定安排一次绩效管理问题分析大会，召集各部门的负责人及核心员工参加，全方位多角度地倾听员工对于绩效管理的真实看法。

2019 年 3 月 1 日上午 9 点，XMJ 召开了绩效管理变革前的讨论会。

李董事长首先说明了本次会议的主题：“企业目前已经进入了五年规划的重要时期。在这个时期，我们一定要打起精神，牢牢把握煤炭行业、上级集团公司发展的战略机遇，应对各种挑战，解决发展中的根本问题，突破企业改革中的瓶颈制约，努力打造企业的核心竞争力。对于企业的发展来说，绩效管理是驱动企业发展的核心原动力，我们多次进行改革，就是希望绩效管理能够随着企业内外部环境的变化逐步改善，在更大程度上推进企业的经营发展。当下，我们企业已步入五年规划的关键阶段，我们要全身心地投入到五年规划建设中。但是，近来通过大家的反映，发现绩效管理中存在一些不可忽视的问题，可能会影响到我们企业的后续发展。所以，我们今天召开这个会议，主要就是想听听大家对于目前绩效管理的一些看法，希望能够进一步完善绩效管理。”

1. 风起云涌辨问题 引出真“内在”

职工代表刘能首先发言：“现在的绩效考核直接和员工薪酬挂钩，说是为了激励员工工作积极性，但是从具体情况来看，并不是这样的。我们员工每个月辛苦地完成上级下达的生产指标，可是只要操作不规范就扣工资，材料使用不合理也扣工资，不符合环保要求的还要扣工资，反正哪儿都是扣。我们干得好却没有奖励。这样一个月下来，不仅没有设想的积极性，反倒一个个都越来越消极了。说好的薪酬激励却变了味。这到底是哪个环节出了错……”刘能越说越激动，仿佛对于绩效管理有说不完的问题。

这时，分公司的一线员工也说道：“对呀，说好的激励与惩罚并重，结果呢，到了我们这里全都变了。明明我所有的数据和操作步骤，都是按照技术指导进行的，结果考核下来，却说我因为操作不合规要被扣工资。这叫什么事？这都是技术人员的专业技术指导有问题，这都是他们的锅，是他们技术不精、能力不够，要罚也是罚他们，凭什么要带上我呀？要是以后都是这个样子的，不管我是否认

真工作，都要因为别人的工作失误被罚款，那我还认真个什么劲呀？”

分公司负责人张田反驳道：“这些具体的考核指标都是上级制定的，所有的奖惩也都是上级规定的，我充其量算是个指标的搬运工，所以就算是怨也怨不到我头上。企业每个月给我们下达一定的工作量，只要求我们月末完成相应指标，至于怎样完成完全由我们自己定夺。企业层面都不要求将考核指标细化到个人，我们又何苦自己给自己找事呢？所以，一开始我就想着大家一起合力完成车间指标，只要能保质保量地完成，也就不需要将工作细化到个人了。但是，我慢慢发现了一些问题，有一些员工开始出现消极怠工现象。对此我也督促过、批评过，说是有末位淘汰制，但从未落实过。我也是无计可施啊！然后，我又想着既然这样，那就把指标细化到个人头上，加强绩效管理的过程管控，这样也不至于让那些认真工作的人被拖累。可是我一个车间那么多工人，想要真正将指标细化到个人，实现过程管控也不是我上嘴皮碰下嘴皮就能决定的事。这是一个工作量很大的事，既需要员工配合还需要信息技术的配合，靠我们一己之力完全不可能啊。”

财务部刘总会计师听到张田说到工作量，也打开了话匣子：“量大？我觉得说起工作量大，我们成本核算部才是咱企业工作量最大的部门吧？为了降本增效，我们努力做到精简成本，可实际情况和理想总是有差距啊。咱们企业虽说近年来取得了不错的发展，但是在信息化管理方面，却还是不尽如人意。现在大家都在强调大智移云背景下的高质量作业，谁能想到我们竟然还在使用手工核算呢？绩效考核中，生产部门的各营业指标都要我们部门去核实，而这些数据中的很大一部分，我们都得靠手工去获取。你们想想，咱们有 8 个生产分公司，而这 8 个分公司每个月又有多少内部产值、营业收入、利润、主机营业收入、配件营业收入？大家知道，咱们企业生产的产品，都是定制化的，这意味着每个产品的数据可能都需要重新核算。一个月算下来，我们光是对这些数据进行收集与核算，就已经是一件几乎不可能完成的任务了，更何况这还只是绩效考核中的一部分工作。所以我觉得，别的都可以等，唯有全面实现信息化管理才是硬道理。”

营销部的负责人也说出了自己的真实想法：“你们难，谁又有我们难啊？当今外部市场变化莫测，我们每天跑市场已经够辛苦了，结果还要将我们工资与回款速度和市场服务质量挂钩，美其名曰是为了激励我们积极开拓市场和占有市场，可是重点不在这啊。作为购买关系中的被动方，我们必须要有让顾客满意的产品和价格才能占有、扩大市场。所以，重要的不是我们每天花多少时间跑市场，我们要做的是产品的升级、转型，设计出市场真正需要的产品，到时候我们就算不出去推销，也会做到人人争相购买的。所以啊，你们搞错了工作重点，你们要做的是让技术研发部门搞清楚市场真正的需求，而不是一味地设置一些指标逼我们。”

技术研发部的高亮尴尬地摸了摸头，站起来说道：“家家都有一本难念的经呀，谁都不容易。既然你提到了我们部门，那我也来说说我们的观点。我觉得市场的需求、喜好，应该是你们负责提供，毕竟你们每天都身处市场之中，你们应该最了解才对。而且除了你们，我们好像也没有其他途径。但是我发现，我们之间并没有什么沟通和联系，不管是考核指标的设定，还是日常工作中，我们总是各司其职，分别为自己的任务奔波。可是这样下来，我们都辛苦付出了，但是却没有什么显著的收获。不仅是咱们两个部门，实际整个企业都是这种状态。我们都只顾着盲目完成自己的‘指标’，而忽视了相互之间的沟通。大家都忘记了我们是一个系统，我们需要的不仅是各司其职，我们还需要相互协调和沟通。”

2. 高瞻远瞩系规划 促进深“改革”

李董事长心中五味陈杂，没想到我们以为“万无一失”的绩效管理，竟然存在这么多问题。大家低头陷入沉思。片刻后，打破沉寂的是企管规划部的陈部长：“绩效管理，说白了就是为了优化企业管理，助力企业的长远发展。我们的绩效管理办法为什么从之前复杂的 360 度绩效考核法调整为现在所有的考核只是简单地和薪酬核算挂钩呢？这是因为，大家反映之前的核算方法太复杂了，同时，员工之间打分不够客观公正，出现打人情分现象，使得员工工资发放有失公允，引发不满，最终导致考核失败。所以，我们才大刀阔斧地删繁就简，想着用最简单公正的核算方法，让大家享受公平待遇，结果新的绩效管理办法还是这么不令人满意。时至今日，我觉得我们应该好好反思下了。”

李董事长看了看时间，发现不知不觉会议已经进行了 3 个小时。他清了清嗓子，对整个会议做了一个总结：“沟通是发展的基础。以前我们都没有发现绩效管理存在这么多问题，今天听完大家的一番话，才真正发现了绩效管理的‘内在’。今天的会议，对于我们企业的发展至关重要，也为我们后续改善绩效管理指明了方向，好的绩效管理一定是为企业经营战略服务的。根据我们的五年战略规划，截至 2021 年，我们预期要进一步实现“高质量发展”，以高端品牌效应、先进的科技研发实力、稳定的产品质量，进一步拓展、巩固市场，力争 2021 年末采煤机国内市场占有率达到 40% 以上，利润总额翻 5 番。

后续 3 年的任务非常艰巨。这就要求我们从人力资源、财务资源、技术资源、制造能力、信息化资源、市场开发以及体制和组织创新 7 个方面入手，全面实现 XMJ 的发展。作为企业内在源动力的绩效管理是助力发展不可或缺的力量，我们只有解决矛盾问题，优化绩效管理，才能够为企业内在发展注入原动力，为企业经营战略的发展添砖加瓦。

“既然问题已经明朗，那么如何开启新变革，将是我们下一阶段的主要任务。今天大家辛苦了，会议到此结束。接下来给大家两周的时间，思考一下应该如何解决上述存在的问题，到底怎样变革才会对我们最有利。两周后，同一时间同一地点，我们将对解决思路及措施进行讨论。届时，希望你们会有好的想法。散会，谢谢大家！”

大家都若有所思起身离开了会议室。在接下来的两周时间里，大家投入到了暴风式学习和资料搜集中，都试图找到一系列适合的方法。

三、“文思如泉涌”——群策群议助力新变革

时间过得很快，眨眼就到了下一次会议的时候。李董事长再一次直击主题地说道：“已经过了两周，大家有没有什么好的想法，可以先说出来，一起讨论讨论。”

1. 争先恐后提建议 诉诸新“需求”

和上次一样，最先发言的还是职工代表刘能，他说道：“我觉得咱们的绩效管理中应该增加对员工的激励机制，在生产系统生产分公司产值指标的考核中，增加超额完成的奖励机制。同时，我们员工也希望绩效考核能跟福利挂钩，如额外的带薪假期、设立优秀员工及优秀团队现金奖励。此外，我们还希望能够增加对员工的阶段性技能培训，提高我们员工的专业工作技能，提高生产效率。我觉得，这些措施不仅能激发员工的工作积极性，还能让员工将个人利益与企业利益高度结合起来，促进共同发展。”

紧接着，财务部的刘总会计师发言道：“上次会议结束后，我仔细想了一下，对于我之前提出的问题，可能需要在企业全面实现信息化管理后才能解决。首先，咱们企业‘单件、小批量、定制化’生产的性质是没办法改变的，只能是咱们的工作形式随之改变。若是能在企业范围内建立一个大的数据库，将所有工作流程中需要的数据都导入系统，让所有的核算都尽可能实现电子信息化，这样不仅我们的工作量会大大减少，工作质量也会随之提高。”

听到这里，信息化办公室的王部长对刘总会计师的意见表示了肯定，她激动地说道："信息化对于企业生产管理大有裨益，我们早已着手企业的信息化建设。全面建设信息化，就意味着实现从粗放管理到精细化管理，让企业经营更为敏捷，全面的信息化解决方案能够助力企业管理更精细、产业链协同更紧密。但是，由于之前管理等问题，信息化建设一直受到阻碍，此次的绩效管理大变革，无疑为我们企业全面信息化建设扫清了障碍。XMJ 的信息化建设蓄势待发。"

李董事长插话道："前几位发言的同志都只是针对自己部门存在的问题提出了解决措施，那有没有哪位同志能够针对咱 XMJ 给出一个整体专业的意见呢？"

企管规划部的刘星说道："上次开完会，我对各制造行业标杆企业的绩效管理再次进行了研究，发现他们采用的绩效管理方法主要有关键绩效指标法、经济增加值法、平衡计分卡法、目标管理法、股权激励和积分制管理法。各个企业会根据自身战略目标、业务特点和管理需要，结合不同工具方法的特征及适用范围，选择一种适合的绩效管理工具方法单独使用，也可选择两种或两种以上的工具方法综合运用。比如，天地企业就选取了平衡计分卡及关键绩效考核指标法来综合进行绩效管理，他们企业的绩效管理层层递进，从企业战略到个人目标清楚明了，我们也可以借鉴其绩效管理模式。"

人力资源部的王宝也提出了自己的想法，她说："针对企业目前的问题，我认为目标管理法较为适用。首先，由于人力资本是企业的核心资源之一，而我们 XMJ 作为传统的制造业，生产及创新更是离不开人才，因此目标管理法重视员工管理的这一点与我们不谋而合；其次，目标管理法强调自我调节和自我控制，能够将企业的利益与员工个人的利益相结合，充分调动了员工的工作积极性；最后，层层分解的目标使得每个部门、每个员工都有各自的目标，使职责分工更加明确。基于此，我认为目标管理法能够解决企业绩效管理问题，值得施行。"

2. 运筹帷幄总思路 指明终"方向"

听了大家的意见后，陈部长首先对各部门提出的意见进行了专业化的总结，然后阐述了自己的想法，她指出："正如你们说到的，专业的绩效管理办法有很多，平衡计分卡、目标管理法，还包括我们之前用过的 360 度绩效考核法。不可否认，所有的这些方法都足够专业、足够好。可是大家仔细想一想，好的就一定是适合我们的吗？这个未必吧。所以在我看来，当下我们的首要任务，不是着急忙慌地寻找下一个方法，而是反思我们这一次的绩效管理中存在的问题，寻找最根本的痛点，对症下药进行改革。"

听到这里，大家再次投入到了激烈的讨论中：到底哪一个更合适我们呢？不知道具体计划执行起来能不能像说的这样，不仅能解决之前的问题，还能提高质量……再说，如果可行，这就代表咱们将面临大的绩效管理变革，我们又不是一般的民营企业，可以说变就变，作为国企，我们变革起来的阻碍都要比别人多好几倍啊。

听完大家的讨论，李董事长说道："我认为陈部长的话很有道理，一定要对症下药进行改革。今天没想到，大家对于绩效管理竟然有这么多的变革办法，而且每个办法都言之凿凿，有理有据，究竟哪个更适合我们，一时间也无法定夺，但可以肯定的是一定要进行变革。现在国企也不比从前了，随着外部环境的严峻化，我们也需要进行内部变革促进发展。对于一贯追求稳定、安逸和确定性组织文化的国企来说，变革遇到的障碍确实会更多，XMJ 也不例外。但这并不能成为阻碍，只要企业上下一心，循序渐进地进行变革，就一定会有效果。革命尚未成功，同志仍需努力。那接下来，就由咱们企管规划部的同志们进行专业化的分析，制定一份详细的计划，开启我们的绩效管理变革之路。"

四、尾声

在经历了“阴冷、寒冬”天之后，XMJ 终于要迎来属于自己的大晴天。刚刚参加完新绩效管理建议大会的李董事长，回想刚刚会上的情况，忍不住满意地点头。

“从发现绩效管理存在问题到今天各部门代表提出建议的这一段时间，XMJ 上下拧成一股绳，努力寻找绩效管理变革方法，各部门加强了互相沟通与协作，为实现战略目标共同奋斗。”虽然最终的绩效管理方法并未敲定，但李董事长相信，XMJ 的绩效管理之路已经被铺平。

未来的道路上可能会存在艰难险阻，但李董事长相信：只要 XMJ 上下一心，所有的问题都会迎刃而解！他走到窗前，抬头看向窗外，发现今天的天晴得像一张蓝纸，几片薄薄的白云像被阳光晒化了似的，随风缓缓地浮游着，越飘越远。

李董事长相信，XMJ 的未来会越来越好。

案例使用说明

一、教学目的与用途

1. 适用课程

“人力资源管理”“会计学”等课程。

2. 适用对象

本案例主要针对 MBA 学员及工商管理、人力资源管理等专业的本科生。

3. 教学目的

① 知识学习。通过对本案例的学习，加强学生对绩效管理知识的掌握。

② 能力培养：通过本案例的学习，提高学生的分析与综合概括能力、批判性思维能力及实际解决问题的能力。

二、启发思考题

① XMJ 绩效管理变革有什么背景？

② 目前 XMJ 绩效管理存在哪些问题？

③ 随着信息化及大数据不断发展，针对 XMJ 现行绩效管理存在的问题，其未来变革的方向是什么？应如何进行变革？

④ 国有企业面临的主要挑战有哪些？在 XMJ 进行绩效管理改革的过程中预期会遇到哪些障碍？该如何解决？

三、分析思路

本案例围绕 XMJ 绩效管理现状展开分析，讨论其目前绩效管理系统中存在的问题与变革的迫切性，并结合相关知识提出相应的变革措施，使学生对于绩效管理体系有全面而整体的认识，并能够在实战中运用绩效管理体系的知识构建和完善企业的绩效管理体系。案例的具体分析思路如图 5–3 所示。

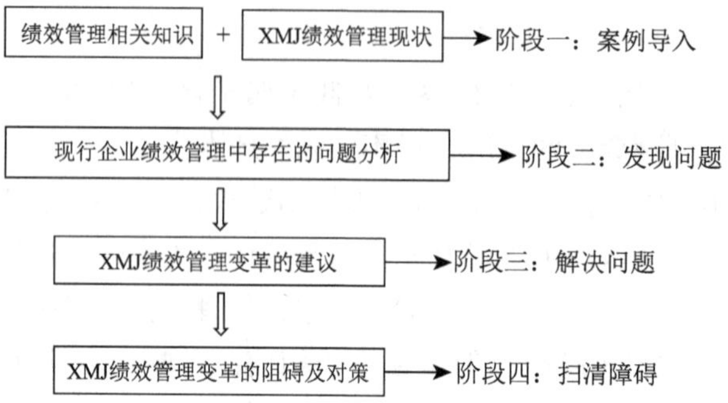

图 5-3 案例分析思路

首先，回顾绩效计划与激励计划的制定、绩效计划与激励计划的执行、绩效评价与激励的实施、绩效评价与激励管理报告等绩效管理系统知识，让学生形成一个完整的绩效管理知识体系。

其次，对 XMJ 绩效管理改革的背景及现行的绩效管理制度进行认真研究，认识到 XMJ 进行绩效管理变革的必要性。

最后，对 XMJ 的企业性质、发展战略、组织结构及产品的特殊性质和市场进行分析，明确 XMJ 绩效管理变革的方向。

通过对上述问题的介绍，引发学生对 XMJ 绩效管理变革的思考。

案例 6

部长的执着
——成本管理虽辛苦，吹尽狂沙始到金[①]

田巧娣　黄当玲　王　楠　周　婕

案例正文

引言

在偌大的 X 市经济技术开发区内，XMJ 一排排厂房整齐地排列着，身穿蓝色厂服的工人们精神抖擞。小夏也是这其中的一员，但她看起来却愁容满面。

企管规划部的陈部长注意到了这一小小的细节，关切地问："小夏，你怎么看起来这么没精神，昨晚没睡好？"小夏感叹着说："陈部长，我这个价格会计不好当啊。我们所生产的采煤机、掘进机、矿井提升专用设备等产品的成本组成太复杂了，几乎每一个零件都要我去一一计算价格。而我们部门还采用手工核算来进行成本归集，财务部几乎每天都在加班。"

陈部长陷入了深思："我们公司经过半个世纪的发展，在自主设计、产品制造、设备性能等方面都取得了长足进步，但在成本管理这一问题上，的确还有很多不足的地方啊！"

一、煤机行业激流暗涌，XMJ 路在何方？

1. 等闲识得东风面——XMJ 概况

XMJ 始建于 1951 年，是我国采煤机设计制造的大型骨干公司。2008 年 8 月，由 SX 煤业化工集团有限责任公司与 ZM 能源集团有限公司合作投资进行战略重组，2016 年 7 月，公司技改升级，整体搬迁至 X 市经济开发区 JW 新区工业园。公司现有职工 1400 余人，其中，工程技术人员 300 余人，高级工程师及以上职称 50 余人。新的生产厂区占地 400 亩，拥有各类设备 1000 多台，直接生产设备 300 多台。公司坚持技术领先化、质量品牌化、市场国际化、服务专业化，立足国内，放眼国际，紧贴市场和用户需求，产品先后获评省、部"优质产品""国家银质奖""SX 省名牌产品"，并远销全国 27 个省、直辖市、自治区 400 多家煤炭公司，成功进入印度、孟加拉国、俄罗斯、越南、印度尼西亚等国际市场。

2. 横看成岭侧成峰——XMJ 行业概况

国内煤机市场一般来说与煤炭市场呈正相关关系。近年来，受国内环境保护政策、新能源迅猛发展的影响，煤炭在能源占比中逐年降低。自 2002—2012 年煤炭"黄金十年"过去后，煤炭消费量呈

---

① 案例来源：中国管理案例共享中心，并经案例作者同意授权引用。
本案例于 2020 年 3 月 12 日入选中国管理案例共享中心案例库。
由于企业保密的要求，在本案例中对有关名称、数据等做了必要的掩饰性处理。
本案例只供课堂讨论之用，并无意暗示或说明某种管理行为是否有效。

逐年递减的态势，2017 年虽有所反弹，但其大趋势难以改变。从长远来看，煤炭行业在国内发展受限，其能源消费份额不断受到水力、风力、天然气、太阳能、核能等能源的挤占。

煤机市场在 2012 年达到顶峰的 1668.33 亿元规模之后便持续下滑，煤炭价格下降，煤机行业规模随之逐年萎缩。2015 年全国煤炭设备市场规模为 1194.16 亿元，较 2014 年同比减少 16.47%，较 2012 年减少 28.42%。2016 年，煤矿机械行业继续缩水，规模达到 1000 亿元。2016 年是煤机行业的阶段性底部，2017 年煤机行业逐步回暖，规模达到 1294 亿元，同比增长 29.4%。

随着供给侧改革的深入和“中国制造 2025”战略实施，国内煤炭市场持续淘汰落后产能，整合煤矿资源，培育具有较强国际竞争力的亿吨级特大型煤炭公司集团成为刻不容缓的任务，但国内煤机行业产品结构复杂，产品同质化严重，低价竞争激烈，中低端产业成本优势在丧失，比较优势下降，中高端产品跟国外厂家相比差距明显，成本管理问题凸显。大部分煤机制造公司存在综合技术水平低，依然采用手工作业，生产过程中质量难控制，成本管控水平亟待提高等问题。

3. 拔剑四顾心茫然——XMJ 路在何方？

煤机行业挑战重重，但如果换个角度，挑战也可以是“巨大的机遇”。如果 XMJ 能顺势而为，抓住机遇适应管理信息化的新形势，降低自身生产成本，将能很快提升自己的产品竞争力，在煤机制造行业打开新局面；但若是止步不前，则如逆水行舟，不进则退。所以，XMJ 应尽快适应新形势下网络与高科技融入公司生产活动的大趋势，有效通过创新或变革来降低生产成本，防止 XMJ 在激烈的竞争中损失大量的订单，生产发展受到影响。

二、成本管理困境凸显，成本改革举步维艰

1. 成本核算 = 成本管理吗？

XMJ 作为国有大型采掘设备生产制造高新技术公司，肩负着突破垄断，助推我国采煤机制造由大国向强国转变的重任。但 XMJ 却面临着“内忧外患”。对外，激烈的竞争蚕食着 XMJ 的市场份额；对内，XMJ 内部成本居高不下。面对这一内外夹击的困难局面，XMJ 的领导班子十分焦虑，如何破解困境，稳固在煤机制造业中的地位，成为最重要的战略任务。

那是天朗气清的一天。陈部长看到堆在桌上的财务报表，眉头紧蹙，本该大幅盈利的公司却连年亏损，明明是一个产出规模大、品种规格全、装备技术优秀、研发与生产实力雄厚、业内远近闻名的公司，但是却因陈旧的成本管理理念，无法继续保有优势。从图 6-1 可以看出，近年来，XMJ 运作效率低下，成本逐年攀升，利润在不断走下坡路。

XMJ 的产品线一共有十几个工序，从原材料到每一台设备的诞生都需要毛料车间、机加工车间、装配车间、大修车间合力完成。每一个工序的投入和产出都跟成本息息相关。因此，对于工序繁多的 XMJ 要想做好降本增效、成本管理谈何容易？但若不改革，公司终将被巨大的成本所拖累。

曾经读过 MBA 的陈部长经过一番调查与询问，认为 XMJ 现阶段的主要问题就是成本管理被简单地理解为成本核算，没有充分考虑到成本管理工作的性质是要求覆盖全面性的、大范围的，在确保生产出来的产品质量符合要求的前提下，尽量降低所消耗的成本，高昂的成本拉低了利润率，也让公司的运作效率降低。

于是，陈部长请来了信息部王部长和财务部刘总会计师，一起商讨解决对策。陈部长说：“公司目前的成本管理理念较为落后，缺乏相关专业的理论指导，加之也只是简单应用定额成本法和简化分批法来核算公司产品的成本，降本的管理理念尚不够科学合理，这造成了成本管理工作缺少章法，处

于一个相对原始的蛮荒结算的阶段。现场手工记录各项投入原料等成本数据，不仅容易出错，还存在着作假的可能性。你们说对吧？”

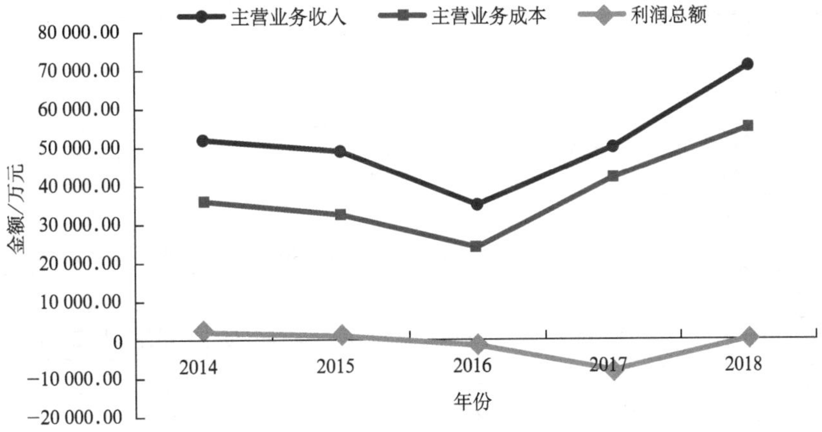

图 6–1　XMJ 2014—2018 年经营情况

王部长频频点头表示赞同，刘总会计师也说：“的确，手工核算方式表现出了较低的效率，也降低了财务报表与成本核算数据的联合分析速度，成本数据也无法为管理决策提供及时、快速的数据支持。我们是时候想想办法了！”

2. 成本构成盘根错节，成本管理一筹莫展

煤炭机械属于典型的传统中游制造行业，其需求与下游煤炭公司的设备采购意愿直接相关，同时受到上游原材料价格波动的影响，因此，定制化程度高，产品结构复杂，各个产品的工序和零部件也错综复杂，成本管理异常困难。

以公司牵引部通用装配工艺作业为例，包括了 11 道工序，有不同的作业标准、作业内容和操作人员，使用工具也不尽相同，如图 6–2 所示。

从领件到安装为部件，牵引部装配流程如图 6–3 所示。

随着近几年公司严抓“高质量”生产，产品的生产工序和作业标准都设定了严格的要求，生产的复杂性也越来越高，产品的覆盖范围越来越广，产品的生产周期越来越短，并且也越来越复杂，XMJ 的成本管理和成本核算问题也逐渐凸显出来。车间管理人员小李说：“我们每个部件和每道工序的生产，都严格按照生产标准去完成。公司近几年的高质量管理抓得很紧，在产品的质量问题上，我们一刻也不敢懈怠。但是，产品成本却一直居高不下，查账也查不出个所以然来。为了追求高质量的产品需求，成本管理问题只能搁浅，可以看看我们的产品成本表（表 6–1）。从表 6–1 可以看出，XMJ 每一个产品线的生产工序都比较烦琐，而且每一个工序的投入和产出都和成本息息相关。”

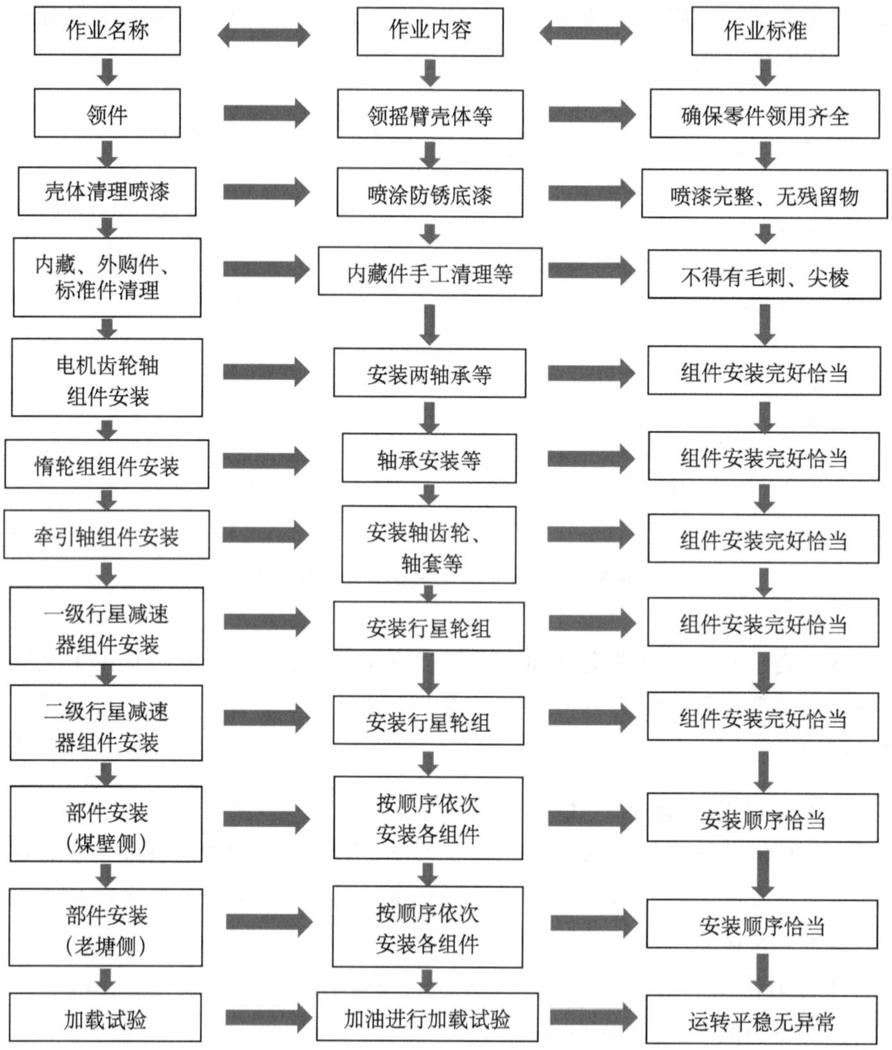

图 6-2　牵引部通用装备工艺作业工序

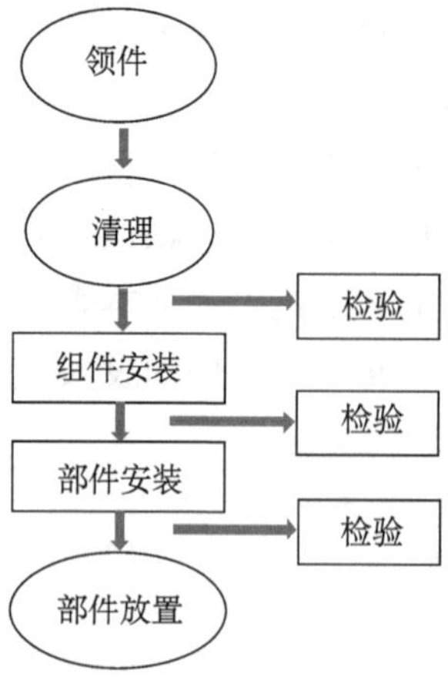

图 6-3　牵引部装配流程

表 6-1 2019 年某月主要产品生产成本

单位：万元

项目	一、生产费用合计	二、加：期初在产品	减：期末在产品	三、商品产品制造成本
热处理	630	79.49	47.05	662.44
机一	1614.14	1404.44	1575.82	1442.76
机二	1023.42	3966.21	4226.16	763.47
机三	432.03	2392.26	2433.85	390.44
总装配	4178.54	1.14	3.62	4176.06
电气	905.53	268.35	334.56	839.32
再制造	268.85	442.61	505.21	206.25
金属结构分公司	1546.27	404.45	726.76	1223.96
分公司合计	1.06	0.9	0.99	0.97
本部	4767.19	19 352.71	19 032.14	5087.76

陈部长向刘总会计师请教了成本核算的流程，刘总会计师介绍道：由于我们公司是单件、定制化复杂性生产，所以在计算产品的生产费用时，首先按照费用要素的用途和发生地点，将各种费用要素区分计入产品成本的费用要素和不计入产品成本的费用要素。对于计入产品成本的费用要素，按其与产品的关系进行归集和分配。对于直接计入生产费用，可以根据原始凭证来编制记账凭证，直接计入相关的各个订单的明细分类账中去，咱们采用的是以定额成本法核算直接计入生产费用。以某个零件的成本计算为例：

铆焊零件成本 =（材料计划价 + 加工费用）× 毛重

下料件成本 = 材料单价 × 毛重 + 定额锯料工时 × 工时单价

锻件成本 = 材料单价 × 毛重 + 定额锯料工时 × 工时单价 + 锻件加工费

铸件整体委外，成本为实际的委外费用。

热处理成本 = 重量 × 热处理单价（只有部分零件需要进行热处理）

以上的成本在核算的过程中作为直接计入生产费用进行处理。

对于间接计入生产费用，采用简化的分批法计算，跟踪每台机器（一般耗时 3 个月），结合其寿命，计提设备折旧，计算每台设备耗费的人工费、水电费、大修费、辅料费等，算出机台劳务价，代表每 1 工时使用该设备耗费的单位成本，以后在每次计算产品间接计入生产费用的时候就用机台劳务价乘以机器工时，然后以完工产品的入库工时进行分摊。

陈部长听完若有所思，他想：产品成本的计算好像过于简单粗放了，成本核算不真实、不准确，并且忽略了对成本的预测、决策，成本管理滞后于形式发展，对成本的动态变化认识也不足，所以仍然停滞在传统的成本管理层面，导致成本管理创新举步维艰。

3. 信息化建设如履薄冰

XMJ 在计算直接计入生产费用时采用的定额成本法需要计算各种定额成本，加之公司各个生产车间的工序烦琐复杂，导致成本核算的工作量非常之大。

于是，陈部长找到了公司财务部的价格会计小夏，向小夏讲述了他的想法。小夏告诉他：“我的工作主要是严格执行公司价格委员会的规定，提供产品建议销售价；负责公司内部核算价格体系执行情况的监督检查工作；及时准确地计算新产品定额成本；及时完善外采锻、铸件的计划成本价；配合外协成本会计做好招标产品的价格提供工作；做好在制品盘点（上半年、年终）时，定额成本价的审核工作。而这些工作的完成，都建立在手工计算的基础上，非常浪费时间和精力，准确度也难以保证。”

这时，正好碰到了王部长，有着多部门丰富工作经验的王部长看着财务部办公室放着的一堆定额工艺卡片，语重心长地对陈部长说：“我们的问题归根结底还是由于成本管理理念过于陈旧。手工记账时代已经是‘老皇历’了，‘互联网+’和‘大数据’时代的到来，改变着市场和产业的生态，正在掀起新一轮的产业变革，也对我们公司的成本管理提出了巨大的挑战。我们要做的是调整、拓展和改变传统的手工成本管理核算和成本管理视角，利用信息化手段进行成本的精细化管理，以适应新的竞争势态。”

三、“信息化+财务”相得益彰，优化流程事半功倍

1. 信息化现状

XMJ 目前主要引入了 PDM（含 CAPP）系统、OA 办公自动化系统、ERP 系统、MES 等四大类的信息系统。通过信息系统的使用，将设计研发、品质管控、生产管理、营销管理、财务管理、物流管理、采购管理等经营活动的各个环节都纳入信息系统，提高运行效率，以期充分发挥信息化在技术创新、品质管控、人力资源和市场营销管理等方面的促进作用，助力公司从生产经营的各个环节进行成本管理。

2. 信息化与财务联动

那是 2018 年的一天，XMJ 召开信息化建设启动大会，王部长为大家介绍了“信息化与财务联动”的想法，她说：“我国市场经济一片繁荣，各行业的竞争也是非常激烈，如何在大环境中良性发展，是每个公司所面临的问题。我们的成本核算方法太过落后，吃力不讨好，所以我想提出将信息化与财务联动。目前，我们的 ERP 系统已经有了成本核算模块，为了便于计划、监控、分析和维护产品成本，对于成本核算设置了现行标准成本，也称现行成本，类似于金部长之前提到的定额成本，是一种当前使用的标准成本，或者将其看作标准成本的执行成本，反映的是生产计划期内某一时期的成本标准。在实际生产过程中，产品结构、加工工艺、采购费用和劳动生产率等因素会发生变化，因而也会导致成本数据发生变化。为了使标准成本数据尽量接近实际，可对现行标准成本定期（如 3～6 个月）进行调整，而标准成本保持不变。这样就有利于我们及时分析、动态预警，通过信息化平台应用，由于各相关业务流程的环节可以联动，可以随时查询和监控业务动态，调取相关信息进行分析决策，这样更有助于公司财务管理职能前置，进行事前计划、事中管控、事后分析全方位的财务管理，并且还能做到资源共享、优势整合。因为公司的生产经营资源等信息来自各个部门及外部各相关渠道，通过信息化平台的建设，将公司所需共性信息进行整合，可以建立有效的信息资源库，各个部门可以高效查询信息，进行方案比对，有利于提高选择质量和效率。通过大数据的横向和纵向分析，也可以更全面、客观地做出科学地判断和管控，从而达到提高效率、降低管理成本的目的。”

随着公司的发展和业务量的增加，如果不依靠信息化系统工具，就需要大量投入人力，一方面管理成本会增加；另一方面随着数据的日益庞杂，工作差错率也可能增加。如果提前做好财务管理信息化平台建设，完全可以实现既解放了相应的人力资源，又能提高财务工作效率和工作质量。

四、吾将上下而求索，能否柳暗花明?

陈部长一边听，一边看着王部长撰写的工作报告，觉得简直是相见恨晚。就在他准备全面推进公司信息化进程的时候，又陷入了愁思，陈部长想：“财务部都是公司的老员工了，不知道他们能不能接受这种新的方式呢……”

于是，陈部长专门召开了一次针对财务部的意见征求大会。

财务部负责核算的张会计首先发言：“我们 XMJ 已经有 68 年历史了，虽然经历了一系列变革与重组，但我们的运营一切正常，稳步发展，为什么要打破这样稳定的局面来寻求改变呢？改得好便罢，改不好既耗成本又耗人力，到头来还是一场空。我们有必要这样做吗？”张会计说完，财务部年龄较大的几位老同事都互相对视了几秒，点点头，若有所思的样子。

这时，陈部长看到财务部新来的小赵也跃跃欲试地想要发言，便示意让小赵说说自己的看法。小赵说：“我在学校学习的时候，接触过类似的案例，许多公司财务与信息化对接之后，不仅提升了工作效率，还加强了会计数据的可靠性、准确性，可谓一举两得。我们也可以尝试着启动信息化与财务联动，如果成功的话，我们的工作量将会减少很多，大家工作起来也轻松呀！”

刘总会计师听着大家争论不休，思考了很久，说：“信息化与财务联动当然是好事。有了信息化，我们可以随时提取我们想要的关键数据，极大地提高财务部的工作效率。但是，我们也要考虑两个问题。第一，是财务信息系统和公司运营不适应的问题。我们的产品定制化程度高，成本计算灵活，系统供应商是否能根据我们公司的实际情况来设计出一套完全匹配我们产品的信息系统呢？第二，是数据共享接口问题。我们现在采用了多个信息系统，全面推进信息化能否将这些数据都集成到一个系统里，实现真正的财务共享呢？如果能够解决这两个问题，我举双手赞同全面推进信息化。”

财务部的同事听完刘总会计师的发言，纷纷点头表示赞同。这也给陈部长提出了两个关键的问题，有待去求证、去解决。

案例使用说明

一、教学目的与用途

1. 适用课程

“会计学”“管理会计理论与实务”等课程。

2. 适用对象

本案例主要适用于 MBA 学员、MPAcc 学员及工商管理类的本科生。

3. 教学目的

本案例以 XMJ 企管部陈部长想要进行成本管理改革为主线，讲述了 XMJ 的成本核算流程及其在成本管理上所存在的问题，再现了 XMJ 从“传统核算 + 信息化薄弱”向“信息化 + 财务互联”演变过程中的决策过程。

具体而言，本案例教学目的主要包括以下 3 个方面：第一，通过分析 XMJ 成本核算方法的优势与劣势，引导学习者思考更好的改进方法；第二，使学习者思考在“互联网 +”和“大数据”环境下，企业该如何利用信息化资源及先进的管理理念和方法进行成本管理，从而提高企业的核心竞争力，实现企业的长足发展；第三，让学习者通过分析成本管理改革的过程，探究国企改革的难点并思考如何解决这些难点。

二、启发思考题

① XMJ 作为我国国有大型采掘设备生产制造高新技术公司，为何运作效率低下，成本逐年攀升，利润不断走下坡路？

② XMJ 目前使用的成本核算方法是否可行？如果不可行，有什么弊端？应该如何改进？请结合你所学的知识简要说明。

③ XMJ 为什么要将财务与信息化联动，信息化能为 XMJ 带来什么好处？

④ 随着“互联网 +”和“大数据”时代的到来，结合案例和你所学的知识，你能给 XMJ 提出一些成本管理的建议吗？

三、分析思路

本案例是在 XMJ 陈旧保守的成本核算方法和落后的成本管理理念的背景下，通过对问题的深入研究，启发学习者提出设想，具有多方面的启发性，教师可以结合具体的教学目标使用本案例，案例分析的逻辑思路如图 6-4 所示。

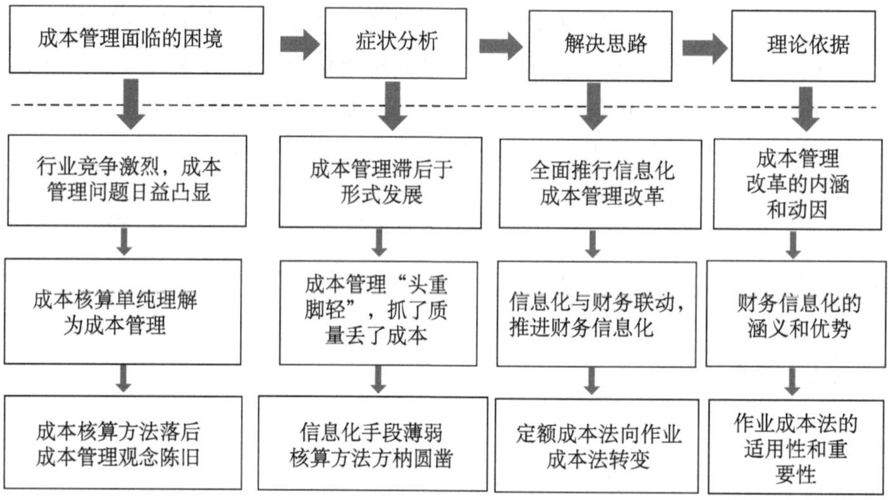

图 6–4　案例分析的逻辑思路

1. XMJ 作为我国国有大型采掘设备生产制造高新技术公司，为何运作效率低下，成本逐年攀升，利润不断走下坡路？

知识点：随着我国经济的快速发展，国有企业也迎来了新的发展生机，并且也越来越重视企业内部的成本管理与控制工作。对于企业来说，只有做好成本管理与控制工作，才能够进一步促进企业的发展。但是，在新形势下，国有企业的成本管理与控制工作中，仍然存在一些问题，从而严重地降低了成本管理与控制的工作效率，并且阻碍了企业的进一步发展。

案例分析：XMJ 之所以运作效率低下，成本逐年攀升，利润不断走下坡路，其实主要是有以下几方面原因：首先，是误把成本核算当作成本管理。成本管理，是企业通过对“与成本相关的所有因素”进行管理，实施一些有效的管理手段，实现目标成本规范及实际成本下降的工作。“与成本相关的所有因素”，各企业类型是不同的，而成本核算则是企业通过对“与成本相关的所有因素”的计算和归纳，采取不同的核算方式，更贴切于现实生产或业务运营，使目标成本计算出的数据，接近实际发生数据的过程。这两者之间不能混为一谈。其次，作为国企来说，XMJ 改革相对困难，员工的积极性不高，运作效率低，缺乏合适的激励鼓励措施。可以说，这是国企的通病，虽然看上去影响不大，一切都在正常地按部就班运行，但事实上极大地阻碍了企业改革的进程。再次，信息化手段薄弱，很多工作的完成都建立在手工计算的基础上，准确率和效率都有待提升，虽然引进了财务系统，但由于 XMJ 行业的特殊性，产品满足企业的运营情况还有待考察。最后，就是数据接口问题，因为引进了多个信息系统，如何将多个信息系统里的数据集合在一起，实现真正的财务共享这就又是一个亟待解决的问题。

2. XMJ 目前使用的成本核算方法是否可行？如果不可行，有什么弊端？应该如何改进？请结合你所学的知识简要说明。

知识点 1：靳跃刚（2006 年）认为，定额成本法从苏联传入我国，已经使用了半个世纪之久，在高等教育的成本会计教学中仍占有一席之地。几十年来，定额成本法的计算一直没有改进。比如，在最新版本和几十年前的版本中，可以发现几乎一模一样的“材料切割核算单”“月初在产品定额变动差异”计算公式，就连根本不适于实际应用的成本计算单也是丝毫未变。传统的定额成本法计算可以算是公式法，通过给出十几个比较复杂的公式来完成计算。这种方法有明显的缺陷——不好理解、不便记忆、不利使用、很难看出各个公式之间的内在联系。

知识点 2：简化分批法就是将每月发生的间接计入费用，先将其在基本生产成本二级账中，按成本项目分别累计起来，只有在有产品完工的那个月份，才对完工产品，按照其累计工时的比例分配间接计入费用，计算完工产品成本；而全部在产品应负担的间接计入费用，则以总数反映在基本生产成本二级账中，不进行分配，不分批计算。

案例分析：XMJ 目前采用的是定额成本法和简化分批法，直接计入生产费用采用定额成本法核算，间接计入生产费用采用简化分批法核算。定额成本法核算的工作量较大，在定额变动时还要修订定额成本和计算变动差异，因而计算工作量较大。而简化的分批法在未完工批别的基本生产成本明细账内，不反映直接人工、制造费用等加工费用，也不能完整地反映各订单的在产品成本，如果各月份加工费用波动较大，各订单的工时数（即加工费用分配基础）又各月不一，采用这种方法会使加工费用平均化，不能反映真实情况，影响产品成本的正确性。因此，只有各月加工费用及其分配标准大致均衡的情况下，才可采用这种方法。

因此，建议 XMJ 采用作业成本法来改进成本核算方法，将不同的费用分配组看作一个个成本作业中心，来进行成本费用的归集，以牵引部为例，可建立如表 6-2 所示的作业中心。

表 6-2 牵引部通用装配工艺作业类型及相关作业成本动因

种类	代表性作业	作业成本动因
单位水平作业	领件、壳体清理喷漆、外购件标准间清理等	零件数量、直接人工小时等
批量水平作业	电池轮轴组件安装、减速器组件安装、部件安装等	安装时间、组装次数、检查小时等
产品水平作业	产品设计、零部件管理、修改产品特性等	产品种类、零部件数量等
能力水平作业	加载试验、房屋维修、折旧等	试验结果、场地面积等

有了作业中心之后，就可以按照不同的动因来确定不同的分配标准，再去把这个作业中心的成本继续进行分配。

与传统成本法相比，作业成本法能够克服定额成本法计算量大、计算步骤烦琐等问题，提供相对准确的成本信息；同时，作业成本法在计算的时候不仅包括产品，而且包括作业，能够有助于企业改进整个作业链，减少不必要的耗费，提高企业的效益。

3.XMJ 为什么要将财务与信息化联动，信息化能为 XMJ 带来什么好处？

知识点：财务信息化是财务发展过程中一定会出现的产物，它与财务发展的需求和趋势相适应，财务信息化主要是指在现代信息技术、网络技术及计算机技术的前提下，实现财务信息资源的有效融合，进而促进财务创新和发展。在王媛（2018 年）看来，企业的经营管理中，成本的核算与控制是其中的重要内容。信息化技术的迅猛发展，让企业管理层逐渐摸索出一种单元成本的核算管理模式和手段，能够有效提升企业的经营能力，降低成本费用的支出，实现更多的经济收益。企业要通过建立信息化水平较高的信息处理系统和平台，用来搜集和整理各类商业信息和数据，进而为企业经营和商业决策提供强有力的信息支持。

案例分析：财务与信息化联动，已是 XMJ 想要进步的必要举措。随着互联网技术的发展，如果不能合理利用信息化，那么就意味着落后。由于 XMJ 行业性质的特殊性，再加上成本核算的复杂性，将财务与信息化联动则是最优解。信息化能够通过资源共享及对大数据的准确分析和预测，可以更全面、更客观地做出企业判断；也能够通过信息化手段及时分析企业的实时状况，有助于企业进行事前计划、事中管控、事后分析全方位的财务管理；同时还能够提升企业整体效率，降低管理成本。因为信息化手段的出现，解放了相应的人力资源，在此基础上又能提高财务工作的效率和准确率，简直是一举多得。

4. 随着“互联网 +”和“大数据”时代的到来，结合案例和你所学的知识，你能给 XMJ 提出一些成本管理的建议吗？

案例分析：XMJ 目前的成本核算工作主要是靠手工计算完成，成本核算的工作量非常大，准确率低。成本管理理念过于陈旧，还处于手工记账时代，现场手工记录各项投入原料等成本数据，不仅容易出错，还存在着作假的可能性。手工核算方式表现出了较低的利用效率，也降低了财务报表与成本核算数据的联合分析速度，成本数据也无法为管理决策提供及时、快速的数据支持。

“互联网 +”和“大数据”时代的到来，改变着市场和产业的生态，正在掀起新一轮的产业变革，也对公司的成本管理提出了巨大的挑战，要想不被时代淘汰，就必须调整、拓展和改变传统的手工成本管理核算和成本管理视角，利用信息化手段进行成本的精细化管理，以适应新的竞争势态。

建议 1：加强成本管理的信息化建设。对 XMJ 来说，信息化是“两化融合”中重要的组成部分，未来公司要取得快速、高质量发展，信息化建设工作力度亟待进一步加强。要建立以信息化带动工业化，工业化促进信息化的统筹规划，分步实施，优化和完善信息化系统平台，充分发挥其在生产和管理中的作用，提升生产效率和管理水平。合理布局，构建和完善集成高效的信息运行系统。以统一的信息建设规划来指导企业的信息管理系统建设，以信息系统为依托整合优化企业资源。以构建企业内联网（Intranet）为核心，整合公司内部资源，把办公自动化（OA）、企业资源计划（ERP）、DNC、MESS 等各类系统融为一体，整合和运用行政管理部门与经营实体单位的资源，实现企业战略管理、职能管理与各个实体单位经营管理的协调支持。

建议 2：全面实现财务和业务的有机融合，要充分利用信息化手段，将财务与业务整合到一个系统平台中，提高成本核算的效率和准确性，加强财务的监督与控制。完善 ERP 系统中的成本核算模块。当成本核算方法实现由定额成本向作业成本的全面转变之后，各个模块之间的逻辑关系也要随之调整，财务部与成本部统一在模块上进行系统互动，成本部门在信息平台上进行产品成本的分配、计算与归集，各个车间的产品完成情况，各项费用和消耗等情况，财务部和其他有关部门进行及时分析，动态监控，调取相关信息进行决策分析，达到各相关业务流程的高效联合，实现资源共享、优势整合。通过大数据的横向和纵向分析，也可以更全面、客观地做出科学地判断和管控，从而达到提高效率、降低管理成本的目的。

建议 3：实现精益化管理的全面推进。推行精细化管理，运用信息化技术改造传统管理模式，将明确的量化标准渗透到管理的各个环节，通过持续改进，消除浪费，从而获得在质量、成本、效率、效益方面的改善，切实提高公司管理水平。

制定精细化管理规划。结合公司的实际情况，建立基于精细思想的公司发展目标，即：努力降低设计、加工、管理过程中的可控费用成本，以最优品质、最低成本和最高效率对市场需求做出迅速反应，从而达到公司价值最大化。

构建精细化的管理体系分两个层面：第一，构建利于精细化战略目标实现的宏观管理体系；第二，构建体系中各项管理项目（如成本管理、质量管理、安全管理、客户关系管理、人力资源管理等）的具体实施体系，各体系中需要包含具体的实现目标、推行精细化管理的方法、工具、手段、措施等。

以流程再造为主要实现方法。对管理流程与时俱进地进行流程的持续改进，评估管理流程中各项要素对于企业战略目标的重要程度，加强关键的、易出错的管理流程更新，保证管理流程的时效性；放弃陈旧的、效率低下的流程，确保管理流程的清晰度和可视化。

案例 7

当风轻借力，一举入高空
——XB 之战略解码①

李　瑞　李永红　张　薇　董　卓　张　瑶

案例正文

“轰隆隆……”

伴随着一架架飞机直冲云霄，XB 集团总经理孙先生的心头不禁涌起阵阵的忧思。

近年来，XB 集团通过一系列整合、重组和改制，逐步发展壮大，形成了多元化产业发展的格局。随着集团运营规模的扩大和产业发展多元化，作为企业资源合理配置及发展质量提升的重要抓手，战略实施管控成为集团管理的重中之重。XB 集团目前实施的中长期商业计划始于 2008 年，2014 年在全集团进行推广，但实施效果却不尽如人意，战略规划的实施中总是雷声大，雨点小。如何保证每项战略的落地实施是 XB 集团现阶段亟待解决的问题。

改革！在机遇与挑战并存的时代，要想实现跨越式发展并在未来的行业竞争中处于优势地位，对战略实施进行改革刻不容缓！

可改革又谈何容易？如何确保战略目标的实现，精准把握战略目标的实施过程，实现企业的华丽蜕变，一切都迫在眉睫！

一、案例背景

1. 行业竞争中心转移

近几年来，民航业商业化运营模式逐渐发生转变，世界各国机场运营模式都呈现出由政府管理的公益性设施向收益性企业发展的趋势。根据图 7–1 所示，我国一线城市中的上海浦东机场、首都国际机场、深圳机场、广州白云机场的非航空收入占比为 49%、45%、22%、23%，国际一线城市中的东京机场、香港机场、悉尼机场、史基浦机场的非航收入占比为 74%、66%、57%、44%，我国将持续加强国际化进程，与国际趋同。民航业非航收入占比不断上升，运营模式逐渐趋于多元化，行业竞争中心开始发生转移。战略管理作为企业运营管理的前瞻性指导工具，合理的利用战略管理手段助力民航业多元化发展，对民航业而言将是巨大的突破。

① 案例来源：中国专业学位教学案例中心，并经案例作者同意授权引用。

本案例于 2020 年 8 月 12 日入选中国专业学位教学案例中心。

由于企业保密的要求，在本案例中对有关名称、数据等做了必要的掩饰性处理。

本案例只供课堂讨论之用，并无意暗示或说明某种管理行为是否有效。

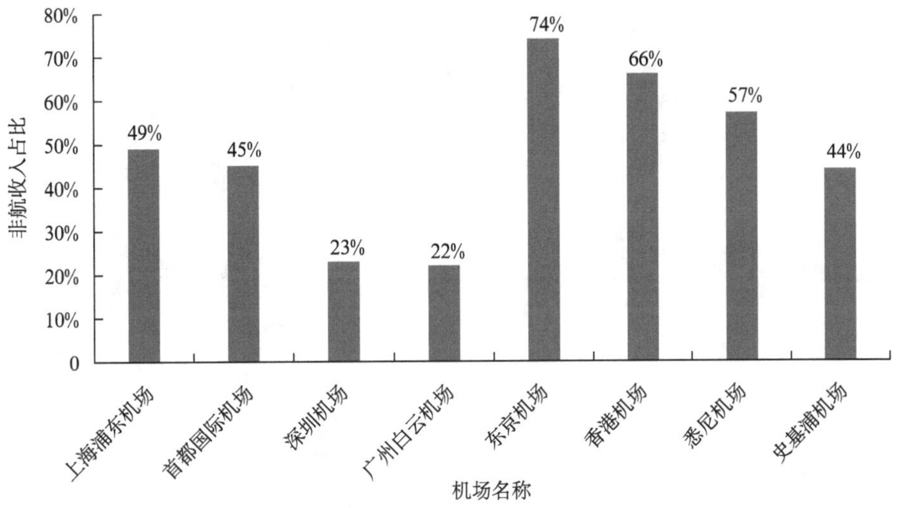

图 7–1　我国一线城市与国际一线城市非航收入占比

2. 战略执行创新需求

在现代企业管理中，战略管理越来越受到世界各国企业的高度关注，尽管如此，战略的执行情况仍然不尽如人意。根据美国《财富》杂志对战略进行的主题调查情况来看，绝大多数企业战略是失败的，企业战略得到有效执行的比例不超过 10%，并且超过 70% 的企业高层管理者都同意战略执行的难度要远大于战略制定这个观点。在我国大多数企业中，战略得不到有效执行的情况更加普遍，《中国企业战略执行调研白皮书》显示："中国有 83% 的企业战略执行不力"。目前企业所面临的最大挑战不是战略制定，而是战略执行，战略执行与战略规划的严重脱节，是目前战略管理中最为严重的问题。

研究战略实施创新，探索企业有效实施战略的途径和方法，推动战略落地，对企业、行业都具有深远影响。

二、案例概况

1. 先为之容——企业简介

XB 集团有限公司是一家隶属于陕西省人民政府的大型国有企业，主要负责陕甘宁青四省区机场的建设及运营管理，主要包括 8 个支线机场和 21 个干线机场。截至 2018 年底，XB 集团有限公司的机场数量占西北地区总量的 70%，航空业务量占西北辖区的 84%，集团整体资产规模约 309 亿元，员工人数达 10 000 余人。XB 集团在大力发展航空主业的同时，也积极开展航空延伸产业，目前拥有涉及建筑、广告、建筑、运输、酒店、房地产、信息技术等多领域的 10 个控（参）股公司，非航空性收入占到集团总收入的 50% 以上。近年来，XB 有限公司通过一系列整合、重组和改制，逐步发展壮大，形成了以机场运营管理为核心，运输、物流、建设、酒店、餐饮、广告、房地产和信息技术等为支撑的多元化产业发展格局的全国第二大跨省区运营的大型机场管理集团，如图 7–2 所示。

在企业文化的引领下，XB 集团制定了二次创业的宏伟目标，预计到 2020 年，XB 集团资产规模将超 400 亿元，收入超过 70 亿元，旅客吞吐量超 6000 万人次，机场的安全管理、服务及运营效率均达到国际先进水平，成为以机场运营管理为主、多元化业务发展，国际知名、国内一流的大型机场集团。

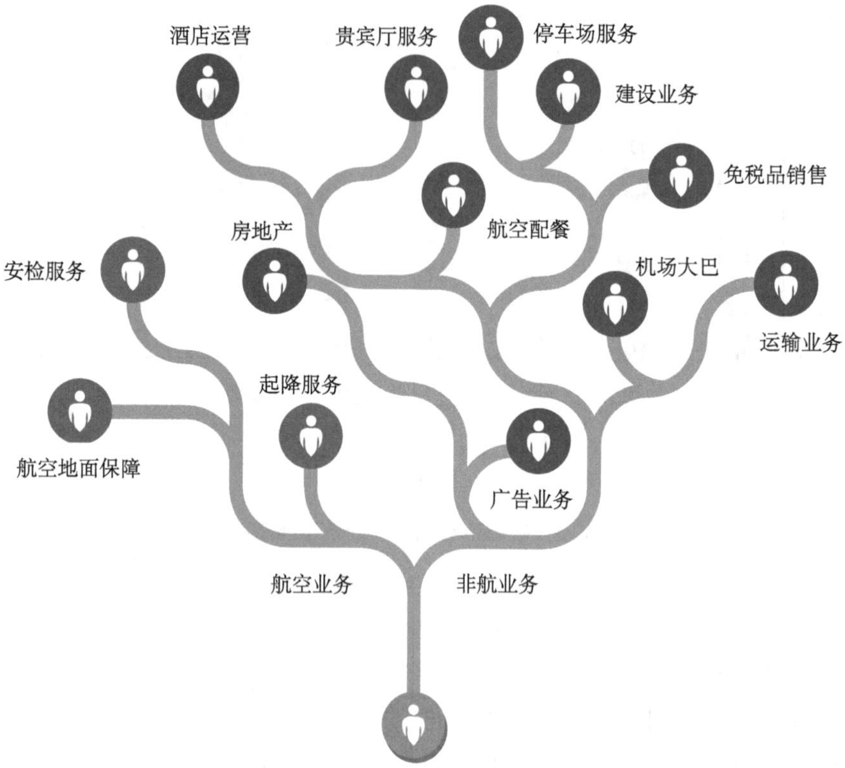

图 7-2　XB 集团业务分布

2. 衡情酌理——战略实施现状

XB 集团在战略实施阶段主要是通过制定中期商业计划来落实集团的战略规划。中期商业计划在实施中以企业价值最大化为目标，对实现战略目标所需资源进行优化配置，从而保证公司战略路径不偏轨。中期商业计划在 XB 集团战略实施的具体效果并不尽如人意，目前战略实际实施中反映出的问题有如下几点：

（1）战略的制定与具体业务实施脱节，动态调整能力弱

XB 集团从上年年末开始下一年度战略的制定，集团中高层管理人员通过会议探讨，明确公司的战略愿景，制定战略规划。之后，各个业务单元和职能部门在主管的领导下，分别制定各自的战略规划，各部门在整个一年时间里都进行着绩效评估、交流沟通和知识共享等活动。这种战略管理方式的问题在于，各项业务活动的实施在很大程度上是孤立的，缺乏公司整体战略的指导。

XB 集团在战略实施过程中，需要考虑民航运输业的各类不确定因素，以及市场拓展、成本管理、采购与后勤保证等相关信息。而集团目前缺乏相应的外部情报制度，以及集团内部各部门之间存在信息孤岛现象，各部门的信息交流存在障碍，无法及时的针对市场变化进行预测分析，动态调整能力弱，战略的动态调整及时性低。

XB 集团在战略制定和战略实施过程中，战略制定与具体业务脱节，战略执行动态调整能力弱，使得业务实际发展情况与总体战略目标脱节现象愈发突出。

（2）战略组织与实施层衔接不紧密，基层员工积极性不高

XB 集团的发展战略在具体实施时，各级管理者对战略实施的进程和效果也都没有明确的责任分工，并且 XB 集团在战略实施过程中没有形成标准的战略分解制度，战略细项的实施缺乏相应的目标

责任制度，导致公司战略管理流于形式，与日常运营相脱节，资源配置上也无法与战略目标协调一致，无法保证战略任务的完成。

战略实施层方面，针对业务部门人员进行发放问卷，主要调查业务人员对于战略规划的相关了解情况，问卷回收共计 60 份，具体如图 7–3 所示。可以看到，当前集团多数业务人员认为自身与战略规划并无太大关系。

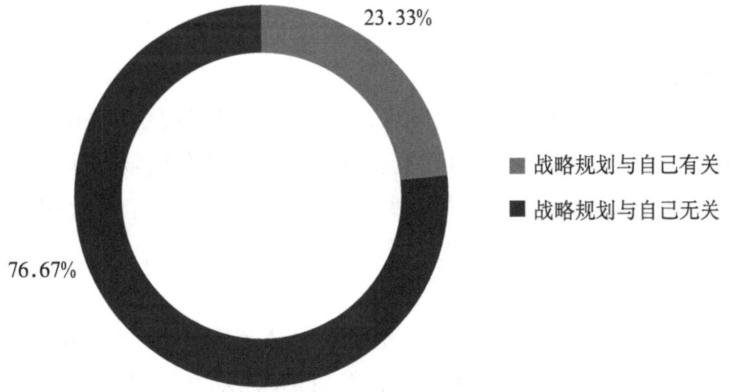

图 7–3　业务人员与战略规划关系占比

由于 XB 集团发展战略是由部门领导将战略层层向下传达的，集团内部中高层领导对战略的理解相对较深，但深入基层，很多基层员工并没有战略意识，对战略的内涵并不理解，只有少数员工了解自己的工作与战略之间的联系，多数员工的积极性和主动性不强。企业战略并未渗透到员工的日常工作中，集团战略规划的基础任务实施无法得到保障。

（3）绩效管理与实际战略目标脱节，绩效导向不足

XB 集团绩效考核体系不能有效衡量各板块、各部门和各岗位的实际工作情况，无法有效分析衡量各层级绩效与公司战略发展的匹配度。集团内部时常出现部分管理者不重视绩效计划，对部门的工作要求不高，把工作计划目标定得过低，使得绩效得分较高，却不能达到公司经营目标计划要求的现象，丧失了绩效考核的真正意义。

XB 集团绩效管理中存在的又一突出问题在于目标没有真正落到部门或个人。由于部门绩效目标分解的偏差，或者部门纵向目标根本没能有效分解，因此各部门仍旧缺乏与各岗位相联系的绩效考核指标，战略绩效压力仍旧由部门经理独自承担，没有有效传导至基层员工，战略规划缺乏对员工的工作导向，员工的努力方向并不是公司所期待的，无法对战略实施提供支撑。

随着集团产业发展的多元化扩张，战略落地效果差的问题愈发突出，如何通过合理的手段推动集团战略规划的落地，成为 XB 集团亟待解决的问题。

3. 措置有方——战略解码

2018 年初，XB 集团为响应财政部《企业会计信息化工作规范》和《关于全面推进管理会计体系建设的指导意见》的政策规定，召集集团上百员中高层领导召开相关会议，旨在解决中期商业计划存在的战略制定与战略执行的冲突或分离问题及战略组织层面与战略执行层面衔接不紧密的问题。集团各部门负责人各抒己见，纷纷提出多种改善中期商业计划的措施，经过长达一个多月的搏击奋战，战略解码作为新型的战略落实工具就此脱颖而出。会议最终暂定以战略解码作为中期商业计划完善的工具，以咸阳机场为试点，对中期商业计划进行完善，同时助力咸阳机场实现中国最佳中转机场的计划

目标。

2018 年 1 月 10 日，XB 集团引入战略解码助力中期商业计划落实，其将战略解码分为战略共识、逐级解码和战略控制 3 个部分。战略共识明确了 XB 集团的年度发展规划，且其发展规划应取得高层的一致认可，中层的明确共识以及员工的全面理解，进而应用 4 级解码的方式，对战略进行逐级解码，落实至人，并以绩效考评制度激励员工完成个人任务，同时加强战略执行情况的跟踪与反馈，实时监督战略的落实情况。

（1）战略解码的组织与实施

①战略共识之中期商业计划

XB 集团以中期商业计划为战略共识的出发点，明确年度发展规划。XB 集团中期商业计划以咸阳机场为例，其战略目标为明确“十三五”期间发展规划，实现咸阳机场客运量排名位居全国前 8 位，步入世界机场 40 强。咸阳机场针对年度发展规划的合理性，召开了全员会议，会议就发展规划达成了全员的共识，明确了统一的蓝图。

②逐级解码之四级解码体系

西安咸阳机场将逐级解码分为 4 个部分：一级解码，分解硬仗；二级解码，制定计划；三级解码，承接目标；四级解码，责任到人。西安咸阳机场通过“硬仗启动会”和“硬仗风暴会”两会确定硬仗、寻找硬仗主帅及破解硬仗，进而由各场硬仗的主副帅分别带领团队召开“小组分析会”、“硬仗展示会”和“高管展示会”三会，不断细化分解各自“硬仗”任务，优化完善“硬仗”行动计划，最终确定各位高管的绩效合约。

A. 一级解码，分解硬仗

2018 年 1 月 16 日，西安咸阳国际机场股份有限公司召集全体中高层管理人员及各部门负责人参加“硬仗启动会”，公司紧扣咸阳机场的战略目标，就事关企业发展的战略性问题进行封闭式研讨，通过找发展重点、发展难点、发展短板，确定本年度必须要打赢的 5 场“硬仗”，如表 7–1 所示。

表 7–1　2018 年 5 场硬仗

2018 年 5 场硬仗	
硬仗一	聚焦强基固本，坚决确保持续安全
硬仗二	聚焦增量提质，加快航空运输发展
硬仗三	聚焦“四型机场”，统筹推进基本建设
硬仗四	聚焦效能活力，全力攻坚深化改革
硬仗五	聚焦体系能力，全面加强党的建设

案例以“聚焦‘四型机场’，统筹推进基本建设”为例，通过“硬仗风暴会”确定硬仗主帅为卢总，副帅为杨副总、林副总、秦副总和孙副总，相关责任部门为建设管理部和建设指挥部，全力合作实现战略的落地执行。

B. 二级解码，制定计划

西安咸阳国际机场股份有限公司通过一级解码明确年度硬仗，进而对硬仗进行二次解码，制定硬仗行动计划，全面保障战略落实到位。2018 年 1 月 22 日，“聚焦‘四型机场’，统筹推进基本建设”硬仗主帅卢总召集硬仗副帅及相关部门负责人以小组讨论会的形式，研究形成“聚焦‘四型机场’，统筹推进基本建设”硬仗的行动计划，行动计划主要包括规划设计提品质、工程管理提水平、项目建设提效率、资金人才强保障和廉洁从业守底线 5 项重点难点事项和相关的具体行动。会后，硬仗主帅、副帅及相关部门负责人需要就重点难点事项和相关具体行动进行梳理整合，确定行动计划的可行性。1 月 26 日，各部门负责人在“硬仗展示会”汇报“聚焦‘四型机场’，统筹推进基本建设”硬仗行动计划，全体参会人员对硬仗行动计划进行讨论、质询，主帅或副帅进行答辩。经过咸阳机场各部门人员的多重考量和多次讨论分析，最后确定“聚焦‘四型机场’，统筹推进基本建设”这一硬仗的主要事项和具体行动。

C. 三级解码，承接目标

咸阳机场的机关职能部门作为硬仗的主力军，主动承接“硬仗”战役计划。“聚焦‘四型机场’，统筹推进基本建设”这一硬仗的相关部门包括建设管理部和建设指挥部两个部门，相关负责人就二级解码形成的硬仗行动计划进行梳理，明确部门年度具体执行内容。2018 年 2 月 1 日，相关部门负责人组织召开“高管展示会”，会议主要内容为根据“聚焦‘四型机场’，统筹推进基本建设”硬仗的行动计划和部门实际执行情况，制定部门具体的执行内容，明确衡量指标，加码提升工作指标，最终确定部门及部门负责人的绩效合约，保障战略在执行层面的有效落实。

D. 四级解码，责任到人

咸阳机场建设管理部和建设指挥部负责人将部门年度具体执行内容继续向下实施解码，逐级分解任务目标至科队、班组、个人，从安全、财务、组织能力和战略重点等 4 个方面制定员工绩效合约，从而确保企业战略目标切切实实落实到每位员工，最终实现了“聚焦‘四型机场’，统筹推进基本建设”硬仗解码到基层、解码到单元、责任到全员。

通过对“聚焦‘四型机场’，统筹推进基本建设”硬仗的层层解码，实现硬仗得以全面承接、重点覆盖、系统解码、责任至人。如表 7–2 所示为 2018 年度咸阳机场“聚焦‘四型机场’，统筹推进基本建设”硬仗的战略解码成果。

表 7–2　“聚焦‘四型机场’，统筹推进基本建设”硬仗战略解码成果

“聚焦‘四型机场’，统筹推进基本建设”硬仗					
主要事项	具体行动	承接要点 / 衡量指标	完成时间	责任人	支持人
1. 规划设计提品质	1. 细化落实“四型机场”建设理念	编制“四型机场”规划建设指导纲要	3 月	卢某某	杨某、林某
	2. 坚持安全第一思想，科学设计机场安防体系	项目规划设计中统筹考虑安全运行、安保安检、反恐防恐等基本需求，构建全方位、多层级、立体化的机场安防体系	12 月	卢某某	杨某、林某
	3. 遵循绿色低碳理念，高效率利用资源，低限度影响环境，推动机场实现可持续发展	1. 严格落实民航局绿色机场标准体系，确保机场建设项目符合标准。2. 因地制宜，结合实际积极应用环保新材料、新技术、新工艺和新装备	12 月	卢某某	杨某、林某

续表

“聚焦‘四型机场’，统筹推进基本建设”硬仗					
主要事项	具体行动	承接要点 / 衡量指标	完成时间	责任人	支持人
1. 规划设计提品质	4. 综合运用大数据、云计算、物联网、移动互联网等新技术，构建机场信息枢纽	建立机场生产运行数据库，推广数据应用，实现机场运行、旅客服务、安全管控、商业运营等全场业务互联化、可视化、协同化、智能化、个性化、精细化运行	12 月	卢某某	杨某、林某、秦某某
	5. 坚持为旅客、客户、员工建机场，突出人文关怀和文化特色，提高旅客、客户满意度	1. 优化旅客流程设计，确保流程简单清晰、步行距离最短，换乘便捷。2. 优化枢纽机场中转流程设计，缩短中转时间，提高中转效率。3. 统筹考虑基地航空公司等驻场单位生产运行及后勤保障需求，合理规划建设办公、生产、生活等配套设施。4. 机场服务设施采取工艺设计和人机工程学设计，体现人文关怀。5. 在航站楼、机坪等生产运行区域，充分考虑员工工作生活需求，规划建设业务用房和生活保障设施，推进“美丽空港”建设	12 月	卢某某	杨某、林某
2. 工程管理提水平	1. 严格落实规章标准，着力推进施工安全质量管理专业化	1. 健全施工安全管理制度，加强宣贯执行，加大资金、人员等安全保障资源投入，提升安全管理能力，不发生安全生产事故。2. 严格落实五方质量主体责任，严格遵守技术规范和操作规程，不发生工程质量事故。3. 科学编制工期计划，指导工程建设有序推进	12 月	卢某某	杨某、林某
	2. 严格遵守环保政策，着力推进绿色施工管理标准化	1. 在项目建设中，严格遵守国家和行业环评管理有关规定，保证工程符合环评报批要求。2. 加强施工现场管理，落实“文明工地”标准。3. 推广绿色施工，保证工地扬尘治理、垃圾无害化、污水处理率等控制在合理水平	12 月	卢某某	杨某、林某
	3. 推广应用新技术，着力推进工程管理信息化	推广应用 BIM、GIS、数字化施工等新技术，制定智慧工地建设标准等，提高施工效率和质量	12 月	卢某某	杨某、林某
	4. 加强人文关怀，着力推进生产生活区域管理规范化	合理规划施工生产生活区域，为建设者提供良好的生活服务保障设施	12 月	卢某某	杨某、林某
	5. 严格责任考核，着力提升管理效能	1. 确保完成国资委重点项目投资考核指标 37.8 亿元。2. 全年固定资产投资计划完成率不低于 90%。3. 按照集团相关管理规定，及时完善基本建设程序，按时完成结决算及资产移交工作。4. 产权清晰的项目在转固时应完成不动产权办理	12 月	杨某	卢某某、林某

续表

“聚焦‘四型机场’，统筹推进基本建设”硬仗					
主要事项	具体行动	承接要点 / 衡量指标	完成时间	责任人	支持人
3. 项目建设提效率	1. 加强统筹，争取政策资金支持	1. 利用省级平台，协调解决项目在前期审批和工程建设中的重点、难点问题。2. 统筹集团内外部资源，围绕重点建设项目，加大协调力度，在项目审批、资本金投入等方面争取政策支持	12 月	卢某某	杨某、林某、王某某
	2. 抓住关键，重点攻坚“三期”	咸阳机场三期工程：8 月取得民航局可研报告行业审查意见；12 月取得国家发改委可研批复	12 月	卢某某	杨某、林某、王某某
	3. 科学管控，优化工序，全力推进在建项目建设	1. 咸阳机场三期扩建工程：试验段 9 月完工，完成投资 4.47 亿元。2. 咸阳机场东联络通道工程：3 月投运。3. 咸阳机场 T3 航站楼南三指廊及站坪工程：3 月竣工，完成投资 1.8 亿元。4. 咸阳机场西区道路交通改造工程：8 月竣工，完成投资 1.36 亿元。5. 咸阳机场站坪扩建工程：12 月竣工，完成投资 4.54 亿元	12 月	卢某某	杨某、林某
4. 资金人才强保障	1. 加强融资管理，强化资金保障	1. 建立集团工程建设项目资金筹措和使用的联动管理机制，保障项目建设资金需求。2. 对咸阳机场三期扩建等重点项目制定专项筹融资方案，拓宽融资渠道，采用银行贷款、企业债券、中期票据等方式，确保建设资金足额到位。3. 尝试采用多元化融资方式，探索引入社会化投资主体，以项目合作、合同能源、EPC、PPP 等方式满足资金需求	12 月	卢某某	杨某、林某、孙某
	2. 加强培养锻炼，强化人才保障	1. 将基本建设领域人才培养计划纳入集团整体人才培养体系，加快人才培养。2. 完善集团基本建设专业技术人员管理制度。3. 完善集团基本建设专业技术人才调配机制	12 月	卢某某	杨某、林某、谭某某
5. 廉洁从业守底线	强化风险防控，规范权力运行	1. 完善廉政风险防控制度体系，围绕决策审批、招标采购、变更签证等重点环节，制定防控措施，建立长效机制。2. 坚持对重点岗位、重点人员廉政提醒谈话，覆盖率 100%。3. 严肃查处不廉洁行为线索，查处率 100%。4. 确保不发生严重违纪问题，确保不发生职务犯罪案件，确保不出现审计机关认定的重大审计问题	12 月	卢某某	杨某、林某、杨某

③战略控制

2018 年 3 月 2 日，西安咸阳机场战略管理部门从督导监控、分析评估和兑现考核 3 个方面着手，建立了月度行动计划动态评估、季度战略解码讲评、年末综合业绩考核的完整闭环链条，实时监查战略执行动态，助力中期商业计划落地实施。这也标志着 XB 之战略解码拉开序幕。

自战略执行之日起，战略管理部门实时跟踪“聚焦‘四型机场’，统筹推进基本建设”硬仗完成情况，月度会议总结中对代表性、倾向性问题提出调整意见。2018年6月10日，战略管理部门汇总“聚焦‘四型机场’，统筹推进基本建设”硬仗中各行动计划完成比例，运用条形图的形式反映季度战略行动完成情况，为下一步战略管理控制的调整提供支撑，具体如表7–3所示。

表7–3　季度战略控制绩效考核表

战略行动列表				进度列表			
评价维度	战略行动	季度战略目标	阶段成果	25%	50%	75%	100%
安全维度	规划设计提品质	构建机场安防体系	机场安防体系初稿	90%			
财务维度	资金人才强保障	制定筹融资方案	筹资方案分析报告	95%			
组织能力维度	项目建设提效率 廉洁从业守底线	推进咸阳机场三期工程建设 完善廉政风险防控体系	工程进度表 廉政风险防控体系初稿	80% 100%			
战略重点维度	工程管理提水平	推进工程管理信息化建设	新技术分析报告	100%			

“聚焦‘四型机场’，统筹推进基本建设”硬仗相关职能部门通过季度战略控制绩效考核情况，积极调整各部门下年度的工作重点，动员全体员工积极完成个人任务，保证战略行动的全面落实。截至2018年底，“聚焦‘四型机场’，统筹推进基本建设”硬仗相关负责人以项目进度全面完成，个人绩效合约优异的评分情况全面打赢该场硬仗。

（2）战略解码实施效果

西安咸阳机场以战略解码作为战略执行工具，有效调动全员积极性，保障中期商业计划的有效落实。截至2018年底，西安咸阳国际机场全年完成起降航班32.97万架次，旅客吞吐量4 465.37万人次，货邮吞吐量31.26万吨，年旅客吞吐量排名升至全国第7位。在瑞典斯德哥尔摩举行的旅客航厦博览会议上，世界著名航空咨询机构Skytrax发布了2018世界最佳机场100强排名结果，西安咸阳国际机场位居第38位。2018年，西安咸阳机场业务增幅位居国内前十大机场前列，航线通达性仅次于北京，共计开通194个城市的290条航线，是国内“进疆入藏”“贯通欧亚”的重要通道，其中67条国际、地区航线（欧亚为主）通往29个国家55个城市，覆盖“一带一路”沿线14个国家28个城市、欧洲9个城市，欧洲通达性仅次于北上广。

回顾之前制定的咸阳机场中期商业计划，已实现咸阳机场客运量排名位居全国前8位，步入世界机场40强。由此可以看出，战略解码的实施有效助力咸阳机场中期商业计划的实现，同时为XB集团进行全面战略解码推广提供借鉴和参考。

三、结束语

战略解码作为规划、计划绩效合约编制的核心环节及重要手段，对企业战略重点进行了清晰描述，并通过可视化的方式，转化为全体成员可理解、可执行的行为过程。战略解码让员工更加了解企业战略，让高层对战略达成共识，并让战略牵引绩效管理，以保证战略在日常工作中的有效执行。

XB集团以战略解码为手段进一步优化战略实施管控体系，以咸阳机场为试点，对中期商业计划进行完善，通过解码、承接、加码的方式将集团年度战略目标任务有效落地，集团战略执行效果得到了提升。应用战略解码这一新理念、新工具和新方法，能够强化战略引领，突出改革创新，促进管理提升，实现转型升级，推动企业实现持续健康发展。战略解码工具的应用已然成为企业在“改革创新、转型升级”时代背景下有效推动战略管理的必然趋势。作为全国第二大跨省机场集团，XB 集团在致力于通过战略解码落实自身发展的同时，向业内机场公司树立了成功的典范，也为更多的企业提供了经验借鉴。

四、参考资料

本案例的关注重点在 XB 集团战略解码，与此相关的参考资料除了前面案例正文中提供的背景资料以外，还包括战略管理相关资料及相关行业资料。

如果需要进行 XB 集团的扩展研究，可资参考的其他有关主要资料目录见表 7–4。

表 7–4　其他主要参考资料目录

资料序号	资料名称
1	咸阳机场中期商业计划编制说明书
2	咸阳机场 2018 年度战略绩效考核意见
3	咸阳机场公司绩效合约（2018 年）
4	XB 集团战略解码相关文件

五、讨论问题

① 在 XB 的战略实施过程中，面临哪些实际问题？

② XB 集团如何利用战略解码实现中期商业计划的落实？

③ XB 集团采用怎样的绩效考核制度保证战略解码的有效执行？

④ 战略解码作为新的战略落实工具有哪些优势？

案例使用说明

一、本案例要解决的关键问题

通过本案例的应用，引导学生分析：XB 集团战略实施面临哪些问题？如何利用战略解码实现中期商业计划的落实？采用怎样的绩效考核体系保障企业战略管理的有效落实？战略解码作为新的战略落实工具有哪些优势？

二、案例讨论的准备工作

为了有效实现本案例目标，学员应该具备下列相关知识背景。

1. 理论背景

（1）管理会计

管理会计产生于 20 世纪 30 年代，是多种学科相互交叉渗透的结晶。随着经济发展和竞争加剧，传统的会计已不能满足社会需要，由传统会计和管理学科结合起来而形成管理会计新兴而生。

为顺应时代发展的需求，满足我国经济转型的需要，我国财政部不断完善修订管理会计相关制度。

根据2014年10月份出台的《财政部关于全面推进管理会计体系建设的指导意见》，我国将建成以管理会计基本指引为统领、以应用指引为具体指导、以案例示范为补充的管理会计指引体系。2016年6月，财政部发布《管理会计基本指引》；2017年9月，发布《管理会计应用指引第100号——战略管理》等22项应用指引。至此，我国已经形成了战略管理、预算管理、成本管理、营运管理、投融资管理、绩效管理、风险管理和其他领域共八大领域管理会计应用指引。

管理会计的未来发展趋势应围绕价值提升与价值管理的本质和企业价值最大化的目标，实现横向与纵向的整体融合。横向上，将管理会计与财务会计、统计学、经济学、计算机技术等相关学科进行融合，实现理论、技术与实践的融合，推进管理体系的创新与一体化建设；纵向上，以战略导向及价值链为基础，将价值链会计、战略管理会计与传统的管理会计进行整合，三者本质上都是实现企业的价值提升的，相互统一、促进，形成新的管理会计综合体系。

（2）战略管理

2017年9月29日，我国财政部颁发的《管理会计应用指引第100号——战略管理》中提出，战略管理是指对企业全局的、长远的发展方向、目标、任务和政策，以及资源配置做出决策和管理的过程。战略管理是战略分析、战略制定、战略实施、战略评价和控制与战略调整5个环节相互联系、循环反复、不断完善的一个动态管理过程，见图7–4。

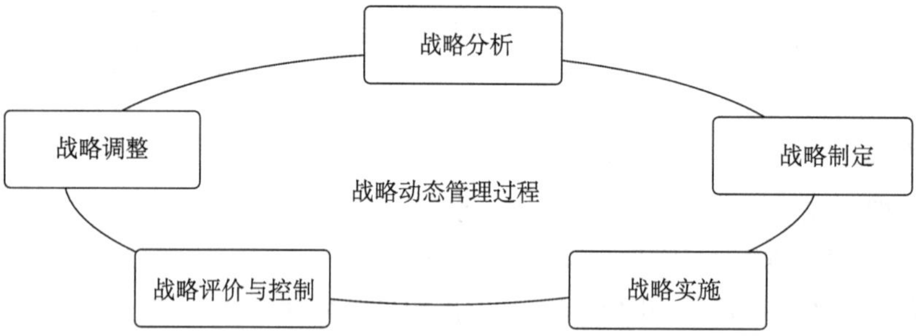

图7–4　战略管理过程

①战略分析

战略分析包括外部环境分析和内部环境分析。企业进行环境分析时，一般应用态势分析法（Strength、Weakness、Opportunity、Threat，简称“SWOT分析”）、波特五力分析和波士顿矩阵分析等方法，分析企业的发展机会和竞争力，以及各业务流程在价值创造中的优势和劣势，并对每一业务流程按照其优势强弱划分等级，为制定战略目标奠定基础。

②战略制定

战略制定是企业根据确定的愿景、使命和环境分析情况，选择和设定战略目标的过程。企业可根据对整体目标的保障、对员工积极性的发挥及企业各部门战略方案的协调等实际需要，选择自上而下、自下而上或上下结合的方法，制定战略目标。企业设定战略目标后，各部门需要结合企业战略目标设定本部门战略目标，并将其具体化为一套关键财务及非财务指标的预测值。为各关键指标设定的目标（预测）值，应与本企业的可利用资源相匹配，并有利于执行人积极有效地实现既定目标。

③战略实施

战略实施是企业将战略目标变成现实的管理过程。企业在战略实施环节结合使用战略地图、价值链管理等多种管理会计工具方法，将战略实施的关键业务流程化，并落实到企业现有的业务流程中，确保企业高效率和高效益地实现战略目标。

④战略评价和控制

战略评价和控制是指企业在战略实施过程中，通过检测战略实施进展情况，评价战略执行效果，审视战略的科学性和有效性，不断调整战略举措，以达到预期目标。企业进行战略评价时应主要考虑战略是否适应企业的内外部环境、战略是否达到有效的资源配置、战略涉及的风险程度是否可以接受及战略实施的时间和进度是否恰当。

⑤战略调整

战略调整是指根据企业情况的发展变化和战略评价结果，对所制定的战略及时进行调整，以保证战略有效指导企业经营管理活动。战略调整一般包括调整企业的愿景、长期发展方向、战略目标及战略举措等。

2. 行业背景

传统机场作为公共基础设施，具有收益性和公益性双重特征。近年来，随着航空运输业的发展，各机场的规模扩建需求日益增强，规模扩建的资金需求也越来越多，政府投资管理已经无法满足机场扩建的需求，制约了机场的经营发展。同时，随着对机场特性认识的不断深入，机场的商业化运营逐渐得到重视，世界各国机场运营模式都呈现出由政府管理的公益性设施向收益性企业发展的趋势。

我国民航业在近 30 年来发展飞速，机场业务量增长迅速。1978 年我国民航旅客总运输量仅不到 300 万人次，而 2018 年已经达到了 6.1 亿人次，货物总运输量也由最初的 6.4 万吨发展到 738.5 万吨。值得一提的是，近 10 年来，航空运输业的增长速度几乎是平均 GDP 两倍，这促进了机场业务量的飞速增长。

同时，随着我国经济的快速发展，居民生活水平也不断提升，居民生活度假的需求日益旺盛。与其他运输方式相比，航空运输业速度快且安全性高，是目前居民远距离出行首选的交通工具，近年来航空客户群中休闲旅客的比例大幅提升。随着国家公共假期的增多及旅游景点的开发，我国的出入境和国内旅游均出现了大幅增长。2018 年，在我国境内旅游的国内外总人数为 55.39 亿人次，比上年同期增长 10.8%。其中，入境游人数 14 120 万人次，较 2017 年增长 1.2%；出境游 14 972 万人次，增长 14.7%。随着客流量的增加，各大航空公司均加大了运力投入，已有航线大幅增加飞行频次同时加大新航线的申请力度，机场的业务量也随之大涨，尤其是在旅游资源较为丰富的省份，如云南省、海南省和陕西省等，其旅客量连续多年的大幅增长主要就是靠其作为旅游大省对当地的航空运输带来的巨大拉动。

机场运营初期以保障运输安全为目标，因此在日常业务中，以起降、安检、客桥等航空性业务投入较大。航空行业务量的增长伴随着更多的基础建设的投入，在保证机场正常安全运营的情况下，基础设施的投入会增大机场的运营成本，导致航空业业务增长困难。随着我国国际化的进一步加强和旅客消费能力的提升，其中的商业市场蕴含着巨大的机遇和挑战，未来高毛利的非航收入将是决胜关键。与海外代表性机场相比，国内大部分机场仍旧停留在依靠旅客和货物吞吐量的高速增长带动航空性收入快速增长的阶段，对商业开发价值和潜力认识不足，要从非航角度使机场流量变现，系统优化迫在眉睫。

《全国民用机场布局规划 2007》中提到，2020 年我国西南地区和西北地区规划的机场群数量分别为 50 个和 52 个，数量已经与规划最多的北机场群基本持平。可以看出，国家的发展政策是向西部倾斜的，目前机场规划主要是以新建小型机场及扩建大型枢纽机场为主。从机场功能来看，更加重视西部地区机场对西部地区经济的促进作用。同时，随着“一带一路”沿线国家的发展，培养西部地区机场在我国与东盟及中亚国家贸易往来中起到交通中转作用变得更加重要。

三、案例分析要点

1. 需要学生识别的关键问题

本案例需要学员识别的主要问题包括：企业战略管理的具体过程有哪些？目前企业战略执行中存在的主要问题有哪些？采用怎样的绩效考核体系保障企业战略管理的有效落实？实施战略解码的优势是什么？

2. 解决问题的可供选择方案及其评价

现阶段战略管理的过程主要包括战略分析、战略制定、战略实施战略评价和控制、战略调整等程序进行。战略执行作为战略管理的核心程序，主要采用战略地图、价值链等传统工具及战略解码、目标与关键成果法等新型工具。本案例采用新型战略执行工具战略解码对战略进行层层解码，落实至人，全面助力战略目标实现。

3. 推荐解决问题的方案

（1）本案例中战略实施存在的问题

企业战略执行实施本质是企业逐步变革发展的实践过程，战略实施是一个系统，依靠企业高层管理者的推动、资源的整合、战略的转化、员工的激励与实施的监控等基本方法，以及全体成员的共同协调配合。大部分企业在战略实施中都出现了执行力不足的问题，究其问题表现在以下几方面。

①战略制定缺乏战略实施的前瞻性思考

多数企业在战略制定时忽略了对战略实施的前瞻性思考，二者存在着分离或冲突，企业战略管理实现的过程中，战略制定与战略实施剥离，很少有以综合的视角结合二者来考量战略管理。战略执行缺乏长期有效的沟通机制作为支撑平台，导致战略规划与战略实施之间难以达成战略共识来促进战略有效的实施。

XB 集团各业务单元和职能部门在主管的领导下，分别制定各自的战略规划，各项业务活动的实施在很大程度上是孤立的，缺乏公司整体战略的指导。同时，集团内部各部门之间存在信息孤岛现象，各部门的信息交流存在障碍，战略执行的动态调整及时性差，这都造成了战略制定与具体业务脱节的现象出现。

②战略执行与战略制定衔接不紧密

要保证战略执行落地，战略管理与实际运营需要紧密结合，企业上下需要达成战略共识。而目前战略执行中最为突出的问题就是基层员工并不了解企业的发展方向和战略意图，无法自觉地将自己的工作融入战略的执行过程中，企业的基础工作无法对战略提供支撑。

XB 集团内部中高层领导对战略的理解相对较深，但很多基层员工并没有战略意识，缺乏战略的内涵的理解。同时，战略细项的实施缺乏相应的目标责任制度，导致公司战略管理流于形式，与日常运营相脱节，企业战略并未渗透到员工的日常工作中，集团战略规划的基础任务实施无法得到保障。

③权责体系与激励机制缺乏科学性

如何分配权责及合理使用激励力，如何进行科学的配置提高战略执行力的效率是战略执行的动力所在，而多数企业的绩效考核体系与激励机制运用缺乏科学性，服务战略实施不到位，战略执行中时常出现无效或疲软状况。

XB 集团战略目标没有真正落到部门或个人，各部门仍旧缺乏与各岗位相联系的绩效考核指标，战略绩效压力没有有效传导至基层员工。因此，绩效考核体系不能有效衡量各板块、各部门和各岗位的实际工作情况及分析衡量各层级绩效与公司战略发展的匹配度，导致绩效管理与实际战略目标脱节。

（2）战略解码的组织与实施

“改革创新、转型升级”是经济发展新常态下企业激发内生新动力的主旋律。战略解码既是一种战略执行的管理工具，也是战略管理重要的制度化建设内容。西安咸阳机场实施战略解码经历了战略共识、逐级解码、战略控制 3 个关键环节。

①战略共识之中期商业计划

战略共识作为战略工作最核心的部分，其主要在于如何将战略与实际接轨，达成全员共识，使得集团全员均能明确企业发展战略是什么，企业发展战略是否能与实际相匹配，员工自身又该做出哪些努力。

西安咸阳机场以中期商业计划为战略共识的基础，综合考虑战略内涵清晰度、高层一致度、中层共识度及员工理解度等核心因素，对企业战略进行规划调整。而后，通过以下两方面在思想上实现集团全员的上下共识，明确咸阳机场的发展蓝图：一方面，需要明确咸阳机场发展战略的内涵，形成各主体步调一致、目标清晰的全盘工作部署，成为引领全年战略解码工作的行动指南；另一方面，咸阳机场的高层管理者对支撑战略的重大事项、需要破解的难题和开展的重点工作要有一致的认识，中层管理者对生产经营指标和重难点问题要有明确的共识，并向基层员工传达企业的发展战略和应当履行的职责，帮助员工将日常工作与企业战略相结合，推动企业战略实施有效落地。

②逐级解码之四级解码体系

战略分解是搭建战略目标与实际业务的桥梁，通过将战略目标从纵向、横向或时序上拆解，落实至各层次、各部门以至具体人，助力战略目标实现的过程。

西安咸阳机场内部上下联动、横向协同，着重考虑澄清重点、量化指标、任务到人和明确时限等因素对战略进行逐级分解，明确每项行动计划的完成时限和相关责任，按照风险合理原则、可控性原则和充分沟通等原则量化考核指标，最终形成“上下联动、点面结合、协调推进”的工作合力。西安咸阳机场应用四级解码的方式，通过召开硬仗风暴、研讨与展示等会议，层层分解形成各层级的硬仗、行动计划书（包含事项与行动）及绩效合约，实现系统解码、责任到人，具体如图 7–5 所示。

③战略控制之阶段考核评估

战略控制主要是指在企业经营战略的实施过程中，检查企业为达到目标所进行的各项活动的进展情况，而后将它与既定的战略目标与绩效标准相比较，发现战略差距，分析产生偏差的原因，适时纠正偏差，使企业战略的实施与企业当前所处的内外环境、企业目标协调一致，保障企业战略得以实现。

西安咸阳机场从督导监控、分析评估和兑现考核等方面进行战略实时控制，并针对战略控制制定了不同时间段的考核制度以及考核标准。月度对每月行动计划动态进行评估，并对执行偏差性较大的问题进行整改调整；季度通过召开战略解码讲评会议，及时发现战略执行中的稳定，并进行适时的调整；年度综合业绩考核着重评估战略解码实施效果，从而改进组织方案和流程设计。通过建立每月行动计划动态评估、季度战略解码讲评、年末综合业绩考核的完整闭环链条，实时监察战略执行动态，提高战略执行力度，最终实现战略目标。

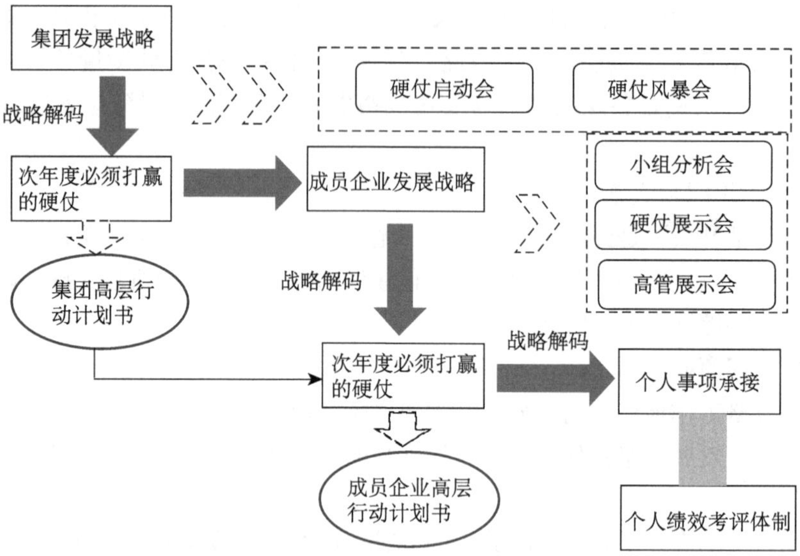

图 7-5　战略解码之逐级解码流程

（3）绩效考核体系设计

XB 集团以平衡计分卡为基础，以企业自身特性为依据，进而选择并优化考核指标。安全是民航工作的永恒主题，作为民航工作开展的基础，安全考核在绩效考核体系中必不可少；财务是公司发展的核心要素，为了衡量战略的实施是否对集团长期营运目标的实现做出了贡献，财务性指标不可或缺；正确的战略方向可以为企业长期的可持续发展保驾护航，持续提升的组织能力可以保障企业通过集团内部的团队及人才管理更好地执行战略任务，企业战略想要获得成功，战略方向及组织能力缺一不可，战略重点及组织能力的考核在战略管理中也至关重要。因此，XB 集团选择安全、财务、组织能力、战略重点作为绩效考核的重点维度。根据安全维度、财务维度、组织能力维度以及战略重点 4 个维度，设立 13 个关键绩效指标进行个人绩效考核。具体绩效合约如表 7–5 所示。

XB 集团通过优化绩效考核制度，绩效考核指标与各岗位的联系变得更加紧密，能有效衡量各板块、各部门和各岗位的实际工作情况，有效分析衡量各层级绩效与公司战略发展的匹配度；同时，将考核压力传导至个人，战略规划可以对员工的日常工作提供任务导向，帮助推进战略规划的落实。

（4）战略解码的优势

企业有战略无解码或企业无战略无解码，都不能使企业获得可持续的竞争力。企业尽管有明确的战略但在日常工作中战略得不到有效的执行，绩效管理与企业战略之间没有有效的承接，会缺乏企业层面的有效执行力。而战略解码与价值链及战略地图对比最大的益处就在于沟通与参与，通过战略解码的过程可以使企业高层对战略达成共识，也让基层员工更加了解企业战略。战略解码作为规划、计划、绩效合约编制的核心环节及重要手段，其主要优势在于：

第一，战略解码在对战略规划进行分解时，根据规划主体的不同，形成了集团公司、直属单位、主属单位下属三级单位的多层次体系。战略解码通过各级讨论和沟通，使得集团公司和直属单位各自的年度计划目标清晰，更加明确各自的工作任务，集团公司上下对规划、计划、绩效合约的内容达成共识。下位规划支撑上位规划的实施，上位规划覆盖下位规划的重点。

第二，战略解码基于对战略重点的分析，拟定行动计划，并将责任落实到个人。通过系统性地安排工作，确保集团公司的目标和任务均有承载主体，责任单位和协助单位分工合理，通过合作可确保各项目标任务顺利完成，能够切实体现集团公司的要求，进而支撑集团公司战略的实现。

表 7–5　咸阳机场公司绩效合约

受约人：张某某 职位：总经理 所属单位：咸阳机场公司		发约人：卢某某 职 位：集团公司总经理党委			合约期限：2018 年 1 月 1 日至 2018 年 12 月 31 日 签署日期：2018 年 1 月	
类别	关键绩效指标（KPI）	计量单位	权重	目标等级		
				T1	T2	T3
安全维度	安全目标	–	10%	1. 不突破《安全责任书》指标。2. 不突破《社会治安综合治理责任书》下达指标。3. 不发生被行业政府处罚或人员重伤的不安全事件	–	–
财务维度	营业收入	亿元	5%	20	21	23
	利润总额	亿元	15%	4.1	4.5	4.7
	息税折前利润率	%	7%	41.4%	41.8%	42.2%
	应收账款回收率	%	3%	95%	97%	100%
组织能力维度	运输生产	–	15%	客运量增速 11%，货运量增速 12%	客运量增速 11.5%，货运量增速 15%	客运量增速 12%，货运量增速 20%
	国际（地区）业务	–	5%	1. 国际（地区）客运量增速 20%。2. 新增 12 个国际通航点	1. 国际（地区）客运量达到 30%。2. 新增 14 个国际通航点	1. 国际（地区）客运量增速 50%。2. 新增 16 个国际通航点
	人均创收	万元 / 人	5%	33.9	35.6	39
	改革创新	–	5%	完成全年改革任务目标	改革工作成效显著，获得集团公司表彰	–
	资源投入	–	5%	1. 固定资产投资计划完成率 90%。2. 安全及服务投入（投资及费用）不低于 1.3 亿元	固定资产投资计划完成率 95%	固定资产投资计划完成率 100%

续表

受约人：张某某 职位：总经理 所属单位：咸阳机场公司		发约人：卢某某 职 位：集团公司总经理党委			合约期限：2018 年 1 月 1 日至 2018 年 12 月 31 日 签署日期：2018 年 1 月	
	党建工作	–	10%	1. 完成既定目标任务。2. 认真落实党建工作和党风廉政建设“两个责任”和“一岗双责”，班子成员不发生严重违纪违法问题	获得省部级表彰	
	服务工作	–	10%	不发生自身责任导致的服务事故、重大服务差错（一票否决）		
				1. 值机、安检、行李、货运等服务核心指标高于行业指标 20%。50% 以上的客货运服务关键指标达到集团新修订的服务标准。其他服务指标达到行业标准。2. 航班放行正常率保持在全国前 6（旅客吞吐量占全国 1% 的机场），始发航班正常率在全国十大机场中保持前 3。3.ACI 测评得分不低于 4.5。4. 集团满意度测评单项服务优秀数量达到 3 项。5. 有效投诉不超过 5 起	1. 值机、安检、行李、货运等服务核心指标高于行业指标 25%。80% 以上的客货运服务关键指标达到集团 新修订的服务标准。2. 航班放行正常率保持在全国前 3（旅客吞吐量占全国 1% 的机场），始发航班正常率在全国十大机场中保持前二。3.ACI 测评得分不低于 4.7。4. 集团满意度测评单项服务优秀数量达到 5 项。5. 有效投诉不超过 3 起	1. 值机、安检、行李、货运等服务核心指标高于行业指标 30%。所有服务指 标达到集团新修订的服务标准。2. 航班放行正常率保持在全国前 2（旅客吞吐量占全国 1% 的机场），始发航班正常率在全国十大机场中排名第一。3.ACI 测评得分不低于 4.8。4. 集团满意度测评 单项服务优秀数量达到6项。5. 不发生有效投诉
	信息化	–	5%	1. 出港旅客使用“便捷出行”的比例达到 50%。2. 年度信息化水平（指标）达到 D 级以上。3. 机场便捷化服务设施覆盖旅客主要服务节点达到 80% 以上	1. 出港旅客使用“便捷出行”的比例达到 60%。2. 年度信息化水平（指标）达到 C 级以上。3. 机场便捷化服务设施覆盖旅客主要服务节点达到 90% 以上	1. 出港旅客使用“便捷出行”的比例达到 80%。2. 年度信息化水平（指标）达到 B 级以上。3. 机场便捷化服务设施覆盖旅客主要服务节点达到 100% 以上
合计	–	–	100%	–	–	–

第三，企业通过战略解码，可以更加明确的划分职责边界，并以企业战略为基础通过定量化和格式化的手段确定绩效考核指标。通过战略解码确定的绩效考核指标有助于提高企业年度计划发展目标和重点任务的可考核程度，增加管理的有效性，促使企业绩效管理以战略目标为导向，解决战略实施中的管理障碍。同时，战略解码对责任人实行个人绩效管理，绩效管理有助于员工明确工作的优先级，同时也有利于企业创造高绩效的企业文化。

案例 8

数字化时代下 A 公司价值画像
——“第四张报表”[①]

李 瑞 闫举纲 任美丽 荆 鑫 任梦雪

案例正文

引言

北方的冬天特别冷。雪下了两尺多厚，窗外飞舞着雪花，像千百只蝴蝶似的扑向玻璃。而屋内开着足够的暖气，各位经理热火朝天地讨论着今年的发展状况和明年的战略规划，和屋外的冷寂形成鲜明的对比。会议室里，各个部门经理面前都放着 A 公司 2019 年的财务报告及“第四张报表”。2019 年是 A 公司实行第四张财务报表的第 1 年，对于其是否改善当年 A 公司的困境也已有了结果。会议上，董事长先对 2019 年的发展做了总结，然后开口道：“2019 年年初的时候，我们还在为数字化转型带来的数据资产如何展示，如何让外界投资者相信我们并进行投资，如何更好地布局企业的经营战略、体现企业价值而苦恼。为了解决这些问题，我们创新性地提出了‘第四张报表’。大家谈一谈实施‘第四张报表’以来公司的变化，明年的发展将何去何从，对于‘第四张报表’又该如何进一步优化？”会议室里，各位经理开始仔细研究手里的两份报表，而董事长则扭头看向窗外飞舞的雪花，思绪飘到“第四张报表”刚提出的时候……

一、行到水穷处，坐看云起时

1. 公司发展

电力是发展生产和提高人类生活水平的重要物质基础，电力的应用在不断深化和发展，电气自动化是国民经济和人民生活现代化的重要标志。就国际整体水平而言，在今后相当长的时期内，电力的需求将不断增长，同时各行业对电力的依赖也会不断增强，这对供电可靠性及电能质量也提出了更高的要求。

国家电网十三五规划中明确指出，要构建安全高效的信息通信支撑平台，整合智能电网数据资源，挖掘信息和数据资源价值，全面提升电力系统信息处理和智能决策能力。推广建设智能变电站，推广应用输变电设备状态诊断、智能巡检技术，提高电网智能化水平，确保电网安全、可靠、经济运行。近年来，国家对于智能电网建设力度逐年加大，对智能电网投资也在逐年递增，智能电网投资规模如图 8–1 所示。

---

① 案例来源：中国管理案例共享中心，并经作者同意授权引用。
本案例于 2021 年 10 月 29 日入选中国管理案例共享中心案例库。
由于企业保密的要求，在本案例中对有关名称、数据等做了必要的掩饰性处理。
本案例只供课堂讨论之用，并无意暗示或说明某种管理行为是否有效。

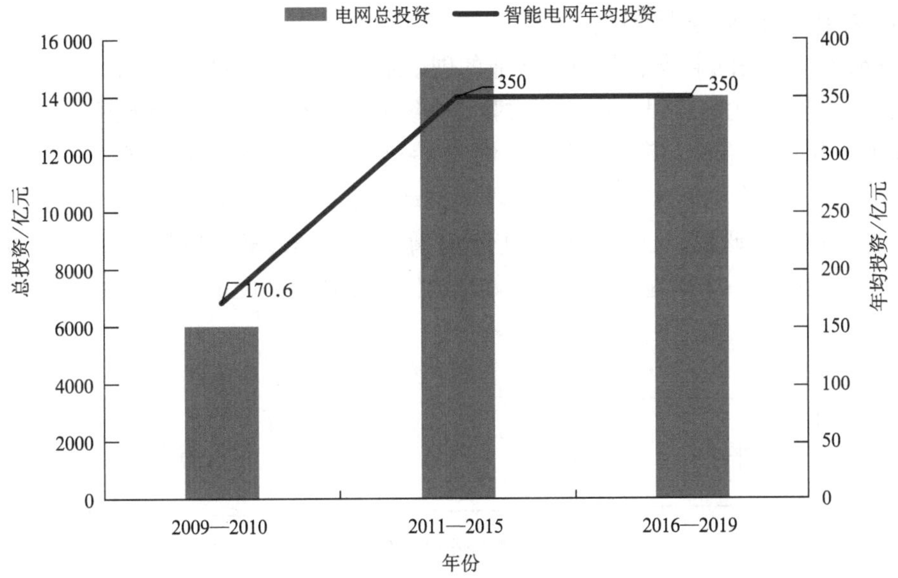

图 8-1 智能电网投资规模

A 电气股份有限公司成立于 2006 年，2016 年 2 月正式挂牌新三板，专注于智慧用电服务领域相关技术的研究和应用。A 公司始终坚持“以人为本、服务为先”的理念，2016 年被评为 ×× 市科技小巨人领军企业，2017 年挂牌国网电科院武汉南瑞运检西北分中心，成立 ×× 市用户侧电力智能运维工程技术研究中心。公司不断提升核心优势，坚持服务创新、技术创新，计划通过 3 ～ 5 年的努力，成为电气设备全寿命周期管理技术服务细分领域的骨干企业。公司发展历程如图 8-2 所示。

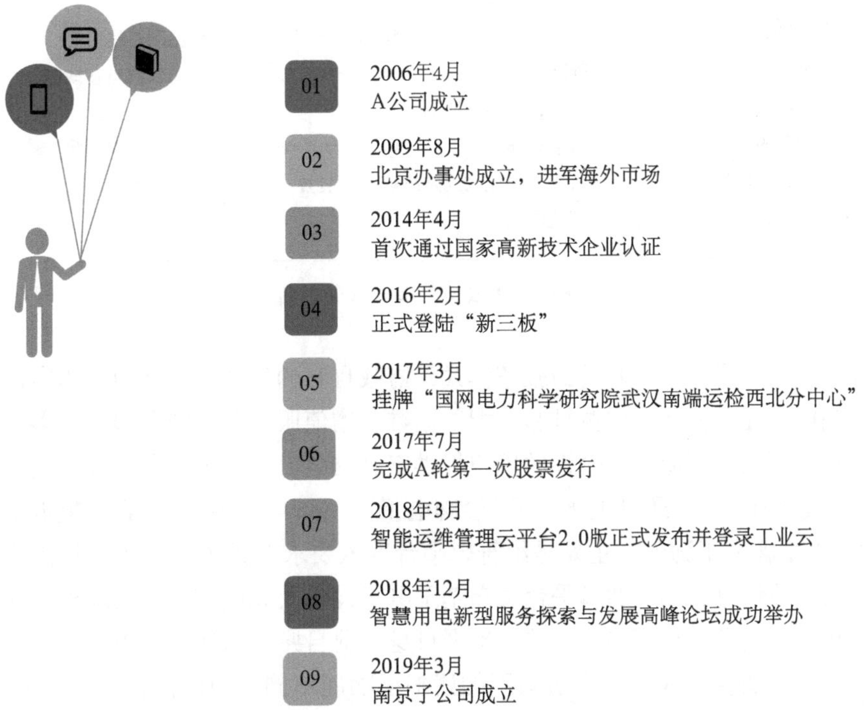

图 8-2 公司发展历程

2. 数字新基建助力企业数字化

A公司不断探索“互联网+”与传统电力行业的创新结合，形成如图8-3所示的“平台+产品+服务”的创新经营模式，提供电力咨询设计、检测试验、在线监测、智能运维管理等深度菜单式服务，逐步开展综合能源服务领域的探索，满足用户多元化、个性化的能源服务需求菜单式服务平台，如图8-4所示。公司总结十几年的行业经验，近年来也不断推动数字化升级进程，结合当前时代趋势，专注于智慧用电深度服务的技术研发，自主研发出融合AI算法、数据传输、控制预警技术、现代化设备及管理等诸多技术的国网第一个落地的智慧变电站辅助监控系统智能配电室，实现线上+线下一体式托管运维。

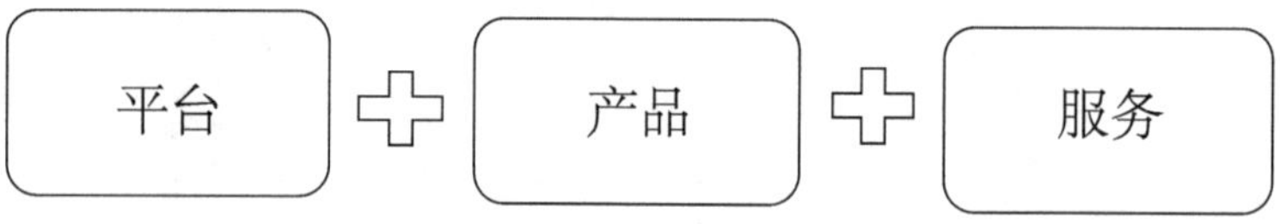

图8-3　A公司创新经营模式

六大平台：

* 智慧园区平台
* 综合能源管理平台
* 智能运维管理平台
* 带电检测平台
* 试验平台
* 金牌电工平台

五大服务：

* 综合能源服务
* 智能运维服务
* 带电检测服务
* 交接和预防性试验服务
* 电力咨询设计及增值服务

三大产品：

主机系统

* 智能配电房监控系统
* 变电站综合监控系统

在线监测

* 变压器：
* 变压器局部放电在线监测
* 变压器油色谱在线监测
* 变压器绕组热点温度在线监测

其他：

* 容性设备在线监测
* 智能终端
* 人工智能配网线路故障诊断装置
* 智能网关

电缆：

* 电缆局部放电在线监测
* 电缆金属护层电流在线监测
* 断路器：
* 断路器机械特性在线监测
* SF6密度微水在线监测
* GIS局部放电在线监测

开关柜：

* 开关柜温度在线监测
* 开关柜局部放电在线监测

* 开关柜智能测控终端
* 变压器智能终端

图8-4　A公司菜单式服务平台

A公司施行“线上+线下”双联动的服务模式，搭载自有的创新研发能力，为客户提供电力设计咨询，同时涵盖输电、在线监测、检测试验、智能运维、增值服务及新能源服务等多个项目，为来自电网、工业、学校、酒店、医院等综合性的用户提供定制的电力菜单式服务，以及定制电力智能化的整体托管服务。除此之外，公司还自主研发了“金牌电工”“365电力卫士”“智能配电室”“电气医生”等10多款APP。以金牌电工为例，主要是给符合平台准入要求并且想获得额外收益的人群提供自愿领取并完成任务的工单信息，用户通过平台发布基于电气设备及充电桩运维的巡检、维修、维护等任务工单，另一方技术人员则基于用户的工单，根据自身情况自愿领取任务工单，技术人员完成任务工单后可获得相应的工单佣金。A公司通过旗下的诸多虽功能不同、但面向普通大众的APP积累了大量的用户数据，不仅包含电气设备使用者的信息，同时也包括不同等级及性质的电工信息。公司将十几年专业技术积累平台化、流程化、数据化，已形成基于用户需求的菜单式、全产业链服务能力。

3. 信息化平台助力数据共享

A 公司在数字化时代的浪潮中，紧随时代脚步，从 2016 年开始以公司总体发展战略为驱动，在公司内部构建全流程信息化平台。A 公司全流程信息化平台如图 8-5 所示。在一个企业中，最核心的业务部门主要是 3 个，分别是采购部门、生产部门及销售部门，这 3 个部门的业务活动又影响着 ERP 系统、供应商关系管理系统、客户管理系统及产品生命周期管理系统。通过全流程信息化平台的构建，进一步实现了财务与业务的结合，以业务为起点，管控前移，助力企业精细化管理及内控。

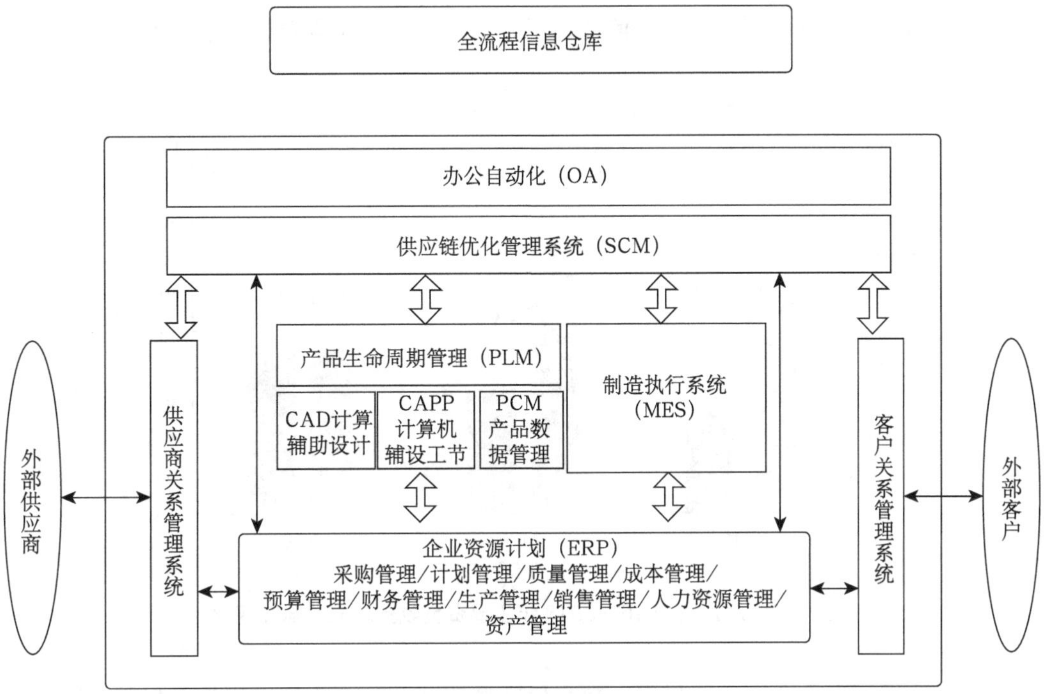

图 8-5　A 公司全流程信息化平台

A 公司通过全流程信息化平台的构建，实现数据与信息的共享，各个部门能够基于各自需要直接获取数据，提高了获取信息的完整性和实时性，免去了人工统计环节，且不同的统计口径基于统一的底层数据，也提升了数据的准确性，避免各方数据“打架”；另外，各部门基于全流程信息化平台进一步熟悉业务流程，进一步提升了运营管理全局观意识。

二、莫看江面平如镜，要看水底万丈深

A 公司正处于重金推行云平台，开展数字运维、“线上＋线下”双联动模式后的第一个年报阶段，推行云平台之后，各个客户对 A 公司电力运维新模式纷纷予以肯定，但数字化转型之后的问题也随之而来……

1. 价值展现凸现瓶颈

财务报表表现不佳影响企业融资。近年来，A 公司由于投入大量资金在数字化转型方面，致使资金耗用量直线上升，如图 8-6 所示。但同时，企业销售表现却不尽如人意，近几年销售情况呈现逐年下滑的趋势，相关经营指标也并非很出彩，使整体财务报表呈现疲态。与之对应的，外部投资者、银行及社会大众通常是根据财报数据及相关指标对企业进行相关判断，出于对自身回款的保护，对于经

营现金净流量，营业收入这些都有严格的要求。外在常规指标相对严苛，内在公司指标表现又不佳，如图 8-6 所示，A 公司近几年贷款规模逐年下降。除此之外，由于行业特性，A 公司应收账款较多，金额占比大，回款期长，2018 年应收账款占资产总额高达 70%，资产实体质量不高。若应收账款无法及时回款，一旦贷款到期，没有充足的资金，就会面临资金链断裂的风险。A 公司在云平台的构建、“一带一路”及“十三五”规划的背景下，新签了很多项目，其中也有不少国外项目，主要包括菲律宾“0352”直流电网项目、委内瑞拉古里水电站变压器在线监测项目及印尼芝拉扎项目等。如果资金链断裂，以上这些项目的推进就会出现困难。项目的签订是客户对公司及公司能力的信任，一旦项目推进出现问题，影响的不仅是利润、企业信誉，更多的是会使合作方对公司能力产生质疑。

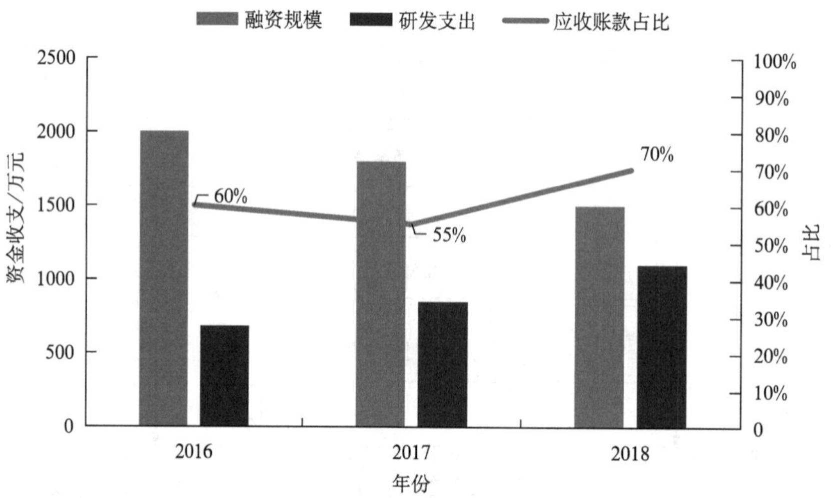

图 8-6　A 公司 2016—2018 年主要资金收支及应收账款变化

数据资产无法展示影响企业价值呈现。数字化转型浪潮下，企业的用户数量积累，用户价值大幅度上升，而基于当前数字经济背景下由用户数据及非财务数据所衍生出来的企业价值更是不可限量。例如，通过用户浏览量、搜索量可以知道大部分用户现阶段的用户偏好，再根据这部分信息准确地推送相关产品及服务，从而提升营业额及精准的投送广告等，其背后的原理便是其在大数据背景下进行了用户数据分析，推送用户更加需要的内容，形成效益雪球式增长。图 8-7 为 A 公司讯电云商小程序界面，用户根据需求自主进行菜单式选择。除此之外，A 公司针对不同业务类型研发了不同的应用程序，如“金牌电工”“365 电力卫士”“电气医生”等，积累了大量用户信息，但这部分庞大的用户价值却不能在传统的财务报表中展现，也没有相应的指标对其进行衡量。

在价值展现不佳造成的融资受阻压力下，A 公司目前发展进入了瓶颈期，面临资金链断裂的风险。数字化转型后带来的各类数据背后隐藏的价值无法展示，外部人员无从得知企业真实的发展现状及发展潜力，形成信息孤岛。当前 A 公司所急切需要的就是一种方法可以打破信息孤岛，让这部分非财务数据也来到公众的视野，提升企业价值。

图 8-7　讯电云商小程序界面

2. 经营战略出现偏差

一方面，目前国家电力产能相对过剩，不断下调电价，煤炭价格又不断升高，上游发电企业盈利下降明显。电气行业在产业链中下游，处于弱势地位，这种情况下，对企业的产品竞争力、现金流控制、产品生产安排确实要求更高的把控力。但对 A 公司来说，电气行业近两年原材料价格不断攀升，A 公司采购部与供应商屡次协商不成，成本逐年上升，如图 8-8 所示。与此同时，由于成本上升，销售价格也相应提高，可消费者并不买单。另外，客户需求越来越个性化，市场动向难以把握，A 公司当前推行的是较为传统的生产经营计划方式，根据过去一年的销售情况结合公司战略目标确定下一年度销售哪些产品及相应的比重，这种方式对市场敏感度不高，容易失去市场先机。例如，2018 年市场急需的 100kA 发电机断路器成套装置、±800kV 柔直阀用避雷器，A 公司在制定生产计划的时候没能及时把控住市场的变化，生产了过多的低压变压器，投放市场时又与同类产品发生价格战，成本上升但销售收入却没有稳步增加，直接导致 2018 年的销售收入下滑。公司 3 年来产品研发、购进设备、拓展新平台等，资产逐年增长，但净利润与营业收入增长率却逐年下降，营业成本增长率逐年上升。如图 8-8 所示为 A 公司 2016—2018 年资产及经营情况变化表。滞后的市场动向使 A 公司的生产经营计划出现偏差，影响其经营战略的制定。

另一方面，A 公司历年会根据用户地区将市场细分，有针对性地制定地区营销策略，这种模式虽然考虑到地区的差异性，但目前数字化背景下，由于线上渠道的发展，用户不仅可以在 APP 里查询自己的用电情况，还可以在商城或一些其他社交媒体购买本公司的产品及服务，而此时仅进行线下地区划分渠道并进行相应的营销计划是不够的。除此之外，2018 年第 3 季度，A 公司在其他公司推出线上个性化服务时未及时研发出相应产品及服务，滞后的客户服务需求及未能及时收到客户反馈也造成其丢失了一部分客户，在客户竞争率方面 A 公司表现不佳。

错误的市场生产及竞争预测、滞后的需求洞察力导致 A 公司出现了战略失误，依靠常规分析及统计方法制定的经营营销战略已不能完全适合当前数字化时代的市场动向，当前 A 公司急切需要一种能准确把握市场情形、更贴近用户需求，帮助其制定经营战略计划的“指南针”。

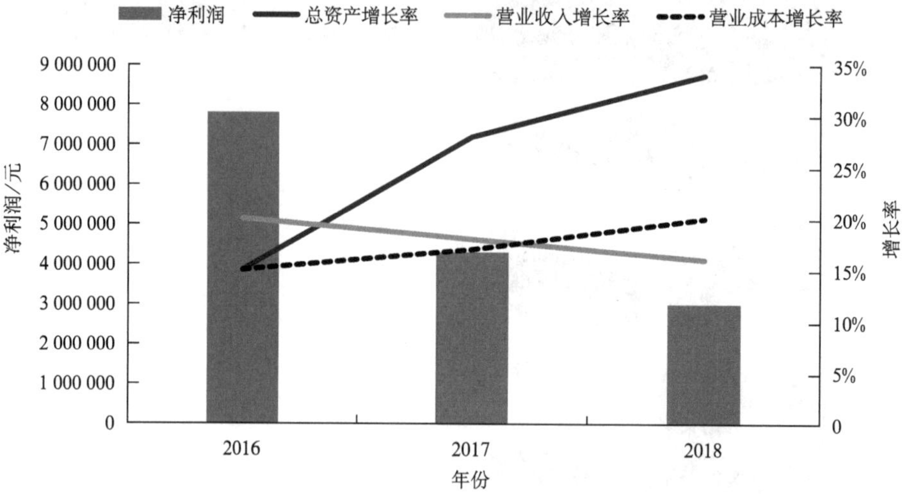

图 8-8　A 公司 2016—2018 年资产及经营情况变化

三、纸上谈来终觉浅，觉知此事要躬行

1. “第四张报表”的提出

由于当前阶段企业对外价值展现形式还多局限于财务报表，A 公司便开始寻求从内部解决问题的方法。公司财务部门了解到，广核电力集团近 3 年年报中都列示过一个名为“资本”的模块，内容多达 30 页，主要是生产资本、智力资本、环境资本等，说明的是一些非财务数据的竞争优势，新的价值模块一经推出赢得多方好评。除此之外，相比于在年报中增加新的模块，海尔集团则做出了更大的变革，伴随着海尔“人单合一”模式的生成，依据其自身业务模式的特殊性，海尔推出了企业的“第四张报表”——共赢增值表，创新性地提出了一些新的指标项目并进行了数据量化，实现价值增值，共创共赢。

其他企业新的价值突破方式使 A 公司开始思考企业自身是否也可以进行价值展现方式的革新。鉴于广核电力年报中增加相应模块主要为文字表现形式，直观性相对较弱，同时，此种表现形式也无法更好地展现数据资产，于是，A 公司决定学习海尔推出新的报表展现形式，挖掘数据资产及非财务数据价值，并对其进行分析和量化，研制出专属于公司自身的“第四张报表”，设定专属维度及项目。

“第四张报表”的议案提出后，A 公司对“第四张报表”的可行性进行了调查分析。可行性报告显示，通过了解公司内部各部门运行流程、云平台后台运行情况、信息化平台使用程度、线上 + 线下一体式托管运维情况，以及外部“第四张报表”应用情况、认可度、相关实施步骤，综合分析认为，由于公司目前信息化程度相对较高，便于调取各种数据进行统计分析，在实施数据调取分析上额外需增加的成本不会太高，公司主要任务便是在现有数据的基础上加以收集整理分析并对其分析维度进行量化分析，因此，制定出“第四张报表”的可能性相对较高。同时，由于当前公司应用较少，有效性有待考察，但从各种报道及相关研究来看，目前新的报表展现形式社会评价较好，且海尔的“第四张报表”在多次学术论坛中被提及，整体呈现较好的态势。综合评定可行性及考虑到当前公司面临问题的急迫性后，A 公司通过了制定“第四张报表”的提案。

通过多方学习相关知识，咨询相关机构，A 公司了解到，“第四张报表”是非财务数据的价值呈现，通过特定的统计模式，以此来体现企业价值。同时，通过数据挖掘进一步影响公司战略，A 公司广泛思考并斟酌各维度认为，当前影响公司经营战略规划方向的主要为产品、用户及各类销售渠道，通过公司各种线上程序及线下经营情况综合分析可以挖掘经营趋势及不足。同时，数据资产之外的竞争优势则通过资本维度体现。

根据 A 公司目前发展的状况来看，急需的是增加顾客的数量、质量及购买回头率，由此选择顾客维度，主要体现在获取客户、了解客户、留住客户和价值提升。由于互联网的蓬勃发展，渠道也由传统的门店、经销商（统称线下），向小程序、APP、第三方平台转换（统称线上），渠道数量是反映企业渠道市场渗透率的量化指标。在同等渠道结构下，企业建设的渠道数量越多、覆盖范围越大，直接导致企业的竞争力也越强，在拥有着足够的渠道数量之后，渠道质量尤其是渠道带来的收益尤为重要，因此，A 公司选择渠道作为第二个维度。影响顾客数量及渠道销售量的重要因素就是产品，为了体现产品的竞争优势及相关升级迭代情况，A 公司“第四张报表”的第三个维度选择产品维度，主要是产品升级率和产品质量，对于留住客户大有裨益。除了以上直接关系 A 公司经营战略的维度之外，还选取了资本维度，体现数据资产以外的竞争优势，主要包括生产资本、人力资本、知识产权及社会关系。这几个指标直接影响企业的发展潜力。通过以上维度，帮助企业管理人员梳理企业拥有的资源，洞悉企业的发展价值，反映在报表上也让外界投资者看到企业的潜在发展能力及竞争优势，无论是外在价值展现还是内部经营战略，双向帮助企业运营。其基础框架如图 8-9 所示。

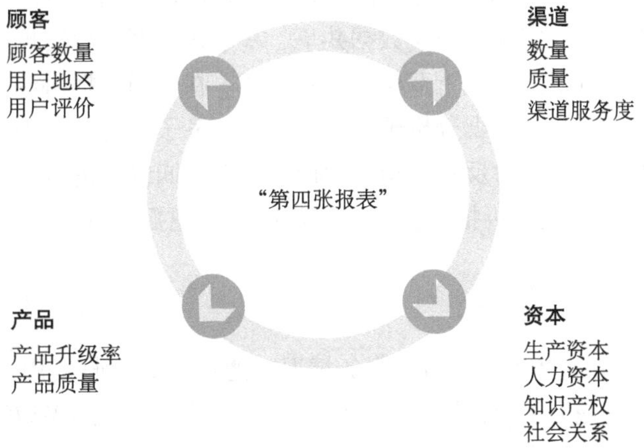

图 8-9　A 公司“第四张报表”框架

2.“第四张报表”的实践

A 公司基于公司数字化进展及信息化程度，在物联网、人际网及互联网多平台数据收集下，与专业数据分析整合机构进行合作，整合企业内外部信息，实现数据共享，从众多数据中深入挖掘自身深层价值内在体现维度，基于四维度确定非财务数据分析目标，执行如图 8-10 所示的数据分析过程，进一步对四维度非财务数据进行整理、统计与分析。

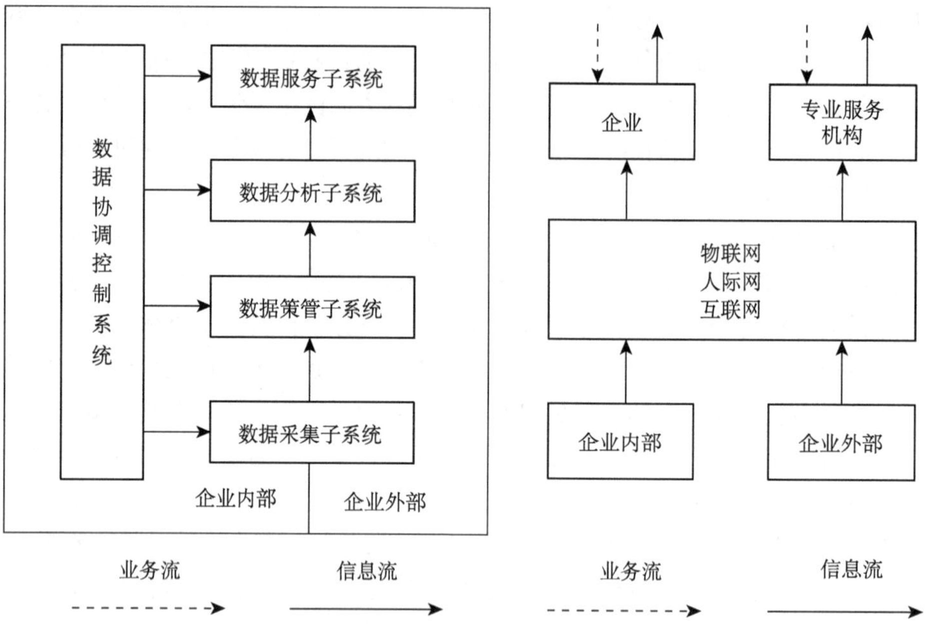

图 8-10 A 公司数据采集分析系统

A 公司基于企业发展中各个环节业务流触发信息流产生，业务流则具体指订单管理、生产管理、采购管理、仓库管理、分销管理、外贸管理、样板管理及财务管理。基于公司 ERP 系统、设备资产库、营销客服库、电网运行库等系统实现业务流数据共享、基于物联网平台实现产品应用实时动态共享、基于互联网数字化平台则实现线上 + 线下双渠道交易模式。在公司数据协调控制系统下，分别设立数据采集子系统、数据策管子系统、数据分析子系统及数据服务子系统，实现企业内外部信息流通。打通企业内外部信息共享平台后，针对反映公司深度价值内在的四维度进行具体业务理解，决定目标、数据收集、数据处理、最终形成分析报告。基于深层次价值挖掘的 A 公司“第四张报表”四维度价值指标如下。

1. 顾客资源

A 公司通过 APP 后台注册及购买商品及服务情况，通过大数据收集用户使用信息，包括使用、使用内容及使用时间，主要是为了分析用户使用偏好，精准推送用户感兴趣的次数界面及产品服务，再通过分析得到以下几个维度的指标：

（1）顾客数量：每一位使用 A 公司产品的顾客都会下载本公司的 APP，注册成为会员，以便以后产品的售后。因此，顾客数量以公司后台显示的注册数为准。本指标直接反映了企业的竞争力，数量越高，竞争力越强。

（2）顾客地区：每一位顾客使用 APP 时都会进行定位，以市为计算个体，统计顾客分布的地区，通过对用户的所在地区分布情况，评估哪些地区使用更频繁，可以适当扩大市场，进而有效节省资源节约成本。

（3）用户评价：APP 会收集用户的使用评价，用户评价衡量的是顾客对 APP 的好评占顾客总数的比重，同时还有反馈，从用户反馈中可以了解到企业产品的优势和不足，进而改进产品使其更符合市场的需求。

2. 渠道资源

在现代商业社会中，渠道无论线上还是线下，普遍被认为是制胜关键。然而与用户相似，渠道的价值往往也难以用传统的财务报表展示。A 公司学习相关企业经验，同时咨询相关会计师事务所“第四张报表”经验，并且在本企业信息化平台的基础上，提取销售门店线下及线上信息，针对 A 公司现状在渠道维度上主要分为渠道数量、渠道质量及渠道服务度 3 个维度。

（1）渠道数量：在同等渠道结构下，企业建设的渠道数量越多、覆盖范围越大，直接导致企业的竞争力也越强。本指标包括线上交易成交数量及其成交额、经销商及其成交额。其中，线上交易成交数量包括 APP 自带的商城、微信小程序及各大线上商城交易的总量；经销商主要是商铺从企业批发的数量总数。通过对渠道数量的分析，企业可以清楚地了解企业产品的受众区域及渠道运营状况，再根据其组织销售计划。

（2）渠道质量：在企业拥有种类丰富和数量充足的渠道后，提升渠道的质量，尤其注重渠道建设的投资收益，变得尤为重要。渠道质量是指渠道的投资回报，这个方向则主要是针对线下渠道，指标则为竞争指数，这个指数则是基于行业自身情况，结合线下渠道周边的人气值、同业数量以及聚客指数综合测算而来。指标数值越高，反映企业渠道质量越高，核心竞争力越强。

（3）渠道服务度：本指标包括售后服务次数、小程序响应速度、应用更新周期。其中，售后服务次数包括 APP 上顾客进行在线人工客服咨询、公司电工直接上门服务次数两者的总和，数量越大，服务度越高；小程序响应速度用本期后台响应的平均数值衡量，数值越低，反映企业售后服务越好。

3. 产品资源

产品是企业经营活动的主体，是企业实现价值的载体。A 公司旗下拥有诸多产品，如智能巡检机器人、智能配电室、开关柜智能终端及封堵材料系列产品，电气行业特殊性及国家智慧电网迅速发展使得智能电气产品更新很迅速。因此，本文用以下两个指标反映企业的产品资源：

（1）产品升级率：产品更新迭代速度反映了企业的创新能力。本指标用本期更新的产品种类数占产品种类总数的比重衡量，指标数值越高，反映企业的创新能力越强；反之，则下降。

（2）产品质量（退货率）：企业是否拥有质量稳定的产品是决定其是否能留住顾客的标准之一。退货率用本期退货的总数占销售总数的比重来衡量，比重越小，反映企业产品留住顾客的能力越强；反之，则越弱。

4. 资本资源

企业发展过程中，除供产销环节以外的资本竞争力是帮助企业持久发展必不可少的因素。A 公司资本竞争力主要体现在 4 个方面，分别是生产资本、人力资本、知识产权及社会与政策资本。

（1）生产资本：主要反映企业的生产竞争力，包括厂房数量、设备更新率、设备维护率等。厂房数量根据实地盘查所得，主要反映企业生产能力；设备更新率是指企业生产设备更新的频率，指标计算标准为该年度购进新生产设备数 / 该年度总生产设备数；设备维护频率是指企业对生产设备进行日常维护的频率，以设备更新率及设备维护率反映产品质量。

（2）人力资本：拥有足够技能和经验的员工是公司走得更远所不能缺少的重要财富。人力资本主要考核员工的本科及以上学历占比和员工的年龄占比、离职率等。这部分数据获取渠道为信息化平台中的人力资源模块，比率则通过提取数据后通过比例法获得。

（3）知识产权：当前智能化数字化背景下，企业拥有足够数量的知识产权是企业在激烈的社会环境中提升企业竞争力的必要条件。这一指标主要以专利数衡量。

（4）社会与政策资本：政策支持及社会贡献在增强企业竞争力时起到锦上添花的作用，好的社会反映能够帮助企业提升口碑，提升顾客好感度，从而影响销售及经营业绩。该维度衡量指标主要包括社会责任支出及国家政策补助等。社会责任支出主要指企业对社会所做出的贡献，例如公益捐款、公益机构建立等；国家政策补助则是指国家及政府对企业的财政补助和税收优惠等，体现政府及国家的政策支持和企业的社会影响。

通过以上顾客资源、产品资源、渠道资源及资本资源四维度若干指标的分析，在 A 公司上下各部门的不懈努力与沟通下，由董事会牵头，打破不同部门间的信息沟通堡垒，进一步提升自身信息化便捷程度，提取数据，多方衡量指标选取，最终制定了专属于 A 公司的“第四张报表”。“第四张报表”简表如表 8-1 所示。

表 8-1　A 公司“第四张报表”简表

项目	指标		本期数	上期数	单位
顾客	顾客数量		579	498	
	用户地区		28	24	个
	用户评价（好评率）		95%	90%	
渠道	渠道数量	线上交易成交次数	687	586	次
		线上成交额	4657	3970	万元
		经销商	38	33	
		经销商成交额	3806	3500	万元
	渠道质量	竞争指数	28%	24%	
	渠道服务度	售后服务次数	168	194	次
		小程序响应速度	1.5	2.8	秒
产品	产品升级率		85%	80%	
	产品质量（退货率）		5%	7%	
资本	生产资本	厂房数	5	4	个
		设备更新率	20%	15%	
		设备维护频率	10	12	天
	人力资本	本科及以上学历占比	85%	78%	
		25 ～ 45 岁职工占比	80%	74%	
		离职率	4%	6%	
	知识产权	专利数	18	15	
	社会与关系资本	社会责任支出	500	300	万元
		国家政策补助	300	200	万元

四、千淘万漉虽辛苦，吹尽黄沙始到金

A公司2019年在制定传统的3张报表之余，同时制作了属于A公司的“第四张报表”，“第四张报表”不强制对外界披露，投资者、银行及其他利益相关者可根据自身需求向公司申请查阅“第四张报表”，了解公司深层价值竞争优势。截至2019年末，进行报表变革已过去一年，通过“第四张报表”的实施，A公司取得了诸多成效，主要体现在以下两个方面。

1. 价值画像

A公司在遇到自身价值反映失真后，通过构建“第四张报表”实现传统报表变革，描绘出崭新的企业价值画像，反映企业价值。企业价值画像描述的一般是企业多维度商业信息数据，根据不同行业需要，划分不同维度，给企业打上标签，让海量的数据标签化为企业特征，帮助各方利益相关者全面了解企业情况。A公司依据企业自身基础情况及“第四张报表”搭建A公司价值画像，展示企业潜在竞争优势，A公司应用“第四张报表”后价值画像如图8–11所示。

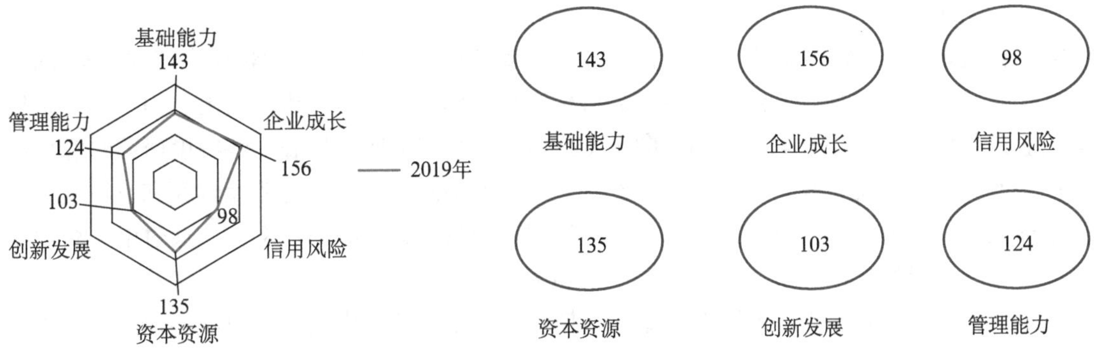

图 8–11　A 公司价值画像

如图8–11所示，从6个方向对A公司目前企业价值进行分析，基于是否达到公司目前发展要求打分。其中：

基础能力：主要包括A公司行业分布，主要表现为行业竞争力、行业发展现状等；企业资质，主要表现为A公司目前所拥有的认证，包括企业核心员工拥有的职业证书、ISO认证等；所有者资本，主要表现为所有者权益占总资产的比重。

企业成长：主要包括企业商业模式、企业战略及市场占有率，分析目前A公司的商业模式是否符合公司发展战略的要求，以及其市场占有率的高低。A公司在进行企业数字化转型以后商业模式发生改变，其更符合目前数字化时代下的价值创造模式。

信用风险：主要根据A公司是否存在未决诉讼、行政处罚、严重违法、股权出质、动产质押等情况，若存在，对A公司可能造成的影响进行量化，再评估。

资本资源：资本是企业发展的源泉，主要评价A公司目前员工的学历和年龄结构、生产资源及是否承担足够的社会责任等。

创新发展：主要评价目前A公司已有的专利数量、知识产权等。创新能力是A公司的核心竞争力之一，在实施了“第四张报表”以后，A公司加大研发投入，2019年的专利数量有所提高，企业的创新发展能力也有所提升。

管理能力：主要评价A公司现有的内部控制制度是否完善，管理组织结构是否健全。在应用“第

四张报表”以后，企业管理者可以将财务报表与“第四张报表”进行比较，“第四张报表”虽然是非准则数据，但与企业财务数据有一定关联，对于两者相悖的地方，企业可以着重注意，对公司内部控制起到了积极作用。

企业数字化产生的大量用户数据及非准则数据得以利用，更好地体现企业的发展潜力。通过对“第四张报表”各维度的分析，A公司近两年大力挖掘企业创新能力，开发新技术，投入大量的研发费用，两年来专利数量较之前有所增加。对于电气行业来说，掌握核心技术是至关重要的。同时，企业融资也较之前顺畅，投资者可以申请查看“第四张报表”，对企业的业务运营情况进行真实性评估，为投资决策者提供借鉴。除此之外，A公司应用“第四张报表”之后近两年，项目开展数量稳步上升，企业管理井然有序，这些成果的出现和推行“第四张报表”有着紧密联系。通过企业“第四张报表”价值画像，体现出企业目前的核心竞争力及发展前景；结合大数据整合企业生产、运营、销售、管理数据，实现电力发展、输电、变电、配电、用电、调度全环节数据共享，驱动优化资源配置，协调电力生产、运营、销售的管理，提升生产效率和资源利用率。

2. 战略导向

“第四张报表”的战略导向作用体现在报表各维度及指标确定，是数据收集与数据分析的前端过程，虽然企业可以通过自身研发或与外界相关机构进行合作达到数据分析的目的，但“第四张报表”指明了企业进行价值深挖提升竞争力的方向。A公司在进行“第四张报表”各维度研究时意识到，数字化时代企业竞争力体现在其对用户需求的把控、渠道的高效、产品的优势及创新和政策支持，基于此进行指标设定、数据收集与分析，通过分析的过程从而影响企业战略。例如，通过电力企业庞大的历史销量数据，进行用户用电行为分析和用户市场细分，使管理者能有针对性地优化营销组织，改善服务模式。对应“第四张报表”的顾客数据，本期企业在全国范围内的用户对应的地区，利用大数据分析其消费行为、消费偏好，可以使管理者更加了解客户，从而精准营销，精准投放不同类型不同效果的产品，使公司决策变得更加准确，精准抓住消费者的喜好。

以A公司旗下讯电云商小程序为例，该软件用户注册至今已逾5万次，服务人口规模接近50万，每年客服收到咨询信息8万～10万条，累计已获得业务数据10余万条。针对客服咨询信息及用户需求搜索量，利用词频分析法聚焦客户服务需求热点，如图8-12所示。

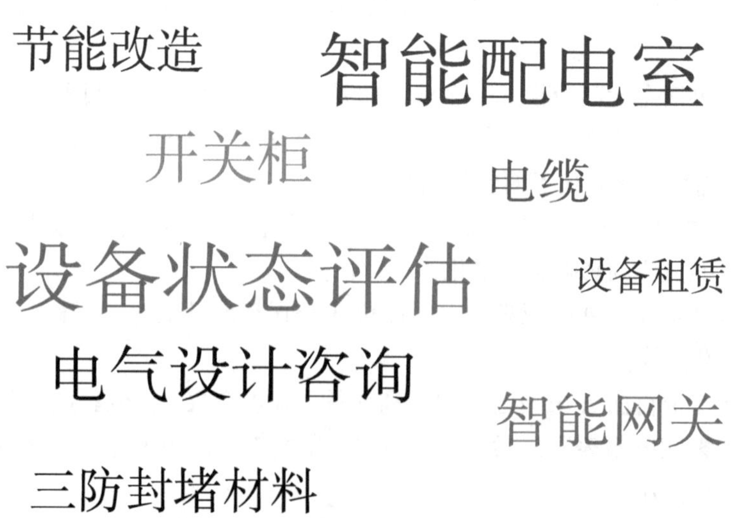

图8-12 词频法客户需求分析

运用词频分析法对客户需求热点进行分析之后发现，智能配电室、设备状态评估、电气设计咨询在客服咨询信息及用户需求搜索量中占比最多，反映出当前对于这 3 种服务的需求量相较更多。针对这种用户统计结果，A 公司在线上各销售渠道主页面，针对这 3 种服务做了重点介绍，同时在公司官网及各大宣传平台也进行重点宣传。除此之外，对 3 种重点客户需求的服务通道进行专项整合，最大程度提升重点服务的客户满意度。通过对顾客渠道数量、用户偏好等分析，精准投放市场，提升用户黏性。依据公司历年财务报告，公司 2018 年未推行“第四张报表”时营业收入增长率为 13.79%；公司推行“第四张报表”后，2019 年营业收入增长率为 18.26%，其中 3 种客户重点需求收入增长率由“第四张报表”实施前的 18.32% 提升至 25.67%，客户重点需求收入增长率增势明显，整体增幅比整体营业收入增长率增幅大，这说明通过“第四张报表”顾客维度用户数据的分析，达到了精准营销的效果。具体收入增长率趋势变化如图 8–13 所示。

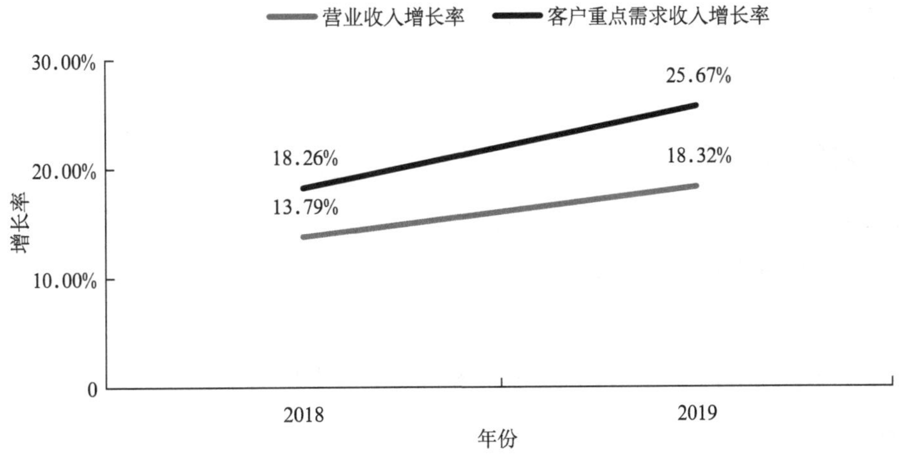

图 8–13　收入增长率趋势变化

除顾客维度之外，通过线上及线下双渠道维度分析发现，2018 年 A 公司产品与服务销售主要集中在西北、华南及华中地区，较少分布在西南、华北及东北地区。进一步分析线上线下交易占比可知，华南地区线上交易占比最多，其次是西北、华中地区。基于此种结果，A 公司针对华南地区的营销策略主要采取线上宣传，提升渠道服务度战略；西北地区则由于处在企业所在地，重点提升线下服务度，保持竞争优势，提高竞争指数；针对营业收入占比较少的华东、华北地区，则进一步针对性进行市场开拓，宣传多类型产品服务。对渠道资源维度的分析进一步完善了市场细分过程，公司在 2019 年华南地区报告收入为 1800 万元，同比较 2018 年增长 200 万元，主要是线上交易总额增加所致；东北地区 2019 年报告收入为 200 万元，同比较 2018 年增长 150 万元，主要是因为市场开拓取得成效。

管理者通过“第四张报表”的分析过程，整合电气产业生产、运营、销售、管理的数据，实现全环节数据共享，以顾客需求、渠道反映、生产及资本竞争优势为驱动优化企业资源配置，协调电气设备生产、运维及销售管理，提升整体生产效率和资源利用率，提升企业精细化运营管理，提高集团管控水平。

五、尾声

自国家推行智慧电网以来，A 公司积极响应并付诸行动，推动自身设备及产品智能化、平台化，内部管理标准化、信息化。一系列的转型使公司积累了越来越多的非财务数据资产，报表展现不佳使公司寻求价值体现形式的突破，构建企业自身价值画像——“第四张报表”。“第四张报表”应用以来，公司对外影响力进一步扩大，企业价值提升。在融资方面，公司年度融资规模同比增长 26.57%，相比于公司前两年的融资规模下降，增势明显，资金的相对充足帮助企业运营，形成了双向增长的良好局面；同时，通过分析各维度指标，把握产品、渠道、用户市场动向，经营业绩也明显增加，订单总额同比增长 22.53%，营业收入增长率也由连续 3 年的下降趋势转变为上升趋势。除此之外，由于整体发展态势变好，公司在 2019 年 10 月也入选 ×× 市工业互联网平台集成创新试点示范项目，还通过国家能源局审核及现场验收，资质由三级升为二级。可以说，A 公司价值画像——“第四张报表”已取得阶段性成功。A 公司表示，“第四张报表”仍然存在许多挑战，随着企业业务及经营模式的不断更新发展，“第四张报表”也应随之进行迭代升级。新的一年已经开始，A 公司的价值画像探索之路仍在继续……

案例使用说明

一、教学目的与用途

1. 适用课程

“战略管理”“管理会计”等课程。

2. 适用对象

本案例适用于 MBA、MPAcc 学员，也适用于相关专业的本科生教学。

3. 教学目的

本案例以 A 公司进行数字化转型之后遇到的价值表达失真及战略导向失误问题为背景，重点描述了 A 公司“第四张报表”的 4 个维度及其含义，通过对企业关键价值维度分析，反映其深层内在价值并对战略规划起到导向作用。本案例旨在引导学员通过 A 公司成功运用“第四张报表”的过程，了解“第四张报表”这一新的展现形式对企业价值及战略导向产生的影响。

二、启发思考题

① 请结合案例分析 A 公司数字化转型的具体表现。
② A 公司发展过程中遇到了哪些问题导致其需要进行传统财务报表的变革？
③ 结合案例分析 A 公司如何构建自身的“第四张报表”。
④ “第四张报表”如何体现企业价值从而被外界所认可？
⑤ 企业在运用“第四张报表”时应注意哪些问题？将来应如何进一步完善？

三、分析思路

教师可以根据自己的教学目标（目的）来灵活使用本案例。这里提出本案例的分析思路，仅供参考。

本案例以 A 公司数字化转型为起点，引入公司数字化转型之后出现的价值失真以及战略导向失误问题，为解决以上问题，公司引入“第四张报表”并进行实践。旨在引导学生了解“第四张报表”这一新的价值展现形式，明白其各维度所代表的意义，同时理解“第四张报表” 对于企业价值展现以及战略导向起到的作用。

具体分析思路如图 8–14 所示。

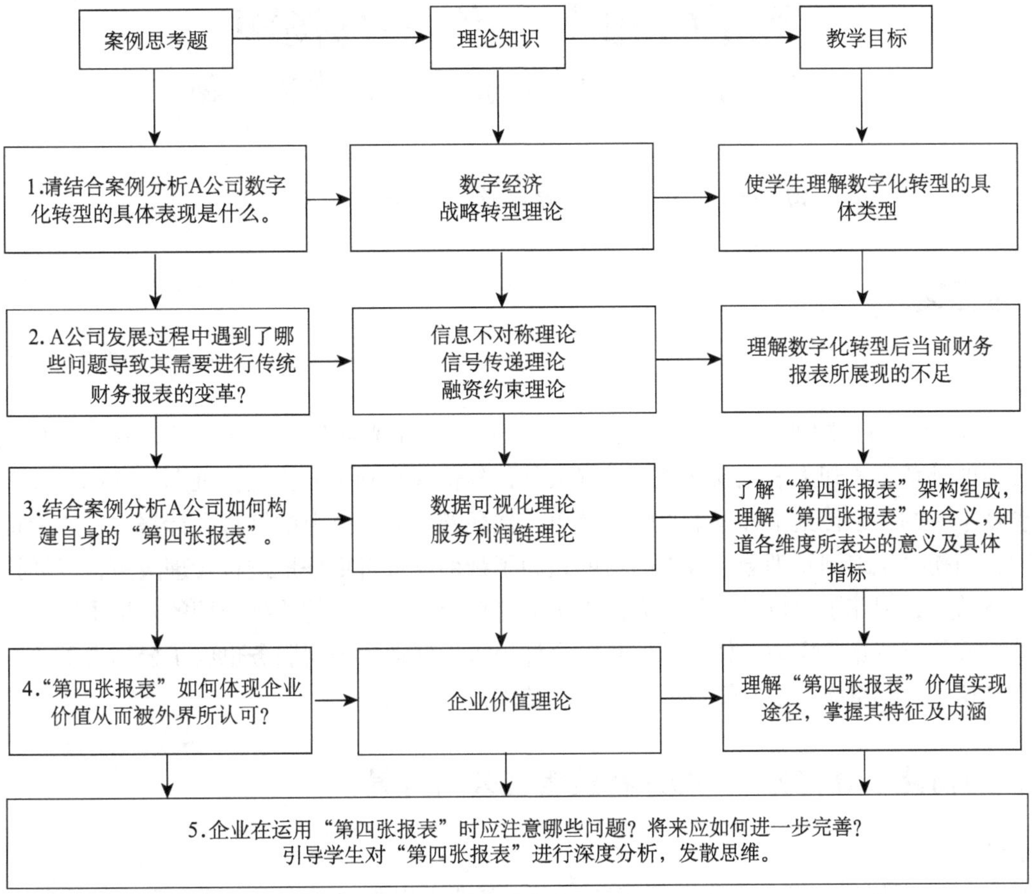

图 8–14　案例分析思路导图

案例 9

风正扬帆时，更需策马扬鞭
——QD 物业管理会计报告体系优化之路[①]

田巧娣　黄当玲　曹翠珍　杨嘉琪　张　萱

案例正文

引言

2020 年 6 月 8 日，陕西西安，古城的天空蔚蓝如洗，阳光明媚，白云悠悠。然而，西安 QD 物业管理公司的孙董事长却无暇顾及这难得的好天气，匆忙地来到了办公室。近期，各部门关于管理会计报告褒贬不一的言论传到了孙董事长的耳朵里，他翻阅着办公桌上的管理会计报告，心中也不禁产生了疑问：当初决定编制管理会计报告的目的是为了帮助管理者更好地进行管理决策，以期持续地提高公司经济效益，但花了大量时间和人力做出来的管理会计报告真的达到预期的效果了吗？同时，面对着日益严峻的行业竞争压力，如何借助管理会计报告更好地为公司服务也成了公司上下心系的一件大事。想到这里，孙董事长的心情愈发沉重，不禁陷入了沉思。

一、为何路，寻何方——QD 物业管理公司背景

1. 行业背景

1981 年，我国出现了第一家物业管理公司——深圳市物业管理公司，建立起“综合收费，全面管理服务，独立核算，靠企业自身经营运转”的商品房管理体制。接下来的 13 年间，我国物业管理行业一直处于发展的初级阶段。进入 21 世纪，物业管理行业正式走进人们的视野。2014 年以来，随着我国国民经济水平的不断提升，城市化进程不断加快，我国的物业管理行业也得到进一步发展，彩色生活成为内地物业公司分拆上市第一股，有着十分特殊的意义。随后 2015—2017 年，房地产开发商遇到行业上升行情，物业上市基本保持每年 1 到 2 家的平缓状态。2018 年之后，地产开发行业进入深度调整，港股对物业上市十分友好，许多物业公司开始井喷式上市（含借壳）。

近年来，由于新冠疫情的原因，被迫宅家的业主与物业公司的联系更加密切，这给物业行业的发展带来了机遇，数量众多的物业管理公司在资本市场上大放异彩。从 2017 年至今，物业行业处于“黄金时代”，上市物业企业数量逐年上升，2020 年新增的上市物业企业多达 18 家，详见图 9-1。

---

① 案例来源：中国管理案例共享中心，并经案例作者同意授权引用。
本案例于 2022 年 2 月 26 日入选中国管理案例共享中心案例库。
由于企业保密的要求，在本案例中对有关名称、数据等做了必要的掩饰性处理。
本案例只供课堂讨论之用，并无意暗示或说明某种管理行为是否有效。

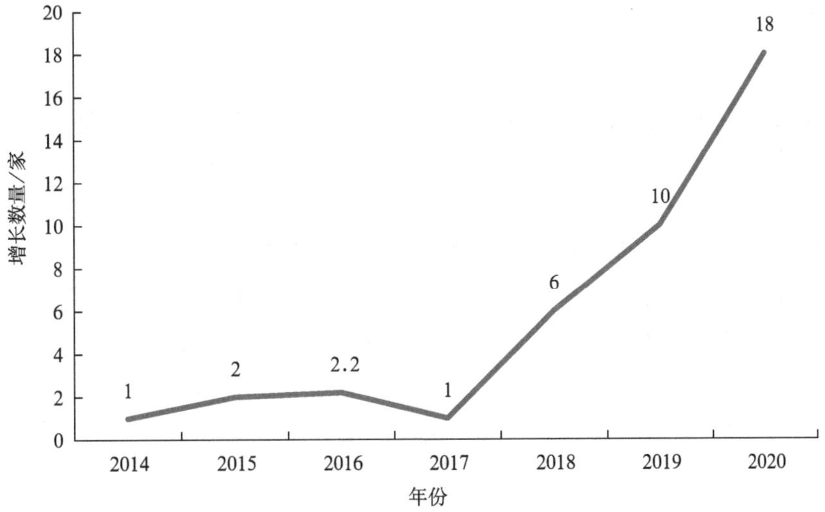

图 9-1　2014—2020 年上市物业企业每年增长数量[①]

我国物业企业不断提升专业服务能力，拓展物业服务业态，除了传统的住宅物业外，还有办公物业、商业物业、工业物业等其他物业。截至 2018 年底，我国物业管理市场规模总值达 7750 亿元，全国物业管理面积 174.5 亿平方米。但我国物业管理行业正处于转型升级阶段，其业态仍以住宅物业为主，占比约 77.7%，不同的物业服务业态的管理均价也有所差别，如表 9-1 所示。

表 9-1　我国物业管理业态及规模[②]

业态	代表企业	管理内容	占比 /%	百强物业管理均价 /（元 / 平方米 / 月）
住宅物业	万科、绿城	住宅小区、单体住宅楼、公寓、别墅、度假村	77.70	2.24
办公物业	金地、金隅	传统办公楼、现代写字楼、智能化办公建筑	2.64	7.89
商业物业	万达、金融街	购物广场、百货商店、超市、专卖店、连锁店、宾馆、酒店、仓储、休闲康乐场	10.39	6.96
其他物业	阳光海泰、航天万源	轻 / 重工业厂房、高新技术产业用房	9.27	4.28

随着我国居民收入水平的提高，人们对社区建设要求也相应增长，物业服务需求持续旺盛，物业管理行业规模持续增长。同时，城镇化的纵深发展，形成了以城市为中心的发展布局，衍生出对物业服务的巨大需求，进而为住房和物业管理行业提供了更多的发展机会。以民生为导向，物业管理行业发展持续推动行业向现代服务业转型升级，不断延伸产业链的上下游，另外，物业技术创新能效也更

① 来源：作者依据公开数据整理。

② 来源：《2019—2025 年中国物业管理行业投资潜力分析及未来前景预测报告》https://wenku.baidu.com/view/3cdb74da8662caaedd3383c4bb4cf7ec4afeb6e1.html。

加突出，向生态智能化转变。

2. 公司背景

西安 QD 物业管理有限责任公司（简称“QD 物业”）成立于 2005 年，是 JS 资产运营有限公司的全资子公司，注册资本为 300 万元，公司 2014 年 10 月取得 ISO9001 质量管理体系认证。

公司实行经营决策监管和生产经营执行两级管理，本部设有综合办公室、计划财务部、工程管理部、品质管理部、经营拓展部 5 个职能部门，下辖 3 个分公司，在 SX 各地市分布有 11 个物业服务中心，QD 物业的组织架构如图 9-2 所示。其业态包括住宅物业、办公物业、商业物业及工业园区后勤服务等其他物业，共有员工 350 余人。同时，公司还设有党支部和工会组织。

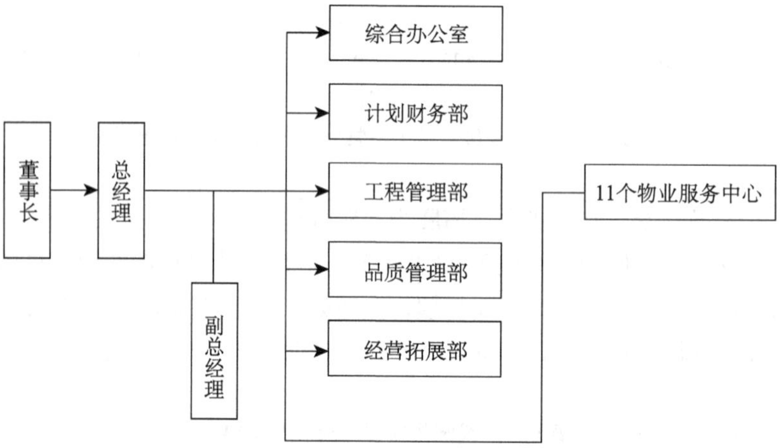

图 9-2 QD 物业组织架构①

公司成立 16 年来，形成了一套自己的管理服务运营体系，且公司文化深入人心。公司坚持“知心、贴心、专业、专注”的服务理念和“诚实做人，踏实做事”的核心价值观，以“服务业主，优质至上”为经营目标，以“专注服务，精细管理，持续提升，创新超越”为质量目标，努力打造自身品牌，实现公司经营目标和责任担当。通过 10 余年的历练，QD 物业已经形成稳健经营、良性发展的格局，公司利润逐年上升，2017—2019 年销售利润率如图 9-3 所示。

3. 管理会计报告现状

目前，QD 物业按照报送对象将管理会计报告体系分为战略层、经营层、业务层 3 个层级。

（1）战略层

QD 物业战略层的管理会计报告为战略管理报告，是为管理层开展战略规划、决策和评价提供相关信息的对内报告。

QD 物业总的战略目标为“做大、做强、做优、做出特色”。为了更好地实现战略目标，QD 物业的战略管理报告主要包括 3 个方面内容：一是宏观环境分析，主要包括公司的政治环境、法律环境、经济环境、科技环境和文化环境这 5 个方面；二是行业状况分析，包括目前物业管理行业现状和未来发展趋势；三是公司内部分析，主要结合市场情况分析 QD 物业目前的优势及劣势。

① 来源：作者依据 QD 物业公司章程整理。

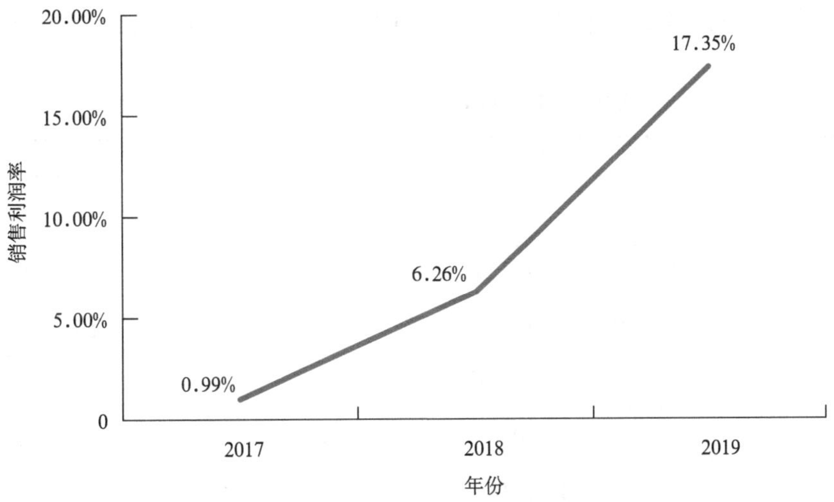

图 9-3　QD 物业 2017—2019 年销售利润率的变化趋势①

（2）经营层

QD 物业经营层的管理会计报告包括预算管理报告、成本管理报告和业绩评价报告，目的是为经营层开展与经营目标相关的管理活动提供有效信息。

①预算管理报告

QD 物业很早就实行了预算管理制度，公司以自身经营活动为基础，进行全面预算管理。该公司的预算结果采用报告的形式呈现，披露形式多样，包括经营预算、财务预算两部分。QD 物业的编制原则是"谁执行，谁编制"，各责任部门分别编制各自的预算表，财务部门根据各部门编制的预算表进行汇总，编制出公司年度全面预算汇总表。

QD 物业的预算报告是由预算委员会、计划财务部及各预算执行部门（工程管理部、品质管理部、经营拓展部）3 级组织编制而成，如图 9-4 所示。

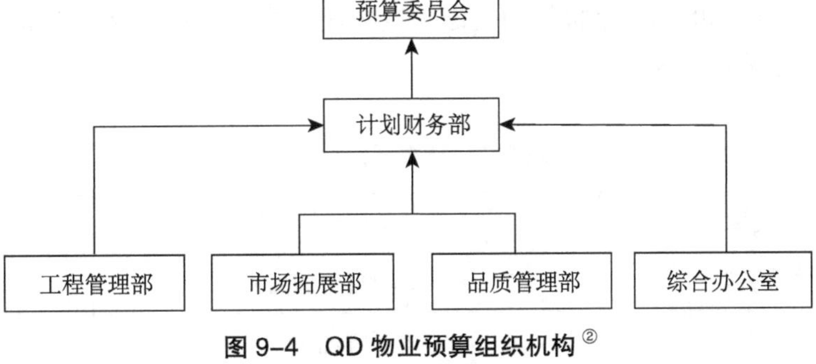

图 9-4　QD 物业预算组织机构②

预算委员会的成员包括总经理、总会计师等高级管理人员，该部门可为年度预算的制定提供有效的支持。各部门首先根据各自的运行情况和责任归属编制部门预算报告，提交给计划财务部，由财务部和各部门进行沟通，最终进行汇总，得出年度预算总额，然后将年度预算总额提交给预算委员会审

① 来源：作者依据 QD 物业 2017—2019 年年报整理。

② 来源：作者依据 QD 物业公司章程整理。

批，审批通过后再正式下达各职能部门。各项预算草案的编制责任单位归属如表 9–2 所示。

表 9–2　各项预算草案的编制责任单位归属

序号	预算内容	责任单位
1	收入预算	计划财务部
2	能源费用预算	工程管理部
3	设备维修及保养费预算	品质管理部
4	人员费用预算	综合办公室
5	管理费用预算	综合办公室
6	财务预算	品质管理部

②成本管理报告

QD 物业十分重视成本管理工作，在整个公司范围内开展降本提效的活动，成本管理报告在该物业公司得到了广泛的应用。该公司根据本年度实际发生的成本，在每年年末逐级上报编制成本管理报告。成本管理报告主要包括成本费用发生报告、成本费用考核报告两部分。

成本费用发生报告是该公司各部门在每月底根据各自实际发生的费用编制成本核算报表，然后提交给计划财务部，由计划财务部进行审核，审核无误后再提供给公司管理层。

成本费用考核报告是 QD 物业将实际发生的成本与预算成本进行对比，由各个部门找出实际发生成本与预算成本的差异，分析偏离预算的原因，再由财务部将各个部门分析情况进行汇总编制成本费用考核报告。

③业绩评价报告

QD 物业目前能够利用业绩评价报告客观反映公司整体业绩水平，通过业绩指标来促使各部门工作效率的提高。该公司设定的业绩评价报告涉及多个维度，包括市场、顾客、财务、过程、人力。在绩效评价报告中，评价指标的建立是报告的关键。该物业公司选择财务指标和非财务指标相结合的方式来选取评价指标，详见表 9–3。

表 9–3　业绩评价指标 ①

序号	类别	考核指标	数据来源
1	市场类	×× 项目管理面积	市场拓展部
2	客户类	客户满意率	品质管理部
3	财务类	物业收入	计划财务部
		利润总额	
		销售利润率	

① 来源：作者依据 QD 物业业绩评价报告整理。

续表

序号	类别	考核指标	数据来源
4	内部运营类	物业管理费用收缴率	品质管理部
		消防安全培训率	
		绿化完好率	
		投诉处理率	
5	人力资源类	员工满意率	综合办公室
		员工流动率	

QD 物业通过多维度的业绩考评，对其任务和目标完成情况进行客观评价，从而发现问题、改进问题。科学客观地评价公司业绩，一方面可以加强对 QD 物业经营者的监管约束，另一方面也可以为其他利益相关方提供更加有效的信息支持。

（3）业务层

QD 物业业务层的管理会计报告为管理服务工作报告，主要目的是提供与 QD 物业日常业务相关的信息。

QD 物业的管理服务工作报告主要包括两方面内容：一是本年工作总结汇报，主要说明公司本年新开展的业务及达成的工作成果；二是计划与进度，反映上个营业年度任务的完成情况和对下一营业年度的任务目标和安排，如有工作进度落后的情况发生，还会附上进程滞后原因和相应解决措施。

二、“行路难，行路难”——管理会计报告体系问题频出

孙董事长十分重视本公司的管理会计报告，所以决定安排一次关于管理会计报告的研讨会，召集公司各部门主要负责人参加，全方位地倾听大家对公司目前的管理会计报告体系的真实看法。

2020 年 6 月 8 日下午 2 点，大家纷纷进入会议室，QD 物业关于管理会计报告体系的讨论会正式开始。

孙董事长首先说明了会议主题：“想必大家也都清楚，近 3 年来我们接管的项目越来越多，利润也是成倍地增长，可以说，公司目前正处于一个快速发展的关键阶段。在这个时期，我们的每一个经营决策都可能左右公司未来的发展方向，所以必须提升我们的管理会计水平，通过管理会计报告来给内部使用者提供更加准确有效的管理信息。今天召集这个会议，目的就是想听一下大家对公司管理会计报告体系的看法，看看有哪些问题及我们能够优化与完善的方面。”

1. 争先恐后表观点 真相浮水面

综合部的人力资源杨主管第一个发言：“我先来说说我使用管理会计报告的感受吧。在我们的业绩评价报告中，关于人力资源类的指标有员工满意率和员工流动率这两个指标，我看报告里公司去年的员工满意率高达 98%，但是员工流动率却达到了 8%，这个数据是不是有点自相矛盾呀？还有就是我们的工作重点是员工的招聘与配置、培训与发展等，所以我想从管理会计报告中得到更多有助于人力资源规划的信息，比如说根据公司发展需求，未来需要重点在哪个物业中心配置人力和物力。但是咱们的管理会计报告提供的信息对我做分析决策好像帮助不大啊。我这人说话比较直，在我看来，咱们管理会计报告的完整性与相关性还是有待考量。”

随后，品质管理部的赵主管说道：“的确，咱们公司目前的管理会计报告提供的信息有限，但是也有值得肯定的地方。从整体上来看，我认为咱们目前构建的管理会计报告体系还是挺完整的，包含了战略层、经营层和业务层，基本可以满足公司不同层次人员的信息需求了，这不就是我们当初编制管理会计报告的主要目的吗？所以我认为，我们的管理会计报告体系还是比较合理的。”

坐在一旁的市场拓展部刘主管听到赵主管的发言后，也打开了话匣子：“咱们的管理会计报告体系表面上看是挺完整的，也符合目前管理会计报告体系构建的大趋势。但是我感觉咱们战略层、经营层和业务层好像是各自独立的，相关性不强。就好比战略管理报告里说公司近两年要从传统的管理物业朝经营物业方向发展，但是你看咱们经营层的管理会计报告就会发现，近一年公司新开展的SL发电项目和WH发电项目还是属于我们一直在做的工业园区后勤项目。目前倒是有一个经营物业方向的项目，是政府的租赁停车场采购项目，我已经向上级提交计划书了，但却迟迟没有审批通过。这样的话，公司的战略管理报告岂不是纸上谈兵吗？”

过了一会儿，财务部的张主管也说出了自己的想法：“我负责公司的管理会计报告汇总，谁能知道我的苦呢？每年汇总公司各类管理会计报告是我最头疼的事。一方面，咱们公司11个物业服务中心分布于BJ、YL与MZ等地，离总公司较远，公司之间上下传达信息与管理会计报告的汇集较为困难。另一方面，公司内部各级管理会计报告未形成统一与规范的模板，大家提交的管理会计报告必须由我们财务部重新进行整理与调整，才能将各级物业中心编制的管理会计报告汇总，这使得我们的工作量加大1倍，拉长了管理会计报告编制的周期。还有，大家都不是专业的管理会计人员，相关理论知识结构参差不齐，导致在管理会计报告体系的内容缺少理论知识的支持，这也影响了管理会计报告的质量与使用效果。”

王总会计师紧接着说道：“对啊，我们的物业中心分布较为分散，又没有形成统一的报告模板，所以也很难做到对物业中心的运营实行动态管控，管理会计报告并没有发挥真正的调控作用，错失了提升物业服务资源利用率的最佳时机。还有，我们当初编制管理会计报告的另一个主要目的是希望借助管理会计报告来提升公司价值，但要想提升公司价值，就要明确公司价值链中主要的增值活动有哪些，然后再做出有利于公司价值增值的经营决策，目前看来这一目标并没有达到。这么看来，我们目前的管理会计报告存在的问题还有很多啊。”王总会计师不由得叹息。

一直没发言的陈副总经理神色凝重，他开口说道：“从大家的发言中可以看出，目前编制的管理会计报告还存在一些问题。这些问题的根源到底是什么呢？是我们编制管理会计报告的内容和方法有所欠缺，导致管理会计报告效果不足呢？还是我们一开始的管理会计报告体系构建方向本身就有问题呢？”

2. 深谋远虑寻发展 积极促改革

不知不觉间，会议已经进行了两个小时。听了大家的发言，孙董事长心中百感交集。没想到公司目前的管理会计报告还存在着这么多需要改进的地方。看着大家都低头陷入了沉思，孙董事长开口打破了沉寂：“我们物业管理行业本来就是一个薄利行业，又是性质特殊的服务业，要想长远发展，就要重视未来的经营战略，一个好的管理会计报告体系一定是为公司的经营战略服务的。通过今天的会议，大家也看到了，公司目前的管理会计报告还有很多的不足之处。既然现在各种问题已经浮出水面了，那么接下来就是解决问题，继续向前摸索。今天的会议到此结束，大家辛苦了。各部门散会后回去再想想，到底应该怎么解决我们刚才所说的问题，有没有什么优化的新方向。一个月之后，我们继续开会讨论，希望到时候大家会有好的想法。那就散会吧，谢谢大家！”

三、“乘风破浪正远航”——体系构建新思路

转眼间一个月的时间就到了，上午 9 点，会议正式开始。孙董事长开门见山：“关于咱们公司管理会计报告体系的改进，大家有什么好的想法，都可以畅所欲言。”

1. 柳暗花明又一村 涌现新思路

王总会计师第一个发言：“上次会议结束之后，我仔细想了一下，对于我之前提到的咱们公司目前的管理会计报告体系难以帮助我们提升公司价值这一问题，或许可以用这样的解决办法，那就是创建基于价值创造的管理会计报告体系。从价值创造的角度出发，主要以我们业务层面的物业中心管理为核心建立管理会计报告体系，同时分析物业中心管理中存在的具体问题，并及时解决。我认为，这样可以帮助我们更好地把控公司的价值创造环节，从而提升公司价值。”

市场拓展部的刘主管紧接着说道：“最近我也查阅了一些关于管理会计报告体系构建的资料，发现了一个新方向，那就是构建基于管理控制的管理会计报告体系，具体包括战略目标分解报告、控制标准制定报告、控制分析报告、经营业绩评价报告和管理者分析报告。基于这一方向的体系，可以系统地反映我们物业管理控制程序中需要的经营活动信息，使整个管理会计报告体系更具系统性，并且能促进物业管理活动的财务信息融合，提升我们公司管理控制的效率。”

听到这里，财务部的张主管开口说道：“我们财务部最近查阅了《管理会计应用指引》及相关资料，学习了其他物业公司的价值链管理经验，想出了一个优化方向，就是把价值链管理的思想引入到咱们的管理会计报告体系中，以价值链为基础构建管理会计报告体系。价值链视角下的管理会计报告体系是从宏观上强调对整个公司的战略管理进行把控，从多个角度对公司未来的发展进行合理规划。如果我们以价值链的思想为基础来构建管理会计报告体系，将我们 QD 物业经营活动的增值环节用价值链贯穿起来，可以加强我们公司各个部门之间及部门与各级物业中心之间的合作和沟通，这样管理层得到的决策信息也会更加有效和完整，真正实现 QD 物业的业财融合。”

孙董事长听完这几位同志的发言后，激动地说道：“我认为大家提出的这几个优化方向都非常有新意，每个想法都有各自的优点。大家对这几个优化方向有什么看法？”

2. 见可而进理思路 确定终方向

听了大家的想法之后，陈副总经理表达了自己的想法，他说：“首先，我认为大家提出的这几个管理会计报告体系的优化方向都很不错。但是，管理会计报告作为公司的内部报告，要想更好地为咱们所用，就要构建出适合咱们公司自身的管理会计报告体系，这几个优化方向听起来都很专业，但到底是不是真正适合我们公司呢？我认为这个不好说。所以，当下还是要选出一个最适合我们的优化方向。”

人力资源杨主管紧接着说道：“还有很重要的一点就是，尽管大家提出的优化思路很有新意且各有优点，但是，如何具体落实构建基于新优化方向的管理会计报告体系仍是我们重点要考虑的。方案再好，如果难以具体落实，那岂不是白费功夫吗？就好比刚才刘主管提出构建基于管理控制的管理会计报告，其中的控制标准制定报告和控制分析报告执行起来会不会有点困难呀？”

王总会计师听后说：“新的优化方向如何落实，确实是一个大问题，我刚才提出的基于价值创造的管理会计报告体系也忽略了这个问题，只想着怎么朝更好的方向去优化了。回去我再想想该到底该怎么构建。”

王总会计师的话音刚落，品质管理部的赵主管便接着说道：“这段时间，在与张主管沟通中，我认为基于价值链构建管理会计报告体系的确是一个不错的思路，价值链以公司增值活动为基础，更加

符合我们公司实际，也较好落实。价值链不仅有助于推动咱们公司的业财融合，使管理会计报告体系的内容更丰富、满足大家的需求，也能更好地提升我们公司物业服务的品质，达到提升公司价值的目的。”

赵主管的话一石激起千层浪，大家又开始了激烈的讨论：到底基于哪种优化方向的管理会计报告体系更适合我们呢？基于价值链的管理会计报告体系又该怎么样构建呢？基于新优化方向构建的管理会计报告体系是不是能够解决之前的问题，并且让管理会计报告更好地为我们所用？其次，在物业管理行业中，构建好成熟的管理会计报告体系的公司不多，没有太多可以借鉴的经验，我们作为一家中小型物业管理公司，能构建好基于价值链的管理会计报告体系吗？

财务部的张主管看出了大家的忧虑，激动地说道：“我们财务部已经拟好了初步的优化方案，大家可以先听一下。由于咱们公司的价值增值主要是由基本活动产生的，所以价值链以基本活动为主，基本活动包括市场拓展、服务方案拟定、前期物业管理、正常物业管理 4 个阶段。因此，以价值链为基础的管理会计报告体系可以划分为市场拓展管理会计报告体系（行业分析报告、三年战略执行规划分析报告、项目拓展报告）、服务方案拟定管理会计报告体系（项目可行性报告、服务方案制定报告、服务方案测评报告）、前期物业管理会计报告体系（前期物业预算报告、前期物业成本管理报告、前期物业绩效评价报告），以及正常物业管理会计报告体系（正常物业预算报告、正常物业成本管理报告、正常物业绩效评价报告）。以上这些报告是根据公司实际情况具体划分的，有些报告也可以直接对以前的报告进行补充与修改。”

听完张主管的话，大家对基于价值链的管理会计报告体系给予了更多的肯定。不知不觉，会议已经进行了 3 个小时……

孙董事长听完大家的讨论之后说：“我认为大家说的都很有道理，好的管理会计报告体系优化方向也要适合我们公司，可以实施下去才行。王总会计师和刘主管提出的优化方向还需要再完善。既然财务部已经有了构建基于价值链的管理会计报告体系的初步方案，大家也较为认可，那么散会之后请财务部拟出一份详细的构建方案看看。我们的管理会计报告体系优化之路就正式拉开序幕吧。”

四、尾声

回想着刚才会议上的场景，孙董事长脸上露出了欣慰的表情。他想：从实行管理会计报告体系开始，到发现其中的问题所在，再到大家齐心协力共同思考管理会计报告体系优化的方向，都是在努力朝着更好的方向发展。

孙董事长望着会议室窗外湛蓝的天空，心中有些感慨，虽然管理会计报告体系优化之路仍然坎坷，但只要 QD 物业全体员工上下一心，任何困难都会迎刃而解。相信在大家的共同努力下，公司的管理会计报告体系会越来越完善，公司未来的发展之路也会越来越平稳。此时窗外的云慢慢飘着，太阳仿佛也更加灿烂，照应着美好未来。

案例使用说明

一、教学目的与用途

1. 适用课程

本案例属于探讨管理会计报告体系优化方向的案例，主要适用于“管理会计理论与实务”“会计学”“战略管理”等课程的教学。

2. 适用对象

本案例主要适用于 MBA 和 MPAcc 学员、工商管理类本科生及物业行业的企业管理者。

3. 教学目标

① 系统学习：本案例详细描述了西安 QD 物业管理有限责任公司（以下简称 QD 物业）管理会计报告体系的优化之路。通过研究本案例，引导学员及管理者认识与学习管理会计报告的体系及内容，明确优化方向——基于价值链的管理会计报告体系，进一步深入学习与思考。

② 能力培养：通过研究本案例，引导学员及管理者结合具体情况构建或熟练使用管理会计报告，能将适合企业的管理会计报告体系应用于企业实践，优化企业内部管理。

③ 素质训练：通过研究本案例，训练学员及管理者的应变能力及创新素质，能在基于价值链的管理会计报告体系中树立整体的团队精神，更好地发挥集体责任感。

二、启发与思考

① 根据案例背景，分析 QD 物业现行的管理会计报告体系是否能够满足内部使用者的各项信息需求，其存在的问题是什么。

② QD 物业管理会计报告体系的优化方向是什么？应如何进行优化？

③ 分析基于价值链的管理会计报告体系是如何帮助 QD 物业实现业财融合的。

④ 在 QD 物业构建基于价值链的管理会计报告体系的过程中可能会遇到哪些问题？应如何解决？

⑤ 从 QD 物业管理会计报告体系的优化之路中看，我们可以得到哪些启示？

三、分析思路

本案例详细描述了 QD 物业管理会计报告体系问题的发现，提出优化方向与完善的过程，使学员对企业管理会计报告体系有生动具体且全面的认识，加深学员对管理会计报告相关知识的理解，并能够在今后实践中运用管理会计报告的相关知识为企业构建和完善管理会计报告体系。这里提出的分析思路仅供参考，教师可以根据自己的教学目标灵活使用本案例，案例的具体分析思路如图 9–5 所示。

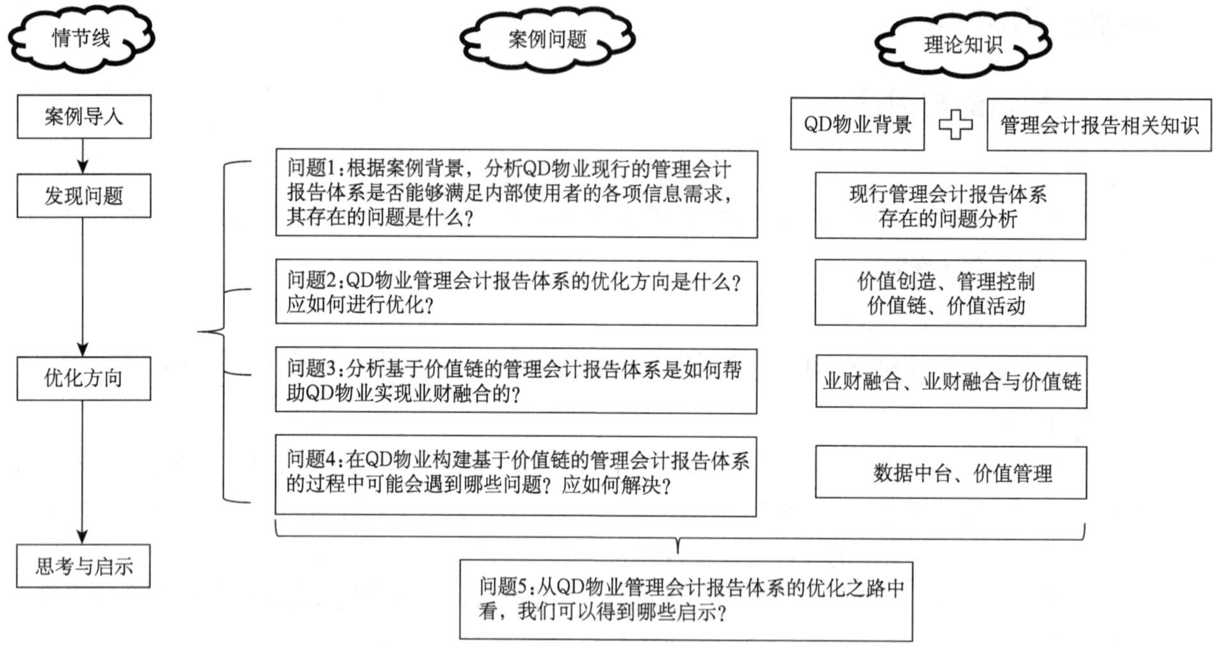
情节线
案例问题
理论知识
案例导入
发现问题
优化方向
思考与启示
QD物业背景
管理会计报告相关知识
问题1：根据案例背景，分析QD物业现行的管理会计报告体系是否能够满足内部使用者的各项信息需求，其存在的问题是什么？
现行管理会计报告体系存在的问题分析
问题2：QD物业管理会计报告体系的优化方向是什么？应如何进行优化？
价值创造、管理控制
价值链、价值活动
问题3：分析基于价值链的管理会计报告体系是如何帮助QD物业实现业财融合的？
业财融合、业财融合与价值链
问题4：在QD物业构建基于价值链的管理会计报告体系的过程中可能会遇到哪些问题？应如何解决？
数据中台、价值管理
问题5：从QD物业管理会计报告体系的优化之路中看，我们可以得到哪些启示？

图 9-5　案例分析思路

案例 10

上下求索，推陈出新
——小米公司新零售转型之路[①]

赵晓铃　曹翠珍　雷雨嫣　杨德义

案例正文

引言

2020 年 8 月，夏夜微风徐徐。小米总部的会议正在讨论公司新零售业务下一步的战略目标和实施细则，会议已经持续了 4 个小时，却依然没有大进展。“今天的会议先到这里，接下来大家准备参加今天的小米 10 周年演讲活动。”雷军站起来，宣布这次的高层会议暂缓。走出会议室，去往小米 10 周年会场的路上，他似乎还在思索刚才会议的关键要点。

小米 10 周年活动的现场，会场主持人在台上兴奋地宣布小米公司取得的喜人成绩，“2020 年是艰难的一年，但小米依旧赢得了很多荣誉，例如，2019 年在上市公司市值位居第 53 名；名列 2020 年福布斯全球企业 2000 强榜第 384 位；8 月 10 日，也就是昨天，小米集团跻身 2020 年《财富》世界 500 强……下面，由雷总上台演讲。掌声在哪里？”感受着聚光灯的照耀，看着台下正在欢呼的米粉们，雷军开始讲述小米如何从零开始，历经磨难到取得现在的成就……

一、业界新贵遇倒悬之急

1. 小米公司简介

当谈到创办的小米的初衷时，雷军说，小米的使命就是创造出质优价廉的好产品，让全世界每一个人都能体会到科技进步为我们的生活带来的便利。“十多年前的手机市场大部分被行业巨头占领，如诺基亚、摩托罗拉、三星这些品牌，国内市场有中兴、华为、酷派、联想等大公司，当时的手机是真的贵呀！当然也有便宜的杂牌机和山寨机，不过质量都不尽如人意。”雷军的眼神愈加明朗：“当时就在想，我能不能做出让每个人都能买得起的手机呢？”

说干就干，这个想法如何实现呢？雷军的卓越网是早期的线上购物平台之一，他想借助互联网的优势，整合全球供应链在线上进行销售，充分利用轻资产模式，高效率地进行产品生产和销售。可以说，小米的产品创新、核心和业务模式就是凭借互联网的特性来进行手机制造，即做软件、硬件、互联网服务加上电商平台。软件部分主要是做安卓手机操作系统，之前几乎没有手机厂商针对中国用户的使用习惯做适配。雷军的团队针对中国用户使用习惯研发出 MIUI 手机操作系统，在论坛招募了 100 名

① 案例来源：中国管理案例共享中心，并经案例作者同意授权引用。
本案例于 2022 年 3 月 3 日入选中国管理案例共享中心案例库。
由于企业保密的要求，在本案例中对有关名称、数据等做了必要的掩饰性处理。
本案例只供课堂讨论之用，并无意暗示或说明某种管理行为是否有效。

最初的内测用户，并及时针对这100名内测用户的反馈进行操作系统的优化升级。系统问题解决了，接下来就是硬件。中关村的小公司如何与顶级供应链进行合作呢？举个例子，夏普当时是公认最好的屏幕生产商，当时小米花费很长时间，托关系好不容易联系到了夏普高层，准备进行合作会谈。但很不幸的是，2011年3月11日，日本发生了地震，同时伴随核泄漏问题。小米团队冒着生命危险去日本与夏普进行合作商议，从而获得了优质屏幕供应。雷军回忆着创业之初的艰辛，顿时感慨万千。功夫不负有心人，克服种种困难的小米在2011年发布了搭载MIUI系统和全球顶级供应链配件的小米1手机，以1999的价格成功占领国内线上同价位的手机市场。接着，小米始终坚持"极致性价比"的产品定位，保持着较高的用户黏性，而且对用户的反馈及时进行系统优化并增加个性化功能。小米自创立以来就保持着令人瞠目结舌的成长速度，从手机销售情况来看（图10–1），2011年小米销售了27万部，2013年就达到了千万级出货量，2014年销售了6107万部。

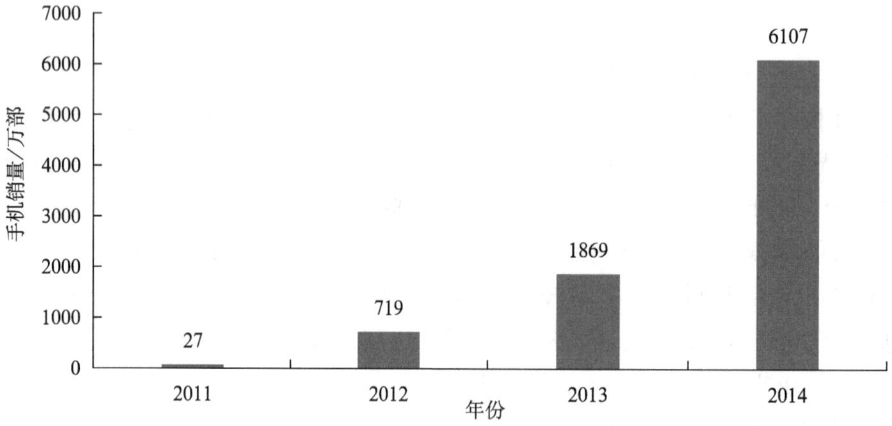

图10–1　小米公司2011—2014年手机销量[①]

2. 销量不佳 小米路在何方

2015年11月11日凌晨，"双11"网购狂欢之夜，小李在网上浏览着各种手机，他的上一款手机是小米2S，是通过仔细比对各家手机之后在线上预售抢购的，购买之后就爱不释手，逢人就推荐小米手机。但是，这次他并不打算购买小米的手机，因为小米今年发布的小米Note相对于其他品牌手机在价格方面并不令人满意，而拥有性价比的红米Note2缺少了指纹识别的新潮功能。而其他厂商也效仿小米推出具有性价比的子品牌，例如华为的荣耀、OPPO的realme、VIVO的IQOO等，这极大地影响到小米手机的竞争力。同一时间，在小米总部负责"双11"线上销售的一位高管面露难色。目前，小米产品的销量远远不及预期，她为小米今晚的成绩捏了一把冷汗。作为内部人员的她知道，公司今年由于产品零部件供货问题，导致自家产品不再具有"高性价比"的竞争优势。雪上加霜的是，随着网上购物人数的增速开始放缓，为了提升销量，小米的竞争对手们都放出了不同程度的优惠手段，智能手机市场的竞争由之前的增量竞争逐渐演化为存量竞争，小米目前的销售情况不容乐观。为完成销量目标，她不得不采取更大力度的优惠来抓住最后一波机会。

"双11"活动结束后，她紧张的神经终于松懈下来。小米在"双11"艰难取得销量第一，可销售额冠军却是由华为获得，何况竞争对手还有覆盖面较广的线下销售渠道。小米接下来的路该怎么

① 来源：小米集团公开发行存托凭证招股说明书。

走呢?

二、金鳞岂是池中物，一遇风云便化龙

1. 新零售缘起

2016 年 3 月，微风化残雪，细雨绿春芽，仿佛一切都刚刚好。然而，春的气息却丝毫不能抚平雷军紧锁的额头。曾经“为发烧而生”的小米手机，在上一年即便用了大额的优惠也没能达成预计的销售目标。竞争对手不断增多，小米市场表现乏力，投资者纷纷开始质疑小米的估值是否合理。雷军坐在办公桌前，透过玻璃窗听着淅淅沥沥的雨声，不禁陷入了沉思。去年的失利的确反映出了公司的种种隐患，但塞翁失马焉知非福，这何尝不是给了小米一个自我革新的大好机会？他隐隐觉得今年将会是决定小米未来走向的关键一年。想罢，他拿出签字笔，在纸上推演小米“铁人三项”的发展模式……

翌日清晨，空荡荡的写字楼只有雷军办公室的灯还亮着，他起身去楼下买早点，顺便舒缓一下紧张的身体。凛冽的空气迎面而来，雷军清醒了许多。回到办公室，雷军拿出一张新的草图，给大家讲述他对小米“铁人三项”新的理解（图 10–2）。大家虽对新零售这个概念充满诸多疑问，但还是继续听着雷总的想法。“我们从创立之初，为提高效率只发展线上市场，既然我们之前的互联网思维已经验证了可行性，那么，我们为什么不可以用这个思维来做店面，从而来发展线下市场呢？”雷军绘声绘色地讲述他眼中的新零售。雷军当时也不会想到，正是这样偶然迸发出的一个新点子，把小米原本下滑的业绩拉上了一条快车道。

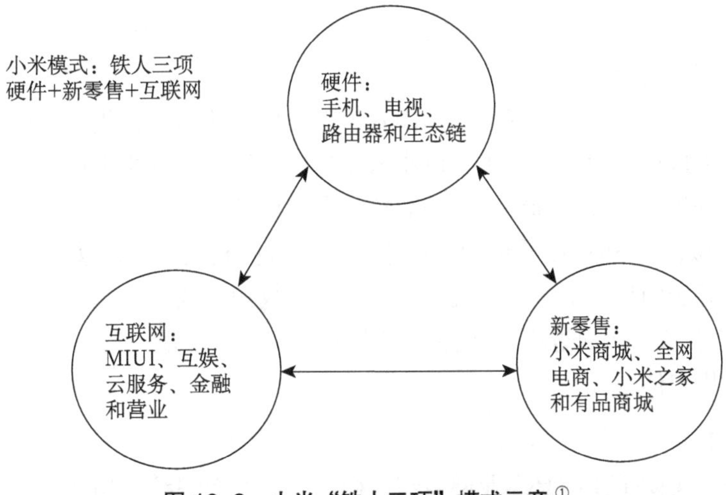

图 10–2　小米“铁人三项”模式示意①

雷军眼中的新零售就是线上线下进行渠道整合，实现流量高效转化，进而提升零售的效率。小米前几年可谓是站在互联网的风口上，依靠线上市场的拓展快速成长。电子商务相对于传统零售的确有其不可比拟的高效率，但同时也让用户损失了直观的购物体验，并且延长了产品到手的时间节点。而在这个关键节点，小米商城和其他与小米合作的电商平台的客户获取成本越来越高，小米的智能设备和生活用品拥有较强的设计感和性价比，却唯独缺少线下销售渠道，雷军当然要抓住这个机会。

2016 年，小米把原来作为线下提货点和维修点的小米之家进行改造，小米之家依靠简约的装修

① 来源：《一往无前》。

风格、丰富的产品类目、优质的服务品质在开业之初就获得消费者的一致好评。

2. 新零售 4 种业态

2016 年底，小米之家模式取得初步成功；2017 年，小米正式开启新零售，并将店面逐步从街边小店向大型商超转移；同年下半年，小米授权店陆续开张。截至 2018 年，小米公司新零售 4 种线下门店分布情况和投资运营主体如表 10–1 所示。

表 10–1　小米公司新零售 4 种线下门店 ①

店面类型	小米之家	小米专卖店	小米授权店	小米专营店
建店地址	一、二线城市	一、二线城市	县级以上城市	所有区域
投资方	小米	经销商	经销商	经销商
运营方	小米	小米	经销商	经销商
门店数量	200+	300+	1100+	4000+

小米之家是最具特色的门店，它本是小米公司的手机自提点和维修点，于 2016 年转型为新零售店，转型后它的运营特点有以下几点：首先，在高客流量的商圈进行选址。其次，小米“极致单品”的理念不仅能够让小米赢得良好的口碑，也可以降低供应链成本。依托极其丰富的 SKU，提升复购率，能实现高效的客流转化。再次，小米可以分析其以往时期积累的互联网数据来指导产品的设计和分配。最后，小米之家的员工会指导顾客进行小米商城 APP 的下载，在小米之家缺货的时期引导顾客在网上下单，成功实现线下到线上的引流。

为加快线下销售渠道的扩张，小米学习国内其他手机厂商的经验，相继推出了小米专卖店、小米授权店和小米专营店来进行渠道下沉。小米对小米专卖店经销商的资质审核标准比较严格，小米公司负责活动策划、销售分析和人员培训等，经销商负责专卖店的运营费用。小米授权店的店面选址和装修风格与小米之家类似，其 SKU 数量略少于小米之家，营业利润为售后按固定比例返点。小米专营店面向县域级市场，开店门槛较低，其利润构成与小米授权相一致。

2016—2018 年，小米公司通过以上 4 种新零售业态的高速扩张，进一步打开了公司的线下销售渠道并提供更丰富的用户体验。

3. 组织架构还需优化

在上市之前，小米集团采用的是事业部组织结构和网络型组织结构相结合的组织形式，是以小米公司为核心的“矩阵式孵化”网络结构（图 10–3）。随着公司的高速扩张，这种组织架构愈发显得复杂、臃肿，组织效率持续下降。

① 来源：小米集团公开发行存托凭证招股说明书。

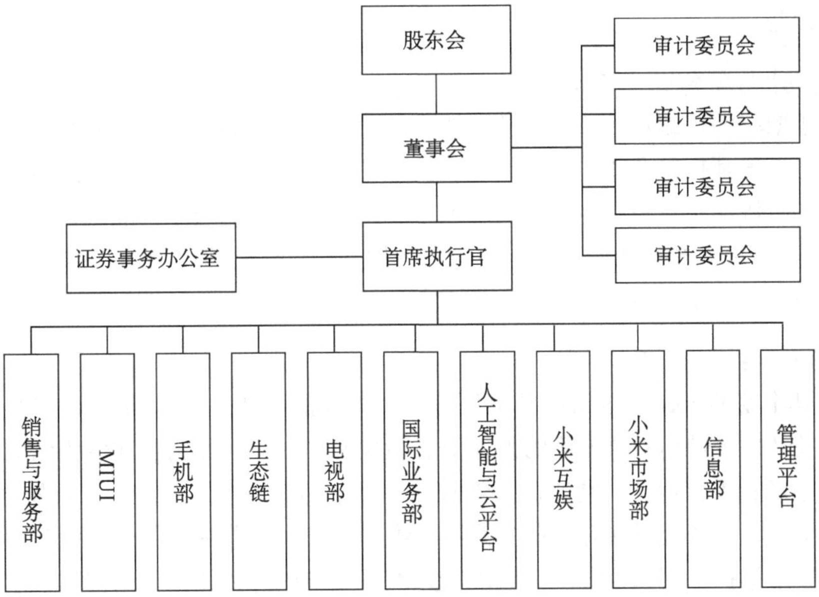

图 10-3　2018 年小米招股书披露的组织架构

4. 数字化能力与价值创造

小米利用线上渠道积累的产品销售数据和用户的使用数据，一方面，为数字化基础设施的构建打下良好的基础，然后，通过完备的数字化基础设施和有效的用户信息，来分析线下店面的消费者构成情况和购买习惯，来进行个性化的营销。另一方面，小米公司为用户建立了交流论坛和社区，用于收集消费者的反馈信息，以便更好地进行产品设计和系统优化。除此之外，公司还进行了全面的用户隐私及信息安全管理，这种客户与企业之间的有效互动，增加了新的客户价值。小米还利用日常经营产生的用户使用数据，与生态链企业进行深度合作开发，赋能生态链企业，参股供应商，但还保留其自主经营能力，从而形成数字自生价值能力，并实现良性循环。这种数字化零售环境的变革带来了整个供应链上客户价值创造的变革。

三、业务推进遇瓶颈，零售之路寻发展

1. 高速扩张“后遗症”

在电商领域，小米公司依托互联网把产品信息传达给消费者，再以具有竞争力的价格进行销售，这种轻资产的运营模式实现了极致效率。然而，线下市场的合作体系和渠道体系比线上复杂得多，为加快新零售项目的推进，管理层面临压力，往往会选择降低开店的审核标准，经销商也有可能虚报相关数据来达到开店标准。小米之家的人员管理和日常经营都是小米公司亲自负责，而授权店等合作门店存在选址客流量不达标、装修杂乱的问题，所以店面之间的客流量、管理水平和员工素质参差不齐。低质量商圈的店面一旦经营失败，会降低经销商对小米新零售的预期，也会动摇小米品牌在消费者心中的地位。小米对参与新零售业务经销商的经营利润算法是按照销售额的 5% ～ 7% 返利，前期巨大的资金投入伴随的是高强度的经营压力。此外，小米新零售渠道之间存在一定程度的竞争。一方面，SKU 数量在各个新零售店面的分配是不同的，消费者在同等条件下更优先考虑去服务体验更好的小米之家进行购买；另一方面，小米授权体验店和小米专营店为追求销售额返点，往往会对消费者采取一定程度的优惠，而小米之家严格按照官网公布价格销售，相比之下，小米授权体验店和小米专营店

在价格上更具有优势。

2. 效率追求引发合作伙伴不满

小米公司对于效率的极致追求致使其负责线下的团队片面地倡导产品全面直供，凡是经过很多个环节进行供货的，一般都拒绝合作。严格的直接供应“信条”使合格的优质渠道客户无法享受补贴和保护。拥有更多的资源却享有与小客户相同的政策，渠道供应商对与小米的合作失去了信心。虽然打开了线下市场，但小米公司缺乏相应的组织能力来维护。相比之下，华为在2015年推出了“千县计划”，并且近年来一直在花费大量资金来支持渠道供应商。

3. 巨量SKU是福也是祸

小米拥有极其丰富的SKU，这给产品销售带来了不小的挑战。巨量的SKU需要相应的产品知识和多样化的销售技巧，经销商对这方面的人才储备明显不足，而且经销商在促销活动和店面宣传等方面也有所欠缺。小米新零售业务的高速扩张伴随的是巨量的新零售人才缺口。首先是人员数量，新零售门店翻倍式的增长，业务人员在开拓业务并进行维护的压力是非常大的，店面需要不断地招募人员来进行开店后的日常维护。现如今电子消费市场并不景气，如何留住老员工都是一个问题，人员招聘就变得更加力不从心。其次，新零售业务对于员工素质的要求很高，因为新零售是一个近年来刚兴起的概念，传统的销售技能和管理技能对于这样一个新领域很多情况下并不适用，公司需要更高素质的销售人员和管理人员来支撑新零售业务的持续推进。

4. 品牌吸引力下降，产品质量有待提升

为追求性价比，常常出现小米公司内部产品竞争和小米与其子品牌Redmi的竞争。随着消费升级，人们的消费观念也发生了很大改变，从原来追求产品的高性价比转变为对个性化、高端化的偏爱，小米的性价比优势对消费者的吸引力远不如之前。小米有完备的供应链，制造的产品极具性价比，但其产品的质量管理还有很大的进步空间，良好市场表现的前提是产品品质过硬，消费者频繁的退换货给小米的成本管理工作也带来了不小的压力。

面对如此多的问题，小米公司的新零售业务接下来该如何推进呢？

四、偃旗息鼓，蓄势待发

在公司发展态势并不明朗的情况下，为解决摆在眼前的问题，公司首先决定提高审批开业的门槛，减缓国内店面扩张速度。由于整体电子消费品市场环境的不景气，消费者购买意愿不高，再继续增加店面只会抢走现有门店的业绩，门店之间也有可能产生竞争行为造成一定程度的内耗。

其次，弱化4种业态的差异也是必不可少的。公司决定暂时让小米之家的优秀员工定期去小米专营店和小米授权体验店进行技能宣讲，推广小米之家的管理模式、销售技能和促销宣传方式。在新零售业务拓展的后期，考虑逐渐取缔非小米之家的零售业态，全面提升新零售的服务质量和收益效果。

再次，设立合理的绩效考核制度和晋升机制，并定期组织技能培训。企业制定的战略目标最终需要员工落实，使个人收入和绩效考核充分关联，并使员工了解自身晋升路径，可以做到最大化发挥员工工作积极性。

最后，小米公司后续成立集团质量委员会，围绕产品质量、用户体验、服务品质和安全合规4个核心，持续推进和监控集团质量管理，提升用户体验。2019年，小米修订和优化了质量奖励、质量事故管理等制度，完善了紧急事件的处理流程，指导各部门积极推动质量优化。小米亦加强质量考核，通过设立业务质量指标，激励和提升质量管理水平。小米公司将Redmi品牌独立出来，继续原来的性价比策略；小米本部则开始研发高端产品，冲击高端市场。主打“高端产品大众化，大众产品品质化”的产品理念，从而合理地进行产品的市场定位，避免内部竞争。

五、因势利导，重拳出击

1. 产品销售情况

为敲定小米的发展战略目标和规划路径，雷军找来市场部部长进行谈话。据市场部部长的了解，小米新零售的销售情况与前期布局有所变化，现阶段手机、电视和 AIoT 产品分别占 30% 左右，剩下的是综合服务收入。其中，小米电视的销量位居国内首位，这也是收入增长的主要来源之一。

2. 研发投入与产出

小米在 2019 年重点投资 5G+AIoT 方向的研发，并计划在未来 5 年里在 5G+AIoT 领域持续投入 500 亿元人民币。技术突破无疑提升智能手机和 AIoT 产品的竞争力，进而加快新零售业务的发展进程。2021 年 2 月，小米连续 3 年入选科睿唯安（Clarivate Analytics）年度全球百强创新机构。小米在全球多个地点设立研发中心，目前已经有超过千人的专业相机工程师团队，在手机相机像素、成像、变焦等领域均取得行业领先的技术突破。继 2020 年推出 120W 有线快充及 80W 无线秒充技术后，2021 年 1 月，小米公司震撼发布自主研发的隔空充电技术，这是在无线充电领域的又一次突破性创新。

3. 宏观经济环境

2020 年全国“两会”强调要建设“双循环”，政府将持续推动扩大内需、支持创新发展、改善营商环境，新投资、新消费、新经济仍将较快增长。随着社会的迅速发展，消费者的消费习惯也发生了转变。以前人们倾向于储蓄，现在更愿意贷款消费，这种消费观念的转变，对于小米公司以电子产品为主要商品的新零售业务无疑是一种利好。此外，从发达国家来看，居民的消费一般分为 3 个阶段：大众消费阶段、品质化品牌化阶段和简约消费阶段。小米自身正在冲击高端品质市场，也有 Redmi 来开拓大众消费市场，其简约时尚的设计也十分契合简约消费阶段。

4. 行业发展现状

2019 年，全球前五大智能手机厂商的出货量、市场份额和同比增长率见表 10–2。三星在国内大约只占 1% 的市场份额，华为在 2019 年受到美国科技封锁，其市场份额不降反增，小米目前在国内需要超越的竞争对手有华为和苹果，也需要时刻守好现有的市场，避免被其他手机厂商分走原本属于自己的蛋糕。

表 10–2　2019 年全球前五大智能手机厂商的出货量、市场份额和同比增长率①

厂商	2019 年出货量 / 百万台	2019 年市场份额	2018 年出货量 / 百万台	2018 年市场份额	同比增长率
三星	295.7	21.6%	292.2	20.8%	1.2%
华为	240.6	17.6%	206.0	14.7%	16.8%
苹果	191.0	13.9%	208.8	14.9%	–8.5%

① 来源：Canalys 智能手机市场统计。

续表

厂商	2019 年出货量 / 百万台	2019 年市场份额	2018 年出货量 / 百万台	2018 年市场份额	同比增长率
小米	125.6	9.2%	119.1	8.5%	5.5%
OPPO	114.3	8.3%	113.3	8.1%	0.9%
其他	403.6	29.4%	463.2	33.0%	-12.9%
总计	1370.8	100%	1402.6	100%	-2.3%

5. 新零售更强劲

小米公司 10 周年活动举办后一周，公司管理层再次进行关于新零售发展计划的探讨。经过雷军对小米 10 年的回顾，在座的每一个人都更加了解小米，而对于公司的下一步的战略目标和规划路径，这次会议也终于敲定。

会议上，市场部部长首先提议，以头脑风暴方式利用 PEST 分析、波特五力模型及 SWOT 分析等分析工具对新零售业务进行全面的战略环境分析，这样可以对市场环境和公司状况进行全面了解。经过管理层的激烈讨论，一致认为，接下来的手机业务是小米的必争之地。安卓系统阵营中，国内三星手机市场份额近几年只保持在 1% 左右，而华为受美国科技封锁，芯片供应受到限制，目前是小米抢占其他手机厂商市场份额的大好机会。

雷军提到，竞争战略的选择也要迎合市场需求，小米公司的以往标签是“性价比”，之前小米采用成本领先战略，利用低成本的供应链来压缩成本，那之后呢？现在只靠性价比是留不住消费者的。小米现在有两条路可以走：一是继续原来的方案；二是让小米的产品走向高端，实现产品的高溢价。走出舒适区的确不容易，所以公司之前把 Redmi 独立出来只做性价比产品，而小米则进军高端市场，目前来看，公司内部产品线不再像以前那样混乱，消费者的反响也不错。

小米需要一段时间来对目前粗放的新零售模式进行梳理，公司目前的新零售业务在门店数量、覆盖范围、客流量及 SKU 数量都具有一定优势。为夯实市场阵地，小米最终选择增长型战略，即在发挥现有优势的同时，利用外部机遇，将资源集中投入到新零售业务中，拉开与竞争对手的差距。

六、尾声

新零售棋局风云变幻，而小米对自身发展的充分认知、对产品的专注用心和对消费者的坦诚，在新零售布局中也将会更加从容地走好接下来的每一步棋……

案例使用说明

一、教学目的与用途

1. 适用课程

本案例主要适用于“战略管理”“审计理论与实务”“管理会计”等课程中战略环境分析的教学。

2. 适用对象

本案例的教学对象为 MBA、MPAcc 学员，工商管理各本科专业学生及企业管理人员等。

3. 教学目标

本案例以小米公司新零售业务作为研究对象，运用战略管理理论的相关知识，对公司所处外部和内部环境进行深入剖析，从而制定出小米公司新零售业务发展战略目标和战略规划路径。案例可以帮助学员理解和掌握战略环境分析和企业战略的相关理论及方法，最终实现以下教学目标：

① 引领学员了解市场需求和电子商务的发展变化。

② 带领学员探索发现小米新零售发展过程中的问题。

③ 加深学员对战略环境分析的理解。

④ 基于战略分析进行战略调整。

二、启发思考题

① 小米进军新零售的原因有哪些？

② 小米公司在新零售业务发展过程中遇到了哪些问题？

③ 尝试对小米公司新零售业务进行战略环境分析。

④ 你认为小米公司的新零售业务接下来的战略目标和战略组合是怎样的？

三、分析思路

本案例将沿着“小米进军新零售的动因（第 1 题）→新零售业务发展遇到的问题（第 2 题）→小米新零售战略环境分析（第 3 题）→小米公司战略调整（第 4 题）”这一逻辑，进行整体案例脉络的梳理和重点章节的详细分析，见表 10–3。

表 10–3 案例分析思路及步骤

理论知识	启发思考题	教学目的
传统零售；电子商务；新零售	1. 小米进军新零售的原因有哪些？	引领学生了解市场需求和电子商务的发展变化
企业扩张；渠道冲突	2. 小米公司在新零售业务发展过程中遇到了哪些问题？	带领学生探索发现小米新零售发展过程中的问题
PEST 分析；企业内部环境；波特五力模型；SWOT 分析	3. 对小米公司新零售进行战略环境分析。	加深学生对战略环境分析的理解
企业发展型战略；企业转型战略；战略组合理论；战略竞争理论	4. 你认为小米公司的新零售业务接下来的战略目标和战略组合是怎样的？	基于战略分析进行战略调整

案例 11

通信博弈浑不怕，成本管控绽新芽[1]
——S 电信公司网络运维成本精细化之途

李永红　李　瑞　张　楠　杨　曦　张　瑶

案例正文

引言

2020 年 7 月，正是盛夏，火辣辣的阳光洒在三晋大地上，使得空气灼热不堪，人们盼望着一场酣畅淋漓的大雨来冲刷这燥热。而此时，S 电信公司的董事长柯总及下属正在以“5G 引领新基建，云网催生新发展”为主题，筹备几个月后将要参加的“第十届山西省节能环保、低碳发展博览会”。作为把握公司方向的关键人物，柯总深刻明白，自己的任务分配与命令下达，对于整个公司乃至下级分公司来说可谓是牵一发而动全身。但也因此，让柯总陷入了困境：在当今“大智移云物区”时代，作为电信公司，要力求发展，就该与时代结合另辟蹊径来获得行业优势；作为电信服务业，创新应用与服务宽度又是最该关注的领域。然而，随着网络规模的持续扩大，新增设备和传输不断增加，而老设备又都处于超期限运行，这就必然致使维护的工作量加大。对于 S 电信企业这种大型传统国企来说，网络运行和维护的成本占据整个成本费用的 30% 甚至更高比例，其成本管理面临着十分严峻的挑战……

一、拥彗先驱——案例背景

1. 网运成本精细化管理背景

通信市场竞改革，尖端科技同飞跃。通信企业想要在行业市场拥有属于自己的一片天地，如果没有针对性的成本管理细化，会像无头苍蝇似的进行成本压缩，导致企业经营受到影响，在竞争中处于劣势地位。对于想要寻求突破的电信企业来说，传统的成本管理模式束缚了其长远发展，改变成本管理方式是实现目标的重点方法之一。

由于电信企业的自身性质，在成本管理中，对网络运维成本进行管理面临着重大的挑战。网络运维成本在通信运营成本中举足轻重，并且在对其进行最大限度的压降时，还要使网络运行的可靠性得到保证。公司的成本支出和网络运行的质量二者之间的天平如何保持稳定，如何运用科学的成本管理方法，实现低成本、高效率发展，成为电信企业成本管理的重要课题。

2. 公司背景

S 电信公司位于山西省，是中国电信集团省级分公司。2008 年 10 月份，S 电信公司正式承接了

---

① 案例来源：中国管理案例共享中心，并经案例作者同意授权引用。
本案例于 2022 年 3 月 8 日入选中国管理案例共享中心案例库。
由于企业保密的要求，在本案例中对有关名称、数据等做了必要的掩饰性处理。
本案例只供课堂讨论之用，并无意暗示或说明某种管理行为是否有效。

原山西联通 CDMA 移动业务，从此开始全业务经营的时代。经过十几年的飞速成长，S 电信公司目前的业务收入可达到 32 亿元，市场份额占中国电信集团公司市场总份额的 13.17%，拥有 7005 名全口径员工，省公司下设 11 个地市分公司，机关内部共设有 19 个一级部门，20 个二级部门。地市分公司在进行各自的部门设置时，除了需要满足核心部门和省公司保持一致的要求外，还需要结合自身的实际业务类型和经营现状设计。各部门具体的组织架构如图 11–1 所示。

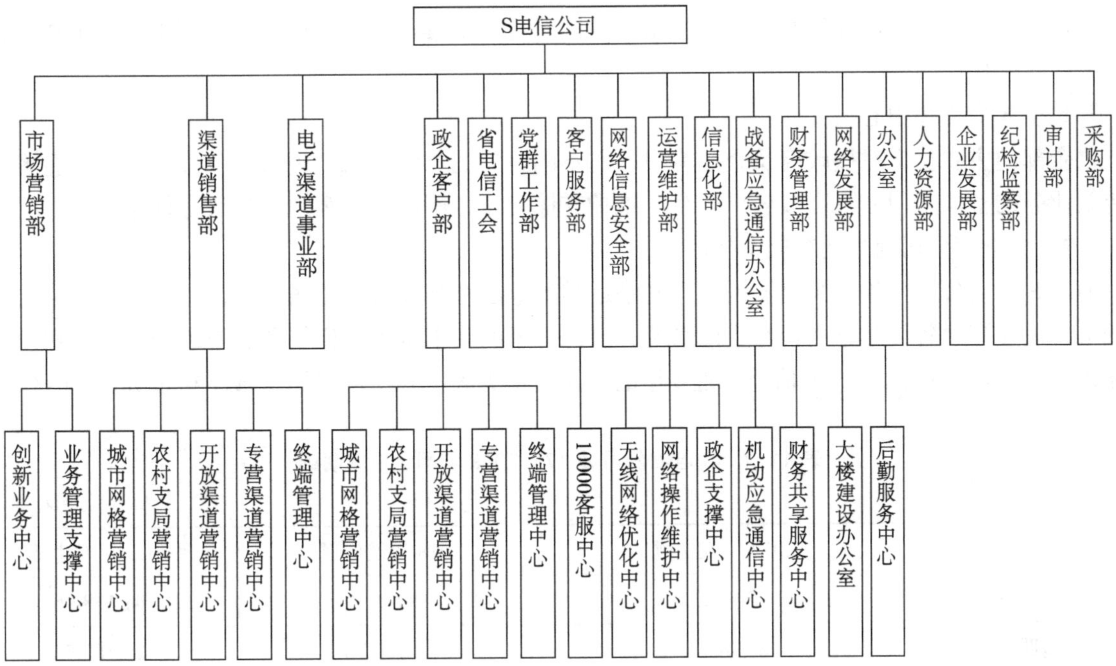

图 11–1　S 电信公司组织架构

3. S 电信公司网运成本管理现状

（1）S 电信公司网络运维部门组织架构

S 电信公司网络运维部门遵循“一部三中心”的组织形式，运维部作为核心管理部门，主要负责相关项目的具体执行工作，致力于为用户提供优质、高效的运维服务，提高用户的满意度。

按照负责维护的网络资产类型，运维部各小组又细分为 3 个中心，如图 11–2 所示。

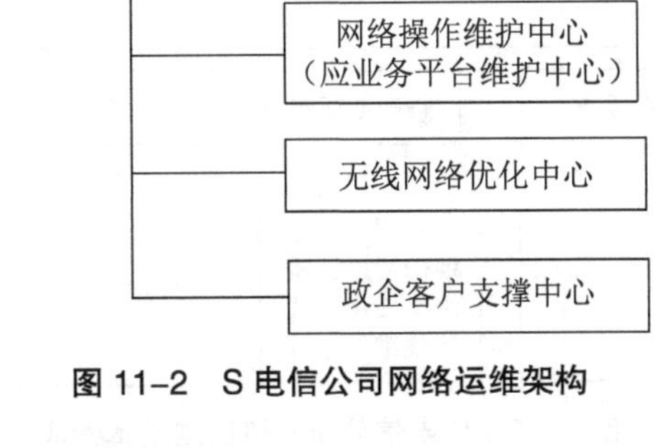

图 11–2　S 电信公司网络运维架构

①网络操作维护中心

网络操作维护中心主要负责对软硬件及网络线路进行维护，例如，维护传输网络、接入网等传输线路的运行，维护机房的动力电源及内部空调设备的日常运行。此外，网络操作维护中心还需要负责网络安全管理工作，并协助完成本专业支撑系统的应用开发及组织实施工作。

②无线网络优化中心

无线网络优化中心负责的是管理光纤通信系统，如维护机房、用户机线等，在此基础上，协助完成本专业支撑系统的应用开发和组织实施工作，同时也需要参与无线网络业务的网络规划工作及各项工程的验收工作。

③政企客户支撑中心

政企部门主要负责对接政府及企业客户，对不同客户的业务要求，进行业务集成；为政企客户设计转型业务的整体应用方案；按客户群组织维护支撑力量，不断优化客户维护服务体系。

（2）S电信公司网络运维成本构成

随着S电信公司业务的快速发展，其网络运维的范围和难度都日益增大，已经不仅限于运行和维护设备，还要搭建各类业务平台及支撑系统，因此带来的成本费用（租赁费、修理费、能耗费及其他业务费）支出也大幅增长。S电信公司近3年的费用明细见表11-1，网络运维成本构成如图11-3所示。

表11-1　S电信公司2017—2019年网运成本明细

单位：万元

成本项目	2017年发生额	2018年发生额	2019年发生额
租赁费	34 521	38 869.3	41 138.96
修理费	22 944.80	28 469.70	28 587.56
能耗费	17 127	18 141	13 183.50
其他业务费	8376	8 968	9484
电路及其他租赁	3245	3562	3856
机房租赁费	3178	3329	3456
装移修材料费	1953	2077	2172
合计	82 968.8	94 448	92 394.02
年度主营收入	325 185.79	331 736.46	321 754.81
网运成本占收比	25.52%	28.47%	28.71%

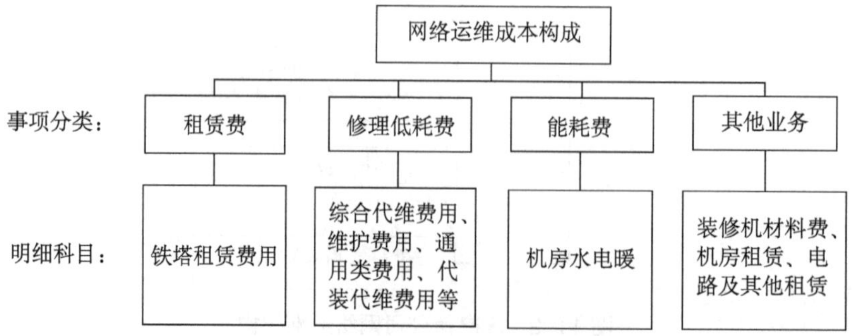

图11-3　S电信公司网络运维成本构成

（3）S 电信公司网运成本管控流程

S 电信公司的网络运维成本管控流程可以简单概括为图 11-4，包括预算、核算、控制和考核 4 个阶段。

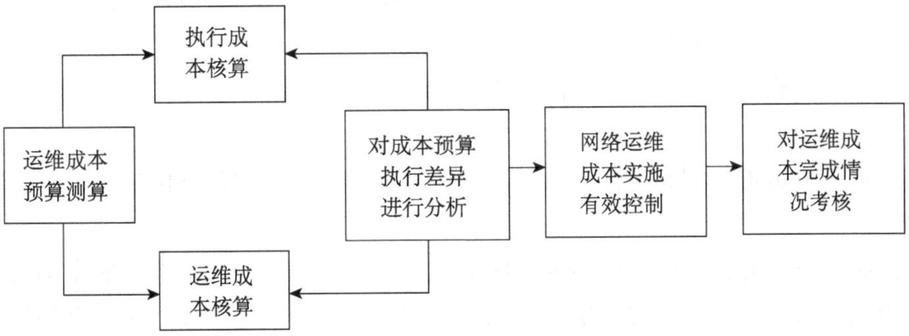

图 11-4 预算控制流程

①运维成本预算现状

A. 设置预算管理部门：具体组织机构包括预算管理委员会、省公司财务部门及各地市公司，其具体职责见表 11-2。

表 11-2 预算管理部门相关职责

管理部门	主要职责
预算管理委员会	预算管理委员会主要职责包括审批上报的预算方案及把握预算考核整体方案的制定方向
省公司财务部	财务部负责汇总各地市公司上班的预算数据，并进行汇总上报。在预算指标得到批示后将指标下发至各地市公司
各地市公司	对各自单位的预算执行情况进行管理

B. 制定预算流程：首先，基层部门要测算出本年度的支出计划，财务部门将其汇总后，根据本年度省公司下达的分类预算指引进行分配，完成后将分配方案上报省公司，经核定后可以执行。之后要实时进行管控，每年 6 月必须对上半年的预算完成情况进行汇总，根据实际情况做出必要的中期调整。对于预算外事项，需要向省公司上报并递交预算申请文件，得到批复后方可支出预算。其具体流程见图 11-5。

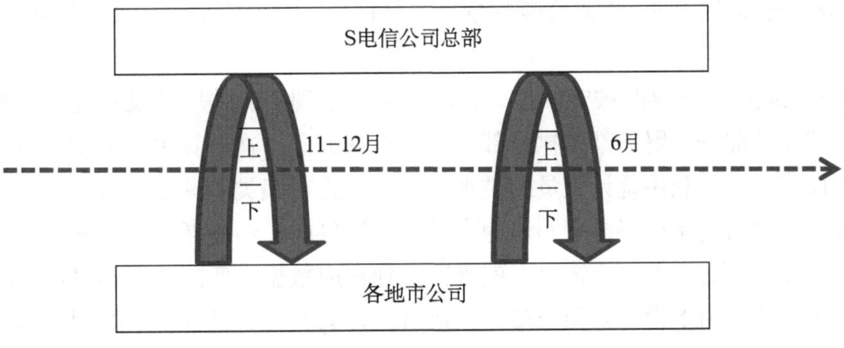

图 11-5 预算制定流程

②运维成本核算现状

目前S电信公司网络运维成本的核算主要按照业务范围划分。根据资产种类及业务类型的不同，为了使下达的预算指标可以在基层业务部门得到具体落实，针对不同的费用对应设置了不同的标准。但在实际工作中，标准成本体系并没有达到预期的使用效果。并且，S电信公司的下设地市公司汇总了各项成本后，需要统一归集到省公司，但是在进行成本核算时，省公司主要是按科目的发生情况对成本进行归集，没有明确归集到具体的部门或责任中心。

③运维成本控制现状

目前，财务部主要负责控制S电信公司的网络运维成本，其他部门辅助控制，管控的标准主要是预算不超标。

省公司仅控制各下属分公司的总体预算完成情况，由地市级公司来把控对成本细项的控制。在每个预算年度的中期，省公司会对各地市单位的预算控制情况进行汇总调查，主要以预算完成度为指标对控制情况进行评价，地市级公司在成本控制中的参与度并不高。

④运维成本考核现状

对各地市的成本考核工作主要由预算管理委员会负责，主要依据预算与实际发生成本的偏离度为标准，按年度和季度对公司预算完成情况进行考核。对考核成本管理差的单位予以通报，对管理效果好的单位给予一定奖励。

各部门负责人根据集团下发的指标负责对各部门人员的考核，并将考核结果通过小组会议等形式传达至每位员工，考核结果与员工工资挂钩，但S电信公司在实际操作中对个人执行情况的考核并未对其起到预期的激励作用。

二、陈章旧法——S电信公司网络运维成本管理存在问题

2020年4月，S电信公司通过与省联通公司建立资源共享合作，极大促进了全省5G网络提速，并且拓宽了业务范围，增强了业务深度。在疫情防控期间，S电信公司利用5G高速率、低时延和大宽带的技术优势，结合物联网、大数据和AI等先进技术，深化与政医工教等多个行业的融合，打造出多种战疫产品及应用，助力政府打赢疫情防控攻坚战的同时，也为本公司打开了更多市场。然而，网运成本管控方面的压力也随之而来。

凡事预则立，不预则废。S电信公司现今成本预算体系里的流程为两上两下，各基层单位一般由基层人员进行项目上报，而后再进行编制。但基层人员的编制原则通常是其对于预算业务主观想法和以往工作中的经历经验，这使得基层上报的预算测算仅仅是以大概的增幅比在前一年的基础上进行修改。下达预算指标时，省公司没有确切的衡量指标，只要求各地市公司几大费用类型的预算总额。而且，S电信公司内部每年中期调整时，发现本年的预算目标已经支出大部分，“前半年预支，后半年不够”的情况屡见不鲜。

S电信公司运维成本在核算时被笼统地分为能耗费、修理费、铁塔费及其他业务费四大类，在成本管理工作流程的设计部分，财务部是执行部门也是管理部门。在核算中经常发生财务部门不熟悉网运业务，因此统计成本时会利用统计人员的主观感觉对其进行归类的现象。另外，财务录入账务系统时较不规范，如现有的财辅系统将电费归口为直供电或转供电，但能耗管理系统是依据电费的单站点标杆进行归口，因此入账后需要再反馈时，就难以找到对应数据，匹配项目难以形成闭环管理。

另外，由于S电信公司下设子公司众多，各地市公司只关注自己的成本控制工作，未形成费用联动与资源把控机制。预算指标考核未进行机动调节，成本的协调工作仅有财务部的参与，具体体现为

财务部对某个部门的预算超支进行预算指标的单调增减。网运部审核成本预算时，是从维护角度出发审核各维护单位上报的项目并开展控制。而财务部数据不通过项目反映，账面成本支出是以 4 个业务类型进行数额的分归集，显示不出各责任中心的成本管控数据，造成与业务层层面脱节。

虽然 S 电信公司目前公司的成本考核体系相对较为完善，但其网络运维成本考核其实并未达到理想中的效果。目前，S 公司内部对成本考核重视不足，现有的成本考核体系对员工来说只是一纸流程，触及不到员工的利益，也就不能起到激励惩罚作用。且 S 电信公司成本考核方式的核心内容就是各地市各大类成本项目的预算与实际执行工作的成本偏差，并不要求细化考核不同部门的每类费用发生情况，方式单一，指标粗放，考核结果意义不大。

三、研精殚思——S 电信公司网络运维成本精细化管控优化方案

S 电信公司网络运维成本目前存在的问题星罗棋布般摊开在柯总眼前。有效的成本控制直接影响企业的盈利情况和经营成果，在考核市场收入、利润“开源”的同时，运用怎样的管理控制手段可以使成本“节流”并行?

1. 网络运维成本预算精细化

（1）细化预算编制流程体系，落实预算管理职责

S 电信公司目前的预算管理体系较为合理，因此在保留原本管理架构的基础上，细化预算编制层级，增加第 4 级管理单位，设置各个职能部门的预算小组，以便业务执行部门与其他预算管理部门进行沟通。此外，针对各操作中心的各类项目设置预算控制专员，细化预算管理职责，落实预算工作在各流程及各职能层级中的顺利开展。优化后的预算体系如图 11–6 所示。

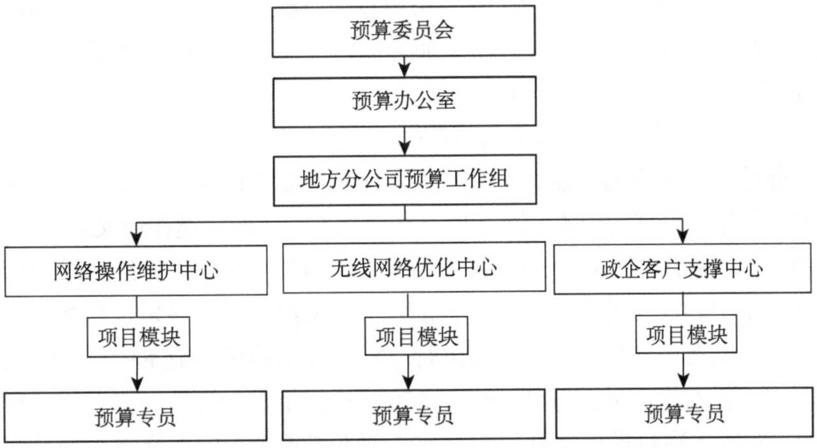

图 11–6　电信公司精细化预算组织机构体系

（2）分解健全预算指标，发挥指标动态控制作用

结合 S 电信公司实际情况，在预算细化过程加入目标成本法，对预算指标进行科学合理的细化分配。预算指标经预算管理委员会批准后，分配垂直向下深化。首先，依据各地市不同的网络资源规模及业务量等因素，分配各业务类型的预算目标，并规定说明二级预算指标；其次，各地市依据网络规模和资源需求，将总公司的预算指标下达至各维护部门以便测算各个运维班组需要负责的费用，之后各职能部门据此对本部门的预算进行分配；最后，各运维班组将预算指标细化下放落实至基层责任员

工，做到预算管理全员参与。预算指标分配体系如图 11–7 所示。

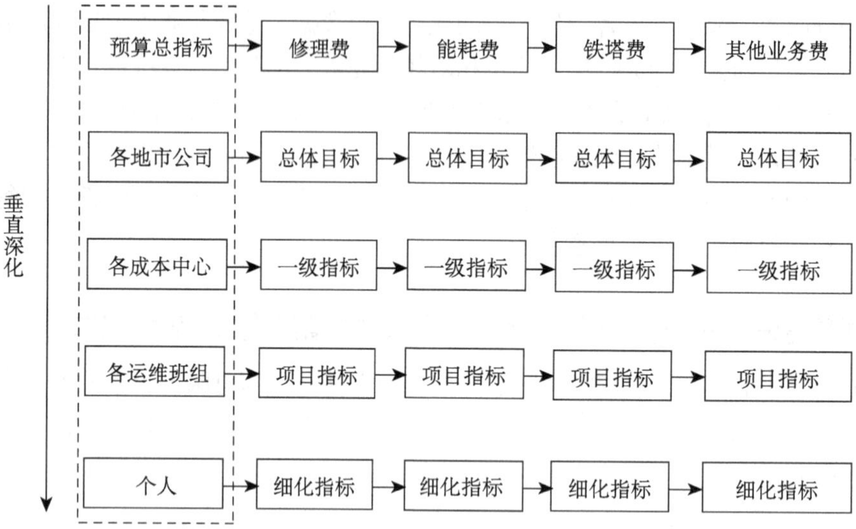

图 11–7　预算指标分解步骤

各地市及各基层单位在对预算指标进行分解执行时，要及时与其他业务部门对成本完成情况展开沟通，保证预算工作预算的动态调整及控制。具体为：以全省核定预算为上限；省公司各部门需加强预算执行严肃性，按照整体生产经营计划执行，按额度刚性管控，按事项及时入账；根据集团公司对预算均衡性的月度管控要求，省公司各部门也须按照时序进度入账；尤其是对已发生事项，必须真实体现费用使用情况，费用不得跨季度报销；省公司预算归口根据各部门预算使用情况，按季度进行动态管控，未完成目标值 1.2 倍清算。同时，在保证各部门间信息畅通的前提下，进一步培养业务负责人成本控制意识和管理水平。

（3）引入零基预算和作业预算，精确预算数据

零基预算以实际情况为考虑的重点，不被过去会计期间发生的成本所影响，其关注点在企业的成本效益，这样更容易剔除不合理的因素。网运项目会消耗作业，而各类作业又会产生资源耗用。因此，作业预算法从公司具体网络运维作业开始，首先改变 S 电信公司过去以网络运维部门为主体的成本作业中心，根据不同成本中心业务类型的区别，下设各工作班组，并以各班组网络运维成本项目的具体资源耗用为基础，对各类费用项目的成本动因进行分析。在明确了各成本费用类型的作业动因后，需要对各成本项目单次消耗的作业量、每单位作业的资源耗用量进行计算，二者相乘得出各成本项目的总消耗金额。最终，对成本项目进行预算分配时，其预算需求量为各运维项目预计的资源耗费金额及预计资源需求量的乘积。

2. 网络运维成本核算精细化

（1）细化成本归集分类，加强成本信息化协同管理

为适应转型，匹配发展，确保全网修理费成本的科学分类与归集管理，加强成本分类数据的效率分析与对标能力，需对网运类修理费成本分类体系统一核算口径，形成新网运修理费分类管理结构。因此，对新增投入对象分类设传输设备、传输线路、核心网、数据、移动、空调电源、业务平台、接入设备、应急通信、现场综合维护、公众客户网络（末梢维护）、网络运营支撑、产品维护等 13 个分类，重新进行细化归集，具体的归集见表 11–3。

同步利用数字技术开发建设与业务系统相衔接的、涵盖各部门的精细化财务信息平台，来实现预算流程的高效优化和预算信息准确共享；通过优化财务管理系统，打破信息壁垒。例如，打通电费管理系统与 MSS 财务系统，充分细化经济分类科目，并按照统一标准进行归集，预算编制数据通过网络实现自动即时传递，部门预算数据能直接汇总，预算审核通过网络交互式、实时地进行，预算执行及时，项目核算和绩效考核评价均可以得到有效保障。

表 11-3 网络运维成本明细化科目

网络运维明细科目	具体归口事项
传输设备	公众客户网络（末梢维护）
	网络运营支撑
	维护产品
传输线路	
核心网	
数据	
移动	
空调电源	
业务平台	
接入设备	
应急通信	
现场综合维护	
包含光纤准同步数字体系（PDH）传输网、光纤同步数字体系（SDH/MSTP）传输网、数字交叉连接设备（DXC）、波分复用（WDM）系统、其他光缆设备、传输系统设备的附属设备、时钟同步网、时间同步网、模拟载波传输系统、自动交换光网络（ASON）系统、微波通信系统、卫星通信系统、短波通信系统、特高频通信系统传输监控、网管设备等相关设备的维护修理及外包成本支出	用于网络机房的变配电设备、发电设备、变流设备、蓄电池设备、电源监控系统、空气调节设备、其他电源设备、电力电缆、节能设备的维护修理及外包成本支出（不含办公、营业厅等非网络类用途建筑内空调电源设备）
	增值业务平台设备、业务平台云资源池、管理类平台、能力类平台、应用类平台、平台配套设备的维护修理及外包成本支出
	有线接入设备、无线 AP 设备、接入通用配套设备的维护修理及外包成本支出。（不含客户端末梢维护相关成本支出） 应急通信专用的卫星通信系统、微波通信、特高频通信、无线接入、移动、短波、交换、电源、配套装备的维护修理及外包成本支出
	仅限包含线路、接入网、移动无线设备、空调电源等配套设备中至少两个专业及以上的维护进行综合维护外包，并进行单一合同结算时的外包成本支出
	公众客户客户端各类业务现场维护服务的修理及外包成本支出
包含光缆、海缆、电缆、架空明线、电信管道及杆路等设备设施的维护修理及外包成本支出	包含网络监控、网络资源维护、网络分析与数据挖掘、系统开发式运营、网络安全、 OSS 系统等网络运行支撑工作或系统的维护与外包成本

续表

网络运维明细科目	具体归口事项
包含长途电话网、本地电话网、电话网附属系统、信令网、智能网设备、交换配套设备、软交换系统设备、IP 多媒体子系统（IMS）设备、移动通信交换设备、移动通信智能网设备的维护修理及外包成本支出	各类签订收入合同的 ICT/IDC 及非电信资产政企客户网络，以及服务产品运营过程中产生的维护修理及外包成本支出
包含电报传真设备、基础数据网、IP 网、内容分发网络（CDN）、网络安全设备、数据配套通信设备的维护修理及外包成本支出 移动通信无线网设备、室内（小区）覆盖系统、移动通信其他设备的维护修理及外包成本支出	

（2）落实成本项目管理原则，提升核算数据精确度

针对目前成本核算存在的问题，为进一步提升网运成本项目管理的规范化，提高网运成本管理水平，应对网运成本项目实施项目化管理，各项目成本的业务口径核算数据与财务口径核算数据应保持一致，确保核算数据的精确收集，为成本精细化控制提供基础保障，保证数据回溯的准确性及高效性。

（3）多维度核算运维成本，提高核算信息的准确度

网运成本修理费分类结构将依托优化后的 MSS 成本系统进行管理，为了实现核算精确性，应针对 MSS 成本系统中除管理属性（公司主体、管理层级）和一二级专业分类（考虑到系统关联问题，在 MSS 成本系统中暂时保留）外的所有分类属性进行统一的梳理与优化。重点针对业务类型复杂的网运类的修理费成本进行多维度的核算，并将核算结果与财务系统的数据进行对比分析。应用关键动因法对具体运维成本分配，根据修理费的费用支出形式、支出流向和计价方式，研究并匹配各类修理费的关键动因，并核算配置金额，同时与财务口径核算结果进行对照分析，开展特征修正。

3. 网络运维成本控制精细化

（1）设立成本精细化控制小组，协调各部门控制工作

建立专门的成本控制小组，各执行小组依据业务类型的不同进行区分，以此作为基础，安排成本控制执行工作负责人，全部业务人员都参与控制工作的具体实施。此外，部门领导应负责控制工作的分配，各基层负责人根据各自的负责范围制定控制工作计划，由部门负责人进行汇总，并上报监督小组。成本控制计划经监督小组审核批准通过后，反馈至各执行小组，各执行小组按计划按时完成控制工作，在每月末向监督小组汇报并计划下月工作。监督小组依据其业务性质及工作规范对控制方案合理性进行评估，对合理的成本控制计划进行批复，并对不符合要求的成本控制计划提出改进建议，以保障控制工作的统筹实施。成本控制小组架构如图 11-8 所示。

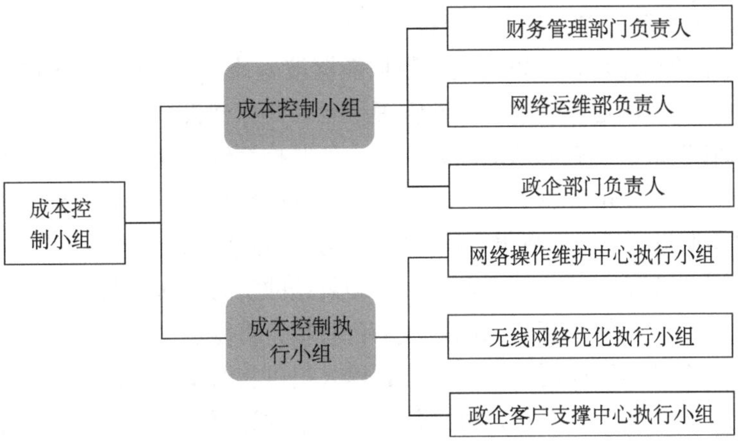

图 11–8　成本控制小组架构

（2）建立电费管理效能提升团队，完善成本控制责任制

对各部门的成本控制责任进行明确，由成本控制小组制定成本控制流程的规定并解释说明。各部门还需加强沟通，以保证对每个业务流程的成本支出进行精细控制。相关部门职责分工详见表 11–4。

各单位应明确用电申请 / 转供电采购、电费结算和支付等关键环节的管理要求，建立异常电费、异常单价和异常 PUE 等闭环管控流程，从建设、采购、运维等各个环节深入落实电费管理职责，建立完善全覆盖的责任体系和制度，将电费管理的责任划分到涉及的各具体单元和个人，实现电费的精确控制，落实降本增效的任务。

表 11–4　各部门职责分工

序号	工作任务	工作内容	集团责任部门	配合部门	联系人	任务类型
一	基础管理夯实	1. 规范权责发生制，明确管控职责和流程	战略部 / 网运部	财务部 / 办公室 渠道部 / 采购部 网发部		集团、省公司任务
		2. 摸清家底，加大电费支出审核力度，提高数据质量	网运部	财务部		省公司任务
二	电力政策利用	3. 加强核心机房 /IDC/ 介入机房电费在国家政策利用	网运部 / 网发部	财务部		省公司任务
三	跑冒滴漏控制	4. 推进铁塔基站的电费管控，加强转供电改造的力度	网运部	财务部		省公司任务
四	技术节能推广	5. 网络设备、电源、空调及环境节能新技术、新机制的推广应用	网运部 / 网发部	财务部 / 采购部		集团、省公司任务
五	老旧设备退网	6. 加强老旧设备能耗管控	网运部	财务部 / 市场部		省公司任务
六	手段机制、赋能	7. 完善手段，建立能耗管理系统，打通 MSS 报账流程	网运部	企信部		省公司任务
		8. 深化电费划小承包	网运部	战略部 / 财务部 / 人力部		省公司任务
		9. 激励先进推广经验	网运部	财务部 / 人力部		集团、省公司任务

（3）建立能耗管理系统，提升成本动态控制水平

为了保证成本费用的动态调控，以及成本数据能够被高效准确地获取，S电信公司应建立一个可以打通业务平台和财务平台沟通障碍的综合性管理平台。具体建设情况如下：

能耗系统与资源管理系统（获取站址信息）、动环监控系统（获取自有站址用电信息）、综合代维巡检系统（获取铁塔站址用电信息）实时对接，保证基础数据的准确和一致；通过系统对转供电合同、用电单价、支付周期进行管理，将报账信息统一推送到财辅，并生成各类告警信息进行闭环管理。能耗管理平台与资源管理系统对接，可实现站址基础数据的实时传送，与动环系统对接可获取自有站址实时负载数据；现场综合代维系统与能耗管理平台对接，将租赁铁塔站址等无动环监控的用电设备负载进行现场实时获取并传送至能耗管理平台，管理人员可实时掌握耗能情况。在数据动态管控的基础上，将能耗系统与综合告警平台对接，将异常用电站址发送至告警平台进行派单，实现闭环管理。平台搭建如图11–9所示。

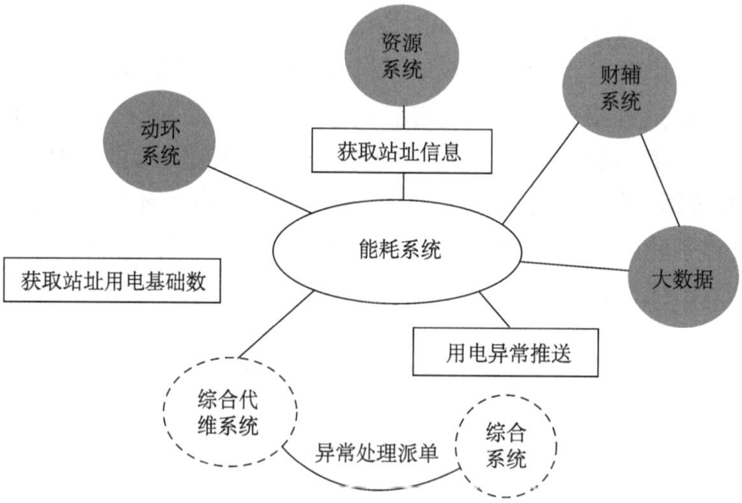

图11–9　能耗管理平台

4. 网络运维成本考核精细化

借助PDCA循环完善成本考核，保障循环再执行，实现S电信公司成本管控的全过程闭环管理。

（1）完善预算考核制度及体系，建立预算台账管理

①细化考核制度，落实考核责任

针对目前粗放的预算考核状态，公司应对预算考核制度进行细化，明确考核各环节的细化工作流程，针对不同的考核对象设立相关考核规章制度及评价体系，将考核落实到点，并针对不同成本责任设置可以量化且符合业务要求的考核标准。精细化考核体系如图11–10所示。

为落实全员成本责任的考核，应由地市公司运行维护部牵头，协同财务部、网发部、人力部、渠道部、办公室等相关部门成立电费、铁塔产品服务费、修理费及大修迁改工作领导组和工作组，明确各事项管控与效能提升的职责。从建设、维护、管理等各个环节深入分析、挖掘压降空间。

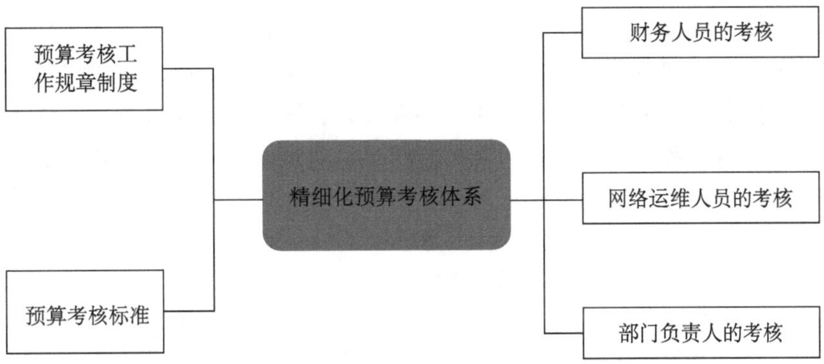

图 11-10　网运成本预算考核体系

②健全预算台账管理要求

基于项目成本管理的方式，各单位应建立预算台账，以便于后期的考核工作开展。各地市分公司应根据省公司统一要求的台账模板建立相应的各部门工作台账，遵循真实性、合法合规性原则，按照权责发生制原则，通过费用台账统计当期成本费用及需支付的费用，全面推行台账管理。

各地市分公司各部门按职责分工按月将发生费用进行台账登记，并进行结果核定，最终核定结果需由费用发生部门及财务部共同确认并签字，每月 10 日前将核定后的台账报送省公司财务部及各归口责任部门，省公司将按季度进行通报。纸质签字资料由各单位财务部进行归档留存。

（2）细化成本考核指标，加强预算执行严肃性

原有预算考核仅只在年度终了时对预算完成度这项指标进行考核，无法动态考核，也难以发现偏差的具体事项。对运维成本预算考核指标进行优化时，应在预算目标与实际完成情况的对比为主的基础上，对成本项目较为复杂或者成本费用占比很大的成本类型进行指标重点细化分解，以精细化考核方案的可控性及重要性原则。对预算考核可能涉及的指标进行重要性排序，将其分为主要成本指标以及次要成本指标，具体细分如下。

主要成本指标：电费、铁塔租赁费、大修迁改费、综合代维、代装代维等。

次级成本指标：装移机材料费、机房租赁、电路、传输线路、核心网、数据、移动、空调电源、业务平台、接入设备、应急通信及其他租赁等。

对于主要指标，应将考核周期由年度考核、季度考核变为年度、季度、月度管控并行，针对次要指标可以继续执行年度考核及季度考核。每次考核都要对当次考核涉及的成本指标进行全方位的考核。

此外，为了强调指标考核的结果，应每月对运维成本预算进行通报排序，对预算执行偏差超指标事项纳入职能部门绩效考核。各单位根据业务发展进度做好相关费用的安排使用，年度不得超支，超支按 1.2 倍在下一年预算中进行扣减。每年按照季度对资源开展清算工作，设定各归口费用季度预算完成目标值，实际完成进度与预算进度绝对值偏离度在 5% 之内不清算，低于预算进度将对资源进行清算工作，保证运维归口全年预算进度按时按序完成。

（3）制定人员绩效考核标准，完善奖惩规则

“全员参与”是精细化管理在 S 电信公司得以顺利开展的重要保证，在对 S 电信公司网络运维成本管控过程进行全流程细化后，各基层单位、各员工都应有自己负责的成本分解目标，全员共同为成本控制努力。设定绩效考核指标以评价成本控制完成情况，激发员工的成本控制意识，提升参与控制的积极性，发挥员工主观能动性。

为避免绩效考核流于形式，使其起到应有的激励作用，考核结果要与员工的工资薪金挂钩。依据

考核规则，按月度对员工进行考核，按季度对绩效考核结果进行会议探讨，对工作完成较好的典型代表应该予以奖励，对并未达到考核要求或绩效排名较低的员工进行通报，以激励员工更加认真地投入到精细化成本管理工作中。员工绩效考核从 4 个维度展开，满分均是 100 分，最终考核结果按照各部分所占的分值比例，对绩效考核结果换算为百分制结果，对员工绩效进行评级。具体绩效考核指标和绩效考核奖惩体系如表 11–5、表 11–6 所示。

表 11–5　S 电信公司员工绩效考核标准

考核维度	考核类别	细致分值	是否存在扣分项	扣分情况说明	最终分值	考核机构
成本预算管理情况（20%）	预算任务是否传递及时	50				预算办公室
	预算编制相关表格数据是否填报完整准确	50				
预算执行情况考核（35%）	管理工作是否按步骤合规操作	20				预算办公室
	预算数值是否准确统计及填列	30				
	预算执行过程中工作流程记录存档情况	30				
	预算偏差问题及原因分析是否合理	20				
学习与成长（20%）	预算执行规则熟悉度	20				企发部
	相关培训参与情况	30				
	专业考核通过率	50				
财务指标（25%）	实际成本偏差率	100				财务部

表 11–6　员工绩效考核得分奖惩

绩效考核结果评级	等级	奖惩规则
考核结果＞ 85	A（优秀）	奖励 500 元
70 分＜考核结果≤ 85 分	B（良好）	奖励 200 元
60 分＜考核结果≤ 70 分	C（合格）	—
考核结果≤ 60 分	D（不合格）	通报批评

四、结语

S 电信公司根据改善后的精细化成本控制设计方案，以操作简单、责任落实及保证企业效益为原则，健全网络运维成本预算编制、分析、控制、考核 4 个管理流程环节，将精细化思想贯穿于所有工作执行中，使 S 电信公司成本管控工作做到全流程覆盖。除了可以通过成本数据反映的直观财务效果，精细化管理方案实施后的管理效果也十分显著。由于精细化成本管理方案的全员参与性，通过配套的绩效考核及奖惩体系，员工参与成本管理的主观能动性得到提高，对于激励员工持续学习及增强成本意识有重要作用。

“节物风光不相待，桑田碧海须臾改”。在万物互联时代，随着业务深度广度都不断更新拓展，精细化管理理念能为电信公司提供行之有效的成本管控方案，引领电信行业持续发展。然而，成本精细化管控是一个系统工程，需要投入较多的人力、物力，需要公司全体员工达成共识，共同创造一个精细化管理的环境。如何养成成本精细化管理习惯，将其根植于企业的骨髓，还需探索前行。

案例使用说明

一、教学目的与用途

1. 适用课程

“管理会计”。

2. 适用对象

本案例主要为 MBA 、EMBA 和 MPAcc 学员开发，适用于成本管理、预算管理等方向的课程教学和培训，也适用于有一定工作经验的学生和管理层。

3. 教学目标

本案例对 S 电信公司网络运维成本管控现状进行描述，以成本精细化管理理论为指导，建立具体的成本控制方案对其存在的诸多问题进行优化。通过对案例的深入分析，以实现以下教学目标：

① 使学员了解成本管控体系的构成，理解在企业中实施成本精细化管控的必要性。

② 引导学员思考在成本预算、核算、控制及考核 4 个环节中存在的常见问题并探究其解决办法。

③ 启发学员思考企业应该如何养成精细化管理习惯，将精细化管理理论推行于成本管理体系。

二、启发思考题

① S 电信公司网络运维成本的管控现状如何？

② 精细化管理的基本概念与应用原则是什么？ S 电信公司应用精细化管理的必要性是什么？

③ S 电信公司可以从哪些方面对网络运维成本的管控进行优化？

④ 企业要逐步实现成本精细化管理模式，还要做哪些工作？

三、分析思路

教师可以结合自己的课程需要和教学目标灵活使用本案例。这里提出本案例的分析思路仅供参考，授课教师可直接使用，也可根据学生的专业知识储备和理论基础进行调整。

本案例的思考题是依据 S 电信公司成本管控体系的现状和精细化管理理论而设计的。随着案例情节的发展，思考题层层递进，启发学员思考 S 电信公司成本管控过程中存在的问题并探究相应的解决方案，使得成本管控在企业的持续经营和改革转型中发挥重要的作用。本部分描述了 4 个启发思考题的分析思路，重点不是要求学员给出一个肯定、明确的答案，而是希望借助教师的启发和思考，提高学员分析问题和解决问题的能力。

思考题 1 的内容对应案例正文第一部分，这一部分主要描述了 S 电信公司网络运维成本及成本管控体系的构成和运行的现状。教师可以引导学员思考成本管控应从哪些方面进行，在成本管控实施过程中可能存在的问题，培养学员总结归纳和逻辑思考的能力。

思考题 2 设计的目的是为了让学员了解成本管控的概念，学习精细化管理理论并掌握其核心内容和新思想，进而理解企业对成本进行精细化管理的必要性。对于该思考题，教师可结合案例正文的第二部分内容，引导学生发现 S 电信公司成本管控现状存在的具体问题，在分析问题成因的过程中加强对精细化管理理论的理解，培养学员的批判性思维能力。

对于思考题 3 的讨论，可结合案例正文第二部分和第三部分的内容来分析，教师可以引导学员应用成本精细化管理理论、PDCA 理论和目标成本控制法设计 S 电信公司进行成本管控体系优化的基本思路，并探究具体的解决措施，培养学员将理论知识与实际问题结合起来解决实际问题的能力。

思考题 4 应结合案例正文全文（重点结合第三部分）分析，旨在让学员通过案例学习，能为企业顺利推行实施成本精细化管理方案提出一些保障措施，为同行业的相关企业提供具有建设性的建议，重在培养学生的综合分析能力。

案例的分析思路图如图 11-11 所示。

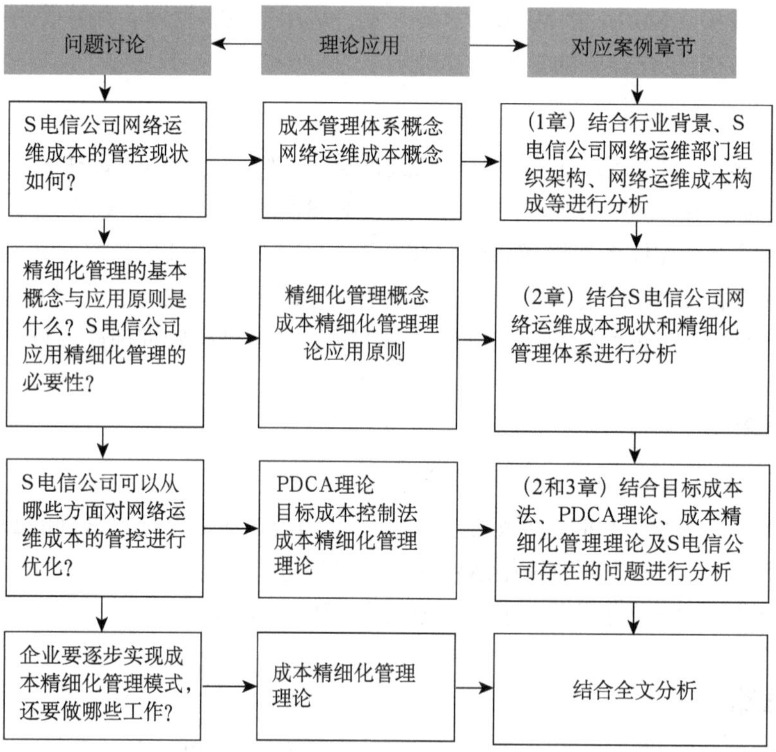

图 11-11　分析思路

案例 12

冰冻三尺非一日之寒
——华润集团“6S+5C”管理之道[①]

魏　明　夏立均　童焱琪　籍盈盈

案例正文

引言

2021 年 9 月 15 日晚，我国第十四届全运会在西安拉开了帷幕，激烈的比赛、精彩的表演，让人直呼“美滴很”。而鲜为人知的是，这场顶级体育盛会的主场馆——西安奥林匹克体育中心，是由华润集团代建的。华润置地负责十四运主会场及城市配套工程的建设，场馆的墙面、地面都来自于华润水泥提供的新材料——“无机人造石 + 天然石”，华润万家以“万家品质”保障了运动员们的舌尖安全，华润怡宝是此次全运会饮用水的供应商，华润集团全方位助力西安迈入“全运时代”。

截至 2021 年 6 月，华润集团实现营业收入 3474 亿元，同比增长 27%；实现净利润 315 亿元，同比增长 41%，超出新冠疫情前水平。在近日国务院国资委公布的国有重点企业创建的“三个标杆”名单中，华润集团的“5C 价值型财务管理体系”和“世界一流战略导向管理模式”成功入选。

一、关于华润

1. 从香港出发，为党而生

华润（集团）有限公司（简称华润集团）成立于 1938 年，由“联合行”改组更名而来。在党和国家发展史上，很少有企业如华润集团这般，与国家共命运，与城市共发展，忠诚于党和国家的伟大事业，让红色基因绽放时代光芒。从 20 世纪 50 年代起，华润便开始了与内地的贸易往来，筹办首届中国商品出口博览会，向香港运送内地鲜活、冷冻食品及国产石油，以保障香港的食品供应，缓解石油危机。1983 年，华润大厦的竣工标志着华润迎来了新起点，华润（集团）有限公司成立。华润集团由代理贸易转向自营，并投资了零售、电力、房地产等领域，开始实行现代企业制度，加强自营业务，推动企业逐步发展为以实业化为核心的企业集团。1992 年，华润集团注资上市公司永达利，是第一家进军资本市场的中资企业。进入 21 世纪，华润集团成功进军内地，建立一批具有行业领导地位的主营业务，并于 2003 年归属国务院国资委管理，被列为国家重点骨干企业。之后，华润集团逐渐建立自己的各级利润中心，朝着多元化、全球化的发展道路不断前进。其发展历程如图 12–1 所示。

---

① 案例来源：中国管理案例共享中心，并经案例作者同意授权引用。
本案例于 2022 年 5 月 9 日入选中国管理案例共享中心案例库。
由于企业保密的要求，在本案例中对有关名称、数据等做了必要的掩饰性处理。
本案例只供课堂讨论之用，并无意暗示或说明某种管理行为是否有效。

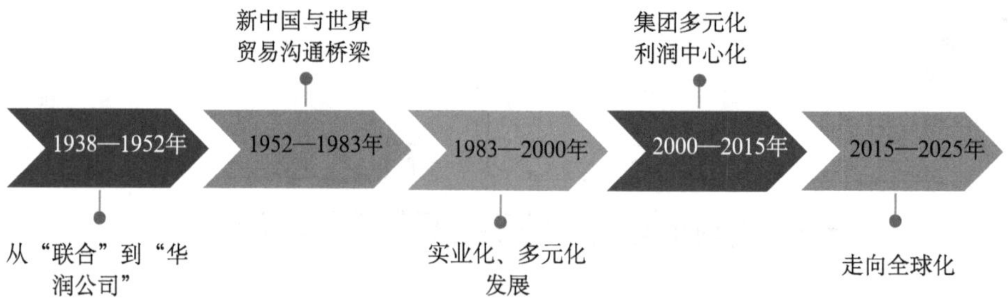

图 12-1 发展历程[①]

2. 华衣璀璨，因党而兴

80 多年前，华润集团把理想和希望的种子带到香港，如今种子已生根开花，撒向神州大地，成果丰硕。华润集团已经发展成实力雄厚的大型多元化企业，其业务主要涉及的六大领域（大消费、综合能源、城市建设运营、大健康、产业金融、科技及新兴产业）都与大众生活息息相关。目前，华润集团在多个领域位于国内前列，如零售、啤酒、商业地产、医疗等，同时也打造出了东阿阿胶、999、怡宝、江中、华润万家、雪花啤酒等全国知名品牌。自国务院国资委对中央企业实施经营业绩考核以来，截至 2019 年，华润集团已获得 14 次年度考核 A 级。华润集团连续 6 年在《财富》杂志公布的全球 500 强企业排名中进入前 100 名，在 2021 年位列第 69 名。华润集团下属企业中已有雪花啤酒（HK291）、华润电力（HK836）、华润燃气（HK1193）等 6 家在香港上市，江中制药（CN600750）、华润微电子（SH688396）等 4 家在内地上市。

华润集团对标自身的发展战略目标，围绕组织结构、公司管理等方面进行了改进与重构，最终形成了符合自身发展特色的“6S+5C”管理体系，加强了华润集团对下设的七大战略业务单元、19 家一级利润中心、2000 多家企业、37 万员工全方位细致的管理。华润集团组织架构如图 12-2 所示。

① 来源：百度百科 https://baike.so.com/doc/5366554-5602269.html。

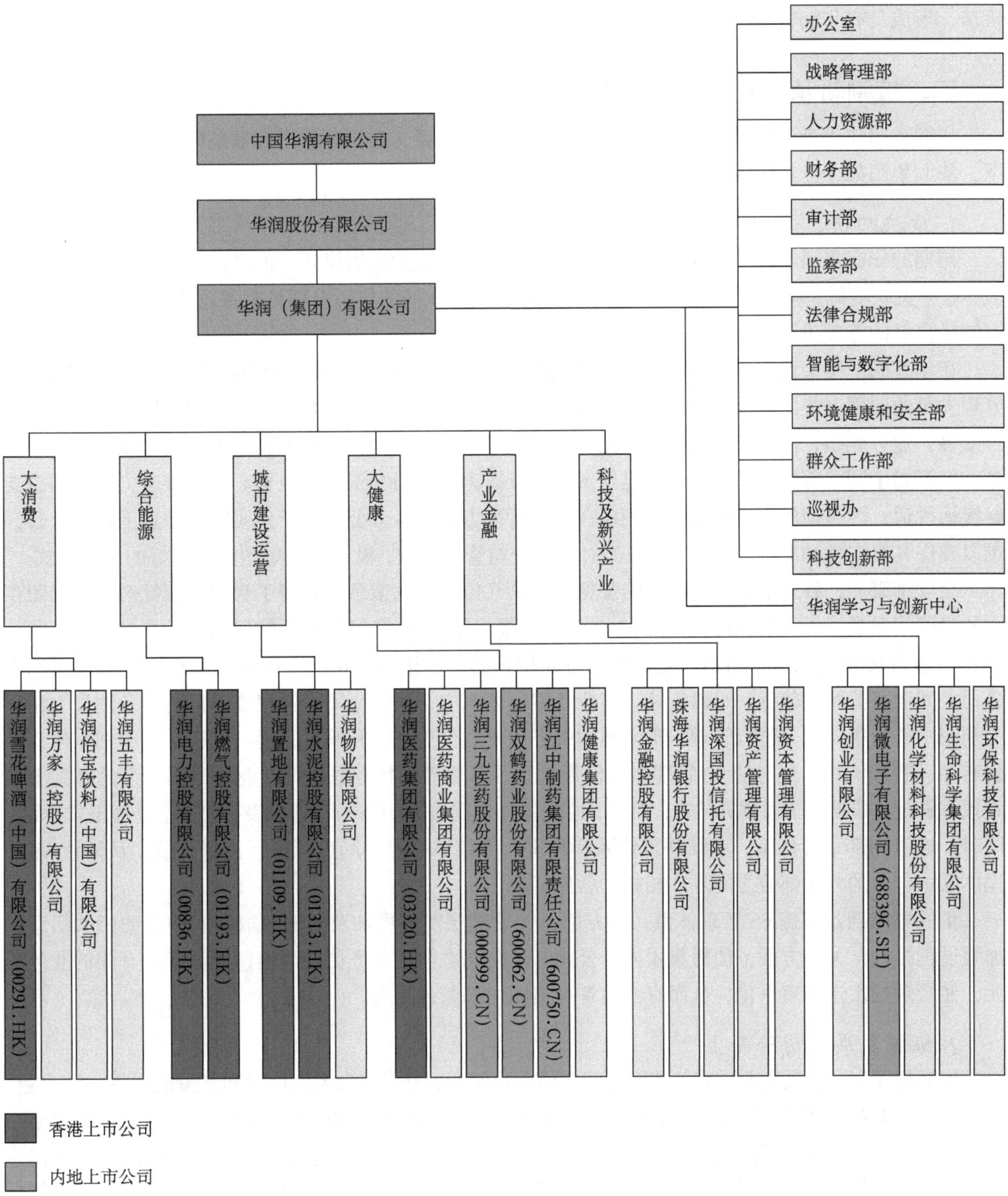

图 12-2　华润集团组织架构[①]

目前，华润集团正在推进落实“十四五”发展战略，以“重塑华润”为主题，立足香港，保证高质量发展；加强创新，服务国家战略；优化资源配置，为顾客提供出色的产品和服务；持续提升股东

① 来源：华润集团官网组织结构图 https://www.crc.com.cn/about/overview/architecture/。

价值，形成具有华润特色的、有全球竞争力的国资企业。

二、披荆斩棘：发展阶段的重重关卡

华润集团作为企业集团，于1999年创建了6S管理体系，在不断摸索和效仿国外先进经验的境况下，华润集团如今已经形成了较为完善的管理体系。

1. 危机四伏，“6S”应运而生

初期的华润集团经过一系列的并购重组，形成了多元化的发展模式，但是，由于并购产业差异较大，业务关联度低，从而出现了一系列的管理问题。当时在任的集团总部董事谷总为此百思不得其解，不知是自己的管理出了问题，还是多元化扩张的脚步太快。

在年终的总结会议上，谷总向各部门经理提出了心中的困惑，鼓励大家踊跃发言，讨论目前集团管理失灵的原因。集团总部董事朱总率先发言：“集团多元化的扩张是好的，但现阶段扩张后企业数目众多，业务庞杂，内容重复，造成多元化业务无序发展。比如，集团下有很多公司都涉及房地产业务，但不属于同一部门管理，业务重复导致了大批人力、物力和资源的浪费。”紧接着，集团副总老赵接话说道：“目前的管理问题突出表现在财务管理方面，各分公司和子公司财务信息上报不及时，难以确保其真实性和准确性，集团财务部对下属公司管理松散，没有形成集团内部良好的管控模式。”

会议结束后，谷总根据大家提出的意见，带领几位重要的董事，聘请了管理专家针对华润集团存在的管理问题展开深入的探讨，并于1999年初步提出了构建6S管理体系的理念。

6S管理体系是依据集团多元化发展的特征构建的。由于多元化扩张使得华润集团内分公司和子公司之间业务关联度较低，难以管控。在业务编码体系中，华润集团将类似或邻近的业务划分为相同的利润中心由集团统一进行管理，不同利润中心内再划分更小的利润点，逐一进行号码编制，使其排列有序、管理清晰。此时的6S管理体系仅仅是以预算管理为指导思想，在业务编码体系的基础上实施预算管理，即推行全面预算体系；然后，通过预算情况编制相应的管理报表，也就是管理报告体系；同时，通过内部审计体系、业绩评价体系和经理人考核体系对不同过程进行监督评价，从而使6S管理体系中包含的六大部分之间环环相扣，唇齿相依。

华润集团通过实施6S管理体系，一方面，使管理层能够更加及时地获取利润中心的相关信息，加强过程控制；另一方面，使得集团内分公司和子公司之间的业务更加清晰，能够形成有序的业务单元，使管理层次逐渐扁平化，从而有效地解决集团内部管理问题。

2. 纵深扩展，历阶而上

华润集团以“引领商业进步，共创美好生活”为使命，以“成为大众信赖和喜爱的世界一流企业”为愿景[①]，如今已发展成为民生类多元化的企业集团。进入21世纪以来，华润集团通过对发展战略、经营策略等方面的不断改革创新，明确了“有限度的相关多元化”战略管理发展思路。6S管理体系加强了集团管理模式的扁平化，便于进一步调整完善战略规划，保障集团多元化下的专业化经营管理发展理念。

经过实践，6S管理体系在集团内发挥了很好的效用，改善了多元化无序发展的问题，形成了良好的管控模式。对这些成就，集团陈总感到十分欣慰，但他对华润集团未来如何更好地发展感到迷茫。这时，一阵敲门声传来，打乱了他的思绪，王董走进来问：“陈总，您现在有时间吗？我有些问题想

① 来源：华润集团官网 https://www.crc.com.cn/about/culture/。

与您探讨一下。”陈总放下手中的咖啡，听王董继续说道：“在工作中，集团总部与分公司和子公司之间职能定位不是太明确，子公司跨行业经营的现象时有发生。我们要想想如何明确分公司和子公司的权利及他们的职能定位。”陈总点点头说：“是呀，我们集团在管控与放权方面确实存在一些问题。虽然创建初期的 6S 管理体系有效解决了多元化扩张中带来的部分管理问题，但其仅仅是以预算管理为指导思想，而没有过多地关注战略问题。这样吧，我们找专家咨询一下，然后下周开个会。”

2003 年，在专家的建议下，华润集团在原有的基础上继续完善了 6S 管理体系。在国内战略管理研究日益成熟的背景下，为了适应战略管理的需要，华润集团将早已萌生的战略管理思想作为主导贯穿始终，将原先的业务编码体系融入战略，变为业务战略体系。另外，将平衡计分卡中的财务、客户、内部营运流程、学习与成长 4 个维度融合到 6S 管理体系中，从多个维度对业绩评价体系做了完善，6S 管理体系的整体思路也从原先的预算管理提升到现在的战略管理，实现了 6S 变革上的飞跃。完善后的 6S 管理体系就是如今我们看到的业务战略体系、全面预算体系、管理报告体系、内部审计体系、业绩评价体系、经理人考核体系这 6 个体系。

2006 年，华润集团旗下的华润微电子股份有限公司获得了中国第一个“平衡计分卡明星组织”奖，并由平衡计分卡创始人卡普兰博士亲自颁奖。这也代表着华润集团此次管理体系的改革取得了成功。

3. 持续优化，新益求新

华润集团的业务重点、盈利模式随着集团业务规模的扩大和战略转型的深化也在不断地探索重构。在人力成本上涨、业务多元发展的压力下，华润集团创设了 5C 价值型财务管理体系，即资本结构、现金创造、现金管理、资金筹集、资产配置，以满足新阶段战略导向下财务管理的需要。

在此背景下，华润集团进一步展开了对管理体系的创新，即推动“6S+5C”管理体系在集团层面基本实现信息化。华润集团子公司——润联智慧科技有限公司作为国家级高新技术企业、领先的数智化与产业互联网综合服务商，研发建设了华润云平台、工业互联网平台、大数据平台、人工智能平台等数字化基础平台，并向华润集团的各个行业提供数字化转型解决方案。

2017 年 3 月，华润集团旗下优秀的综合食品企业——华润五丰联手中兴通讯，历经 16 个月使华润五丰财务共享服务中心正式上线。财务共享服务中心不仅提升了会计核算质量，促进财务职能转型，使决策重点能落在核心业务上，避免分散精力，也为管理层提供了更好的决策支持。华润五丰作为试点单位，成功建立起财务共享服务中心，也为华润集团的数字化转型打下了坚实的基础。

华润三九在“十三五”期间运用了多个医药行业内领先的新技术为制造赋能，通过智能制造试点，达到了提质、降本、增效的明显效果；“十四五”期间，以科创园为载体，借助数字化手段建立了大量高端创新平台，推动了平台的转型升级，成功地防御了疫情带来的冲击，不断朝着中国医药行业的数字化标杆企业目标前进。

2021 年 11 月 2 日，华润雪花在以“激流·跃迁”为主题的“‘鼎革奖’数字化转型先锋榜”中荣获“年度企业奖”“年度典范人物——首席官”两大奖项。[①]雪花啤酒早在 2019 年便启动了信息化顶层化规划，通过使用数字技术来推动数字化转型，实现了生产数字化、营销数字化和财务数字化。

华润集团的目标不仅仅是要能跟上数字化转型的步伐，还要能在信息数据快速更新变化中，准确高效地识别出能为自身利用的信息，以保证华润集团能根据市场变化及时做出科学的决策。2017 年 4 月，华润集团以“做实、做强、做大、做好、做长”5M 发展理念为基础，成立“华润 5M 研究院”，

① 来源：华润雪花官网 https://www.snowbeer.com.cn/index.php?r=pro/news/info&id=61。

期望达到以智能化辅助企业运行，以智能化帮助管理决策的目标。

突如其来的新冠疫情，对实体产业造成了重大打击，也让全球都认识到了数字化转型的重要性，开始积极拓展线上业务。华润集团作为多元化发展的民生企业，也不甘落后，在线上服务领域实现了快速发展。华润万家超市的配送服务，满足了千万家庭足不出户的购物需求，以实际行动响应国家的防疫号召。

经过多个阶段的不断完善，一个集成“6S+5C”管理体系、以战略为导向、积极适应数字化转型、信息化、智能化的管理模式（图 12–3），为华润集团管理体系的落实完善提供了庞大的技术动力和广大的发展空间。

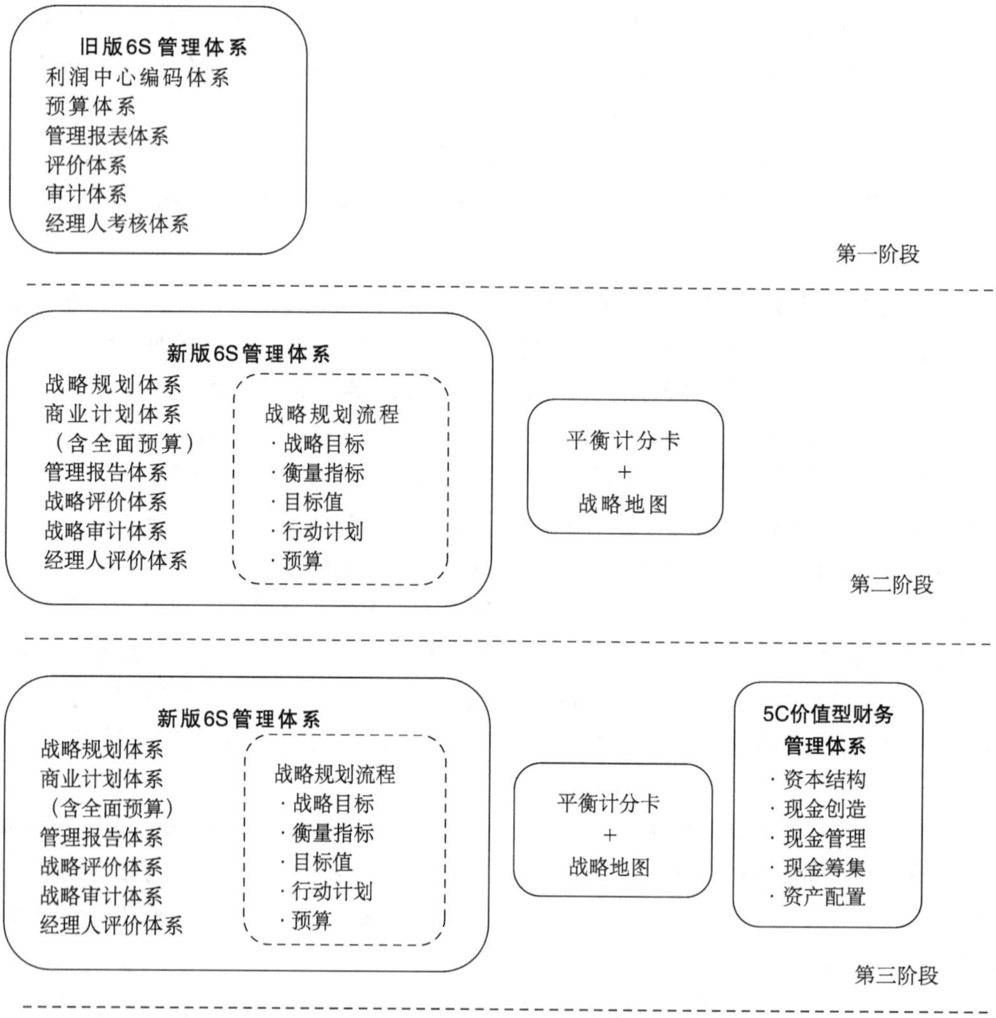

图 12–3　华润集团管理体系的演进[①]

① 安娜，李鹤尊，刘俊勇.战略规划、战略地图与管理控制系统实施：基于华润集团的案例研究[J].南开管理评论，2020，23(3)：87–97。

三、“陕陕”发光：法宝运用之妙

华润集团在多年的扩张中，可以做到临危不乱，一次又一次地完善“6S+5C”管理体系。那么，华润管理体系的各部分环节之间是如何环环相扣的？对华润集团而言，究竟为其带来了哪些益处？能否促进集团未来的有效运行呢？

1. 崭露头角：“6S”管理体系

2017 年 3 月，西安市政府与华润集团签订了关于奥体中心建设的相关协议，标志着由华润置地负责代建代运营及相关片区开发的项目成功展开实施。集团签约代建西安奥体中心的消息一经传出，华润置地的员工们在激动时心中又掺杂了一丝丝担忧，因为这次全运会场馆建设是华润置地目前接手规模最大的复杂场馆，如何管理庞杂的项目团队，保质保量按时完成任务，这是对华润人极大的考验，也给西安奥体中心建设项目负责人马总带来了很大的压力。

在“西安奥体中心项目建设”的动工仪式上，华润置地总经理吴总说道：“我们公司有着丰富的场馆建设经验，深圳湾体育中心‘春茧’那个项目，实现了首年运营即盈利，这可是全国首例。所以，我们华润人要对自己有信心，一定拿下此次项目！”项目负责人马总也给员工们加油打气，他说：“我们华润可是一个大集团，一方有难，八方支援，况且我们集团还有出奇制胜的‘法宝’。事情怎么做，集团都给我们安排好了，所以我们只要做好自己手里的事，完成每个阶段的目标，工资奖金少不了。”

集团的一大“法宝”——6S 管理体系，从项目目标的建立到最后的绩效考核都有着明确的标准和要求。具体如图 12-4 所示。

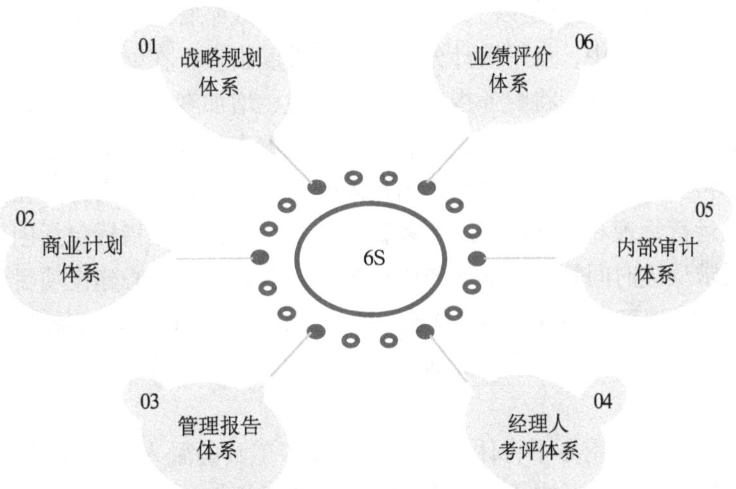

图 12-4　6S 管理体系[①]

华润战略规划体系根据集团多元化的经营模式，将集团内所有企业或业务按行业划分为七大战略单元，细分成 19 个利润中心。此次建设西安奥体中心就划归在华润置地这一利润中心。确定利润中心的整体目标后，在商业计划体系内，项目负责人马总通过由下而上、由上而下的预算方法，将项目目标细化为年度目标，再层层分解，最终落实到每个团队和个人的日常工作中，从而更好地加强过程控制。

① 来源：华润集团官网 https://www.crc.com.cn/about/practice/。

6S管理体系中的管理报告体系要求每个利润中心要在全面预算报告的基础上编制管理报告。此次奥体中心项目的财务组，按照集团财务部统一规定格式和内容，每月编制一次管理报告，其中包括营业额、损益及资产负债等具体情况，并附有此次项目的简评。项目组的报表与对外的财务会计报表不同，没有那么复杂，会计账目不需要严格按照会计原则进行调整，是一个相对简单易懂的报表。

因此，马总虽未实际参与工程的建设，但也可以通过管理报告体系获取各级组织战略目标的执行情况，同时借助内部审计体系来对预算的完成度和管理报告的真实性进行再认定，监测信息的真实性和战略目标的执行进度，深化全面预算管理的执行。

月末年终时，最令员工关注的就是自己目标完成情况，自己的业绩是多少，能拿到多少工资奖金。华润集团的业绩评价体系是以平衡计分卡为主体框架，以关键业绩指标为组成要素，通过对预算执行情况的评价来促进企业目标的实现。由于不同利润中心之间的业务特点不同，西安奥体中心建设项目围绕平衡计分卡的各个维度也有一套自己专属的评价体系，根据项目的特点再细分为关键业绩指标，满足集团的考核要求，便于马总加强管理。

除了对员工们绩效考核，对经理人有效的业绩评价也可以防范风险，避免经理人的不作为。华润集团的经理人标准分为有形和无形两方面，主要包括学历、经历、智力、表达、体质、环境等。马总作为此次建设西安奥体中心的项目负责人，其考评结果由业绩评价和经理人标准两方面组成，结合两方面的综合考量，才能具体得出他在任期间是否合格，有无给企业带来正向的效应，在工作中是否存在不作为、当甩手掌柜的情况。

2. 融会贯通：平衡计分卡

华润集团的6S管理体系不仅仅是以上6个方面，还融合战略管理工具平衡计分卡对其进行改良。在西安奥体中心项目建设过程中，从平衡计分卡的4个维度出发，在财务维度，此次项目从提升收益和推动生产率进步两大方面入手，将财务指标在提高收益、增加客户价值、完善成本结构及改善资产利用率的4个方向继续细化；在客户维度，以满足顾客要求为基础，从此次建设场馆的特性特点、构建良好的合作关系和树立企业形象3方面细分出具体的评价指标并展开实施；在内部流程维度，提出了不断创新、高效的运营管理和良好的客户关系管理3个目标，具体指标包括创新方案实现率、新工艺开发周期、客户要求反应时间等；在学习与成长维度，西安奥体中心建设项目聚焦于不断提升企业文化、提高员工能力和搭建IT支持3方面，设置关键员工达标率来评估员工能力，并且通过规范用工、完善薪酬福利、关注员工身心健康、帮助规划职业生涯等方面的举措，提升了员工自我价值，实现了员工与项目工作共进退。

“臣心一片磁针石，不指南方不肯休。”平衡计分卡工具的融入，使6S管理体系中的6个S之间要形成相互配合支持的关系，形成了一个联系紧密、环环相扣的一体化有机组合。马总在建设奥体中心的项目过程中良好地运用了集团的管理体系，战略地图、平衡计分卡工具的融入使此次建设的目标由抽象化转变为可执行化，也推动了项目的实施。利用战略地图，可清晰地展现组织战略创造价值的过程及达成目标所需要的资产，在此基础上，平衡计分卡进一步对战略地图做出解释，通过具体的指标使战略地图具体化，制定合适的行动计划推动具体指标的实现，如图12-5所示。马总根据管理体系中制定的具体行动计划，提供相应的人力、物力保障并展开项目实施，严格审核每个项目团队的工作情况，避免员工们产生弄虚作假的想法，规避了不公平现象，从而使战略目标得到具体执行。

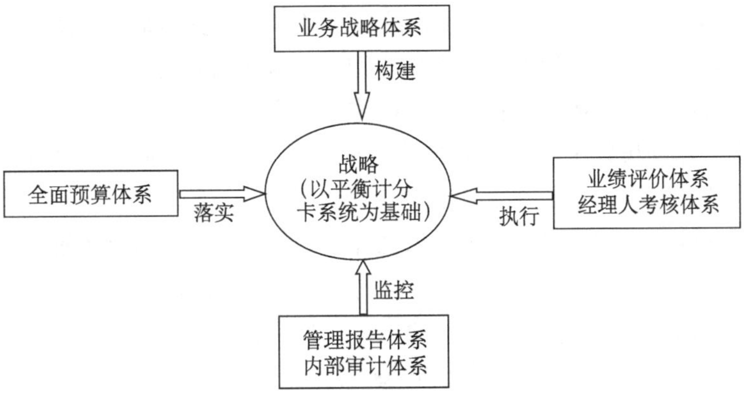

图 12-5　以平衡计分卡为核心的战略管理系统①

3. 如虎添翼：“5C”价值型财务管理体系

“精感石没羽，岂云惮险艰。”此次项目资金的筹集与调配令马总沉吟不决，这时集团的 5C 价值型财务管理体系派上了用场。5C 管理体系各个部分之间具备一定的逻辑循环：公司价值主要与资本成本等因素相关，通过资本成本的增长程度来反映。因此，在创造公司价值的过程中，首先应考虑资本成本、资金来源渠道和投入结构，以确定公司资本组成结构；在获取资金之后，需要通过盈利来实现价值的创造，因而第二步为现金创造。现金创造具有持续性特征，一方面，通过一系列公司经营活动来取得持续的内部资金来源，满足公司内部增长所需资金；另一方面，通过与公司资产结构相匹配的资金筹集活动来取得外部资金来源，满足外部增长所需持续资金，并对现金进行管理。最后，通过采取合理的资产配置方式，使资金得到高效的利用，持续创造价值，从而形成价值创造的完整循环，如图 12-6 所示。

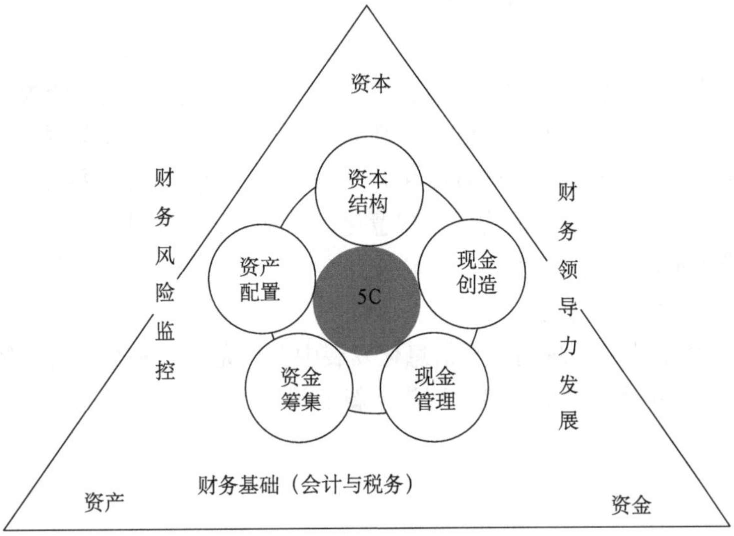

图 12-6　5C 管理体系②

① 宋岩，高晨．平衡计分卡与预算在管理控制系统内的整合：基于华润集团的案例分析 [J]. 财务与会计，2007(14):24-26.

② 华润集团官网：https://www.crc.com.cn/about/practice/。

马总将5C价值型财务管理体系深入到项目的各个环节，以资本结构为源头，严格监控价值创造的过程，通过把握动态资本结构，使项目得到稳步推进。这次西安奥体中心场馆的建设，不仅要满足全运会的需求，还要通过日常的运营来获取场馆的维护资金。

西安国际会展中心作为奥体中心的配套场馆，2020年6月，举办了第12届西安车展，场馆内完善的配套设施和周到的服务，得到了主办方、参展商和观众的一致认可，车展取得了圆满成功。华润置地在完善自身目标获取利润的同时，也为西安奥体中心场馆赢得了现金创造，实现了获利能力。

在项目建设管理过程中，对现金的管理是至关重要的。马总采用科学的方式对资本资产进行分配，认真考量企业的资本结构，通过平衡项目管理资金，在现金管理体系和资金筹集的规划上，加强对资产的监测和管理，实现项目配置的最优化及利润最大化。

“大场馆有大智慧”，在团队的努力下，西安奥体中心场馆内实现了5G网络全覆盖。中央监控系统在六大智能化系统、63个子系统的配合下，24小时助力场馆的运营。所有夜以继日的奋战，都是为了美好的如期绽放。从荒芜滩涂到“盛世之花”，华润置地用996天时间，刷新了国际大型赛事场馆建设纪录，也实现了提前一年交付的壮举。

在信息化时代，为快速对市场环境变化做出反应，华润集团通过设立“6S+5C”的管理体系，加强了信息平台的建立，充分利用信息技术推动管理方式的改善，可清晰了解到集团内部所有企业的业务经营情况，而且资金也能在集团内部很好地利用，消灭“信息孤岛”，将企业的各项管理数据与信息技术相融合，形成有效的信息集成环境，以便为管理决策提供精确有效的信息。

四、尾声

“五星红旗迎风飘扬，胜利歌声多么响亮，歌唱我们亲爱的祖国……”观众们随着歌声的响起，全体起立，全运会顺利落下帷幕。马总也不再为奥体中心的项目感到焦虑，如释重负地松了口气。想起近3年的努力，马总不仅为运动健儿们感到骄傲，也对夜以继日工作的华润人感到敬佩。

但华润集团未曾停住脚步，仍在继续前进。2021年9月29日，华润集团在深圳召开了第一届科技创新大会，探讨华润集团科技创新的长远发展，共启“十四五”新篇章。华润集团将业务重点落在促进传统产业新技术的进一步研发应用和各大板块的数字化转型上。在大消费领域，集团利用新工艺、新原料、新生产流程，推出绿色、安全、健康、高质量的产品；在大健康领域，借助新技术，加大科研投入，聚焦全产业链数字化升级、搭建智能化仓储和服务运营平台等；在城市建设与运营领域，华润集团全面推行绿色发展理念，加速构建绿色智慧化；在能源服务领域，集团充分利用数字时代的信息技术，聚焦于对清洁能源的研发和使用；在科技与金融领域，华润金融要做好共性支撑平台建设，构建“产业链+金融+互联网”生态。

在未来，华润集团将努力在实现高水平信息化发展中继续完善“6S+5C”管理体系，探索华润模式、形成华润经验、体现华润担当，全面开启华润集团新征程。

案例使用说明

一、教学目的与用途

1. 适用课程

本案例主要适用于“战略管理”“管理会计”等课程。

2. 适应对象

本案例适用于经济类、管理类高年级本科生及 MBA、MPAcc 学员。

3. 教学目的

本案例以华润集团多元化的管理体系发展历程为脉络，通过对案例的深入分析，使学生理解、掌握和思考以下 4 方面内容，提高学员运用国际先进管理工具并结合我国企业实践进行分析问题和解决问题的能力：

① 通过引导学员学习华润集团的“6S+5C”管理体系，理解并掌握战略管理理论。

② 掌握多元化战略理论，了解多元化发展中的常见问题和解决办法。

③ 学习平衡计分卡的各个维度，了解平衡计分卡是如何在企业中具体运用的。

④ 帮助学员了解“数智时代”环境背景，启发学员开拓思维探讨企业数字化转型。

二、启发思考题

① 华润集团形成了以战略为导向的管理体系，其发展过程中经历了哪些阶段？在不同阶段有哪些变化？

② 华润集团如何通过 6S 管理体系解决多元化发展中的问题？

③ 平衡计分卡在华润集团的“6S+5C”管理体系中是如何运作的？

④ 结合本案例，探讨华润集团为数字化转型采取了哪些措施。

三、案例分析思路

教师可以根据课程的需要和教学目的灵活使用本案例（图 12-7），这里给出的分析思路，仅供课堂讨论参考使用。

本案例以华润集团管理体系的发展历程为脉络，描述华润集团在发展过程中，根据 3 个阶段出现的管理问题不断调整完善“6S+5C”管理体系，通过引入华润置地代建西安奥体中心的事例，帮助学员了解华润集团管理体系的运作过程及内在联系，掌握涉及的相关理论知识。

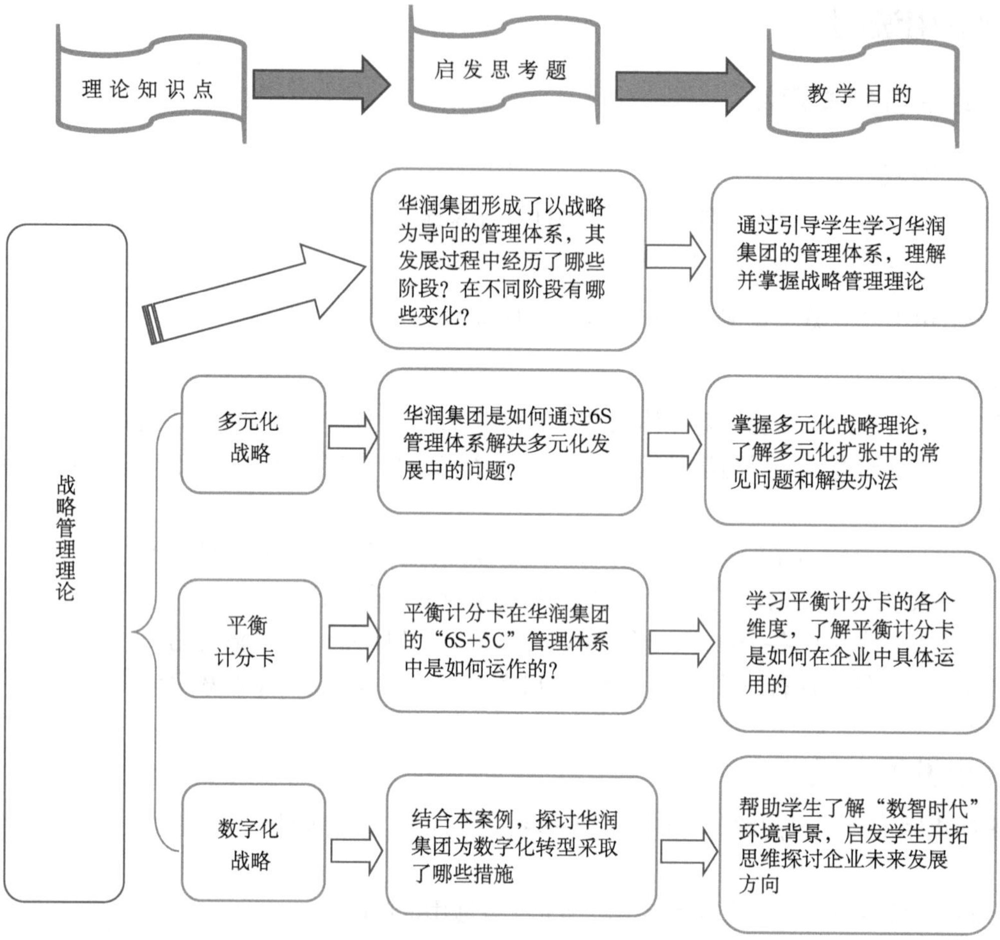
理论知识点
启发思考题
教学目的
战略管理理论
华润集团形成了以战略为导向的管理体系，其发展过程中经历了哪些阶段？在不同阶段有哪些变化？
通过引导学生学习华润集团的管理体系，理解并掌握战略管理理论
多元化战略
华润集团是如何通过6S管理体系解决多元化发展中的问题？
掌握多元化战略理论，了解多元化扩张中的常见问题和解决办法
平衡计分卡
平衡计分卡在华润集团的“6S+5C”管理体系中是如何运作的？
学习平衡计分卡的各个维度，了解平衡计分卡是如何在企业中具体运用的
数字化战略
结合本案例，探讨华润集团为数字化转型采取了哪些措施
帮助学生了解“数智时代”环境背景，启发学生开拓思维探讨企业未来发展方向

图 12-7　案例分析思路

案例 13

总有一条路，陌上花开时等你悄然而至
——GX 之资产证券化[①]

李　瑞　李永红　宋程鑫　张淑雯　张　敏

案例正文

引言

初春时节，万物复苏，呈现出一片盎然生机。月光穿过叠叠云层照进办公室，春风夹杂着丝丝凉意。然而，西安 GX 财务总监的内心却是万分焦灼，企业长期以来面临融资困难的问题，终于在 2015 年的春季爆发。其现有单一的融资渠道已不能满足企业未来发展战略的资金需求，加之长期贷款融资成本过高，资金来源匮乏已严重制约到企业长期持续发展。外部资金来源有限，内部资金又难以满足企业的发展，GX 的未来发展道路布满荆棘，在全面拓宽业务之前，融资难是 GX 现阶段必须解决的问题。

创新！一定要创新！马上进行创新！

而创新何其难，该如何利用先进的理念？又该如何创新出新的融资产品？ GX 财务总监又陷入沉思……

一、背景简介

1. 行业需求

近年来，受政府对基础设施投资建设力度加大及供热需求持续增长的双重影响，集中供热行业取得了快速发展，全国的集中供热面积和供热量得到稳定增长。此外，城市化率的提高，使区域小锅炉的拆除和旧城区的管网建设改造等为集中供热市场创造了巨大而持续的需求。2014 年年末，城市蒸汽供热能力 8.5 万吨 / 小时，比 2013 年增长 0.4%；热水供热能力 44.7 万兆瓦，比 2013 年增长 10.8%；供热管道 18.7 万公里，比 2013 年增长 5.1%；全国的集中供热面积约 61.1 亿平方米，比 2013 年增长 6.9%。未来 3 ～ 5 年，新增需求复合增速达到 15%。

2. 融资模式创新需求

供热需求的增长对热力行业的发展是机遇也是挑战。需求的快速增长迫使热力行业进行体制改革、设备与技术更新。一系列改革创新意味着大额资金的投入，传统的融资渠道成本较高且不能满足企业未来发展对资金的需求。2011 年以来，基于公共事业类基础资产开展证券化的项目共 24 单，该类基

① 案例来源：中国专业学位教学案例中心，并经案例作者同意授权引用。
本案例于 2018 年 5 月 21 日入选中国专业学位教学案例中心。
由于企业保密的要求，在本案例中对有关名称、数据等做了必要的掩饰性处理。
本案例只供课堂讨论之用，并无意暗示或说明某种管理行为是否有效。

础资产价格透明、需求稳定，为我们提供热力行业融资模式创新的崭新思路。此外，融资模式创新积极响应国家对金融产品创新的号召，研究企业融资模式创新对企业、行业都具有深远影响。

二、案例概况

1. 先为之容——企业简介

西安高新区热力有限公司成立于2008年2月，是西安高新区龙头企业——西安高科（集团）公司旗下专业从事集中运营的现代国有公用服务企业，主要负责高新区内所有企事业单位的生产生活用气、冬季各住宅小区采暖热水的供给与配套服务工作，同时承担着区内主要供热设备及管道的设计、安装、维修、保养及改造工作，是西安市五大市政集中供热企业之一。西安GX作为西安高新技术开发区唯一的供热企业，目前拥有西户路热源厂、三星热源厂、融鑫路热源厂、紫薇田园都市热源厂4个主要热源厂，供热覆盖区域约80平方千米，供热蒸汽主管网26千米，总入网面积1503万平方米（图13-1）。随着“十三五”的推进，热力生产行业得到国家的进一步支持与规划，GX预计在2016—2020年拓展业务规模，增加热源厂的投资建设，为企业长期发展奠定坚实基础。

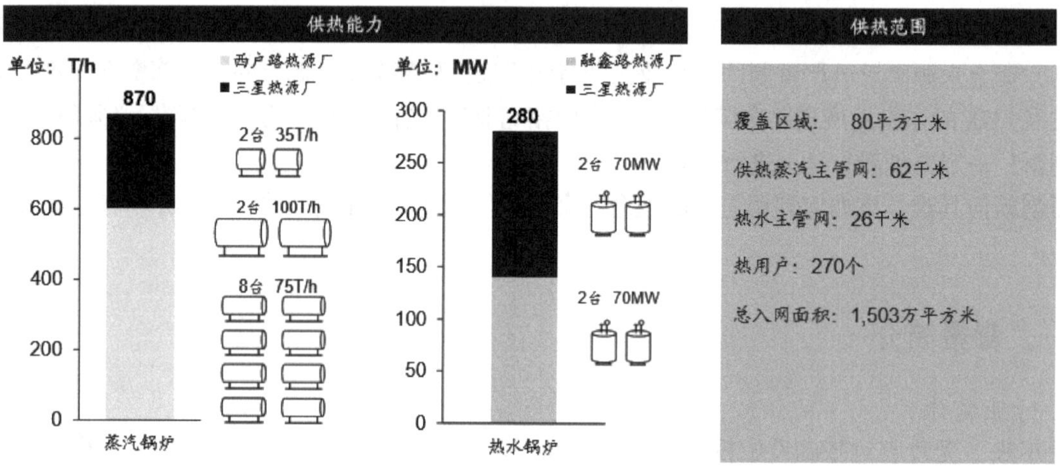

图13-1 供热能力

2015年10月29日，陕西首单公用事业类资产证券化项目——西安高科（集团）企业（以下简称“高科集团”）旗下“西安GX供热资产支持专项计划”在上海证券交易所举行了挂牌仪式，成功完成上市。因其供热费收费期间集中、价格透明、需求稳定等特征，成为公用事业类基础资产证券化产品中发行成功的类型之一。当然，高科集团作为母企业为该项目提供担保，为该产品提供了有力的支持。高科集团自成立至今，经过20余年的市场化和专业化发展，已经发展成为拥有50多家下属企业、资产规模近450亿元、年销售收入达123亿元、上缴利税22.6亿元的大型现代企业集团。此外，作为仅次于北京中关村的全国第二大高新技术开发区，西安市高新区近年来区域GDP屡创新高，财政收入逐年提升，常住人口保持稳步增长，基础设施建设日益完善。以上因素都确保了该项目拥有稳定、可靠的现金流，以此为依托的优质资产证券化项目也受到了资本市场的大力追捧。

2. 融资现状

（1）融资渠道单一

GX作为高新集团的全资子企业，其资金的主要来源为向银行等金融机构进行贷款，GX负债结构主要有短期借款、长期借款、应付账款、预收账款和其他应付款。2014 年，GX 负债总额达到 269 041 万元，短期借款下降，长期借款大幅上涨，说明企业很可能利用长期借款对短期借款进行偿还，形成以贷还贷的不良循环，并会增大以后年度的还款压力，不利于长期发展。其中长期借款是企业资金来源的主要渠道（图 13-2），企业融资渠道太过单一。此外，如果长期借款到期，企业将面临资金大额流出的问题，对企业生产经营发展存在不利影响，多样化的融资渠道有利于分散资金压力。在集团创新融资方式精神的指引下，GX 迫切需要从单一融资模式中走出。通过本次利用资产证券化进行融资，可打通多元化的融资渠道，为长期稳健发展做好准备。

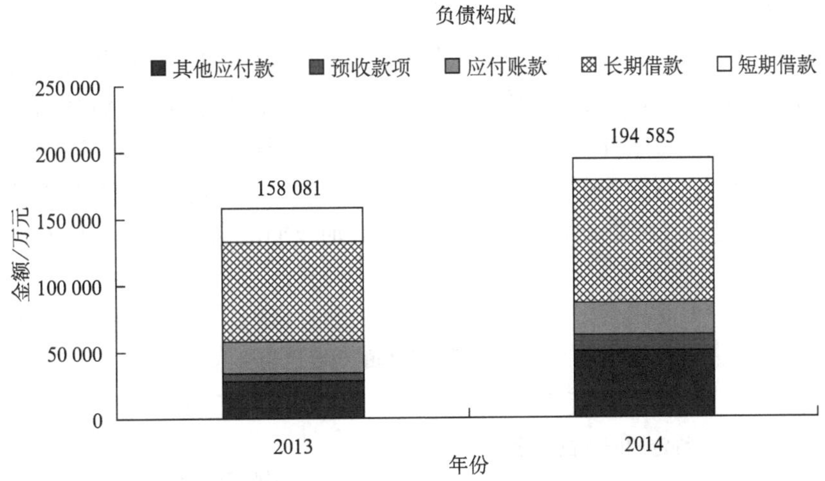

图 13-2　GX 2013—2014 年负债构成

（2）企业业务扩张产生资金缺口

作为西安高新区唯一一家热力企业，GX 计划扩大业务规模。企业在 2016—2020 年规划建设高新区鱼化热源厂、良家滩东岸热源厂、南郊电厂调峰热源厂、西辛村热源厂、良家滩西岸热源厂多个热源项目。企业业务扩张速度加快，使自有热源供热能力和供热面积进一步提升，企业预计在 2020 年供热能力达到 1070 蒸吨 /h，热功率达到 3900 MW，供热面积达到 4000 万平方米（图 13-3）。企业将按照既定规划推进业务快速发展，2014 年企业流动负债为 8 亿元，流动资金为 13 亿元，然而投资建设一个热源厂的资金需求预计为 2.4 亿元，5 个热源厂的资金需求量达到 12 亿元，企业将出现较大的资金缺口。此外，现有长期借款融资方式还款压力较大的问题凸显，严重制约企业未来发展，急需多样化的融资手段来支持业务布局。

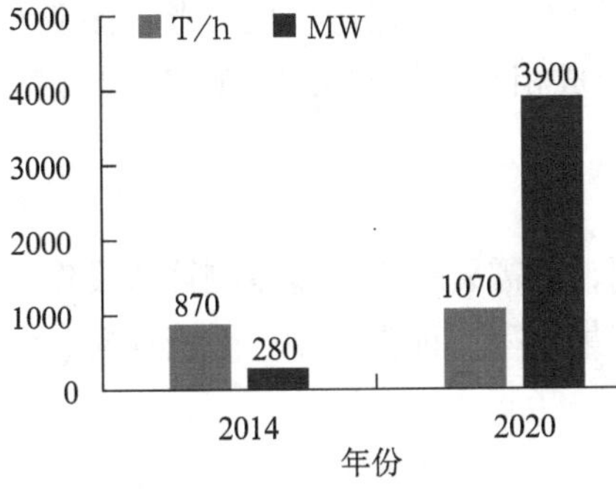

（a）供热能力

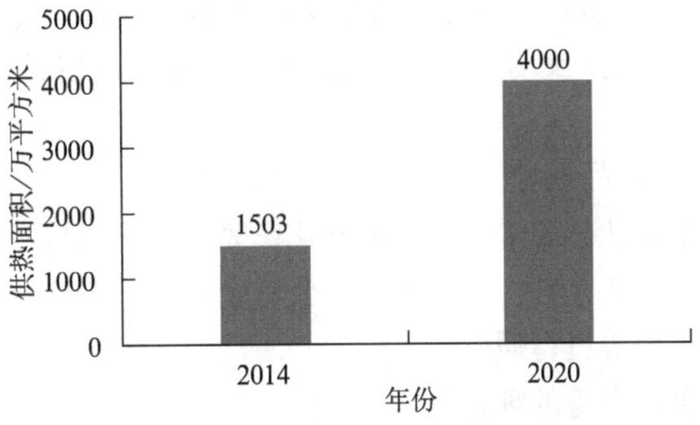

（b）供热面积

图 13-3　供热能力及范围提升

对于现代企业而言，可选择的融资渠道多种多样，通过对发行股票、债券、借入银行贷款等融资方式比较可以看出，GX不符合发行股票、债券的条件，而选择资产证券化可以降低企业融资成本。此外，GX满足资产证券化基础资产的条件。因此，资产证券化是GX融资方式最好的选择。

3. 玉质金相——项目方案

2015年，GX已在中信证券的帮助下形成完整的资产证券化项目方案，即从基础资产界定、交易结构、产品设计、信用增级措施、资金流转与划拨安排等方面入手，针对融资期限、总融资规模、加权平均期限、还本付息设计、归集频率设计等进行规划，满足企业对于资金的需求。

（1）基础资产界定

对于GX而言，利用供暖关系与企业及个人用户形成的债权（由于三星热源厂的收费权已做抵质押，无法转移该部分未来现金流，因此应将三星热源厂的收费权进行解押，解押后才能发行），其基础资产界定为原始权益人自2015年开始连续的7个供暖季（当年11月1日至次年3月31日）。

根据基础资产进行划分，GX分别发行0.72至6.72年期的7档产品，并在第5档产品到期后的每个到期日提供回售选择权。其融资期限最长为6.72年，加权期限为4.39年，且不同的供暖季其现金流的规模不同（表13–1）。

表13–1 不同供暖季的现金流规模

期间	特定期限内的现金流	规模/亿元		
		10%增长率	15%增长率	20%增长率
第一期	2015年11月1日至2016年3月31日	2.2	2.3	2.4
第二期	2016年11月1日至2017年3月31日	2.4	2.6	2.9
第三期	2017年11月1日至2018年3月31日	2.6	3	3.4
第四期	2018年11月1日至2019年3月31日	2.8	3.4	4.0
第五期	2019年11月1日至2020年3月31日	3.0	3.9	4.8
第六期	2020年11月1日至2021年3月31日	3.3	4.5	5.7
第七期	2021年11月1日至2022年3月31日	3.6	5.0	6.8

（2）交易结构

GX整个资产证券化是各个交易主体（原始权益人、托管人、监管银行、投资者、保证人、管理人、登记企业、交易所等）围绕资产支持专项计划展开，并形成相互之间的法律、财务的钩稽关系（图13–4）。

（3）产品设计

一个企业想要进行资产证券化，完成资产支持专项计划，就需要一定的基本测算假设作为整个产品设计的必要条件。一般来说，要对企业自身的现金流、归集频率、证券类型、融资规模、超额现金流覆盖倍数等进行假设。

①企业自身的现金流

GX2013年的经营现金流入量为1.8亿元，2014年的经营现金流入量为2.5亿元，GX是以供暖作为其主营业务，供热费是其现金流入的主要来源，因此，GX 的供热费的现金流入大致是在 2 亿元左右。

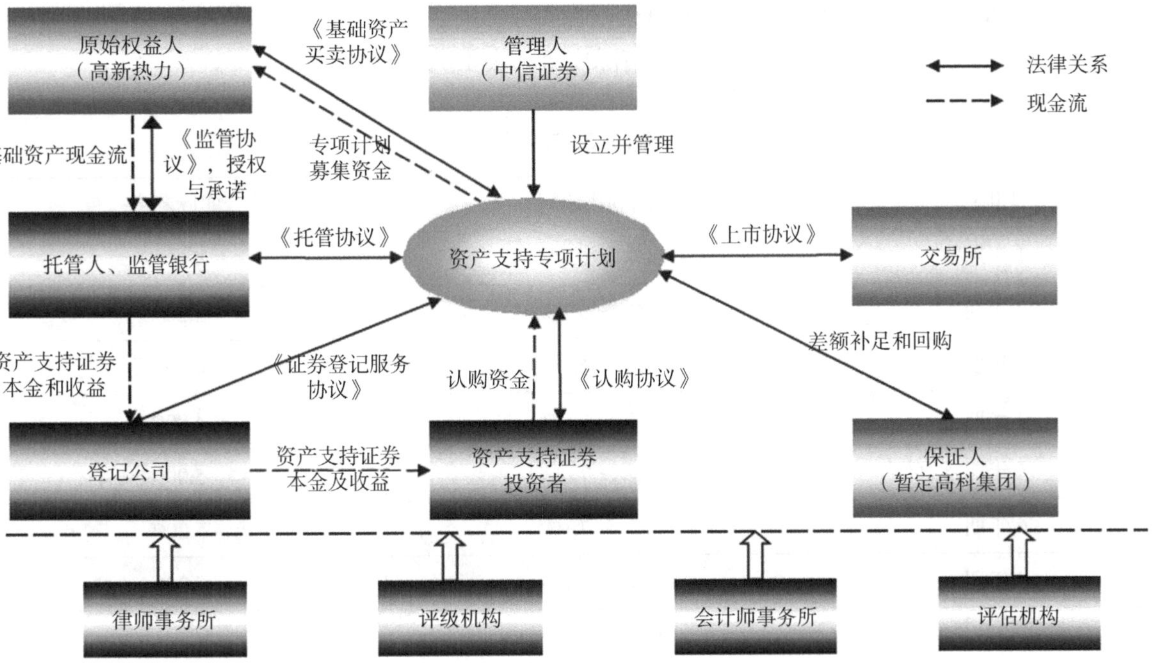

图 13-4　交易结构

②资金归集

GX 为供热费开立单独的银行监管账户，并接受中信证券及其指定银行的监管，在收取当期供热费后及时将其归集至指定银行账户中。随后指定银行将资金再划入专项计划账户中，在很大程度上降低了现金流的混同风险。

③证券类型

一般来说，资产证券化的证券类型分为优先级资产支持证券和次级资产支持证券。次级资产支持证券是作为优先级资产支持证券的保障，为原始权益人所持。对于 GX 而言，其将两种类型的证券进行组合使用，增加它的信用保障。

④融资规模

GX 由于要建 5 个新的热源厂，因此有 12 亿元的资金缺口，其融资规模至少为 12 亿元。

⑤超额现金流覆盖倍数

超额现金流覆盖倍数是信用增级中的一种方式。GX 不仅要偿还本金，还需要为自身留存一些可用资金。一般而言，超额现金流覆盖倍数应根据自身企业的能力与需求进行合理设定，不应过高。

因此，中信证券对于 GX 产品设计有下列基本测算假设：

第一，根据 GX 的基础资料，中信证券假设 2014—2015 供暖季 GX 归集的供热收费现金流入为 2 亿元，设定未来每年 10%、15% 和 20% 增长 3 种情景（最终以评估师出具的评估值为准）。

第二，对基础资产现金流按每两个月进行归集。

第三，资产支持证券分为优先级资产支持证券和次级资产支持证券，优先级各档产品按年付息，到期还本，根据评估报告，其优先级资产的评级为 AAA。

第四，次级资产支持证券本金规模约 1 亿～ 1.5 亿元，无评级且不设预期收益率，由原始权益人自持。

第五，现金流对本息的覆盖倍数为 1.10 倍。

第六，各档发行利率根据发行时点市场情况决定（表 13–2）。

表 13–2 市场利率

期限	预测利率期间	实际利率
1 年期	5.4% ～ 6.0%	4.00%
2 年期	5.6% ～ 6.2%	4.20%
3 年期	5.8% ～ 6.4%	4.50%
4 年期	6.0% ～ 6.6%	4.80%
5 年期	6.4% ～ 7.0%	5.00%
6 年期	6.4% ～ 7.1%	5.20%
7 年期	6.4% ～ 7.1%	5.20%

根据中信证券设定未来每年 10%、15% 和 20% 增长 3 种情景，可以得出 3 种不同的产品设计初步建议。如下表所示（表 13–3、表 13–4、表 13–5）。

表 13–3 10% 增长情景产品设计

产品名称		本金规模 / 万元	本金和预期收益支付方式	期限
优先级	高新 01	11 500	各档每年支付一次预期收益，到期还本，预计本息支付日为每年的 4 月 20 日	0.72 年
	高新 02	11 500		1.72 年
	高新 03	15 000		2.72 年
	高新 04	17 500		3.72 年
	高新 05	21 500		4.72 年
	高新 06	25 000	1. 每年支付一次预期收益 2. 投资者的回售选择权 3. 原始权益人的赎回选择权	5.72 年
	高新 07	30 000		6.72 年
	融资总规模 / 万元	132 000		
次级	高新次级	10 000	到期支付本金，每年基础资产现金流偿付完优先级本息后的剩余收益支付给次级	6.72 年
	产品加权平均期限	4.39 年		

表 13–4　15% 增长情景产品设计

产品名称		本金规模 / 万元	本金和预期收益支付方式	期限
优先级	高新 01	10 500	各档每年支付一次预期收益，到期还本，预计本息支付日为每年的 4 月 20 日	0.72 年
	高新 02	11 000		1.72 年
	高新 03	15 000		2.72 年
	高新 04	19 500		3.72 年
	高新 05	25 000		4.72 年
	高新 06	31 500	1. 每年支付一次预期收益 2. 投资者的回售选择权 3. 原始权益人的赎回选择权	5.72 年
	高新 07	40 000		6.72 年
	融资总规模 / 万元	152 500		
次级	高新次级	15 000	到期支付本金，每年基础资产现金流偿付完优先级本息后的剩余收益支付给次级	6.72 年
	产品加权平均期限	4.63 年		

表 13–5　20% 增长情景产品设计

产品名称		本金规模 / 万元	本金和预期收益支付方式	期限
优先级	高新 01	9500	各档每年支付一次预期收益，到期还本，预计本息支付日为每年的 4 月 20 日	0.72 年
	高新 02	10 500		1.72 年
	高新 03	15 500		2.72 年
	高新 04	21 500		3.72 年
	高新 05	29 500		4.72 年
	高新 06	40 000	1. 每年支付一次预期收益 2. 投资者的回售选择权 3. 原始权益人的赎回选择权	5.72 年
	高新 07	50 500		6.72 年
	融资总规模 / 万元	177 000		
次级	高新次级	15 000	到期支付本金，每年基础资产现金流偿付完优先级本息后的剩余收益支付给次级	6.72 年
	产品加权平均期限	4.83 年		

值得注意的是，对于投资者的回售选择权，高新 06 的投资者有权在专项计划成立满 4.72 年后按面值回售给原始权益人；高新 07 的投资者有权在专项计划成立满 4.72 年和 5.72 年后按面值回售给原始权益人。对于原始权益人的赎回选择权，原始权益人有权在专项计划成立满 4.72 年后，在高新 06 和高新 07 的回售量均达到其发行量的 50% 时，选择按面值赎回全部剩余证券；原始权益人有权在专项计划成立满 5.72 年后，在高新 07 的回售量达到其发行量的 50% 时，选择按面值赎回全部剩余证券。

（4）信用增级措施

资产证券化的信用增级是指发行人运用各种有效手段和金融工具来提高资产证券化交易的质量和安全性，确保债务人能按时支付本金和利息，获得更高的信用评级。由于企业资产证券化实施负面清单管理，其基础资产广泛，原始权益人的信用资质差别较大，大部分会利用内部与外部信用增级相结合的方式，选取适合自己企业的信用增级工具。

对于 GX 而言，中信证券亦采用内外部信用增级相结合的方式，选择优先级 / 次级分层、超额现金流覆盖、差额补足承诺、回购承诺、第三方保证等，先内后外，按照其顺序逐一触发，保证 GX 的信用等级，并为优先级本金和利息的支付提供多重保障。

①优先级 / 次级分层

优先级 / 次级分层是通过调整资产支持证券的内部结构，将其划分为优先级证券和次级证券等更多的档次，属于内部信用增级。对于受偿权来说，档次较高的证券的受偿权优先于档次较低的证券；对于损失的承担，档次较低的证券先于档次较高的证券承担损失，以对档次较高证券进行信用保证。

在 GX 的资产支持专项计划中，对资产支持证券进行优先级 / 次级分层（图 13–5），次级资产支持证券将全部由原始权益人认购，能够为优先级资产支持证券提供信用支持，可减少投资人对原始权益人道德风险的担忧。

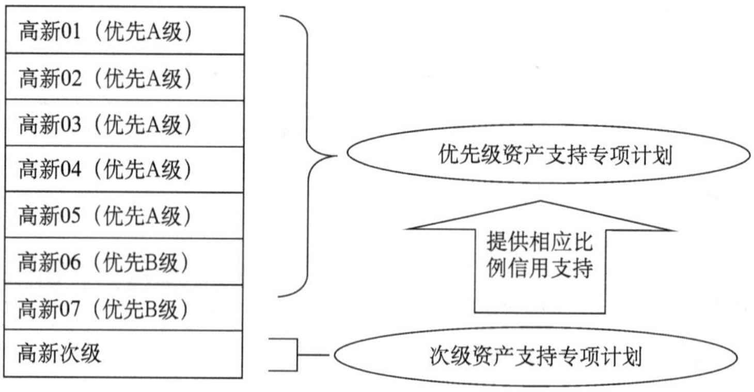

图 13–5　GX 优先级 / 次级分布

②超额现金流覆盖

在资产证券化中，需要建立一个比发行资产专项计划规模更大的一个资金池，使基础资产产生的未来现金流大于需要支付给投资者的本息，从而增加本息偿付的安全系数。超额现金流覆盖的增级效果主要需考察现金流回收的保障机制，特别是发行人信用水平降低时，现金流是否还能维持稳定回收。

中信证券在资产专项计划中设计原始权益人在产品存续期间的现金流收入超额覆盖预期支出，各期覆盖比率不低于 1.1 倍，这可以保障原始权益人有一定的现金存储，不会发生现金流断裂的现象（图 13–6）。

③原始权益人差额补足承诺

差额补足承诺是由原始权益人发起，承诺产品存续期间，在任意一个初始核算日，若在前一个特定期间内，基础资产对应的总收入低于相应期间需偿还给优先级投资者的本息和，则原始权益人承诺进行补足。在此项资产支持专项计划中，原始权益人为 GX，其为外部增信方式。

GX 可以利用差额补足通过合同约定形式以实现投资者的特殊需求，能够更加灵活，并且是一项能适应各个方面的创新交易。

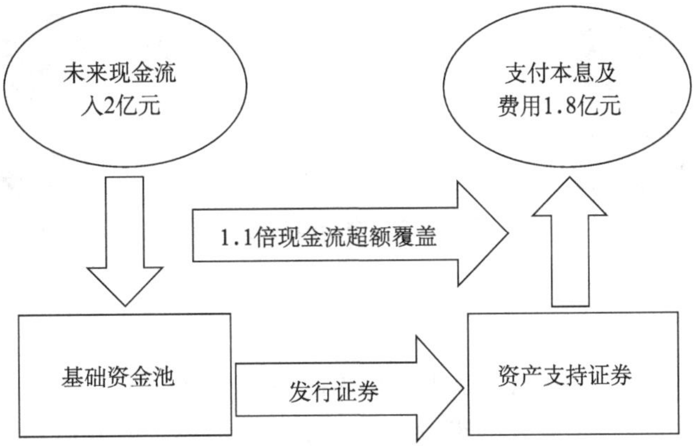

图 13–6　GX 超额现金流覆盖

④保证人为原始权益人差额补足义务提供担保

GX 利用信用担保，使其保证人（即高科集团）为 GX 履行差额补足义务提供连带责任保证担保，保证投资者的权益，有母公司作为自己坚强的后盾，使其进一步增强信用等级，获得投资人的肯定。

⑤原始权益人承担基础资产回购承诺

回购承诺也是由原始权益人发起，针对产品提供的一种外部增信方式。一般触发回购条款的事项会在产品成立之前进行约定，回购可以针对基础资产池中单一的基础资产，也可以针对资产支持专项计划整体。

GX 是针对整个资产支持专项计划整体，若由于原始权益人业务变更、丧失相关经营资质、政策变更、进入破产程序等原因，发生加速清偿或发生违约事件，计划管理人宣布专项计划进入加速清偿程序，资产支持证券提前到期的，GX 应以自有资金按《资产买卖协议》的约定回购剩余基础资产，并于资产支持证券提前到期日后 180 个工作日内将基础资产回购价款全额划至专项计划账户。

⑥保证人为原始权益人履行基础资产回购承诺提供担保

对于 GX 整个回购承诺，若 GX 无法进行回购，其保证人（即高科集团）应为 GX 履行基础资产回购承诺提供连带责任保证担保，从外部进行增信。

因此，GX 如果出现无法足额偿付的情况，应先按照偿付顺序，最先损失的是次级投资。这是由于优先 A 级受到优先 B 级和次级的缓释保护，优先 B 级只受到次级的缓释保护，次级风险最大。当优先 A 级受到损失时，说明现金流已经断裂，没有超额现金流对本息进行偿付，从而通过外部进行偿还。原始权益人先对其差额补足，若原始权益人无法补足，则利用第三方担保即高科集团对其进行补足。如果出现不可抗力因素发生加速清偿或违约事件，GX 则会对基础资产进行回购，如若自身无法回购，会利用第三方担保即高科集团对其进行回购。

（5）资金流转与划拨安排

专项计划成立后，GX 作为资产服务机构在日常经营过程中，通过原收款账户收取供热费，此路径不因专项计划成立而发生变化。当有基础资产对应的现金流进入时，GX 定期将该部分计入监管账户（相应收款账户之二级科目），并与监管银行对账。其中方案设计以两个月为间隔作为现金流归集频率，即每两个月，GX 须将监管账户中的回收款转至管理人代表投资人控制的专项计划账户。在分配日，管理人按照既定的分配顺序和方式将本息支付给投资人（图 13–7）。

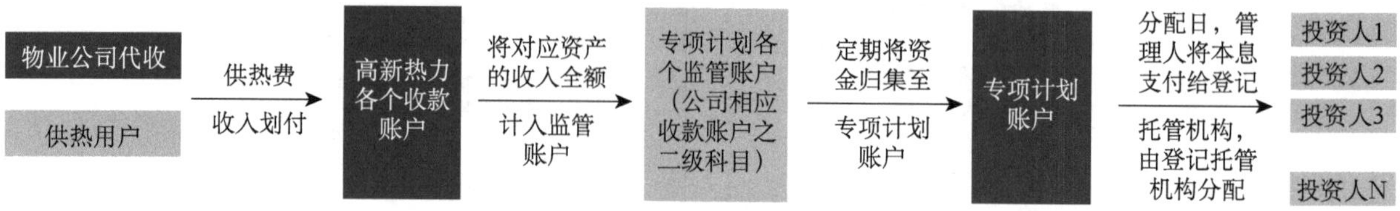

图 13–7　资金流转步骤

4. 行之有效——方案效果

对于实施了中信证券方案后的 GX，获得了可靠的资金支持，实现了企业内外部的资金循环。这次资产证券化不仅对 GX 本身产生巨大的影响，而且实现了在整个资本市场直接融资的“突破”。更为重要的是，使高科集团在资本运作、资产运营方面走在了前列，是高科集团在资本市场上的一次“华丽亮相”。

（1）对企业本身的效益

①优化资本结构

企业运用资产证券化能够优化其自身的资产结构。资产结构是企业各种资产的价值构成。一个企业想要成功，应具有相对较高的现金资产集中度，通过充足的现金流产生较高的资产收益率。如果其非流动资产的比重越高，资产流动性就会越大，并会加大经营风险。充足的货币资金是保证一个企业经营发展的基本因素，资本证券化是能够通过对未来收益证券化补充现有的资金短缺。

表 13–6　2014—2015 年 GX 资产结构

	2014 年	2015 年
货币资金	5.86%	23.85%
应收账款	0.05%	0.04%
其他应收款	28.71%	33.46%
存货	16.32%	8.91%
固定资产	25.15%	17.85%
在建工程	19.21%	12.74%
无形资产	2.19%	1.25%

通过表 13–6 可知，GX 通过资产证券化，增加了自己本身缺乏的货币现金，并将存量资产进行盘活，加快了现金的流动，能够提高企业自身的经济效益，实现其企业经济增长。

表 13–7 显示 GX 通过资本证券化，优化了资产结构，进而提高其净利润，且其资产收益率也是通过现金流的补充而提升，这说明资产证券化确实能改变企业的资本结构，对其盈利能力有一定程度的影响。

表 13-7　2014—2015 年资产收益率

	2014 年	2015 年
净利润（元）	1 580 822.23	7 058 185.02
平均资产（元）	2 322 535 277.37	3 478 015 837.95
资产收益率	0.07	0.20

②提高企业竞争力

企业的竞争力是一个企业发展所必要的支撑点，GX 作为西安五大市政集中供热企业之一，近年来不断扩大的业务规模为企业赢得硬实力。然而，企业的做大做强离不开形象声誉的软实力，GX 与大型企业相比，其在规范经营管理、信息披露都远远落后。但 GX 通过资产证券化融资，发挥了示范效应，并对自身的信息披露和经营管理进行规范，保证了信息资源的有效利用，对企业整体质量和竞争力提高有重要促进作用。目前，资产证券化市场正处于快速发展的机遇期，实施资产证券化项目并登陆交易所，将被更多的投资者认知了解，有利于企业未来拓宽业务规模吸引更多资金支持，也将极大地提升企业的市场知名度，树立企业勇于创新、锐意进取的良好资本市场形象。

（2）对整个资本市场的效益

从 2011 年我国重新开放资产证券化以来，其成为一个能够活跃现代资本市场的一个新兴力量，并为我国基础设施、基础工业建设寻找到一条更有效的融资渠道。我国一般的基础设施等企业，其信用评级大致在 BBB+ ～ AA+ 左右，融资难的问题一直困扰整个资本市场。因此，资产证券化给这些企业提供了一个新的融资方式，不需要太高的信用评级就可以直接融资，能够促进资本市场的多元化发展。这样的融资方式，打破了间接融资与直接融资之间的相互隔离与垄断的融资格局，作为一个创新的融资共军，其能够拓宽整个资本市场的信用空间，开创一个全新的资本证券化市场。

不仅如此，资产证券化还能调动整个资本市场的资金运转。资产证券化其本身的收益高于银行储蓄，但其风险却低于股票投资等，能够成为广大群众的投资利好，会吸引更多的人进行投资，活跃整个资本市场。

5. 结语

资产证券化作为一种结构性融资手段，如若企业具有未来产生可以预测的、稳定的现金流，基础资产权属清晰且基本无法律瑕疵这些基本条件，可以通过管理人设立一个资产支持专项计划，设计和建立一个严谨而有效的交易结构，利用优先级 / 次级去设计整个产品，并通过超额现金流覆盖以及第三方担保等多种措施进行信用增级，去实现证券的收益与风险的多种匹配，以满足不同风险偏好投资者的要求，从而获得更为广泛的融资来源。

资产证券化响应了多元化融资渠道的经济发展思路，是国内资本市场的创新产品。融资方式的创新为企业发展提供了新机遇。作为西安市五大市政集中供热企业之一，GX 有实力引领模式创新，成功发行陕西省乃至西北地区第一单收益权资产证券化项目，向其他企业树立了成功范例，为供热行业快速发展有着激励性作用。

三、参考资料

本案例的关注重点着眼于 GX 资产证券化，与此相关的参考资料除了前面案例正文中提供的背景资料以外，还包括有关企业会计准则、有关公司法等法规以及相关行业资料。

如果需要进行 GX 的扩展研究，可资参考的其他有关主要资料目录可见表 13–8。

表 13–8　其他主要参考资料目录

资料序号	资料名称
1	西安高新区热力有限公司供热收费证券化项目建议书（2015 年 4 月）
2	西安 GX 供热资产支持专项计划优先级资产支持证券信用评级报告（2015 年 9 月 14 日）
3	西安高新区热力有限公司供热收费资产化尽职调查报告（2015 年 9 月）
4	西安高新区热力有限公司 2013 年年度报告
5	西安高新区热力有限公司 2014 年年度报告
6	西安高新区热力有限公司 2015 年年度报告

四、讨论题目

从 GX 开始选择资产证券化进行融资，到最后的实施，带给人们太多的启示，引发人们太多的思考。本案例的侧重点仅在于：结合 GX 资产证券化，重点思考如下问题：

① GX 为什么利用资产证券化进行融资？其目的是什么？

② 资产证券化的条件有哪些？

③ GX 的信用增级措施有哪些？为何利用内部增信相融合的方式对资产证券化本息进行保障？

④ 如何合理设置超额现金流覆盖倍数？

⑤ 企业进行资产证券化关注的重点是什么？

⑥ 资产证券化对企业和资本市场有哪些影响？

案例使用说明

一、本案例要解决的关键问题

通过本案例的应用，引导学生分析：企业进行资产证券化有哪些重要的条件？在资产证券化过程中，应选择何种信用增级方式？如何合理设置超额现金流覆盖倍数？对企业和资本市场有何影响？

二、案例讨论的准备工作

为了有效实现本案例目标，学员应该具备下列相关知识背景。

1. 理论背景

（1）资产证券化概述

资产证券化是 20 世纪 70 年代逐渐成熟起来的一种结构性融资手段，它是以可预期的现金流为支持发行资产支持证券（实为某种债券）进行融资的过程。国内外研究表明，企业资产证券化能给发起人带来益处，主要表现在两个方面：其一，节约成本，包括企业资产证券化融资承担的利率比同期银行贷款利率及企业债券利率低而节约的资金使用成本、公司借助特设机构提高税后收益而降低破产成本，最终实现企业总价值增加；其二，优化资本结构。发起人可以利用资产证券化优化公司资本结构，增加公司价值。企业资产证券化通过风险隔离机制将资产证券化资产的信用风险与企业的整体风险隔离，增强了企业的借款能力，为那些不具备传统融资条件的企业开辟了新的融资渠道。被证券化的资产从发起人的资产负债表移出，因而不会增加发起人资产负债表的规模，不会增加企业的负债水平。

高新热力公司的资产证券化是一种资产收入导向型融资方式，融资基础是资产池在未来产生的现金收入流，而不是资产本身的价值，因此不会增加融资主体的债务负担。资产证券化也是一种结构性融资方式，它通过设计和建立一个严谨而有效的交易结构，实现证券的收益与风险的多种匹配，以满足不同风险偏好投资者的要求，从而获得更为广泛的筹资来源。

（2）资产证券化融资的基本结构形式

在实践过程中，在结合公司本身业务特点的基础上，同时还需要满足法律、会计、税收及其他特殊要求，资产证券化逐步发展成了多种多样、结构复杂的融资交易结构。但是，不管具体的交易结构形式如何复杂化，其最基本的结构形式都大致相同，如图 13-8 所示。

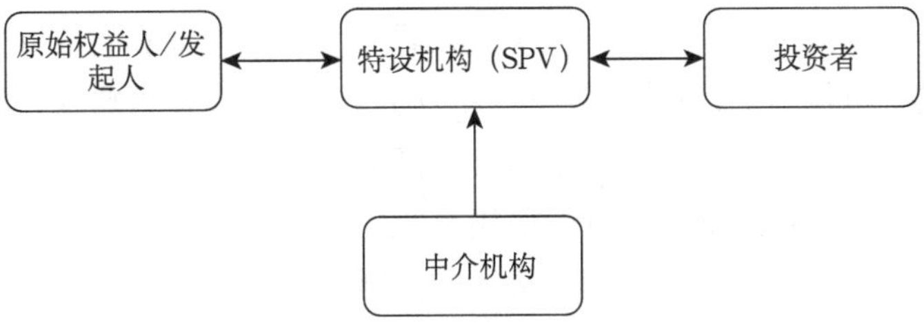

图 13-8　资产证券化的基本结构

①原始权益人、发起人

资产证券化融资的发起人是整个结构化交易的发动主体，也称为原始权益人，是真正的融资主体，它一般是用于证券化资产的原始所有人，当然，也可以是购买这些原始权益资产并准备再次出售的经济实体。到目前为止，商业银行、储蓄机构、保险公司、证券公司等金融机构，大型生产厂商的财务公司，拥有大量基础设施经营使用权的机构或公司，甚至国有资产管理部门等都可以成为发起人。

②特设机构

特设机构（SPV）是一个专门为资产证券化融资而成立的一个经济实体，它是整个交易结构的核心。设立 SPV 的根本目的是为了保证用于证券化的资产同其原始所有人（或发起人）的破产风险相互隔离开来。资产证券化融资的交易结构中，SPV 的主要职能是购买或汇集可以用于证券化融资的（权益）资产，并将这些资产进行重新组合，然后以此为基础发行资产支持证券实现融资。SPV 在资产证券化融资过程中，既不是投资者也不是实质上的筹资者。从整个过程来看，SPV 在形式上是资产支持证券的发行人，从而也是向投资人支付到期本息的借款人，实质上发挥了连接筹资者和投资者的桥梁作用。SPV 是专门服务于资产证券化融资交易这一特殊目的的载体，它可以是为某一次资产证券化融资而设立的一次性经济实体，也可以是事先存在，为多个发起人服务，并进行多次证券化融资的专业机构。基于破产管理、会计和税收管理、法律要求等方面的考虑，SPV 常采用公司、合伙或信托等不同的组织形式，如在转递证券结构中，SPV 常采用信托形式，在转付证券结构中，则多采用公司形式。不同组织形式的 SPV 也就形成不同的资产证券化融资模式。

③中介机构

为资产证券化融资服务的中介机构主要包括信用增级、评级机构和投资银行等。

信用增级是资产证券化融资的一项创新，其目的在于减轻和化解资产支持证券的信用风险，提高这些证券对投资者的吸引力，而且还可以降低融资成本。信用增级机构可以通过提供保险、担保或签发信用证等形式为资产证券化融资提供信用增级服务。

信用评级机构是资产证券化融资中不可或缺的一个中介服务机构，它通过对资产支持证券的信用风险做出一个权威评价，为投资者的投资决策提供合理、可靠的依据。信用评级机构在完成初次评级之后，还会对这些证券在整个存续期内的业绩进行追踪监督，及时发现新的风险因素，并及时做出是否需要升级、维持原状或降级的决定。

投资银行的介入，可以促进资产证券化融资更加规范和高效。在证券化融资交易过程中，投资银行通过与其他中介服务机构、发起人以及政府主管部门协调，保证资产支持证券的发行结构符合法律、规章、财会以及税务方面的要求，使整个证券化融资的交易过程规范化。而且，投资银行也会对资产池进行分析处理，并根据不同资产的特点对其进行分割与组合，决定各种资产的最佳组合方式，并以此设计最优的证券支付条款。

④投资者

投资者是资产支持证券的最终购买者。从实践来看，资产支持证券的投资者主要是保险公司、养老基金、退休基金、储蓄机构等机构投资者。这些机构投资者的投资策略往往受到一定的限制，如自身业务性质和资金来源的限制等，不能投资于风险过高的金融工具。资产支持证券的出现为这些金融机构提供了更多的投资机会。资产支持证券的信用等级一般都不低于投资级，而且其票面利率往往高于相同级别的政府债券，因此深受这些机构投资者的青睐。

（3）其他相关概念

资产证券化产品专项计划一般设有信用增级措施，为优先级本金和利息的支付提供多重保障。在原始权益人承担基础资产回购义务中，若加速清偿或发生违约事件，高新热力应以自有资金回购剩余基础资产并将回购价款全额划至专项计划账户。

①加速清偿

“加速清偿”指发生加速清偿事件后，计划管理人宣布专项计划进入加速清偿程序，资产支持证券提前到期。“加速清偿事件”指由于原始权益人业务变更、丧失相关经营资质、政策变更、进入破产程序等原因，导致供热合同债权全部灭失或有无法回收的风险。

②违约事件

“违约事件”指专项计划存续期间，在某一期的资金确认日，专项计划账户资金余额不足以支付该次分配所对应的优先级资产支持证券预期支付额的情况。发生违约事件之日，资产支持证券提前到期。

2. 行业背景

西安作为国家西部大开发的排头兵，尤其是“关中—天水经济区”的开发，其带来了前所未有的机遇。随着城市规模的不断扩大，西安原有的供热系统已不再能满足城市的发展需求，一批新兴的热力公司正逐渐壮大，其中西安高新区热力有限公司正是其中一家。受政府对基础设施建设投资力度加大及供热需求持续增长的双重影响，集中供热行业取得了快速发展，全国的集中供热面积和供热量得到稳定增长。未来 3 ～ 5 年，新增需求复合增速达到 15%。

需求的不断增加，需要各个方面资金的支持。热力公司近年来扩大供热面积，更换供热设备，加大管网建设，均需要大量的资金来维持。在当前国内经济转型升级的大背景下，推动资产证券化发展既有助于拓宽实体经济融资渠道，同时也能够分散金融风险，维护金融体系稳定。政府更是出台了一系列相关的法律法规来促进资产证券化的进一步发展。自 2011 年以来，基于公用事业类基础资产开展证券化的项目共发行了 24 单，总融资规模 237.83 亿元。供热费具有收费期间集中、价格透明、需求稳定等特征，可以作为热力企业资产证券化的基础资产。

三、案例分析要点

1. 需要学生识别的关键问题

本案例需要学员识别的主要知识点包括：资本运作方式、基础资产、资产证券化的条件、资产支持专项计划设计及资产证券化的影响。

2. 解决问题的可供选择方案及其评价

根据现行资本市场，企业融资主要有权益性融资和债券融资，即企业融资方式有发行股票、发行企业债券、银行贷款、资产证券化等。应依据这几种融资方式的特点对本案例进行判断。

3. 推荐解决问题的方案

（1）关于本案例融资方式的比较分析

从股票市场融资来看，我国《证券法》对申请上市企业在净利润累计额，营业收入和股本总额等方面都有严格规定，而高新热力由于规模小、风险大不能够达到相关规定的要求申请上市，同时由于近年来股票市场持续低迷、IPO 放缓及更为严格的审核要求，使企业通过上市融资变得更为困难。从债券市场融资来看，我国目前对企业通过发行债券进行融资的要求极为严格。企业债券主要是以大型企业为主发行，募集资金主要用于基础设施建设或技术改造，不仅如此，企业债券还主要限于上市公司发行。即便符合相关条件，企业也很难获得相关部门的批准，同时投资者出于风险考虑，对企业债券也缺乏购买信心。因此，利用企业债券进行融资的可能性较低。

此外，相比于从银行贷款的间接融资模式，资产证券化作为一种直接融资方式，其融资成本小于银行贷款的融资成本。对于一直用长期借款进行融资的高新热力而言，其融资成本一直居高不下。较高的融资成本制约企业对资金的运用，并限制高新热力进一步的扩大规模及发展。

表 13–9　资产证券化产品利率与同期银行贷款利率对比

项目	银行贷款利率	资产证券化产品利率	差异
1 年期	4.975%	4.00%	0.975%
2 年期	5.375%	4.20%	1.175%
3 年期	5.375%	4.50%	0.875%
4 年期	5.375%	4.80%	0.575%
5 年期	5.375%	5.00%	0.375%
6 年期	5.375%	5.20%	0.175%
7 年期	5.375%	5.20%	0.175%

用高新热力最终发布的资产证券化产品的利率和同期银行贷款利率进行对比（表 13–9），可以看出银行贷款利率较高。这更能说明银行贷款的融资成本高于资产证券化的融资成本。因此，利用资产证券化进行融资是高新热力最佳选择。

（2）资产证券化条件分析

①企业现金流平稳

由于基础资产产生的现金流是资产支持证券收益分配的资金来源，因此，能产生独立、可预测的现金流应是资产支持证券发行的基础。一方面，供热费收入是高新热力主要的经济来源，作为热力企业，其能够不依托企业其他业务独立产生现金流，具有资产证券化基础资产最基本的特性；另一方面，企业所进行资产证券化的基础资产所产生的现金流必须是可预测的，即应该有一个稳定的收入来源或法律关系来保障基础资产能获得一个可预测的现金流。高新热力在提供供热服务之前，都会与客户签订供热合同，这为基础资产提供了法律保障。此外，一般情况下，一旦客户与高新热力签订供热合同，不会出现较大的客户流失，而且供热费价格透明，这就使企业供热费收入具有稳定性，为企业带来稳定且具有可预测性的现金流。因此，以供热费收入作为基础资产发行证券不会出现过高的风险及收益波动。

②资产权属明确

这里的权属明确应是指转移给资产支持专项计划的资产，其权利应当属于原始权益人合法享有，不存在权利争议。当前非金融企业资产证券化的基础资产在实务中主要选择的是基础设施的收益权、经营性物业的租金收入与 BT 项下的合同债权。高新热力以供热这一基础设施的收益权为基础资产，其供热费收入属于高新热力，不存在收入的权属争议且符合相关行政主管机构对基础资产种类的认定。

③破产隔离

破产隔离是指证券化资产获得不破产资格后，投资者的现金流就不再受到原始权益人破产的危害，即资产证券化的融资结构与原始权益人的破产风险相互隔离。具体而言，金融机构将大量贷款期限、坏账风险、收益水平基本相似的贷款债权、金钱债权及其担保物权通过证券化的技术处理“真实销售”给专门从事资产证券化业务的特殊目的机构（SPV）。高新热力进行资产证券化时，中信证券将供热费进行证券化后利用 SPV 对风险进行隔离，确保高新热力不会破产。

综上所述，高新热力符合进行资产证券化的条件。

（3）信用增级措施分析

信用增级作为资产证券化发行过程中的核心技术，最早是从 20 世纪 80 年代初的担保抵押债券发展起来的，由于部分机构投资者在投资时只能投资一定信用评级级别以上的金融产品，为了缩小投资人需求和产品基础信用级别之间的差距，需要通过一系列的内部和外部增信措施来保证资产支持证券现金流回收的确定性，提升产品信用质量。除了确保产品的顺利发行，信用增级还可以起到保护投资者利益，降低发行人筹资成本，增加资产支持证券市场流动性的目的。

①优先级 / 次级分层

优先级 / 次级结构安排是指在资产证券化过程中，将资产支持证券按照受偿顺序分为不同档次证券的一种内部信用增级方式。在这一分层结构中，较高档次的证券比较低档次的证券在本息支付上享有优先权，因此具有较高的信用评级；较低档次的证券先于较高档次的证券承担损失，以此为较高档次的证券提供信用保护。

②超额现金流覆盖

在资产证券化中，需要建立一个比发行资产专项计划规模更大的一个资金池，使基础资产产生的未来现金流大于需要支付给投资者的本息，从而增加本息偿付的安全系数。超额现金流覆盖的增级效果主要需考察现金流回收的保障机制，特别是发行人信用水平降低时，现金流是否还能维持稳定回收。

③差额补足承诺

差额补足是指在资产证券化过程中，原始权益人承诺，如果基础资产实际的现金流无法覆盖正常兑付资产支持证券所需现金时，由原始权益人负责补齐差额部分，以此增加资产支持证券的信用等级。

④回购承诺

回购承诺是由原始权益人针对 SPV 提供的一种外部增信。一般触发回购条款的事项会在产品成立之前进行约定，或者是由于原始权益人业务变更、丧失相关经营资质、政策变更、进入破产程序等原因，导致基础资产全部消失或有无法回收的风险而发生加速清偿事件。回购可以针对基础资产池中单一的基础资产，也可以针对资产支持证券整体。

⑤第三方担保

第三方担保是指由原始权益人之外的第三方（如担保公司、原始权益人母公司或其他第三方）为资产支持证券提供担保，如果出现不能按期兑付资产支持证券的本息时，或者原始权益人无法进行回购证券时，由第三方承担担保责任。

企业资产证券化实施负面清单管理，可证券化的基础资产范围较广，因此发起人主体的信用资质差别较大，因此会较多的用到外部增信手段。一般企业资产证券化产品至少会使用优先 / 次级结构分层和超额现金流覆盖两种内部增信措施，同时外部增信方面主要使用原始权益人差额补足承诺和回购承诺外部，或第三方担保等方式。与外部增信相比，内部增信最大的优点是成本较低，因为外部担保机构往往是基于最坏情况下的风险估计来确定担保费率，所以原始权益人支付的费用一般高于资产的实际风险所需要的担保成本。但是，外部增信能够更加有效地提高证券化产品的信用等级，更好地吸引投资者。因此，企业一般使用内外增信相结合的方式提供保障。

（4）重点分析

①基础资产解押

对于发行证券化产品的企业，其基础资产必须满足无抵质押等权利限制，但是根据实际情况，有些企业存在少量以基础资产现金流为抵押的银行贷款，这需在发行前进行解押，解押后才能利用基础资产进行资产证券化。

②第三方担保

在进行资产证券化信用增级设计的过程中，需要结合已发行专项计划产品的评级情况。但对于基础设施建设类型的企业而言，其信用评级并不能达到最优标准，同时监管机构建议优先推进资信较好主体的项目。因此，第三方担保成为最有力的增信工具。

③现金流归集频率

过低的现金划付频率无法获得监管机构和投资者的认可，过高的现金划付频率则会使企业面临营运资金不足的情况并增加管理成本。因此，资产支持专项计划要根据基础资产现金流情况及企业的诉求进行设计。

④现金流覆盖本息

如若将当前现金流假设较为乐观，预计未来收入以较高增速增长，因而存在产品存续期现金流无法达到预期，从而无法覆盖当期本息的风险。因此，在设置原始权益人在产品存续期间，其收入应超额覆盖预期支出。

案例 14

YC 石油 FSSC 的建立，谁说勘探不合适？①

黄当玲　田巧娣　赵晓铃　韩释萱　王利园

案例正文

引言

2015 年新年伊始，YC 石油集团公司的康总会计师心系一件大事。2014 年的 YC 石油成绩斐然，已经挺进世界企业 500 强，但一直以来的强劲发展态势使得现有财务管理模式难以适应。下一步该如何助推企业的发展？尤其在信息化时代，新技术和新管理理念的不断涌现，给财务的转型发展带来了契机。随着业界掀起的财务共享热潮，大型的国企、民企都想走这条路，然而建立共享服务既是机遇也是挑战，还有许多问题亟待解决。石油勘探行业至今无人尝试，但康总会计师暗下决心，信息化时代不能因循守旧，故步自封。YC 石油集团公司必须勇于开启运营管理模式的变革与创新，让这只“猛虎”添“新翼”，更上一个台阶。

一、窥一斑而知全“貌”——案例背景

陕西 YC 石油（集团）有限责任公司，是国内拥有石油和天然气勘探开发资质的 4 家企业之一，隶属于陕西省人民政府，主要负责石油和天然气勘探、开采、加工、管道运输、产品销售，石油和天然气化工、煤化工、装备制造、工程建设、技术研发等业务。至 2018 年，YC 石油已成为符合现代企业制度要求的集团型企业，实现对多种资源进行一体化的综合开发、深度转化和循环利用，位列《财富》世界 500 强第 288 位（图 14–1）。

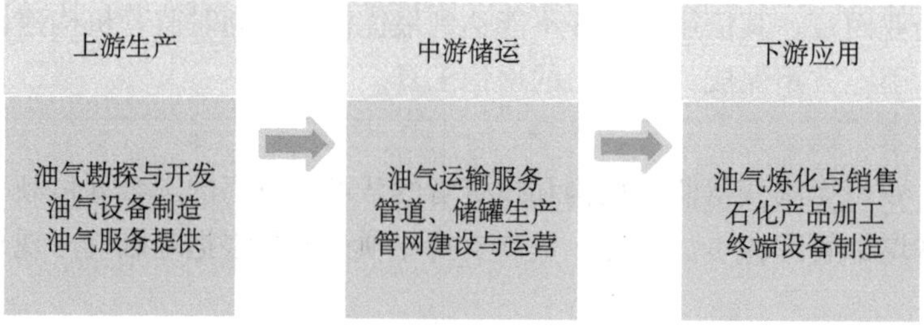

图 14–1　YC 石油全产业链结构

YC 石油勘探公司是集团下属的分公司，油气资源勘探是石油企业的命脉，而勘探公司是集团上

① 案例来源：中国管理案例共享中心，并经案例作者同意授权引用。
本案例于 2019 年 10 月 31 日入选中国管理案例共享中心案例库。
由于企业保密的要求，在本案例中对有关名称、数据等做了必要的掩饰性处理。
本案例只供课堂讨论之用，并无意暗示或说明某种管理行为是否有效。

游生产环节的核心业务公司，目前探明的油气资源总量直接决定企业未来几年的开发规划和整体收益。勘探公司主要负责集团公司陕北地区天然气勘探、省外新区块油气勘探和国外油气勘探。此外，也在其他资源地进行资料收集和综合地质研究工作。公司大力实施“油气并举、煤盐兼探，油气煤盐一体化”的发展战略。

2014 年，YC 石油勘探公司下设 10 个机关工作部门和石油勘探开发部、天然气勘探开发部、钻井工程部、物资装备部、国际勘探开发部等 8 个生产单位，分布在陕西、内蒙古、宁夏等 10 个省份。从 2013 到 2015 年，除了本部鄂尔多斯盆地之外，公司连续拓展了二连盆地、石拐盆地、环县—盐池、国外的马达加斯加等资源地区，开展物化探井、钻井等工作。这些举措使公司的对外投资总额从 2013 年的 29 亿元增长到 2015 年的 120 亿元，钻井数从 260 口增长到 719 口。公司使用用友 NC57 财务管理系统，同时在使用预算系统、人力资源管理系统和 OA 系统，具有良好的信息化基础。公司拥有液化气生产厂、净化站、集气站等生产单位，年投资额上百亿元，资产规模较大。

企业规模的快速扩张给企业财务管理造成巨大的压力，相应带来制度、人员和资金等一系列管理困境，体现在以下几个方面：第一，新设单位均设在外省资源地，地域分布广，致使公司对其的管控力度弱，信息传递效率低下，各单位对财务政策的执行难以统一；第二，基层单位快速增长，当时的会计委派制需要为每个单位配备主管、会计和出纳，但是企业内部缺少会计主管的人选，委派制遭遇瓶颈；第三，投资量增加的同时，出纳基本没有增加，资金支付完全是手工操作，很容易出现差错和失误，造成资金安全隐患；第四，传统核算业务占用财务人员的大量精力，使财务人员没有精力去提供管理层需要的财务分析成果，重核算轻分析的问题严重。

二、无一不备——全业务共享

1. 总体规划

康总会计师要在整个集团建设财务共享中心的念头起源于一件小事。2014 年深秋的一个下午，他的办公桌上摊放着各个子公司提交上来的财务报告和管理报告。尽管各单位都为了制作报告而连续加班，但报告的内容仍不尽如人意。总部明明制定了统一的财务规章，各分公司执行时还是不可避免地存在偏差，尤其在勘探公司的实际业务中，竟然出现付款错误的低级问题。对此康总会计师十分头疼，在企业快速扩张的关键时点，业财数据两张皮，这让管理层如何做出正确的决策呢？康总会计师暗下决心：集团的财务管理工作必须要改进！

财政部于 2013 年 12 月印发的《企业会计信息工作规范》中提到：分、子公司数量多、分布广的大型企业和企业集团应探索利用信息技术，促进会计工作集中，逐步建立财务共享服务中心。那 YC 石油是不是也应该积极响应，尝试建立财务共享服务中心呢？ YC 石油从其业务特点和目前企业内部信息系统之间关联关系而言，建立财务共享服务中心十分必要。

在确立建设财务共享这一目标后，康总会计师立即主持召开了财务中心（财务资产部）与财务公司的联席会议。在集团的大会议室里，高层管理人员和财务相关负责人齐聚一堂，对于建立财务共享中心这一决策，大家各抒己见、踊跃发言。康总会计师首先说：“集团选择‘试点先行，逐步推广’的方式逐步确立财务共享服务模式。经过考察研究，集团有意选取勘探公司作为试点单位。”

财务中心负责人说：“财务共享中心只是信息化的一项应用内容，应该与集团其他业务的信息化应用归属于同一平台，这样才能保证财务共享中心能够与其他业务系统有效进行数据传递，更好地发挥其服务职能。目前财务的很多问题是由于业务没有实现信息化，在业务数据进入财务系统的环节产生的，同时也影响了财务的工作效率和报账实效，而且一旦发生错误很难追查。”

“确实是！财务信息化一定要考虑与业务一体化规划的问题，财务共享中心信息化建设一定要考虑与业务系统衔接的问题，即使目前暂时不实现业务信息化，也必须要有与业务的接口，所选择供应商要有成熟的业务财务一体化产品。”勘探公司财务经理小王表情略显沉重。

康总会计师紧接着提出建议：“我认为，业务财务一体化还不够，我们要打造的是业务管理、财务核算与资金支付三位一体的信息化平台。要通过业务管理系统控制业务的发生，然后基于业务实际发生情况进行核算入账，再根据账务确定的数字进行资金结算支付，这样资金支付的安全隐患问题就会大大降低啊！”

关于选择哪些业务首先划归财务共享中心业务范围，也引发了热烈的讨论。

财务中心负责人提出自己的困惑：“理论上讲，共享中心通过互联网络为分布在不同地区的集团成员单位提供标准化、流程化、高效率、低成本的共享服务，一般而言，这些分支机构、办事处往往只承担销售任务，没有复杂的财务核算需求。可是咱们的勘探公司业务太特殊啦，偶发、突发的业务多，还有那些一年一两笔的特殊业务，怎么处理？如果能解决好这一点，可以说成功了一大半！”

对此，康总会计师发表意见：“我看了许多案例和一些理论方面的书籍，发现对于财务共享的业务推广，一般有两种不同的模式：第一种是选择几个标准化程度高的业务，在全集团或者全公司范围内纳入共享，常见的比如费用报销、应收应付业务，大多数企业建设财务共享服务中心都是选择这种模式。这种方式的优点是在建设前期的上线压力较小，一次性覆盖全集团后，实施效果明显。但是从咱们勘探公司来看，这些业务所占的比重非常小，并不能解决企业财务信息质量低下和财务人员不足的问题。”

勘探公司财务主管补充道：“另一种模式是先把所有业务纳入系统，再逐步扩展到全集团或者全公司各个单位。这种模式推广过程中问题多，难度大，所以也比较少见。”

康总会计师说：“但是，我们集团的业务特点决定了我们可能需要选择第二种推广模式。财务共享这条路是必须坚持走下去的，隔靴搔痒无济于事，所以我们要直击痛点，将勘探业务在内的所有业务都纳入核算范围，迎难而上！我们要有信心：办法总比困难多嘛。”

……

经过集团公司对勘探公司财务共享方案的多轮讨论，最后终于尘埃落定。

勘探公司在财务共享服务中心建设初期，就确定“‘财务—业务—资金’三位一体，建设全业务共享”的目标。建设财务共享时首先梳理出九大类业务（表 14–1），包括费用报销类、勘探结算类、物资类、薪酬核算类和预提待摊类等，先把这些业务一次性纳入财务共享，再让公司各个单位逐步上线使用。这也是勘探公司建立财务共享中心的一大特色。建成后的财务信息系统主要包括了资金管理平台、报账平台、影像系统、核算平台以及新增的共享服务中心平台（图 14–2）。

那么，全业务共享的财务共享模式是怎样建设的？下面从费用管理、物资管理和资金管理 3 个角度加以展现。

表 14-1 勘探公司业务范畴

序号	一级业务	二级业务	关键节点与时间标志
1	费用报销	员工借款	从借款单填写开始，进入系统，实现线上审批和业务处理
2		费用报销	从报销单填写开始，进入系统，实现线上审批和业务处理，扫描各项票据
3		员工还款	员工填写还款单，通过银行转账完成还款，出纳确认钱款到账后，在系统中完成线上审批和业务处理，扫描银行回单
4	耗材核准	耗材购买	耗材的购买和入库按现行程序执行取得采购发票，完成业务审批，进行财务结算，扫描采购发票及业务审批表
5		材料出库	材料出库按照现行的流程进行，月末汇总进入系统，扫描材料出库汇总表
6		材料退库	材料退库按照现行的流程进行，月末汇总进入系统，扫描材料退库汇总表
7	设备核准	设备购买	遵照现行的流程进行设备采购；取得采购发票，完成业务审批，进行财务结算，扫描采购发票及业务审批表
8		设备调拨	设备调拨按照现行的流程进行；调拨完成进入系统，扫描业务审批表
9		折旧	月末进行统一处理
10		报废	设备报废按照现行的流程进行；报废完成进入系统，扫描业务审批表及相关资料
11	油气资产	新增类别	新增类采取现行的操作规程；进行财务结算，扫描业务审批表及相关资料
12		资产变动	资产变动按照现行的流程进行；进行财务结算，扫描业务审批表及相关资料
13	造价核算	竣工验收	费用核算按照现行的程序进行；进行财务结算，填报账单，扫描各项票据、合同以及工程验收交接单
14	薪酬核算	薪酬计提	薪酬计提按照现行的流程进行；进行财务结算，扫描相关原始凭证
15		薪酬发放	薪酬发放按照现行的流程进行；进行财务结算，扫描相关原始凭证
16		社保计提	社保计提按照现行的流程进行；进行财务结算，扫描相关原始凭证
17		社保缴纳	社保缴纳按照现行的流程进行；进行财务结算，扫描相关原始凭证
18	税费核算	个税核算	个税核算按现行程序进行；进行财务结算，扫描相关原始凭证
19	资金收付	付工程款	付工程款按照现行的流程进行；进行财务结算，扫描付款审批表和银行回执
20	财务报表	财务月报	以月份为单位出具相应报表
21		年度报表	按年度出具各项财务报表

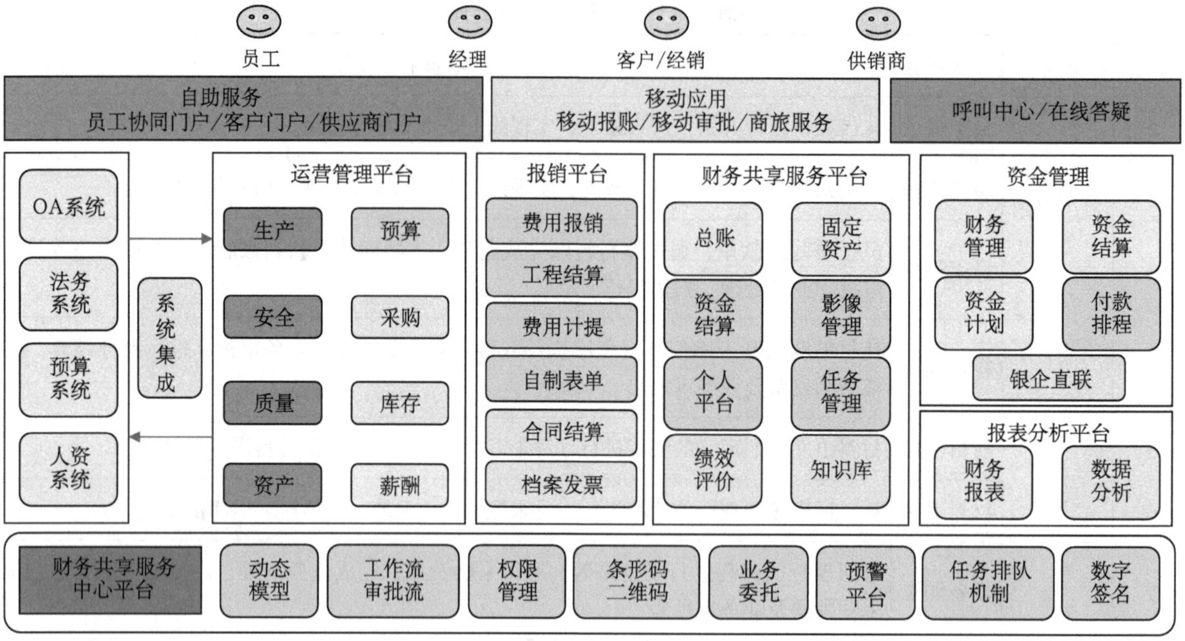

图 14-2　YC 石油信息平台总体架构

2. 费用管理

YC 石油勘探公司每年产生的纸质发票数以万计，相应的发票报销、审核会耗费大量的人力、财力和物力。因此，其费用报销系统的建设成为实现全业务财务共享的一个基础环节，借助标准化的费用报销流程和智能化的审批，有效实现降本增效的目的。

在以往的报销流程中，首先要按照费用报销的类型进行整理和分类，通过扫描仪扫描上传，不仅要手工录入和检验，还要检查是否识别正确。业务员手写报销单并将报销单送至部门领导手批签字，然后将经部门领导签字的报销单和原始凭证一起送至财务部门，财务部门审核无误后向上级领导汇报，待财务部门领导同意付款后才能予以付款。手工报销模式需要报销者不断往返本部门领导与财务处之间，并且需要大量手工签章，不能做到实时审核。费用报销系统中，部门负责人对费用开支的合理、合法、合规性进行审核，以人工判断为主。然而，依靠人工判断审核单据，难免会出现差错。

基于以上考虑，YC 石油财务共享顶层设计提出要对费用报销业务进行流程改进，达到费用报销流程标准化、审批环节智能化的要求。

第一，报销流程标准化：公司员工可以直接通过移动应用进行费报单据的填写，业务员填写完费用报销单后，通过移动应用直接传输给部门领导，由部门领导对业务的真实性、合理性进行审核并签字盖章。待部门领导审核无误后，业务员将原始单据送至基层报单员处对原始单据进行扫描上传至财务共享中心。财务共享中心人员接收到基层单位传来的费用报销单据以及原始单据的扫描件，核对两者金额准确无误后，完成单据的审批。审批一旦通过，财务共享中心会计岗位就会自动生成会计凭证，同时向资金科出纳岗位发出付款申请，出纳岗位收到申请据实进行付款结算。

第二，审批环节智能化：部门领导可线上通过移动应用进行单据的审批，当申报人把报销单提交到系统中，系统会记录该笔业务的提交时间点，并显示为审批人待处理业务。同时系统具有业务催办功能，会通过推送系统信息和发送邮件的方式，及时提醒审批领导哪些单据急需处理，一共有哪些单据等待审批。

建立财务共享中心之后，费用报销流程如图 14–3 所示。

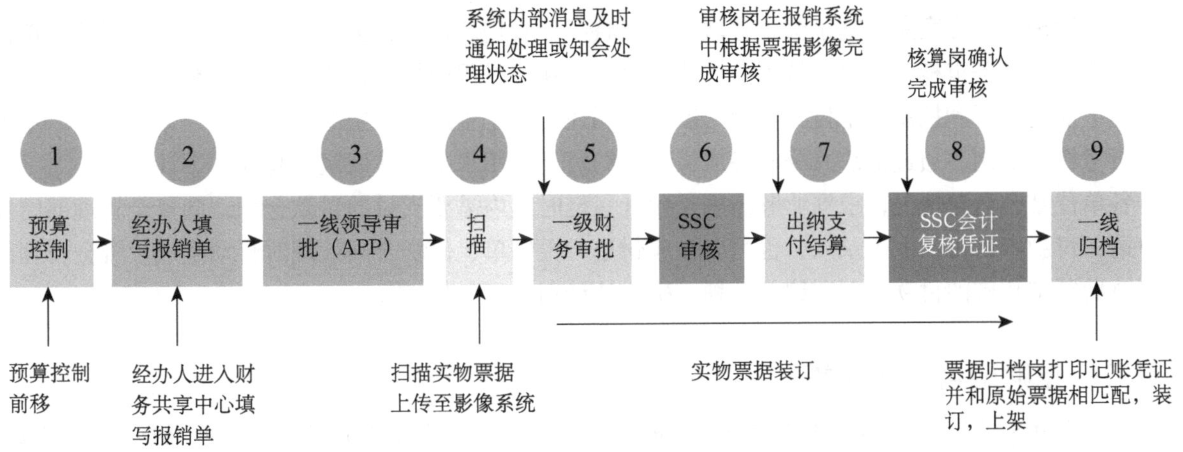

图 14–3　勘探公司费用报销流程

3. 物资管理

由于石油行业物资种类繁多，对全部物资进行管理是一项复杂而繁重的工作，所以，其物资管理水平的高低，直接决定了企业管理成本的高低。那么，YC 石油的财务共享服务中心该如何选择其物资管理的建设模式呢？实现财务共享之前主要存在两方面的问题：一是手工录入工作重复且量大。由物资管理部人员将经过稽核后的业务原始单据汇总后填报相关报账单据，并扫描原始单据作为影像附件，再由财务人员进行相关原始单据的审核，在财务人员进行审核时可能由于不懂业务，还会同库管员核对。重复劳动的存在必然导致资源浪费和效率低下。二是报账不及时。在以前的物资管理系统中，报账、核算、支付不能保持同步，不能及时、准确地反应物资变化的情况，且受主观因素影响较大。

该如何解决这些问题呢？

通过财务共享平台、物资影像系统与核算系统相对接，使企业物资管理精细化、标准化。建设“报账、核算、支付三位一体，数据联动”的物资管理体系，具体来说是通过以下 3 个方面来打造在线完成物资管理共享的业财一体化智能平台：一是业务财务与共享财务有机结合。由物资管理部门的业务财务人员将原始单据进行稽核和整理汇总后，填报相关报账单，共享中心财务人员进行审核和记账工作。二是报账、核算、支付三位一体，数据联动。由业务报账单据推式生成财务凭证，需要挂应付账款的采购入库结算单则同时生成应付单据，报账单与应付单审批同步。三是涵盖物资管理的全面业务。共享业务处理涵盖了物资管理的全过程，为后续实现物资管理信息化打下基础，同时，财务管理的环节向前延伸，使财务与业务更有效的衔接。

4. 资金管理

油气勘探和技术研发可谓是石油产业链上最“烧钱”的环节，资金是其不断产出成果的原动力，然而前几年勘探公司资金支付错误频出，公司的资金管理水平远远落后于总体发展水平。资金安全问题始终是重中之重。

勘探公司在快速扩张期间，在二连盆地、石拐盆地新设南区勘探开发部等单位。由于新设单位距离公司总部较远，偏远地区信息化水平较差，总部与各单位之间信息传递不畅，导致勘探公司对成员单位的资金流入、流出情况缺少及时监控，潜在的资金风险也难以得到有效的控制。这些单位的资金结算业务基本上是工程项目上的结算，资金支付不仅涉及较为复杂的业务内容，也牵扯到多方的利益关系。在手工支付的情景下，制度不完善、数据交换失误和审核失误都会导致错误的发生。

资金管理解决方案主要基于银企直联技术，将财务管理软件与各银行的网上银行建立无缝连接，实现从业务到财务审核、支付、核算一体化处理，并在此过程中加强预算、资金、核算三者的控制关系。为了能够监督和控制各单位的资金，勘探公司还建立了生产运营中的事前预测、事中控制以及事后分析考核的机制。通过汇总并分析各成员单位的资金使用水平，从而制定总体资金计划。

各单位结合自身情况，根据业务需求，预计一定时间内需要支付的付款金额，向资金管理部门提出申请，付款申请可以手工录入，也可以在应付单、报销单、信贷合同处理时自动生成。资金管理部门汇总后制定相应的付款计划和编排计划，确定该计划是否付款。

三、业财融合问题重重

全业务共享建设虽在费用、物资和资金管理方面取得进展，但大家心里都明白：这些都是易于标准化、流程化的一般性业务，真正的难题还在后面。勘探公司的核心业务如何与财务共享模式相融合？这才是此次全业务共享建设的最大难关！可以说，核心业务的业财融合问题关系到整个共享建设的成败！

1. 勘探业务介绍

石油勘探是指为了寻找和查明油气资源，利用各种勘探手段，了解地质状况，综合评价含油气情况，确定油气聚集的有利地区，找到储油气的圈闭①，并探明油气田面积，搞清油气层情况和产出能力的过程。

油气勘探行业面临的主要风险是勘探风险。油气勘探与开发是一个高投入、高风险的行业，自20世纪80年代中期的油价暴跌风波以来，油气工业一直处于“脆弱”的经济状态。油价长期低迷且不稳定，勘探难度不断增大，加上开发成本的不断抬升，使大型石油企业不得不将风险分析和评价作为勘探开发和业务核算时必须考虑的因素。企业面临的勘探风险对于每一个油气开采项目是不同的，因此可能会带来的干井②损失金额也难以预计。

行业的特殊性导致YC石油勘探公司核算业务类型较为复杂。一方面，偶发、突发的业务较多，极特殊业务甚至每年1～2笔；另一方面，个别业务多，没有固定模式进行核算。区别于制造业企业具有流程化的业务，勘探企业建立共享中心本身具备一定难度。因此理论界一直有这样一种说法，即石油勘探企业因其行业特殊性不适合用财务共享中心进行核算。参见图14–4。

① 圈闭：圈闭是一种能阻止油气继续运移并能在其中聚集的场所。

② 干井：任何产出不具有商业价值的油或气的井都可以称为干井，干井可能产水或气或者能采出一点油，但不具有商业价值。

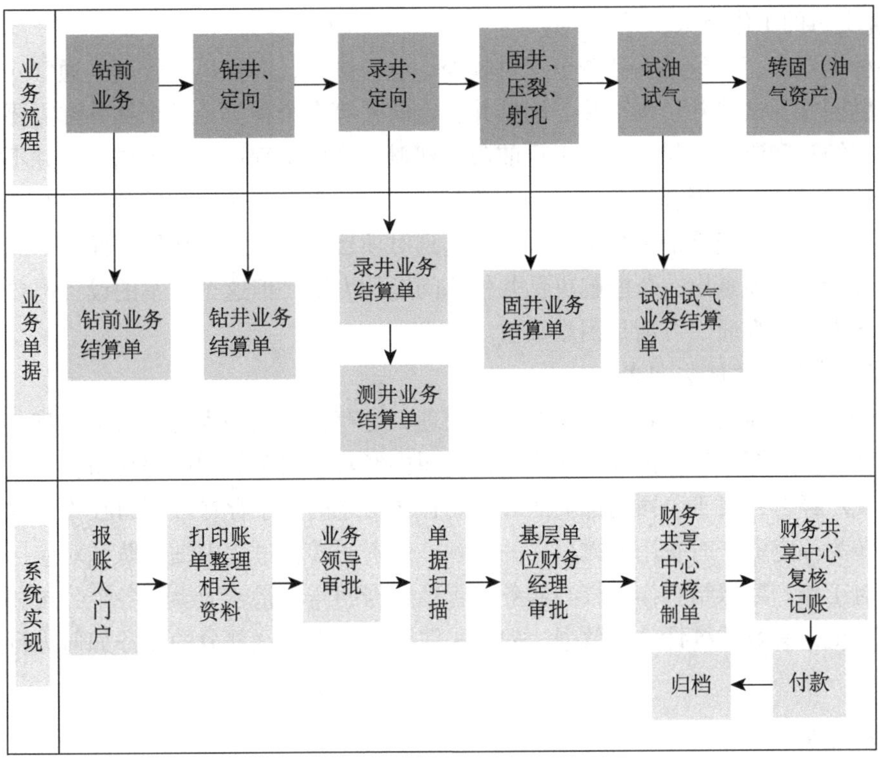

图 14-4　勘探业务流程

2. 业务纳入共享存在的问题

（1）纳入共享的业务复杂

由于勘探业务本身的复杂性，在工程结算方面存在许多问题，阻碍着财务共享的推行。勘探工程分为钻前业务、钻井定向、录井测井、固井压裂、试油试气和油气资产转固六大阶段（图14-4），财务处需要按照工程进度分阶段进行结算，而在每个阶段结算时的费用项目、控制要点、结算对象、涉及业务部门等要点都不相同。例如钻前业务，就要考虑征地、植被和环境绿化等问题，要向当地土地管理部门、林业部门、环保局分别缴纳土地转征费、植被恢复费、环境评价费等前期费用。这些费用所使用的单据不同，种类繁多，需要进行审批签字的部门也众多。这部分业务表单的审批不仅要从财务角度出发，更要考虑业务中的实际需要。

业务人员在征地过程中要与当地进行一系列的沟通，交涉过程复杂，经常导致工程不能按合同进度按时开工。过程中特殊情况层出不穷。例如，对当地农民青苗的赔偿的价格议定，涉及与村委会、农户和土地管理局多方的协商，往往需要业务人员和财务人员的及时沟通和配合，对于不同的情况需要采取灵活的处理方式。财务共享强调标准化和流程化，可是这类事件很难按照既定的流程去进行处理。业务本身就无法统一处理方式，如何实现财务上的共享？如果再去精简项目部的财务人员，这部分工作会更难上加难。

对于系统设计人员来说，这部分业务的单据使用原本并没有进行统一的规范，因此在进行表单设计的时候，即使经过充分的考虑，业务人员依旧认为不符合他们的需求。因此，更需要公司先给出一个统一的政策和规范，然后借助财务共享的实施，将这一问题彻底解决。

（2）资金支付的工作量大

由于油井种类众多，导致结算和资金支付频繁、业务量大，内控风险较高。通常一个油田下有几十个钻井，有勘探井、试采井、水平井、倒钻井和定向井等多个种类，每个钻井都需要根据工程进度的不同分别进行结算和资金支付。但由于目前项目部财务是按工程进度批量结算，并不能及时掌握业务端每个钻井的单井成本和资金支付情况，业务数据和财务数据存在严重的脱节，每次到了项目验收阶段，财务人员都是糊里糊涂地进行审批，难以起到对项目监督管理的作用。面对如此复杂的工程类别，要求系统设计方必须拿出一个能解决钻井核算问题的方案，但这个方案的设计需要业务、财务和系统设计人员多方面的沟通，可谓是困难重重。

（3）完工后内部转移的去向多

在勘探工程完工后涉及内部转移方面的业务处理，也存在难以纳入财务共享的难点。勘探队完工之后涉及内部转移，勘探出油的油井要转到油田公司去经营，属于集团内部交易，而气井由勘探公司钻井队转到采气厂经营，属于公司内部资产转移。在转移之前由于存在数据口径不一致的问题，工程成本核算以及转为固定资产时费用分摊存在的问题，使资产转移过程中钻井队和对应接手部门在转移时有大量的核对工作。勘探结算作为核心业务，管理数据的需求量较大。而各个公司和分部之间数据不能统一，难以提供有效的统计分析数据。如果采取财务共享，这部分的业务如何进行业财融合，也是一个难点问题。

3. 问题的解决

（1）线上线下审批相结合

YC 石油勘探公司原本的结算模式是：工程涉及的每个阶段均相当于一个结算中心，要在金融机构开立 6 个结算账户独立核算，所以导致单据的种类繁多，需要签字审批的环节多，而实现财务共享以后，在集团公司设立内部“结算中心”，开设一个总的结算账户，工程的各阶段全部通过该账户结算，该结算中心负责集团内部资金平衡和调度。通过线上共享的结算手段，大大减少了财务工作量，但由此而产生的问题是直接上传的结算单据均由财务共享中心的人员审核，而共享中心的人员缺乏对复杂的勘探业务的了解，会导致结算风险增加。

而 YC 石油勘探公司结合勘探业务复杂、单据难审核的实际情况对该项审批风险进行了控制，即采用线上线下相结合的审批模式，加强风险防范。对于结算资料准备过程中所涉及的业务部门均线下手签审批，结算资料准备齐全后提报结算，在资料扫描上传后，各部门进行线上审批，再将两者均审批通过的结算资料由共享中心在总结算账户中运作。

（2）实现单井核算

为了解决油井种类众多，资金支付时审批困难、内控风险大的问题，在系统设计时，以井号作为核算的关键字，实现了“单井核算”，可以按照井号统计单井成本、收入、资金支付情况等信息，且所有数据都可以追查到业务单据，实现了财务数据和业务数据的一体化。同时在业务报账单据上设置了众多关键填报项目，从业务一线取得财务辅助核算的项目信息，避免因财务人员不了解业务实际情况而造成明细核算项目的偏差。

（3）全生命周期信息化管理

勘探工程完工后涉及内部转移方面的业务处理，最大问题在于不同公司间的数据口径不一致，且信息没有打通。勘探公司组织项目审计专家，对于工程核算科目建立科目映射①表，对数据计算的口径进行统一。同时经过沟通，集团出台相应规范性文件，对跨部门内部转移的财务处理提出规范性要求。

① 映射：指两个元素的集之间元素相互“对应”的关系。财务科目映射是指在系统中提前设置好科目之间的对应关系。

在系统建设方面，实现了勘探工程全生命周期的信息化管理。整个周期包括：钻井工程部的工程各阶段核算、财务共享中心进行工程款支付和财务核算、采气厂和油田公司进行工程转固结转。保障业务数据可以横跨业务部门和业务阶段进行反向追溯。

四、功到自然成——财务共享实施效果

很多成功建立财务共享中心的公司，都是先从费用报销、应收应付、资金收支等业务做起，但这些业务对 YC 集团或者油气勘探公司来说，所占的比重非常小，成功企业的经验并不能被 YC 集团所借鉴，也很难解决公司所面临的实际问题。因此，YC 集团秉持“敢为人先、迎难而上”的百年国企精神，下定决心要做成财务共享勘探行业第一例。在全集团上下员工的共同努力下，历经近两年的摸索改造，终于成功建立了“全核算业务一次性上线”的财务共享中心。

2015 年勘探公司下属 8 个分部，到 2018 年增加到 14 个分部，每个分部至少要设置 3 个财务岗位，原本至少需要新增 18 名财务人员。而共享中心建立后，勘探公司没有新增财务人员，仅原本的人员就可以满足业务需求。公司共享前财务管理人员为 90 人，其中核算人员 60 人；共享中心上线运行后，财务人员总数保持不变，但核算人员只需 30 人，占比下降 50%。由于信息系统操作流程是固定的，部分岗位对核算人员专业能力的要求有所降低，进一步节约了人工成本。实行了信息化平台操作，原有的文件归类、存档等过程实现了无纸化办公。2015 年，单笔凭证处理成本 59.17 元，2016 年单笔核算成本在 19 元左右，同比下降了 68%。

共享中心内部岗位进行重新整合、优化，由原来的岗位和科室划分业务，改为按照业务流组合各岗位人员和工作。该运行模式实现了人员工作负载均衡，打破了原有科室划分带来的负载不均，实现从原来条块式业务处理向网络式业务处理转变，减少业务交叉和分工不明确矛盾。

通过共享平台查看结算进程，使公司可以及时掌握报账进度，在系统中可以随时掌握和了解全公司主要业务的进度及结算情况，以扭转财务信息不及时，预算执行反映虚假和事后预算问题。财务共享服务中心的搭建，集中了公司所有单位财务数据和部分业务数据，并实现数据的电子化，为跨单位整合汇总、全面系统分析、及时准确提供数据创造了有利条件。

五、案例后记

转眼间，4 年过去了，YC 石油勘探公司的财务共享中心早已实现了成熟稳定运行。目前全集团的共享中心平台已经上线，管道运输、销售公司开始逐步运行。共享中心在集团层面运用过程中，必然会有新的挑战，也将会达到更理想的效果。参考国内外成熟的 FSSC 系统，全集团共享可以为管理层的战略决策制定、资源统一配置和资金的高效运作提供极强的支撑作用。借鉴中兴财务云的运营模式，未来集团的共享中心也可以考虑为同行业企业提供云计算服务，使其成为企业的利润中心。希望财务共享中心可以助 YC 石油保持领先、再创辉煌!

案例使用说明

一、教学目的与用途

1. 适用课程

本案例适用于“财务管理”“信息系统与信息资源管理”等课程。

2. 教学对象

本案例适用于MBA、MPAcc学员和会计学研究生。

3. 教学目标

本案例描述了陕西YC石油勘探公司在国家提倡财务信息化、智能化时代的背景下，以促进企业财务管理转型为目标，建设全业务财务共享模式的过程。重点介绍财务共享模式的建设动因、建设目标、建设重点与难点，以及最终的建设成效。本案例的教学目标有：

① 帮助学员掌握财务共享模式的含义和演变过程，通过财务共享模式的组织适用性问题，引导学员思考财务共享服务给企业带来怎样的价值。

② 带领学员理解企业如何根据自身特点选择业务推广路径、业财融合问题的解决思路和财务共享给企业带来的变革。

二、启发思考题

① 财务共享模式以及财务共享服务中心的含义是什么？有人认为YC石油勘探公司的试点项目不是财务共享中心的建设项目，谈谈你的认识。

② 你认为YC石油勘探公司适合建立财务共享模式吗？如何理解企业或企业集团建立财务共享模式的组织适用性问题？

③ 结合案例分析财务共享模式的建设过程。财务共享在业务建设方面有哪些推广方案？如何根据企业特性选择建设推广方案？

④ 财务共享模式的建立如何帮助企业实现业财融合？ YC石油勘探业务在业财融合的过程中存在哪些难点？

⑤ 财务共享模式的建设给企业带来怎样的变革？应当如何应对？

三、分析思路

本案例回顾了YC石油勘探公司财务共享服务中心的建设全过程，以此引导学员掌握财务共享、组织流程再造、变革管理等核心知识点，并能够在实践中运用相关理论来发现、分析并解决企业所面临的财务信息化问题。

教师可以根据具体教学目标来灵活使用本案例。

第一，从财务共享的含义及其发展阶段入手，引导学员区分财务共享模式与财务共享服务中心之间的区别，理性判断YC石油勘探公司的财务信息平台建设是否属于财务共享建设，从财务共享模式发展的不同阶段来理解财务共享的内涵。

第二，围绕主题“谁说勘探不合适”，讨论集团建立财务共享模式的组织适用性问题。引导学员思考财务共享模式和企业财务体系之间具有怎样的关系，财务共享模式如何达成促进企业价值增值的目标。

第三，从勘探公司建设全业务共享的重要特征入手，引导学员了解财务共享在业务建设方面有哪些推广方案，分析不同推广方案各自具有什么优缺点。

第四，重点提问财务共享建设过程中存在的问题，引导学员了解勘探行业财务核算的复杂性，掌握财务共享建设与实施过程中的关键问题和对应的解决方案，启发学员思考如何构建涉及特殊业务的财务共享模式，其主要控制风险在哪个环节，如何解决。

第五，引导学员通过案例进行总结，讨论财务共享的建设给企业带来了哪些变革，从不同角色出发去分析其面临的变化，并讨论作为领导应该怎样帮助财务共享顺利落地。

本教学案例的详细分析思路与步骤如图 14–5 所示。

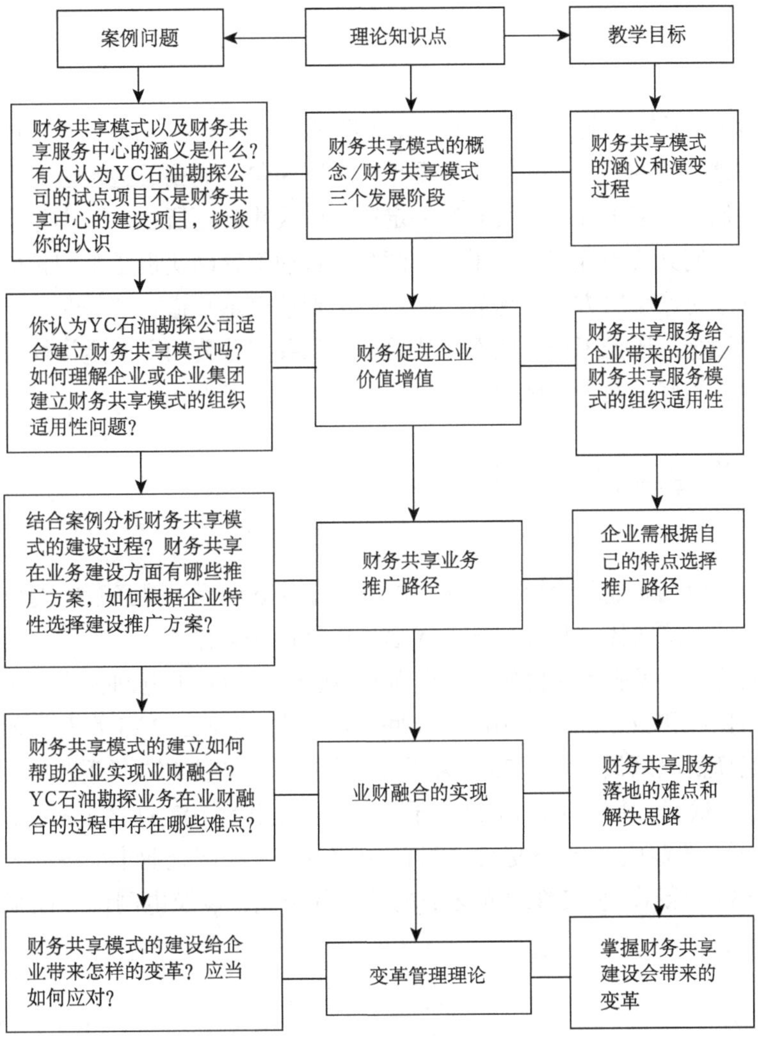

图 14–5　案例讨论分析思路

案例 15

"两金"破浪会有时，直挂云帆渡长安
——A 电网企业"两金"管理优化 [①]

曹翠珍　孙梦蕾　杜　威

案例正文

引言

2020 年 5 月 16 日下午两点，陕西西安，阳光明媚，绿意盎然。刚下飞机的 A 电网周副总和李总会计师却无暇观赏这古城的美景，他们表情凝重，步履匆匆。周副总边走边对身边的李总会计师说："这次总部之行我们被点名批评，回去咱们一定得好好找找问题所在。"李总会计师一边掏出手机，一边说道："这次咱们分公司确实丢人了，'两金'管理不善确实也是咱们长期被诟病的问题。我这就安排相关部门开会讨论解决方案，您放心吧。"周副总也感叹道："是啊，这两年国务院国资委持续推动中央企业'两金'压控工作，然而，从总公司到我们分公司'两金'规模却始终居高不下，我们一定得找到原因，做好'两金'优化！"

一、"两金"管理，任重道远

1. 公司背景

A 电网企业为 C 电网企业的全资子企业，注册资金 360 亿元，是经营电网投资、运行维护、电力交易与调度等业务的经济实体，是统一管理 A 区域电网的企业法人。

A 电网企业秉持为人民服务的价值观，全面开展创建国际先进电网企业工作，致力于向广大客户提供世界级的电力供应和服务。截至 2019 年年底，A 电网企业职工 2.25 万人；总装机 3994.53 万千瓦；外送能力 1171 万千瓦；电网最大负荷 2394 万千瓦，最大日用电量 4.97 亿千瓦时；输电线路 4.2 万公里，变电容量 13154 万千伏安；售电量 1174.22 亿千瓦时，外送电量 102.67 亿千瓦时；总资产达 2646 亿元，营业收入 2959 亿元，营业成本 2865 亿元，利润 60 亿元。A 电网企业本部设办公室等 21 个职能部门，其组织结构如图 15-1 所示，直接管理 A 区域的地市分企业，以及电网调度控制、通信、基建等多家中心机构和下属企业。

① 案例来源：中国管理案例共享中心，并经案例作者同意授权引用。
本案例于 2020 年 12 月 11 日入选中国管理案例共享中心案例库。
由于公司保密的要求，在本案例中对有关名称、数据等做了必要的掩饰性处理。
本案例只供课堂讨论之用，并无意暗示或说明某种管理行为是否有效。

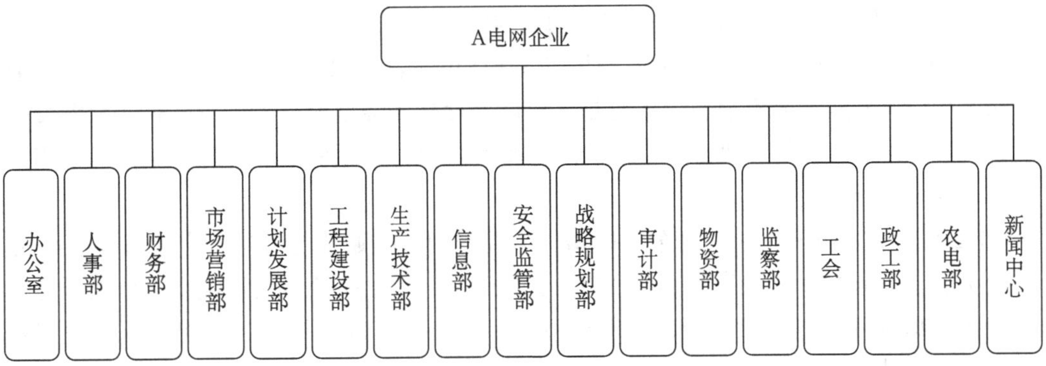

图 15-1　A 电网企业组织结构

2. A 电网企业“两金”管理的现状

A 电网企业，因为电能的供给和消耗是同时的，客户使用了电能无法立即确认使用数量，并立即支付费用，所以会选择在某一个时间段进行统一计量，再进行核算发行，这就导致了电网企业的电费计量日期和顾客的确认日期存在差异，从而出现应收账款。该企业的应收账款管理主要由财务部和市场营销部负责。财务部负责制定企业应收账款财务管理办法并组织实施，组织企业应收账款的会计核算，牵头组织企业坏账准备的计提、坏账核销等工作，以及对所属各下属企业应收账款管理工作进行指导、监督、检查和考核。市场营销部负责制定企业收费管理办法并组织实施，组织企业应收账款回收工作，向财务部门提供应收账款相关资料并配合财务部门做好电费坏账核销等工作，对下属企业账款回收工作进行指导、监督、检查和考核。

A 电网企业的存货主要是为了电网建设与电网服务所准备的生产材料，与其他行业生产的实物不同，电网企业生产的电能是一种特殊的产品，无法大规模保存。所以，电网行业的存货管理和普通的产品物资管理不一样。该企业的存货管理主要由财务部和物资部负责。财务部负责组织制定企业系统库存物资价值管理实施细则和企业系统库存物资核算方法，组织企业系统重大库存物资处置的审批工作、企业系统库存物资评估审核或备案工作，以及指导、协调、监督和检查下属企业的库存物资价值管理工作。物资部负责制定企业物资的一体化管理制度，制定企业的物资管理规划并组织实施，负责企业物资需求计划管理、应急物资的配置标准和跨省区调拨，以及对各下属企业物资管理进行指导、监督、检查及考核。

（1）A 电网企业“两金”管理考核评价

A 电网企业目前“两金”管理采取总额与压降额两方面的数量指标考核评价。

“两金”总额考核指标：考核“两金”总额及分项目标是否完成，采取年初下达目标、年末考核的方法，该考核指标仅有应收账款、存货及“两金”总额，原则上与去年末持平。

“两金”压降额考核指标：基于以前年度的存量数据，考核“两金”压降的金额比例，A 电网企业两金考核指标主要是 3 年以上应收款项压降 10% 目标。主要有以下几个方面：

① 3 年以上应收款项（含应收账款、预付账款和其他应收款），较上年底降低 10%。

② 1 年以上应收账款余额，较上年末下降 10%。

③应收账款存量，以上年末为基准压降 30%。

④存货存量，以上年末为基准压降 20%。

⑤年末非正常存货余额较上年末下降 10%。

（2）“两金”管理问题凸显，压降效果举步维艰

李总会计师回到办公室，看着桌子上厚厚的资料眉头紧皱。2019 年，A 电网企业“两金”压降额考核指标完成情况确实十分不理想，主要是 3 年以上存量压降难度过大，下属企业大多没能完成。他暗暗下定决心，A 电网企业“两金”管理的问题刻不容缓，必须尽快分析解决。他开始阅读下属提前准备好的“两金”分析报告。

由图 15-2 可知，A 电网企业“两金”的增长主要受到应收账款的影响。应收账款余额在 2016—2019 年同比有大幅度增加，增长率高达 381.78%，风险较高，给企业运营资金带来巨大压力；存货余额方面，2016—2019 年也是连续增长，但涨幅不大，增长率仅为 18.36%，压控情况有一定效果，但本身基数很大，即使最低时的 2016 年也有 52 722.96 万元，远远高于 2016 年的应收账款，因此也需要持续关注。

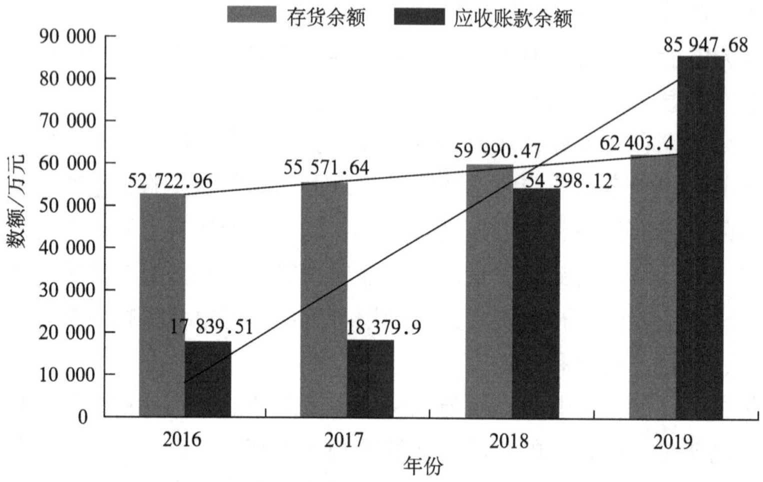

图 15-2　A 电网企业存货余额和应收账款余额变化趋势

由图 15-3 可知，从趋势来看，1 年以上应收账款与非正常存货占比下降速度非常快，说明历史遗留款与非正常存货不断降低。从数据来看，1 年以上应收款项余额降幅明显，但绝对数仍旧较大，需继续加大分析与清理；非正常存货余额至 2019 年仅剩 8.53 万元，压降效果比较明显，需保持好目前的余额状况，不断提升非正常存货管理水平即可。

上年存量应收账款压降是指上年度的应收账款余额在本年度回款额，由表 15-1 可知，经过这 3 年的管控，2017—2019 年上年压降的应收账款存量金额逐年增加，占比提升至 70% 以上，说明应收账款压降管控有一定效果，但回收周期还有很大缩短空间；上年存量存货压降是指上年度的存货余额在本年度减少额，由表 15-1 可知，2017—2019 年上年存量存货压降金额变化不大，但比例持续增加，2019 年提升至 68.02%，剩余余额大部分为计划采购后但未领耗的存货或者储备物资。总体上来看，“两金”压控管理水平有一定效果，但仍有很大改进空间。

由表 15-2 可知，每年末的应收账款 1 年以内的余额所占比例均在 40% 以上，2016—2019 年 1 年以内应收账款余额所占比例逐步增加；从账龄角度看，该部分资产坏账可能性较小、风险相对较低。但 1 年以上应收余额压降幅度不大，造成该原因是 2017—2019 年国家电价调整政策影响，陕西电价取消了征收的城市公用事业附加、其他政府性资金基金，同步调低了陕西电网趸售电价等。由于电价单价的降低，计算口径的变化，导致 1 年以上的应收余额压降效果不明显；1 ～ 2 年的应收账款

呈现小幅度增加趋势，2～3年的应收余额除了2017年大幅减少，从1121.8万元减少至416.87万元，后3年变化不大，3年以上应收账款的比例虽然有大幅度降低，但总金额却是居高不下。应收账款账龄在5年以上的金额均在3000万元以上，最高达到5311.6万元，资金占用金额大、周期长，存在应收账款坏账风险。

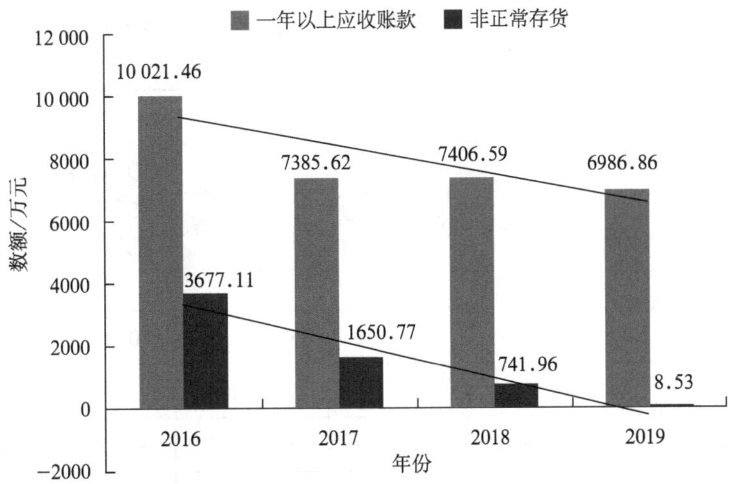

图 15-3　A 电网企业“两金”一年以上及非正常余额变化趋势

表 15-1　A 电网企业“两金”压降情况

单位：万元

年度	上年存量应收账款压降	上年存量应收账款压降比例	上年存量存货压降	上年存量存货压降比例	上年存量两金余额压降	上年存量两金余额压降比例
2017年	9427.32	66.14%	35 735.16	57.26%	45 162.48	56.28%
2018年	11 054.66	75.62%	38 235.82	63.82%	49 290.47	62.89%
2019年	43 182.15	77.38%	37 800.39	68.02%	80 982.54	73.64%

表 15-2　A 电网企业应收账款账龄构成明细

单位：万元

年份分类	2016年应收账款		2017年应收账款		2018年应收账款		2019年应收账款	
	余额	占比	余额	占比	余额	占比	余额	占比
1年以内（含1年）	7818.05	43.82%	10 994.28	59.82%	46 991.53	86.38%	79 306.8	87.52%
1～2年（含2年）	1869.45	10.48%	1435.63	7.81%	2349.73	4.32%	2395.96	2.79%
2～3年（含3年）	1121.8	6.29%	416.87	2.27%	429.76	0.79%	455.68	0.53%
3～4年（含4年）	699.79	3.92%	345.29	1.88%	272.42	0.50%	174.94	0.20%
4～5年（含5年）	1018.82	5.71%	558.08	3.04%	248.48	0.46%	131.66	0.15%
5年以上	5311.6	29.77%	4629.75	25.19%	4106.2	7.55%	3482.64	4.05%
合计	17 839.5	100.00%	18 379.9	100.00%	54 398.12	100.00%	85 947.68	100.00%

由表 15-3 可知，A 电网企业 2016—2018 年应收账款前十大余额中剔除政策影响的应收能源补贴账款后，基本上均是应收电费，仅存在少量的应收其他款。根据 A 电网企业的应收账款前十大客户余额数据分析，其中仍然存在诸多问题。例如，5 年以上大额应收电费情况并没有得到回收改善，大额应收款长期挂账的存在造成企业损失的可能性更大。

表 15-3 A 电网企业应收账款前十大客户余额情况表

单位：万元

年份分类	2016 年		2017 年		2018 年	
	应收账款前十大客户余额	占应收账款前十大客户余额比例	应收账款前十大客户余额	占应收账款前十大客户余额比例	应收账款前十大客户余额	占应收账款前十大客户余额比例
合计余额	1348.59	100.00%	37 109.38	100.00%	69 199.40	100.00%
其中：						
（一）能源补贴款	0.00	0.00%	35 672.11	96.13%	66 566.75	96.20%
（二）电费款	1348.59	100.00%	1287.26	3.47%	2439.09	3.52%
（三）其他款	0.00	0.00%	150.00	0.40%	193.56	0.28%
其中：						
（一）1 年以内（含 1 年）	0.00	0.00%	36 066.39	97.19%	68 149.28	98.48%
（二）1～2 年（含 2 年）	0.00	0.00%	0.00	0.00%	0.00	0.00%
（三）2～3 年（含 3 年）	0.00	0.00%	0.00	0.00%	0.00	0.00%
（四）3～4 年（含 4 年）	0.00	0.00%	0.00	0.00%	0.00	0.00%
（五）4～5 年（含 5 年）	846.06	62.74%	0.00	0.00%	0.00	0.00%
（六）5 年以上	502.53	37.26%	1042.98	2.81%	1050.12	1.52%

由表 15-4 可知，A 电网企业的营业收入及营业成本呈稳定增长趋势，2016—2019 年毛利率从 5.13% 连续下降到 3.16%，说明企业 4 年来 A 电网企业的营业成本管控不到位，2018 年和 2019 年的净利润大幅下降也说明了该问题。A 电网企业资产总额呈较快增长趋势，2019 年较 2016 年增长近 28.82%，说明企业处于发展增长期。2016—2019 年，应收账款和存货占流动资产的比例由 6.09% 增长至 8.6%，且应收账款周转率不断下降，存货周转率也呈下降趋势，表明虽然 A 电网企业近年来逐步加强“两金”管控，但管控并不理想，“两金”增速快，且占流动资产比重逐年增大，资产可变现能力较弱，收入增长品质不高，加大了企业资金风险。

表 15-4 A 电网企业营业指标情况

名称	2016 年	2017 年	2018 年	2019 年
营业收入 / 万元	26 803 383.57	27 479 745.78	27 881 965.76	29 585 580.18

续表

名称	2016 年	2017 年	2018 年	2019 年
营业成本 / 万元	25 428 967.99	26 103 167.25	26 897 857.21	28 651 742.12
毛利率	5.13%	5.01%	3.53%	3.16%
净利润 / 万元	725 657.92	916 622.00	571 030.06	444 885.76
流动资产 / 万元	1 158 639.88	1 975 829.94	1 722 815.16	1 724 759.30
应收账款 / 万元	17 839.51	18 379.90	54 398.12	85 947.68
应收账款周转率 / 次		1517.40	766.22	421.61
应收账款占流动资产比	1.54%	0.93%	3.16%	4.98%
存货 / 万元	52 722.96	55 571.64	59 990.47	62 403.40
存货周转率 / 次		482.08	465.51	468.19
存货占流动资产比	4.55%	2.81%	3.48%	3.62%

二、认清自我，寻找问题

看完这些分析，李总会计师叫来了财务王主管和营销刘主管询问他们的观点。刘主管思考了片刻，首先打破了沉默：“其实公司应收管理方面的问题确实挺多，其中有一个问题困扰我很久。应收账款的业务主要是我们营销部门监管实施，但是应收账款的核算分析则是财务部门来完成，可是目前财务部门已经接连好几个月不能够及时反馈应收账款逾期情况等信息，我们部门就无法按照用户的真实需求设计监管模式。”

王主管皱起了眉头，说道：“财务部门应收账款的账龄分析一直是强控项，但是的确存在两个部门对接不及时的情况，导致逾期应收账款的催收情况不乐观。”王主管顿了顿，喝了口水，继续说道：“刘主管，我们的征信等级也需要及时更新。你们营销部门主要负责深挖电网客户，可是缺少对历年营销情况数据的有效搜集与分析，导致我们不能对用户的征信等级做出深入分析，后期我们再一起想想办法，看看如何更有效地实现咱们两个部门的对接互通。”刘主管频频点头表示赞同。

接着，李总会计师也对此发表意见：“目前，公司还无法将新型回收手段与传统方式进行结合，在对应收账款监管方面的观念也确实陈旧。我们的重心一直放在账款年份分析、催收用户、会计审计这些方面，对用户信用、销售合同风险等指标进行分析的工作则较为缺乏。我们是时候想想办法了。”

他意味深长地叹了口气，继续补充道：“关于你们两个部门的对接不及时，也不能全怪你们，因为现阶段我司各部门应用系统种类较多，从业务部门的远光软件系统，到营销部门的 BIP 系统，再到财务部门的 NC 系统，各系统功能不统一，各部门数据大多无法实现线上的实时互通，只能依赖线下交流，信息有效性也得不到很好的保障，工作效率大打折扣。此外，各级单位目前只能逐级上报业务数据以完成信息汇总，无法直接看到下属企业经营数据，这拉长了数据更新的时效。我再和周总商量一下这些情况，看看能不能联合 IT 部门解决。”

王主管和刘主管均点头表示同意。王主管继续说道：“关于存货，我昨天刚约谈了资产管理员小邓，最近我们的库存持续膨胀，材料无法完全销售，导致资源利用率低下，浪费严重。公司在采购时有些不合理，一般情况下，公司各业务部门需将采购需求统一汇总并向物资部门报送，但有些部门存在为使存货充盈而选择多报的现象；同时，物资部门为减少工作量，也会选择增加采购数量以减少采购次数，造成订单额大于实际需求额度。而且物资部门对库存统计也不能及时更新，这也影响了新物资的采购。”

李总会计师回应道：“这个情况我会和周副总反应。咱们‘两金’管理的业务联动性确实较差，毕竟‘两金’监管不应局限于财务管理方面，它更是企业整体监管工作的问题。据我所知，公司业务部门还未能够把其监管工作纳入‘两金’监管模式当中，工作参与度不高，协同效率低下。财务部门也未能主动参与业务部门的决策工作，未能对决策起到相应的支持作用。业财部门合作程度较低，我再和周副总想想办法。”

三、集思广益，又见曙光

会议结束后，李总会计师找到周副总提出这些问题。二人商量过后，一致决定让各部门针对性解决问题，争取在一周内能给出解决的方案。接下来的时间里，大家分析原因，借鉴其他公司管理的经验，一周后，周副总的办公桌上放了几份“两金”管理优化方案。周副总在看完了所有的方案后，结合自己的想法，总结得出如下方案。

1. 业务管理优化

（1）营销部门对应收账款管理优化

①设立专门的应收账款管理部门

目前，应收账款主要由财务部和营销部负责，而企业财务部门在职能上缺乏互通，管理较为粗放，造成监管缺位、工作效率低等问题。针对以上问题，A 电网企业需成立一个主要负责管理应收账款的单位，统筹各相关部门工作，以及对用户进行信用等级评定及后续业务维护服务。建议单位的主要构成及工作流程安排如图 15-4 所示。

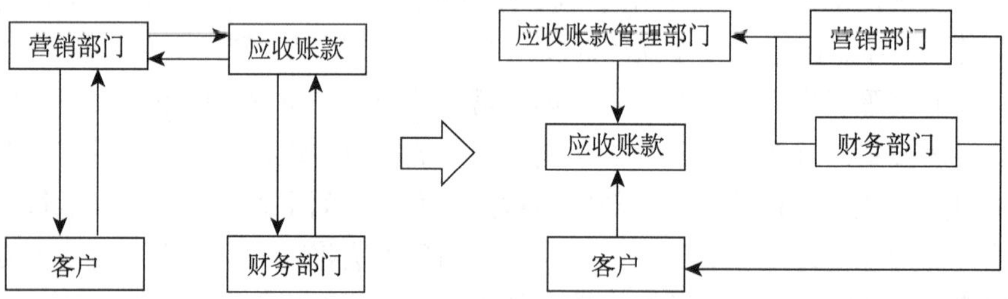

图 15-4　应收账款差异化管理组织结构优化

下一步则是对主管部门的职能和义务进行界定，要确保实现对应收账款的监管，也要牢牢控制运作风险以及资源的合理安排。例如，必须确保对应收账款管理工作的独立性，因此要把营销工作的岗位与应收账款的收款业务进行区隔，二者互相能够监督；同时，还要区隔应收款项审计业务与数据分析、收缴款项岗位，确保应收账款管理工作的客观公平；并且，对应收账款进行管理的每个流程都要受到企业管理层及应收账款管理部门的监管，一些较为大型的决策事项必须呈报上级决策层及应收账款管理部门。具体设置可参考图 15-5。

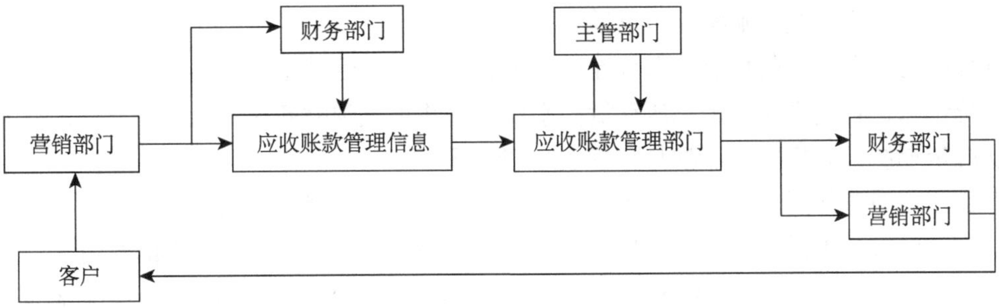

图 15-5　应收账款差异化管理职能设置

②加强客户的精细化管理

一方面，强化自身征信及信用等级评估体系，对电网企业用户主体严格排查，对违约用户、新用户及国家限制性行业等用电主体进行预售电管理。对于用电规模较大的用户必须进行征信审核，如工业用电主体及商业用电主体。另一方面，对营销系统中的信息进行精细化处理。在系统中体现用户拖欠款项的积累数或其他违反合同行为的统计字符，可通过定期分析，针对系统内这一违约数据进行全年分析，将违约数多、具有较大资金回收风险的客户从系统中挑选出来，并分时段进行严密监控。还可以与这些高违约用户签署担保合同，以此来保证资金回收的安全性。对于合同到期后未能及时回收的款项，应增加备注功能并标注原因，做好二次回收预案，降低企业损失。

③多渠道回收应收款项

创新电网企业应收电费回收方式，利用智能电表和自动化系统，实现自动抄取结算电表，对电费余额进行严格控制。利用微信、掌上银行等新型工具开拓线上缴费业务，加大二维码在购销业务上的应用。

（2）物资部门对存货管理优化

由于企业各部门将需采购用品统一上报物资部，易造成物资数量虚报等问题，因此，在采购前，物资部门应与各级单位协商评定，依照实际情况上报需采购数量，制定科学的采购计划和方案，在满足前期需求的同时，适当增加后期预备物料。同时，原有的采购经由相关部门考察再交决策层审批的方式需要进行更改，例如，在企业内部成立计划会审机制，相关事宜交由业财两个部门共同处理，最大限度提高两个部门协作效用；此外，按季度或单个月份进行考核，对采购需求与实际耗损进行严格比对，落实管理效果；还可适当引入数据库管理人才，提高材料库存管理，合理配置，减少浪费。

仓库管理方面，要定时准确进行库存盘点，缺货、漏货、次品排查要详细，并根据不同情况做出相应处理。长期库存积压必须加快清理流程，保证库存周转流畅，在保质期内积极盘活材料利用度，降低不必要的浪费。善于利用智能分类技术对库存进行排查，对于即将过期的材料予以及时清仓；如需报废，则要根据相关法律条例进行报废处理，争取回收变现，降低企业损失。未经使用的材料，要严格管理，闲置物品争取做到不占大量库存、快速出库，监管部门对新增采购材料及数量要严格准入，做到不需要不采办；对于闲置材料的利用，要积极与各下属公司协商，统一规划，合理配置，通过内部调拨方式平衡各单位材料用量，提高库存材料利用率。

2.“两金”业财融合优化

（1）“两金”管理流程的业财融合优化

从业务部门与财务部门的日常管理流程去融合。例如，营销部门签订销售合同时，需要财务部门把关对方企业资产风险，是否需要签订担保合同或者保证金；物资部门决定采购物资时，需要财务把关库存成本；财务部门后续入账实时，反馈业务部门进展。

从业务部门与财务部门的信息化系统建设去融合。例如，营销系统增加欠款原因字段并集成到财务系统以区分记账，物资系统增加积压存货等字段信息并集成到财务系统以区分记账，财务系统建立后续分析功能定期统计分析应收账款与存货的管理情况。

从业务部门与财务部门的考核评价指标去融合。业务部门与财务部门有各自的考核评价指标，侧重点不同，可以融合，再设置权重，加权计算后得出一个更全面判断两金水平的数值。

基于业财融合，并结合 A 电网企业实际情况，尝试对 A 电网企业“两金”管理流程进行优化，建议如图 15-6、图 15-7 所示。

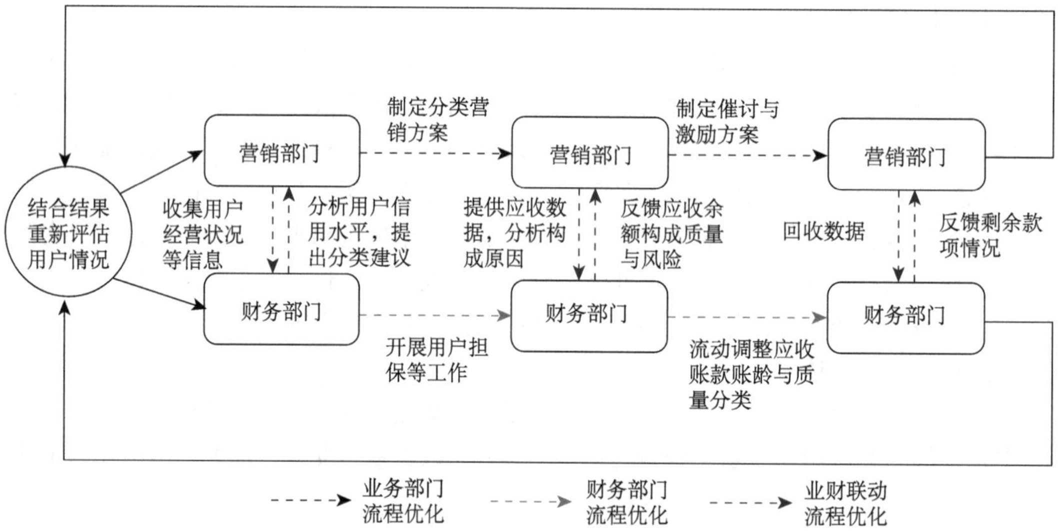

图 15-6　基于业财融合的应收账款管理流程优化

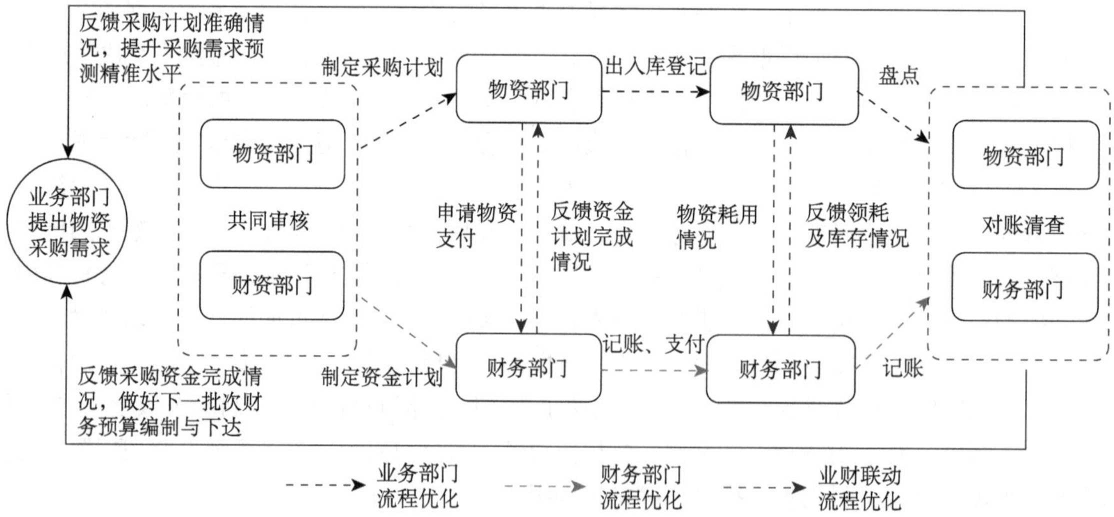

图 15-7　基于业财融合的存货管理流程优化

（2）“两金”管理评价体系的业财融合优化

评价体系的构建比较复杂，A 电网企业对于“两金”管控评价，评价内容简单，指标传统单一，深入程度远远不够。为更准确全面地了解一个企业“两金”管理的综合水平，结合 A 电网企业的实际情况，高管们研究并初步构建了新的“两金”管理评价体系，以期望全面地评价 A 电网企业在“两金”管控方面的长短板，明确企业改进方向，针对性地制定管控措施。结合 A 电网企业管理思维及行业“两金”特点，最终选择能反映“两金”管理情况的四大类指标，期望从规模、变化、速度、质量等方面对“两金”管理进行定量及定性的综合评价，具体指标如表 15–5 所示。

表 15–5　“两金”管理评价指标表

<table>
<tr><th>“两金”管理指标</th><th>指标公式</th><th>指标标准</th></tr>
<tr><td rowspan="4">“两金”比重类指标</td><td>应收账款余额占流动资产比重</td><td>该指标应控制在三分之一内，有利于增加企业经营活力</td></tr>
<tr><td>应收账款余额占总资产比重</td><td>该指标会随着总资产相应变动，若总资产减少但应收账款占总资产的比重却有所增幅，企业需要重视应收账款账龄</td></tr>
<tr><td>本年度应收账款占收入比重</td><td>该指标越小，体现企业本年度的应收账款回收效率高</td></tr>
<tr><td>本年度存货占成本比重</td><td>该指标越小，体现出企业对存货余额规模的管控越合理</td></tr>
<tr><td rowspan="7">“两金”变化类指标</td><td>上年应收账款余额本年压降率</td><td rowspan="2">适当地降低余额能够形成良好的“两金”运营，保持“两金”增幅低于企业营业收入与营业成本的增长水平，能够保障企业现金流的畅通</td></tr>
<tr><td>上年存货余额本年压降率</td></tr>
<tr><td>应收账款增长水平 =（应收账款余额增长率 / 营业收入增长率）×100%</td><td>当该指标值低于 1，反映企业的应收账款质量情况良好</td></tr>
<tr><td>存货增长水平 =（存货余额增长率 / 营业成本增长率）×100%</td><td>当该指标值低于 1，反映企业的存货质量情况良好</td></tr>
<tr><td>电费回收率（剔除一年以内）</td><td>该指标越高，反映电费回收情况越好</td></tr>
<tr><td>非正常存货压降率</td><td>该指标越高，反映压降情况越好</td></tr>
<tr><td>物资计划需求准确率</td><td>该指标越高，反映物资计划需求准确度越高</td></tr>
<tr><td rowspan="2">“两金”周转类指标</td><td>应收账款周转率</td><td>该指标越高，反映企业流动性越强，变现速度越快</td></tr>
<tr><td>存货周转率</td><td>该指标越低，反映企业流动性越强，变现速度加快</td></tr>
<tr><td rowspan="2">“两金”质量指标</td><td>应收账款余额账龄质量 =（Σ 不同账龄应收账款余额 × 对应账龄自然系数）/ 应收账款总余额</td><td>该指标必然是一个大于等于 1 的系数。该系数越是接近数字 1，则表明企业的应收账款中账龄整体偏低，其质量也较高；若该系数越高，则表明企业的应收账款账龄周期越长，此时企业的应收账款质量较差</td></tr>
<tr><td>非正常存货占比</td><td>该指标越小越好，占比越高越要引起管理者重视</td></tr>
</table>

在初步构建好评价体系后，李总会计师采用“两金”专家讨论法，即将上述重新改进的四个“两金”管理评价指标在调查表上列出来，请管理专家们对“两金”各项指标做不同权重值的评估打分；随后与专家沟通，并将专家初步分数与理由公开，进行头脑风暴，确定最后每个指标的权重分数，最终建立一个多维度“两金”管理质量整体评价体系。

李总会计师邀请了20位电网行业“两金”管理及企业管理的资深专家对4个评价指标进行权重的打分。在4个指标中，大多存在指标结果正负不一、大小不同的情况，无法同时放置在权重计算方法下汇总出最后的综合计算结果。因此，根据4个指标明细的变化特点和代表的内涵，将4个指标进行一致化处理，二次加工成0到1之间的数据，且都可以随着“两金”质量的提升而递增。通过上述评价体系的改善与专家打分权重的最后结果，最终形成了“两金”管理评价指标体系，具体如表15-6所示。

表15-6 “两金”管理评价指标体系二次加工

“两金”管理指标P	原始指标T	二次加工值M	评价P计算权重X
“两金”规模指标 P1=M1+M2+M3+M4	应收余额占流动资产比T1	M1=1−T1	12
	存货余额占流动资产比T2	M2=1−T2	
	应收余额占收入比T3	M3=1−T3	
	存货余额占成本比T4	M4=1−T4	
“两金”改善指标 P2=M5+M6+M7+M8+M9+M10+M11	上年应收账款存量余额本年压降率T5	M5=T5	38
	上年存货存量余额本年压降率T6	M6=T6	
	应收账款余额增长率/主营业务收入增长率T7	M7=1−T7（0＜T7＜1）；M7=0（T7≥1）；M7=1（T7＜0）	
	存货余额增长率/主营业务成本增长率T8	M8=1−T8（0＜T8＜1）；M8=0（T8≥1）；M8=1（T8＜0）	
	电费回收率（剔除一年以内电费）T9	M9=T9	
	非正常存货压降率T10	M10=T10	
	物资计划需求准确率T11	M11=T11	
“两金”速度指标P3=M12+M13	应收账款周转次数T12	M12=1−1/T12	21
	存货周转次数T13	M13=1−1/T13	
“两金”质量指标P4=M14+M15	应收账款账龄质量T14	M14=1/T14	29
	非正常存货百分比T15	M15=1−T15	

四、尾声

“两金”破浪会有时，直挂云帆济长安。看到这套方案，周副总对企业“两金”管理优化信心大增，他知道，这只是开始，“两金”管理接下来还有很长一段路要走。但他相信，只有在实践中不断磨合改进，企业才能长久有效地发展下去，即便接下来困难重重，只要大家一起努力，一切问题都能迎刃而解。古城长安的春，是经过几千年悠远岁月打磨而成，长安的A电网，也将不畏艰难，迎头赶上。

案例使用说明

一、教学目的与用途

1. 适用课程

本案例适用于“财务管理”“管理会计”等课程的教学内容。

2. 适用对象

本案例教学对象以 MBA 和 MPAcc 学员为主，也适用于高年级本科生和管理类研究生。

3. 教学目的

本案例通过对 A 电网企业的“两金”管理所存在的问题进行分析，并在业财融合的背景下对“两金”管理进行优化，可通过以下几方面实现教学目的：

① 引导学员深入了解 A 电网企业“两金”管理的具体流程。

② 引导学员诊断出 A 电网企业“两金”管理出现的问题，并对所提出的问题提出优化解决方案。

二、启发思考题

① 归纳 A 电网企业“两金”管理存在什么问题及产生的原因。

② A 电网企业通过哪些措施来进行“两金”管理优化？

③ 结合文中表 15-6“‘两金’管理评价指标体系二次加工表”，计算 2017—2019 年“两金”质量水平综合得分，评价 2017—2019 年“两金”管控情况，并分析评价新“两金”评价指标体系的优点。

④ 为使 A 电网企业“两金”管理优化顺利进行，你认为该企业还可以采取哪些保障措施？

三、分析思路

教师可结合自己的教学目标灵活使用该案例。这里提出本案例的分析思路，见图 15-8，仅供参考。

① A 电网企业在“两金”管理方式、部门联动、信息共享方面存在诸多问题，学员可以在详细阅读案例的基础上，了解企业“两金”管理现状，找出该企业“两金”管理遇到的问题，并分析这些问题发生的原因。

② 学生需详细阅读案例“两金”管理优化部分，在掌握业财融合和业务管理理论的基础上，分析 A 电网企业相关部门是如何联动优化应收账款管理和存货管理的，对哪些环节进行了优化，领会如何通过业财融合来实现“两金”管理优化。

③ 本题目具有一定的开放性，学生可根据表 15-1 至表 15-4 的 A 公司相关数据，结合表 15-6“‘两金’管理评价指标体系二次加工表”，计算 2017—2019 年“两金”质量水平综合得分。可参考正文给出的“规模指标”“改善指标”“速度指标”“质量评价指标”4 个维度，编制 3 年“两金”管理评价指标体系计算表进行分析，并分析指出新“两金”评价指标体系的优点。

④ 此题为开放性问题，学生可以从“两金”管理制度、业财融合机制、“两金”绩效考核、人才培养、信息系统功能等多个角度分析 A 公司可以采取的保障措施。

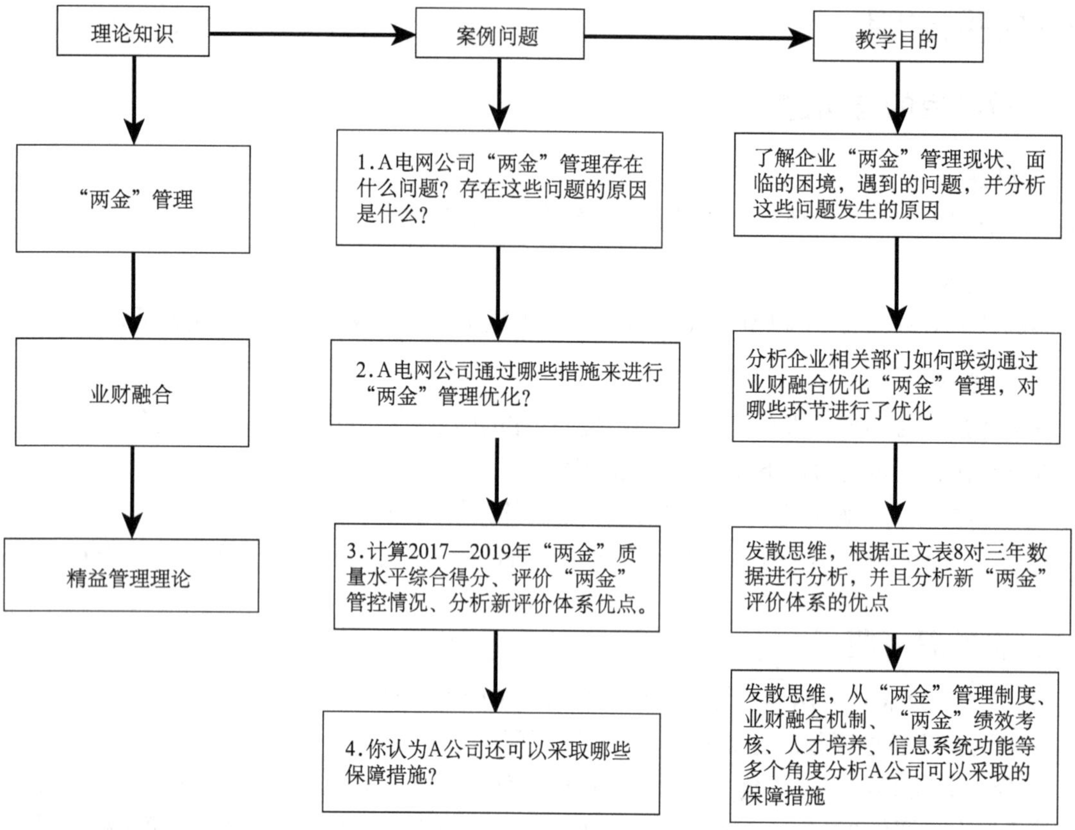
理论知识
案例问题
教学目的
“两金”管理
1.A电网公司“两金”管理存在什么问题？存在这些问题的原因是什么？
了解企业“两金”管理现状、面临的困境，遇到的问题，并分析这些问题发生的原因
业财融合
2.A电网公司通过哪些措施来进行“两金”管理优化？
分析企业相关部门如何联动通过业财融合优化“两金”管理，对哪些环节进行了优化
精益管理理论
3.计算2017—2019年“两金”质量水平综合得分、评价“两金”管控情况、分析新评价体系优点。
发散思维，根据正文表8对三年数据进行分析，并且分析新“两金”评价体系的优点
4.你认为A公司还可以采取哪些保障措施？
发散思维，从“两金”管理制度、业财融合机制、“两金”绩效考核、人才培养、信息系统功能等多个角度分析A公司可以采取的保障措施

图 15-8　案例分析思路

案例 16

博观而约取，厚积而薄发
——D 镇信息化背景下村镇扶贫资金管理[①]

李 瑞 杨 柳 何佳蓉

案例正文

引言

“自中华人民共和国成立以来，党和政府就密切关注乡村扶贫工作，也为众多贫困人群，尤其是农村贫困户摆脱贫穷，走向致富而不懈努力！现如今，我国脱贫攻坚战取得了全面胜利！”张书记听着新闻报道，回想起自己这些年在 D 镇脱贫攻坚战中付出的心血。伴随着新《财政专项扶贫资金管理办法》等一系列文件的颁布与实施，现如今的 D 镇能实现百分之百脱贫率实属来之不易。然而，如何保卫脱贫攻坚的成果，进一步推动乡村振兴，针对扶贫专项资金的管理尤为重要；同时，信息时代的到来，对 D 镇而言是机遇更是挑战。在如此环境下，借助信息化提高财政专项资金的利用效率，并针对资金的使用建立完善的绩效评价体系，这是如何做好乡村振兴衔接工作应当深入思考的问题，更是现如今工作开展的难点和痛点。想到这里，张书记陷入了沉思。

一、朝花夕拾：案例背景与 D 镇扶贫情况简介

1. 政策背景

近年来，我国已开创出成功的扶贫之路，已经实现全面脱贫。

我国是最大的发展中国家，贫困人口曾经在全球所占比例也相当高，相对贫困现象特别突出，全面脱贫，实现小康社会迫在眉睫。为了完成我国人口全面脱贫这一目标，国家 2016—2020 年连续 5 年每年新增专项扶贫资金 200 亿元，2020 年达到 1461 亿元，发挥了精准扶贫资金主渠道作用（图 16–1）。2020 年，中央一次性安排综合财力补助资金 300 亿元，支持补齐挂牌督战地区脱贫攻坚短板弱项。2021 年，为实现巩固拓展脱贫攻坚成果同乡村振兴有效衔接，中共中央、国务院还提出了《关于实现巩固拓展脱贫攻坚成果同乡村振兴有效衔接意见》，谈到了我国需要加强扶贫项目资产管理和监督，公益性资产要落实管护主体，明确管护责任，确保扶贫资金继续发挥作用。

---

① 案例来源：中国管理案例共享中心，并经案例作者同意授权引用。
本案例于 2022 年 5 月 23 日入选中国管理案例共享中心案例库。
由于企业保密的要求，在本案例中对有关名称、数据等做了必要的掩饰性处理。
本案例只供课堂讨论之用，并无意暗示或说明某种管理行为是否有效。

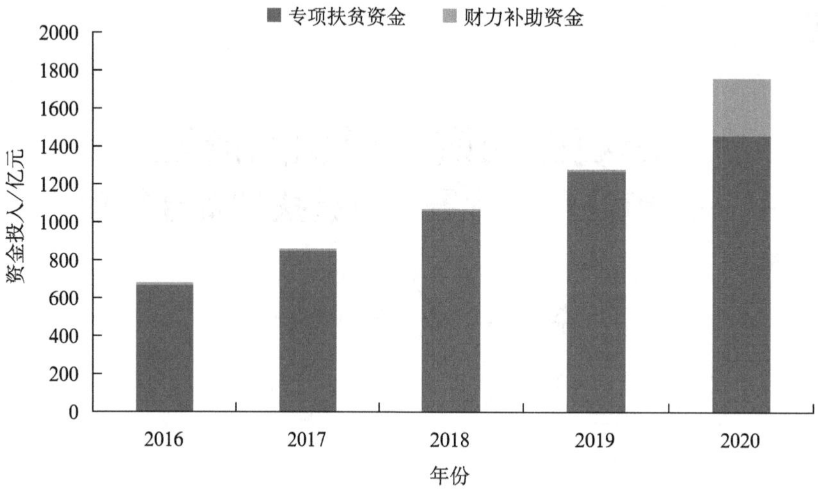

图 16-1　2016—2020 年我国扶贫资金投入情况 ①

长久以来，尽管国内财政持续扩大在扶贫领域的投资规模，把大笔资金划拨至贫困地区，用于促进乡村发展，但往往对扶贫资金的利用效率缺乏重视。为了防止资金出现滞留现象，地方政府更为关注资金的拨付工作，而极少关注后续项目的监督管理问题，也没有重视项目实施效果。因而，从扶贫的资金管理方面来看，为了提升资金使用效率，改变原有的模式是非常有必要的，这就要求各级政府针对扶贫资金管理模式进行改进创新，不断摸索，不断完善，在为贫困地区投放各类资金时，不断运用更为高效的使用方式、更完善的管理扶贫资金财政体系，将扶贫资金用在刀刃上，进而提高扶贫资金的使用效果。

2. D 镇扶贫基本情况与成效

（1）D 镇扶贫基本情况

D 镇是陕西省宝鸡市某县下辖镇，位于陕西省中西部，地处关中平原西部。截至 2020 年，该镇有建档立卡 8 个行政村，其中深度贫困村 2 个。截至 2020 年，在系统之中仍然有 1322 户贫困户，人数为 6659 人；其中，有 1214 户 6379 位村民已经脱离贫困，100 户共计 250 人仍处于贫困之中，还有 8 户居民在脱贫以后又出现返贫情况。D 镇的贫困现象产生的原因是多种多样的，可以分为内部和外部两大类：外部原因主要包括医疗基础配套设施不够完善，使当地群众由于突发疾病或者是残疾而导致贫困，并且外部资金的短缺也会导致贫困；内部原因导致的贫困主要是因为当地在科学技术及文化教育方面的缺失，使得群众不能提升自身的知识水平，从而导致贫困。其中 8 户居民在脱贫后又返贫的情况也主要是由于之前的扶贫资金间歇性投入导致扶贫不稳定造成的，因此，D 镇在精准扶贫工作中还需进一步探索更为完善的扶贫道路。

（2）D 镇扶贫资金现状

为了实现脱贫致富的总目标，各级政府不断加强扶贫专项资金的规范管理，并努力增加专项资金投入。因此，D 镇的扶贫专项资金主要是由中央、省、市直接拨付、县级配套资金投入至 A 县扶贫专项资金，再经过县级统筹整合按需分配的，具体情况见图 16-2。近 4 年，D 镇产业项目资金投入产出比保持在 6.9% ～ 14%，获得良好的效益。同时，在国家扶贫政策的支持下，D 镇通过向产业、教育、

① 来源：2020 年中央财政专项扶贫资金达 1461 亿元 ,2020-12-03, 光明日报官网提供 http://www.gov.cn/xinwen/2020-12/03/content_5566565.htm。

就业、健康、金融、异地搬迁、社会最低保障、危房改造 8 个领域进行资金投入（图 16–3），帮助 D 镇实现贫困人口的精准脱贫。

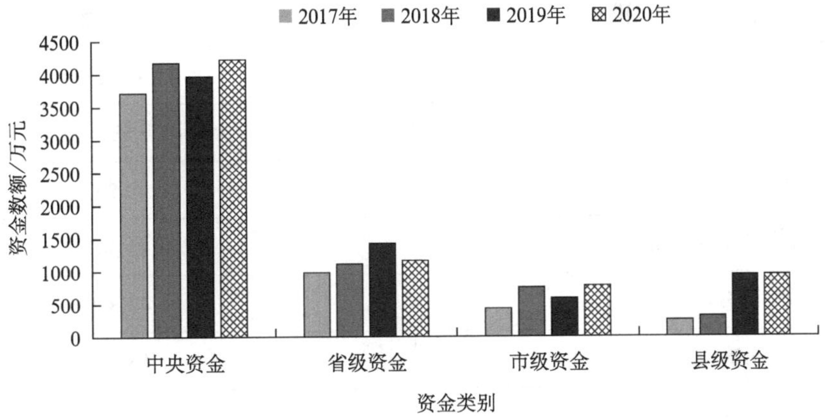

图 16–2　D 镇扶贫资金拨付趋势[①]

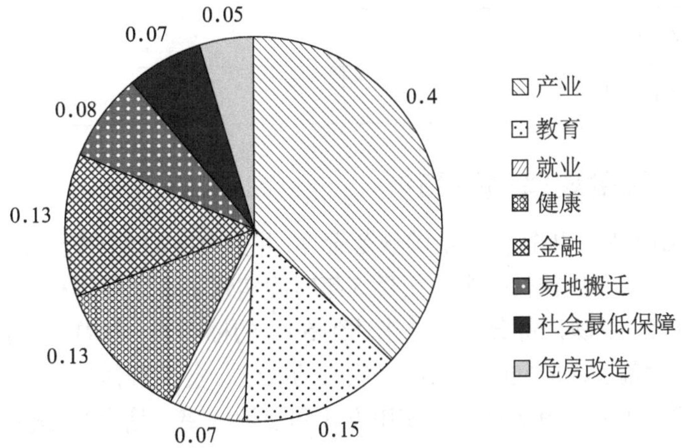

图 16–3　D 镇扶贫资金使用分布[②]

经过 D 镇各级政府部门的努力，扶贫工作在每年 3 月份制订帮扶计划，截至 2021 年 3 月，8 个贫困村 1322 户 6613 名贫困人口实现全面脱贫，从 2017—2020 年，当地的贫困率成功从 38.43% 稳步下降为 0，有两个村子实现了完全脱贫的目标，2021 年进行全面脱贫巩固，做好县级摘帽、村级出列、户级脱贫的工作，建立防返贫动态监测机制。

为了更深入了解基层的扶贫现状，D 镇集结回访小组，对贫困群体以及村民进行回访调查（表 16–1），发现人们对于扶贫资金的到位情况、使用方向及产业带动扶贫情况中满意度较低，在扶贫资金使用监管方面可能存在人为干扰因素；同时，扶贫资金使用方面时效性较差，在产业带动脱贫方面产业所带来的收益太少，带贫效果较差等，致使扶贫资金使用没有达到预期效果。

① 来源：笔者根据 D 镇扶贫办提供调研资料绘制。

② 来源：笔者根据 D 镇扶贫办提供调研资料绘制。

表 16-1　D 镇受访群体满意率调查表[①]

指标	满意率
精准扶贫政策宣传与讲解	83.30%
农村贫困群体的识别标准	92.20%
农村贫困群体识别的公众参与度	53%
扶贫资金到位情况	40.50%
扶贫资金使用方式	91.40%
扶贫资金使用方向	41.80%
教育支持	88.40%
产业带动扶贫	15.10%
家庭用电	85.70%
生活用水建设	85.40%
道路设施建设	84.90%
医疗卫生建设	54.30%

二、上下交困：脱贫攻坚遇瓶颈

D 镇政府扶贫办不断加强专项扶贫资金的规范管理，并努力增加专项资金投入，通过向产业、教育、就业、健康等 8 个领域投入专项扶贫资金，历经 5 年时间实现了 8 个贫困村的全面脱贫。但是，通过对扶贫成效满意度的调查，反映出部分指标并未达到 50% 的标准线，扶贫资金投入效果不尽如人意，导致政府部门专项资金大量投入的同时无法收获应有的成效，贫困群体也并未因这笔专项资金的投入提升其脱贫效率。因此，D 镇试图从资金的使用方式和使用效率、信息化程度、绩效评价是否合理 3 个角度入手分析财政资金管理的瓶颈。

1. D 镇扶贫基本情况与成效

（1）产业项目差异性低，导致项目可持续性降低

D 镇将扶贫资金分别投入到产业扶贫、易地搬迁、危房改造、就业创业、生态补偿、医疗救助、教育支持和兜底保障 8 个扶贫领域。2020 年，D 镇在取得脱贫攻坚战全面胜利后，通过对镇扶贫站历年的资金使用数据整理，将产业项目扶贫资金使用情况进行汇总（表 16-2）。

D 镇在 2017 年将各类产业项目分别投入 3 个乡村进行试点，由于各类项目的投入产出较高，因此，D 镇开始将项目由试点村向全镇各个行政村推广，并在 2018 年增加投资力度。但这 3 类产业的收益并未随着投入资金的加大而上涨，投入产出比也有所下降，尤其是投入资金最多的蔬菜大棚项目，随着投入资金的增加和产业规模的扩大，导致在各村之间产业项目差异性降低，收益也一降再降。

① 来源：来自 2020 年 D 镇扶贫办提供扶贫问卷调查调研资料。

表 16-2　D 镇 2017—2020 年产业项目资金使用分析 ①

单位：万元

		年度总投资	财政扶贫资金	自筹资金	资金收益	投入产出比
苗木类	2017 年	80.33	80.33	0	10.12	12.60%
	2018 年	88.65	88.65	0	12.33	13.91%
	2019 年	76.66	76.66	0	9.64	12.58%
	2020 年	80.54	80.54	0	9.25	11.48%
大棚类	2017 年	888.15	406	483.15	73.09	8.23%
	2018 年	1024.35	566.67	457.68	78.47	7.66%
	2019 年	1466.56	724.6	741.96	108.82	7.42%
	2020 年	1723.217	827.7	895.517	119.76	6.95%
养殖类	2017 年	202	50	152	19.53	9.67%
	2018 年	287	161	126	25.63	8.93%
	2019 年	345	202	143	29.50	8.55%
	2020 年	413	245	168	33.16	8.03%

而在 D 镇扶贫资金投入最大的大棚类项目中，产业的规模和产量在 4 年间的提升很大，同时，大棚类产业作为主导产业，D 镇不断加大其种植规模。然而，对于传统的蔬菜大棚，增加规模却不一定能增加更多的收益，此时政府发现，大棚类项目的投资收益比在逐年减少。过大的规模导致种植生产出来的大棚蔬菜已经在 2018 年的时候市场较为饱和，但是 D 镇却仍然没有进行产业转型，反倒对这个传统的种植类项目进行了追加投资，导致了市场出现“供大于求”的现象，最终产业整体价格下降（图 16-4），扶贫资金的收益比并没有达到预想的效果。

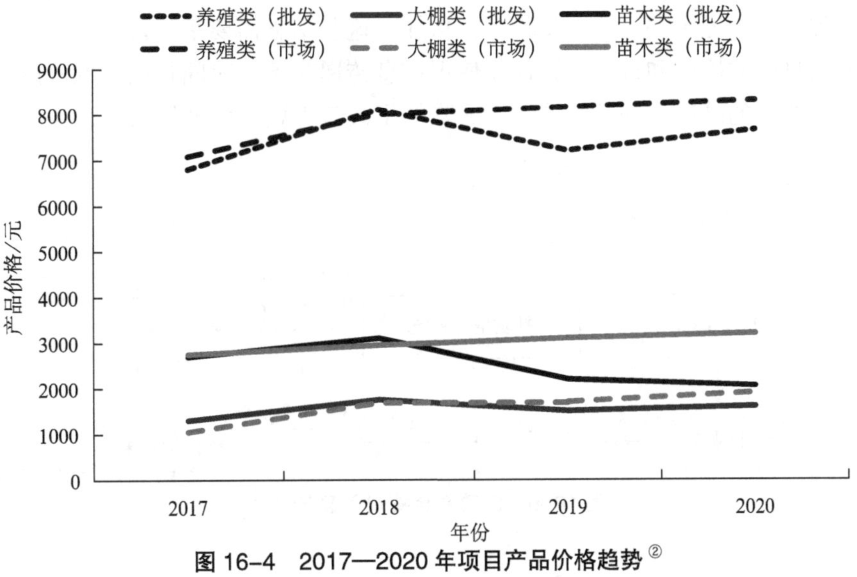

图 16-4　2017—2020 年项目产品价格趋势 ②

① 来源：根据 2017—2020 年 D 镇扶贫办提供统计调研资料整理。

② 来源：根据 2017—2020 年 D 镇扶贫办提供统计调研资料绘制。

（2）高水平人才凤毛麟角，创新意识薄弱

D镇认为，要想加快脱贫攻坚进程，每个村可以发展一项属于自己的特色产品并申报成特色产业，从而提升产业扶贫项目精准度。但是，村民的知识水平又限制了他们劳动和经营产业的能力；同时，D镇人口流出情况严重，村镇内青壮年都因外出打工导致村镇多是儿童和老年人，无法满足农村型专业人才的引进和培养。而仅仅依靠政府与企业的合作，很难找到真正帮助贫困人口脱贫的项目；另外，贫困户的信息获取能力差，需要经过不断试错才能找到适合自己的脱贫办法，对提高自身能力、思想素质和文化素质缺乏针对性，进而拖慢贫困户的脱贫进度。

D镇主持脱贫工作的基层干部缺乏发散精神和创新精神，他们对专业知识了解有限，很难带领D镇高效进行脱贫工作。而D镇作为贫困地区，一方面由于自然环境的恶劣；另一方面由于现有的物质条件难以与繁杂的脱贫攻坚工作相匹配，无法吸引到具有专业素养的青年人才带领其打好脱贫攻坚战，导致专项扶贫资金使用效率不高，并未实现扶贫资金的效用最大化。

2. 扶贫资金信息化不完善

（1）未建立扶贫资金信息数据库

乡镇作为脱贫攻坚工作的基层工作点和扶贫一线，在扶贫资金使用和拨付中，需要收集整理大量的基础数据，确保让每一笔资金切实发放到贫困户手中。但由于D镇未建立本镇的扶贫资金基础信息数据库，长期以来，贫困户的相关信息更新依赖一线劳保员通过定期走访的方式进行收集。并且，由于基层劳保员不具备民政局等单位数据库系统的信息更新和录入权限，只能在全国扶贫信息平台上进行反馈；然而从反馈到各扶贫相关部门进行信息更新和资金发放的过程又需要经过层层审核，无形中延长了贫困户收到扶贫资金的时间，阻碍了脱贫工作的进程。

在D镇扶贫信息系统中，一条采集到的信息到资金实际拨付需要经过层层上报，经手的部门繁多（图16–5），而且扶贫信息系统的数据信息没有直接和各个行业部门的业务信息系统对接，中间是需要经过县扶贫办进行连接，信息传递周期性过长，长此以往就导致时效性很强的政策资金不能够及时准确拨付（表16–3至表16–5），一条扶贫信息从上报到最后资金就位可能需要两周多的时间；同时，在传递过程中由于经手部门和人员较多，再加上这些信息需要手工录入到系统中，人为因素的干扰就很难保证信息的准确性和真实性，这就使得信息传递时不仅时间长而且准确度不高，进而直接影响到政策性资金拨付的准确性和及时性，大大降低了政策性资金的使用效率。

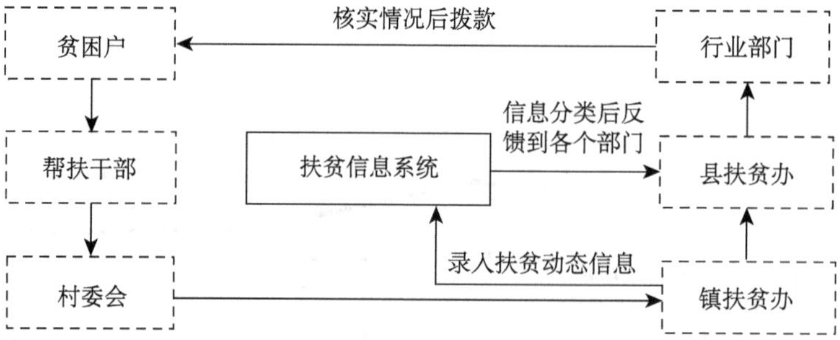

图16–5 D镇资金拨付信息传递[①]

① 根据D镇扶贫办提供2018年扶贫信息系统传递流程图绘制。

表 16-3　D 镇 2018 年产业资金拨付使用对比[①]

单位：万元

行政村名	项目名称	拨款金额	资金到村时间	项目开工时间	村级实际使用时间	是否按时拨付
昝樊村	日光大棚项目	203	2018 年 5 月	2018 年 5 月	2018 年 7 月	否
西河村	蔬菜大棚项目	63	2018 年 5 月	2018 年 5 月	2018 年 6 月	否
沟老村	春秋大棚项目	188	2018 年 3 月	2018 年 5 月	2018 年 8 月	否
大同村	蝴蝶花项目	88	2018 年 8 月	2018 年 8 月	2018 年 8 月	是

表 16-4　D 镇 2019 年产业资金拨付使用对比[②]

单位：万元

行政村名	项目名称	拨款金额	资金到村时间	项目开工时间	村级实际使用时间	是否按时拨付
段家村	奶牛养殖项目	326	2019 年 3 月	2019 年 5 月	2019 年 7 月	否
昝樊村	肉牛养殖项目	189	2019 年 4 月	2019 年 5 月	2019 年 5 月	是
青龙村	蔬菜大棚项目	237	2019 年 4 月	2019 年 4 月	2019 年 6 月	否
西河村	奶牛养殖项目	283	2019 年 3 月	2019 年 5 月	2019 年 6 月	否
沟老村	奶牛养殖项目	222	2019 年 3 月	2019 年 6 月	2019 年 6 月	否
东魏村	田间砂石路硬化	80	2019 年 9 月	2019 年 10 月	2019 年 10 月	是

表 16-5　D 镇 2020 年产业资金拨付使用对比[③]

单位：万元

行政村名	项目名称	拨款金额	资金到村时间	项目开工时间	村级实际使用时间	是否按时拨付
段家村	食用菌大棚项目	213	2020 年 5 月	2020 年 5 月	2020 年 7 月	否
昝樊村	入股秦川牛公司项目	100	2020 年 3 月	2020 年 3 月	2020 年 3 月	是
青龙村	田间砂石路硬化项目	50	2020 年 4 月	2020 年 5 月	2020 年 6 月	否
西河村	田间砂石路硬化项目	40	2020 年 4 月	2020 年 5 月	2020 年 6 月	否
沟老村	宝鸡峡水利灌溉项目	60	2020 年 9 月	2020 年 10 月	2020 年 11 月	否
大同村	食用菌大棚项目	197	2020 年 5 月	2020 年 6 月	2020 年 8 月	否
谷家寨村	田间砂石路硬化项目	50	2020 年 4 月	2020 年 6 月	2020 年 8 月	否
东魏村	入股秦川牛公司项目	120	2020 年 3 月	2020 年 3 月	2020 年 3 月	是

① 来源：来自 D 镇扶贫办提供《2018 年产业资金拨付使用情况》。
② 来源：来自 D 镇扶贫办提供《2019 年产业资金拨付使用情况》。
③ 来源：来自 D 镇扶贫办提供《2020 年产业资金拨付使用情况》。

（2）监管方式常出问题

到目前为止，D 镇扶贫资金的监管方法仍是通过对项目的监察，对现场的随时抽查等较为传统、低效的方法来对扶贫资金的使用情况和扶贫项目的发展情况进行核查，使得 D 镇在扶贫资金管理中无法对扶贫项目的有关资金进行全方位、立体化、多方面实施监察。虽然 D 镇财政所依靠系统建立了和县财政局的沟通渠道，但监管的各个部门各自为政，对于市、县部门的具体指示，由于传递通路不流畅，所以很难达成资源信息的及时共享。

此外，D 镇政府对使用专项资金的单位也存在监管问题。例如，D 镇在进行危房改造这一扶贫项目过程中，具有公众权力的政府在对其部门利益进行考虑后，会弱化对项目的监督力度；相反，施工单位会担心无法获得项目承包权而选择无视监督职责。这些现象的发生导致了 D 镇的专项扶贫资金变得“非专项”，精准扶贫也成了“非精准”，降低了财政专项资金的成效，对脱贫攻坚战以至于乡村振兴战略的效率产生消极影响。

3. 资金绩效评价不健全

按照《陕西省扶贫开发条例》等相关文件规定，D 镇应当加强对财政专项扶贫资金的监督及绩效评价。但是截至 2019 年，D 镇的扶贫资金使用考核工作是在陕西省出台《财政专项扶贫资金绩效考评指标表》的基础上经过修改后进行的，其评价的范围非常有限，仅仅对扶贫资金的一些使用情况进行考核（表 16–6）；同时，由于其相关指标评价体系大多是不可量化的定性指标，以相关检查人员进行打分的形式进行考评，存在严重的主观性及实际考核效果的可行度不足等问题，结果是否公允无法考量，因而 D 镇缺乏完备的绩效评价体系。

三、拔钉抽楔：构建信息平台，优化资金管理

随着扶贫资金的不断投入，强化资金监管的重要性更加突出。张书记毅然决定：在扶贫资金管理工作中，以信息化建设为抓手，通过构建扶贫资金信息化平台、提高扶贫资金使用效率，全力破解扶贫领域资金管理不规范、拨付进度慢等瓶颈问题。

1. 完善扶贫资金信息化平台

在我国大力推广“财政云”平台的背景下，陕西“财政云”推广试点工作取得了明显成效，按照“初步试点—扩大试点—全面推广应用”的部署要求，2020 年 1 月各市所有预算单位实现了全覆盖，同时按照乡镇财政管理体制改革的相关部署要求，为切实发挥乡镇财政就近监管职能，也将乡镇资金管理权限随同“财政云”系统操作权限从市级下放延伸至乡镇，为 D 镇专项扶贫资金管理带来很大便利。D 镇在帮助贫困的具体工作中介入数字化信息，利用“财政云”平台细化工作中各方面的投入，缩减了因工作烦琐而导致的资金浪费，从而让专项资金得到更有效的利用，做到物有所用，物超所用。

（1）建立信息化共享平台

D 镇政府和扶贫相关部门携手本镇及周边乡镇脱贫攻坚相关部门，共同构建扶贫信息数据库，一方面，为构建扶贫基础信息平台奠定基础；另一方面，共同构建数据库也可以分散成本，便于上级县、市政府和扶贫相关部门的集中管理和统一规划。

表 16-6　D 镇 2019 年扶贫资金评价指标考评[①]

一级指标	二级指标	三级指标	分值	指标解释	评价标准	评分依据	评价得分
项目立项 20 分	项目目标 3 分	目标内容	3	有无绩效目标，申报的绩效目标是否明确、量化、可考核	设有目标 1 分；目标明确 1 分；目标量化 1 分	申报材料	3
	决策过程 9 分	决策依据	1	是否制定有具体的立项审批制度	是 1 分，否 0 分	制度文件	1
		信息公开	2	相关政策、制度是否在特定渠道公开，项目申报通知是否在特定渠道公开	政策、制度公开 1 分，申报通知公开 1 分	网络、刊物等媒体信息	2
		项目申报	2	项目符合申报条件并实行公开申报	对部分未实行公开申报的，按项目和数量比率扣分，每 1% 扣 0.2 分	项目审批资料	2
		项目审核	2	严格审核，并有审核意见	对部分未严格审核申报的，按项目和数量比率扣分，每 1% 扣 0.2 分	项目审批资料	1
		结果公示	2	分配结果在一定范围内公示	对部分未实行公示申报的，按项目和数量比率扣分，每 1% 扣 0.2 分	项目审批资料	2
	资金分配 8 分	分配对象	4	分配对象是否符合政策规定	对部分不符合政策规定的，按项目和数量比率扣分，每 1% 扣 0.3 分	项目审批资料	4
		分配标准	4	分配标准是否符合相关管理办法	对部分超出分配标准的，按项目和数量比率扣分，每 1% 扣 0.3 分	项目审批资料	4
项目管理 25 分	资金到位 5 分	到位率	2	资金到位率 = 实际到位资金金额、计划分配资金金额 ×100%	100% 计 3 分；95% ～ 100% 计 2 分；95% 以下计 1 分	资金拨付凭证、银行进账单及记账凭证等	2
		到位时效	3	从指标下达日开始算起	资金按文件要求及时到位计 3 分，推迟 2 个月计 2 分；2 个月（含 2 个月）以上不计分	资金拨付凭证、银行进账单及记账凭证等	3

① 来源：来自 D 镇扶贫办提供《2019 年扶贫资金评价指标考评表》。

续表

一级指标	二级指标	三级指标	分值	指标解释	评价标准	评分依据	评价得分
项目管理25分	资金管理12分	资金使用	3	考核是否专款专用，严禁挤占截留挪用专项资金	无挤占截留挪用资金计5分；每挤占截留挪用1%，扣1分，扣完为止	财务账簿资料	2
		资金监管	3	专项监管一次以上且规范有效	符合计3分；有一次但欠规范无实效计2分；无计0分	监督检查记录	2
		资金管理制度	3	有资金管理制度或办法并严格执行	符合计3分，基本执行计2分；未执行0分；无管理制度或办法0分	资金管理相关制度	2
		财务管理	3	是否实行专账核算，并且支出清晰，财务资料齐全、规范	专账核算1分，支出内容、对象、用途清晰1分，财务资料齐全、规范1分	相关报表、账簿、凭证	3
	组织实施8分	组织机构	1	项目组织机构健全、分工明确，资料完整规范	机构健全、责任分工明确，计1分；项目资料完整规范，计1分	组织机构图等（单位未有对口业务管理部门）	1
		项目制度管理	1	是否建立项目管理制度等并严格执行	建立健全制度并严格执行，计2分；有制度但没有严格执行，计1分；否则计0分	管理制度清单（村委自行组给实施）	1
		项目开工	2	实施是否按计划开工	如期按计划开工，计2分；推迟2个月以上计1分；推迟3个月以上计0分	依据项目的验收单	1
		项目实施	1	是否按计划实施	按施工计划进度实施，计1分；完成计划80%以下的计0分		1
		项目完工	2	是否按计划完工	如期按计划完工，计2分；推迟2个月以上计1分；推迟3个月以上计0分		1
		项目验收	1	项目完工是否经过验收合格	项目完工后经过验收合格1分，否则0分	项目验收报告等	1

续表

一级指标	二级指标	三级指标	分值	指标解释	评价标准	评分依据	评价得分
项目绩效 55 分	项目产出 25 分	产出数量	15	对照项目申报书明确的计划产出指标与指标的实际完成情况，确定本项得分	每项得分 = 实际产出完成数量 / 项目计划产出数量 ×100%×（15 分 / 产出指标总数量） 实际产出完成数量超过项目计划产出数量的按该项满分计算	依据年初专项申报的项目，以及评价时已完成项目的比例计算得分	12
		产出时效	5	按项目计划完成时间及实际完成时间确定产出时效	该项得分 = 计划完成时间 / 实际完成时间 ×5 分，满分 5 分	项目实施记录及相关证据资料	4
		产出质量	5	根据该项目实际，标识具体明确的产出质量	该项得分 = 计划完成数量 / 实际完成数量 ×5 分，满分 5 分	根据现场查看项目的建设情况	5
	项目效果 30 分	社会效益	10	对照项目申报书的指标与指标的实际完成情况，确定得分	每项得分 = 社会效益实际产出数量 / 项目社会效益计划产出数量 ×100%×（8 分 / 社会效益产出指标总数量）。超出数量的按满分计算	管理及产出报表	8
		可持续影响	7	项目产出能持续运用；项目运行所依赖的政策制度能持续执行	项目管理计算得分：优秀（7 分）良（5 分）一般（3 分）差（0 分）	根据现场查看项目运行结果进行评价	5
		服务对象满意度	13	项目预期服务对象对项目实施的满意程度	按收集到的项目服务对象满意率计算得分：满意度高（13 分）满意度较高（8 分）满意度一般（5 分）不满意（0 分）	根据对项目受益人员的问查调卷的结果进行打分	11
	总分		100				84

D 镇在扶贫信息数据库的基础上建立了扶贫基础信息共享平台（图 16-6），并与各行业部门的信息系统相对接，打通贫困户、帮扶力量和各行业部门的信息断路。平台的主要内容涵盖贫困户的人口、就业、上学、就医、产业发展等扶贫资金的使用情况，贫困户和基层帮扶力量可以直接在该平台及时更新核实贫困户的基础信息，从而对不准确的信息进行上报，再由共享平台将信息反馈给各个行业部门。这样，对应的行业部门可以第一时间发现问题，进而开始第二步的政策审核工作，大大缩短了信息传递周期，可以很好地促进政策性资金及时拨付。

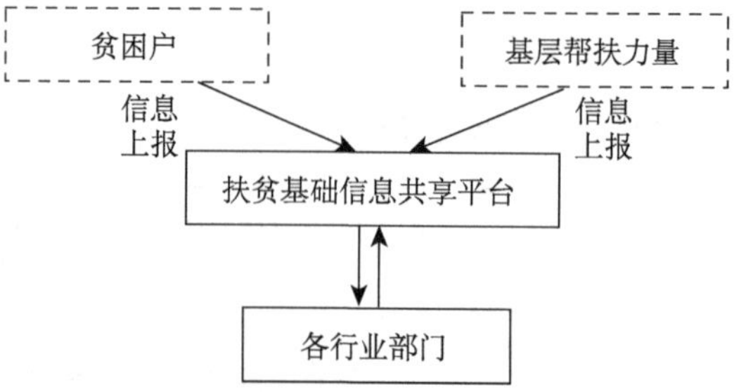

图 16-6　D 镇共享平台信息传输示意

此外，D 镇在扶贫信息数据库与平台中专设一个扶贫项目模块，该模块主要用于扶贫资金筹集、资金使用情况公示及扶贫项目开展进度公示。一方面，面向社会进行扶贫资金筹集，为扶贫资金增加一个稳定的来源渠道；另一方面，做到扶贫资金使用和项目开展的透明化，为上级部门监督、社会公众监督提供渠道。

（2）建立信息化监管平台

D 镇在充分利用互联网模块的前提下，构建扶贫资金信息化监管平台，将有效信息集成，利用专款数字化信息把帮贫工作小组紧密结合在一起，成立一个相对密闭的比较完整的线上线下工作系统（图 16-7）。同时，在平台运行过程中，还加大对平台预警信息的跟踪核实力度，将线上线索与线下核实、督促整改紧密结合起来，落实动态监控成效。

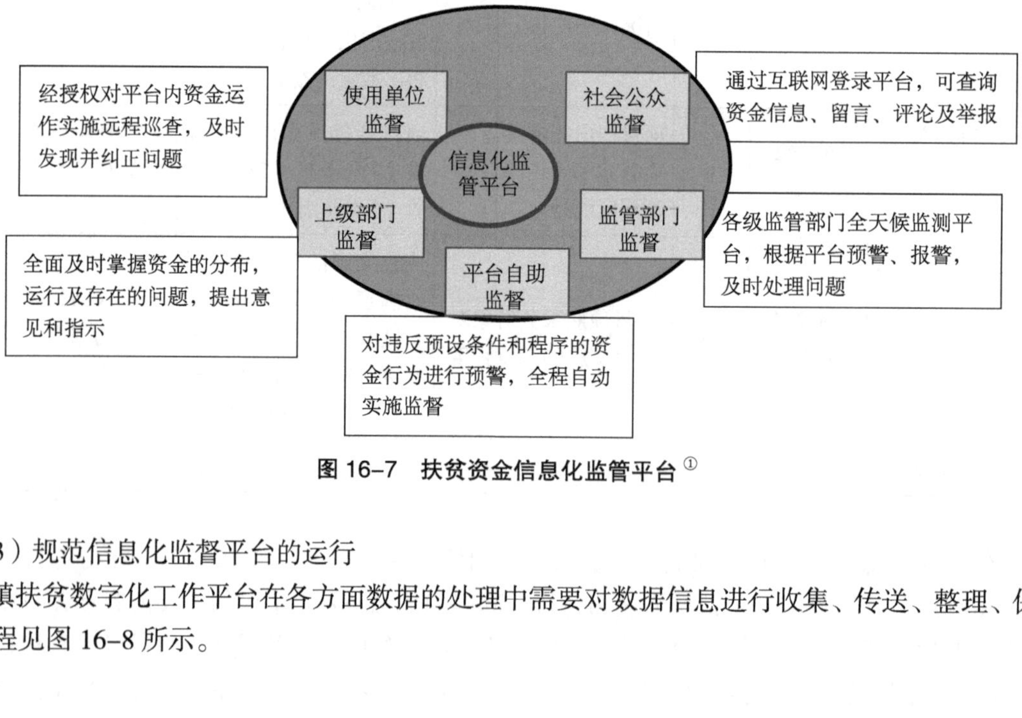

图 16-7　扶贫资金信息化监管平台[①]

（3）规范信息化监督平台的运行

D 镇扶贫数字化工作平台在各方面数据的处理中需要对数据信息进行收集、传送、整理、保存等，具体流程见图 16-8 所示。

① 来源：笔者根据 D 镇扶贫办提供调研资料绘制。

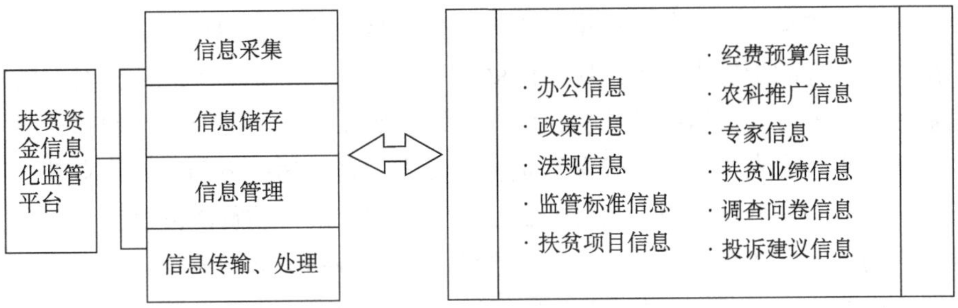

图 16–8　信息化监管平台运行①

为使数字化信息平台的工作能够正规运营，D 镇保证了资金的支配权与所有权相互分离，主要是通过聘请专业人才来实施信息化监管来实现，具体从以下方面着手：

成立帮助贫困工作过程的审查和警示方案。其中包含专项资金的具体核算方案和使用情况，实施专项资金监管的各工作组具体资金利用现状，利用网络化数字工作系统对帮助贫困专项资金利用的评估。

成立网络化数字工作系统和专人负责的有效对接方案。网络化数字工作系统虽然具备记录信息、处理信息、存储信息及预警等的作用，在工作的具体过程中能够减少一定的人力成本，能弱化工作的难度，但网络化数字工作系统只是一种工具，在具体工作中，要使网络化数字工作系统和专人负责有效地对接起来，发挥出更好的作用。

使网络化数字工作系统上的数据信息公开化。网络化数字工作系统中的数字信息取自财政工作小组，其负责确保数字信息的有效性；其他的各个工作小组在具体工作过程中采用系统显示的各部分信息，并将使用信息后的使用情况通知财政工作小组。各方面专项资金利用及受帮助的贫困户都应将资金的使用情况通知财政工作小组，使网络化数字工作系统上的资金数据信息做到有据可查，无论项目负责人、工作过程中的小组成员、受益方等都能清楚专项资金的流向。

确保网络化数字工作系统信息的安全性，保证系统正常运转。确立网络化数字工作系统后台保障机制，使平台免受网络病毒、黑客等网络恶性攻击，确保系统数据信息的安全，并做好数据信息被窃取的应对方案。

招收和利用适合平台发展的各方面人才。在资金允许的情况下，加大对系统的研究，确保系统更加安全有效，并加强对维护系统人才的招收和利用，使人才在网络化数字工作系统中能够发挥他们的优势和光芒。

2. 提高扶贫资金使用效率

D 镇通过构建信息化平台，利用高效的信息技术对扶贫对象和资金实施准确监管，能够迅速整理、统计、研究精准扶贫等相关工作的具体数据以及动态等，大大增强了扶贫资金管理的科学性、有效性。同时，D 镇还利用信息化技术对其干部队伍、贫困群体进行线上技术指导，有效解决了因教育受限导致思想、理念的落后，从而在产业扶贫项目中运用专业技能，提高扶贫专项资金使用效率。

（1）提升扶贫资金配置精准度

为了提高扶贫资金的使用效率，张书记围绕“精准扶贫”理念，针对扶贫资金配置问题深入分析，认为 D 镇需要更新以往的扶贫理念，将过去习惯于以政府和龙头企业作为扶贫主导力量转变到扶贫

① 来源：笔者根据 D 镇扶贫办提供调研资料绘制。

对象本身的参与度上，瞄准扶贫对象进行重点投放，力争将每笔资金用在刀刃上。

一方面，在扶贫资金的配置投向上，D 镇借助共享信息平台，充分考虑帮扶对象的年龄结构、受教育程度及健康状况，进行大数据统计分析；同时，结合历年扶贫情况及贫困现状，科学、高效地配置扶贫资金，使其与实际需求相匹配，确保资金发挥最大效益。另一方面，在产业扶贫项目中，D 镇重点发展“一村一品”，充分发挥因人制宜、因地制宜的特点，带动贫困群众就业提升脱贫动力，扶贫资金和项目到户的具体方法在“精准扶贫”思想的指导下得到了详细的规定。

在此基础上，D 镇开始瞄准贫困农户真实需求，充分利用本地优势资源，借助科技发展的机遇，构建农村电子商务的经营氛围，将本地的农产品、工艺品通过信息技术宣传销售出去，未来可以搭乘互联网东风打造 D 镇休闲、生态功能，完善产业链建设，形成以农业为主导的有核心竞争力的特色产业集群（图 16–9）。在发挥地区特色产业集聚的优势的同时，加大对周边贫困县扶贫项目的考察和调研，保障扶贫项目长效运转，避免地区间扶贫项目产品形成恶性竞争，让贫困人口在产业扶贫中得以获利，实现依靠自身力量稳定脱贫致富的最终目标。

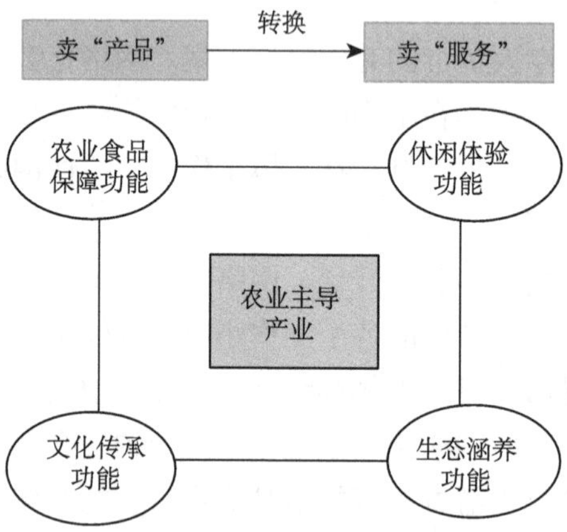

图 16–9　D 镇特色产业集群结构 ①

（2）培养高水平、高素质人才

D 镇各村因相关产业扶贫项目的专业人才缺失，导致产业项目的开展难以实现最优化，在扶贫资金大量投入的情况下收益甚微，造成资金使用效率较低的情形。为了解决目前的困境，D 镇决定针对专业人才进行教育指导。

针对技术人员，D 镇在各贫困村选拔有文化、有意愿的贫困户线上学习专业技术，通过信息平台，加强实用技术的教育和指导，为贫困村培养不同类型的专业技术人才；并且与各类技术院校、相关企业和科研院所合作，对参与相关产业的贫困户进行线上技术指导和帮带工作，借助科技发展机遇，拓宽人才培养渠道，实现扶贫产业项目高质量发展，推进扶贫资金使用效率。

贫困村干部队伍的素质决定了当地是否能够精确选择扶贫项目和对扶贫资金项目的高效管理，因此，在培养技术人才的同时，还要提升贫困村干部队伍整体素质能力。首先，D 镇通过优先向贫困地区基层配置优质资源，定期线上培训村镇的基层扶贫干部，同时借助信息平台及社会力量创建扶贫干部一对一、一对多指导机制，来提高干部对市场和政策的灵敏度；其次，政府大力鼓励年轻人返乡、助乡参与家乡的扶贫工作，从经济层面来激励年轻人才为扶贫地区服务；最后，D 镇成立专门的基金

① 来源：笔者根据 D 镇扶贫办提供产业资料绘制。

用于奖励相关人才，提升基层工作人员的薪酬福利和社会地位，以此激励专业技术人员及各领导干部为贫困村干实事、办好事。

四、反躬自省：打造信息化绩效体系，加强扶贫资金闭环管理

为适应财政资金绩效管理新要求，更加准确地衡量财政专项扶贫资金绩效，从而进一步规范和加强财政专项扶贫资金管理，切实提高扶贫资金使用效益，D 镇计划通过财政信息化，从社会、经济、管理和生态 4 个维度出发，分析财政专项扶贫资金的综合绩效，加强扶贫资金的闭环管理，充分发挥扶贫资金在精准扶贫工作中的推动作用。

1. 构建基于财政信息化的绩效评价体系

为了解决扶贫资金绩效评价中的问题，D 镇基于“财政信息化”构建了一个更为完善、合理的线上绩效评价体系，通过提前设置程序，上传各种需要的信息后由系统自动生成年度、季度绩效评价，实现全程透明化办公。其中，财政扶贫资金绩效评价指标的选择，以国务院扶贫开发领导小组提出的扶贫项目效果评价指标体系为依据。同时，结合 D 镇财政扶贫的主要特征，从社会、经济、管理和生态绩效 4 个维度入手分析扶贫资金成效（表 16–7），促进脱贫攻坚进程。

表 16–7　D 镇扶贫资金绩效评价指标体系①

一级指标	二级指标	表达方式
社会绩效	贫困户的减少率	当年贫困户的减少量 / 上年贫困户的数量
	贫困地区人均存款增量占人均 GDP 比重增长率	贫困地区人均各项存款增量 / 人均 GDP 的增量
	儿童入学的增长率	当年该地区儿童入学增量 / 上年该地区儿童入学数
	农村医疗卫生建设投入的增长率	当年农村医疗卫生建设投入增加量 / 上年农村医疗卫生建设投入量
	贫困户参加医疗保险的增长率	当年贫困户参加医疗保险增量 / 上年贫困户参加医疗保险数量
经济绩效	贫困户人均净收入增长率	当年贫困户人均净收入增长额 / 上年贫困户人均净收入额
	贫困地区人均生产总值的增长率	当年该地人均生产总值增量 / 上年该地人均生产总值
	贫困户人均消费者支出的增长率	当年贫困户人均消费支出增长额 / 上年贫困户人均消费支出额
	贫困地区人均农林牧渔业产值的增长率	当年该地人均农林牧渔业产值增长额 / 上年该地人均农林牧渔业产值
	贫困地区人均住行消费支出的增长率	当年人均住行消费支出的增长金额 / 上年人均住行消费支出金额
管理绩效	扶贫贷款的发放率	当年扶贫贷款实际发放金额 / 当年扶贫贷款计划发放金额
	存贷款的比率	当年贫困户存款比率 / 当年贫困户贷款比率
	扶贫资金的违规率	当年扶贫资金违规使用金额 / 当年扶贫资金实际使用金额
	扶贫对象的满意率	当年扶贫资金满意人数 / 当年扶贫对象人数

① 来源：来自 D 镇扶贫办《D 镇扶贫资金绩效评价指标评分表》调研资料。

续表

一级指标	二级指标	表达方式
生态绩效	基本农田面积的增长率	当年基本农田增值面积 / 上年基本农田面积
	森林覆盖面积的增长率	当年森林覆盖增长面积 / 上年森林覆盖面积
	沼气池入户的增长率	当年沼气池入户的增长比例 / 上年沼气池入户比例

2. 打造多层次监督闭环

在 D 镇扶贫资金管理工作中，由于缺乏监督闭环，导致扶贫干部缺少对扶贫资金进行绩效评价的观念，进而导致扶贫资金绩效评价体系的不健全。为了解决以上问题，D 镇基于信息化平台，从事前赋权明责、事中全程监管、事后评价问责 3 方面打造多层次的监督闭环（图 16–10），与绩效评价体系配套运行，做到公开化、透明化，进而提高扶贫资金管理工作的效率和质量。

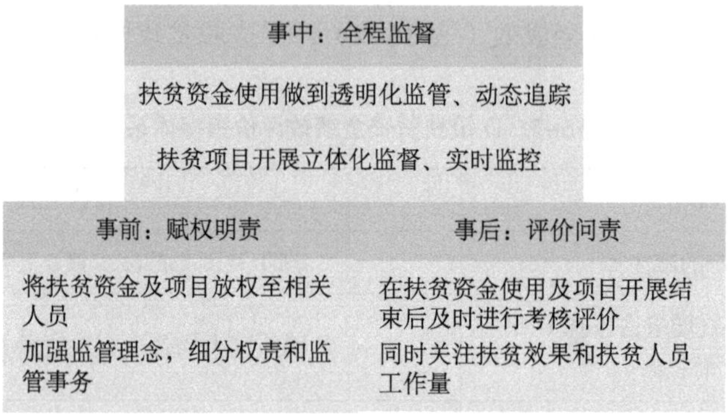

图 16–10　D 镇打造多层次监督闭环①

五、尾声

2021 年年初，D 镇在现行标准下已经消除贫困，规范扶贫资金管理、发挥扶贫资金作用依然是推动减贫工作的强力举措。D 镇借助陕西“财政云”平台，通过完善扶贫资金信息化的监管机制、建立健全扶贫资金绩效评价体系，减少乡镇扶贫干部工作压力的同时，提升了扶贫资金管理效率及使用效益，并且通过现代信息科技等新技术手段，实现了对扶贫工作的网络化、实时化管理。这些举措，也为 D 镇更好地实施乡村振兴战略提供了思路，使其面对专项资金管理过程中已经存在和可能存在的各种问题时，不断确立新的管理理念，针对性地采取相应的管理措施，不仅要更加有效地发挥财政专项资金的作用，更要通过专项资金的利用来带动各项扶贫工作更加高效的开展。在未来，D 镇还有很长一段路要走。

张书记走出房门，望着远方缓缓升起的太阳，对乡村振兴战略充满希望！

① 来源：笔者根据 D 镇扶贫办提供调研资料绘制。

案例使用说明

一、教学目的与用途

1. 适用课程

本案例属于描述性案例，主要适用于“财政与税收”“管理会计”“财务管理”等课程中关于资金管理、绩效评价、资源配置等相关内容的学习。

2. 适用对象

本案例主要运用于 MBA 学员、全日制工商管理类研究生或高年级本科生的资金管理教学中，也适用于具有一定工作经验及管理理论知识的学员或企业高管的相关培训和学习。

3. 教学目的

本案例以陕西省宝鸡市贫困地区 D 镇为例，研究在信息化大背景下，村镇扶贫资金管理现存的问题及如何通过有效的资金监管和绩效评价改善这些问题，实现以下的教学目标：

① 引导学员深入了解资金管理的具体内容。

② 引导学员深入探究专项扶贫资金管理存在的问题，并能够结合信息化背景，综合运用资源配置、绩效评价等知识，独立分析解决资金管理处理方式。

本案例所涉及的知识点包括：

① 专项扶贫资金管理；

② 交易成本理论；

③ 资源配置理论；

④ 协同理论；

⑤ 绩效管理理论；

⑥ 财政信息化。

二、启发思考题

① 结合案例，分析扶贫资金管理的主要内容，同时了解财政专项扶贫资金管理的重要性。

② D 镇在积极开展精准扶贫过程中，扶贫资金管理有哪些亟须改进的问题?

③ D 镇应如何借助信息化东风优化其扶贫资金管理中存在的问题?

④ 在信息化背景下，D 镇对扶贫资金管理的优化对我国乡村振兴战略中的资金管理有何启示?

三、案例分析思路

教师可以根据自己的教学目的，灵活切入本案例所能呈现的知识点，激发学员展开探讨，掌握相关知识的理论与实际应用。这里提出本案例的分析思路如下，仅供参考。

本案例通过对乡镇在脱贫攻坚战中扶贫资金管理的重要性进行分析，引出 D 镇扶贫资金管理中存在的问题，并分析其主要原因，借助理论基础，对现有问题提出解决方案，利用信息化大背景加强村镇扶贫资金管理，提高扶贫的实效性，为我国实现乡村振兴过程中的资金管理问题提供借鉴。

案例以 D 镇在资金管理中存在的问题为主线，引导学员思考在信息化背景下，乡镇该如何做好扶贫资金的管理工作，具体思路如下：

首先，案例介绍了我国在脱贫攻坚战背景下，D 镇存在的资金管理问题及其扶贫成效，引导学员初步了解资金管理内容和重要性；

其次，介绍 D 镇以往应对扶贫资金管理方式，分析资金管理低效的原因；

最后，根据上述分析，有针对性地提出应对策略，通过合理配置扶贫资金的使用、优化监管及绩效考核的方法解决资金管理现存的问题。

详细分析思路与步骤图如图 16-11 所示。

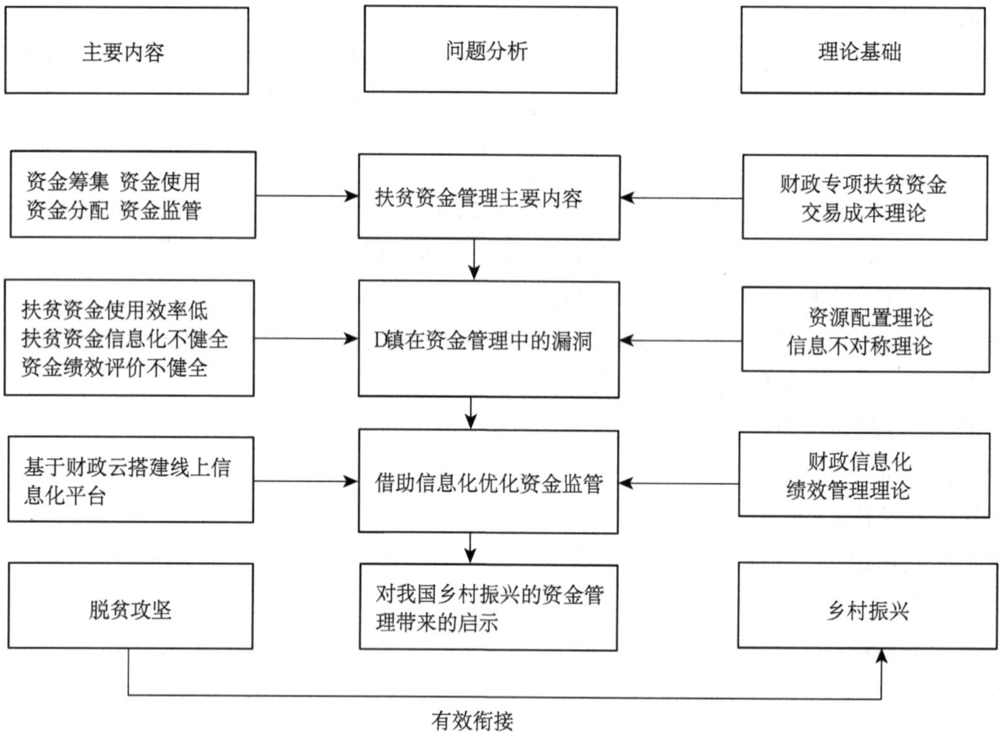

图 16-11　分析思路步骤[①]

① 来源：自制架构图。

案例 17

SaaS 开路，数智奠基
——每刻科技注入财务变革新动力①

赵晓铃　雷雨嫣　张琦琦　高　芳

案例正文

引言

“我希望再用 10 年时间帮助更多企业实现财务数字化变革，释放财务人员的创造力，让财务人员实现更大的价值创造。”

——魏美钟

2021 年 2 月 19 日，每刻科技有限公司（以下简称每刻科技）正式对外宣布完成超亿元 B+ 轮融资，这是继每刻科技在 2020 年 8 月完成 1 亿元 B 轮融资后，在短短半年时间内再次获得的大额融资。两次融资的成功，不仅是股东对公司业务发展的认可，更指明了未来财务数字化和智能化的变革方向。

魏总离开大华股份已经 6 年了。之前，魏总在大华股份担任财务总监 15 年之久，亲手将大华的财务系统从最基础的 ERP 升级到企业生态链数据全部打通。但是，业无高卑志当坚，魏总志向在于将真正的每刻生态系统推广到更多的企业中去，以更优惠的价格为更多企业做更加精准高效的智能费用管控。因此，已经颇有成就的他却在事业的顶峰时期急流勇退，毅然决定放弃高管职务，成为为数不多的一名 70 后创业者，于 2015 年成立了每刻科技有限公司。几年来，每刻科技一直致力于顺应财务数字化变革趋势，推进企业实现业务无纸化和业财税数据一体化。公司的每刻报销与每刻档案产品线，更是为企业提供了从报销、入账到归档全流程的财务无纸化解决方案，助力企业稳步迈入全面无纸化时代。正如魏总在每刻科技 B 轮融资暨新品发布会上所说：“在财务行业浸润 30 余年，在大华股份完成了我年轻时的第一个梦想，将计算机技术充分运用到财务领域。而我的另一个梦想，就是帮助更多的企业实现低成本高效率的云财务、云共享、云办公。”

那么，每刻科技公司的每刻报销与每刻档案产品线有什么“魔力”可以帮助企业实现智能报销和无纸化呢？该产品线又给客户企业究竟带来了什么效果？

① 案例来源：中国管理案例共享中心，并经案例作者同意授权引用。
本案例于 2022 年 7 月 20 日入选中国管理案例共享中心案例库。
由于企业保密的要求，在本案例中对有关名称、数据等做了必要的掩饰性处理。
本案例只供课堂讨论之用，并无意暗示或说明某种管理行为是否有效。

一、案例背景

1. 审时度势苦思量，灵感乍现起波澜

“在企业内外部流程日益数字化、智能化的今天，业务数据、财务数据、税务数据呈海量增长趋势。”和往日一样，魏总坐在桌前浏览着各大财务论坛，他反复地琢磨着帖主的这句话。的确，在新环境下，传统财务数据系统的底层架构已无法满足企业在海量业务处理和财务数据分析能力上的需求。这样的行业变革，让魏总敏锐又坚定地察觉出财务在从手工记账，到财务数字化、智能化转变的这条大道上，只有将财务数字化过程中每一步细节的业务处理做到极致，才能为企业财务转型奠定基础。每每想到这儿，“细化财务转型，打通业财税 3 座孤岛”便成了魏总时时刻刻都在思量的难题，这正是他创立每刻科技的灵感所在。

英雄需有用武之地。魏总退身国企选择在科技企业大华股份大展宏图，在大华舞台的 15 年内，他大胆地放手去搭建财务信息化管理体系，领导大华自主开放财务管理系统。就像他当初设想的一样，在大华财务数字化进程突飞猛进的同时，大华也实现了营收从 1.2 亿元到 260 亿元的惊人飞跃！

2. 再入创业攻难点，男儿有求安得闲

2015 年一个平常的下午，窗外的风吹动着魏总桌前《大华财务管理模块投用手册》，伴随着沙沙的树叶声，办公桌上的电话响了。“魏总，C 公司财务总监萧总今天又来了，他说无论如何都想请您去他们公司讲讲财务信息化管理体系搭建的经验，您看……”这已经是这周魏总接到的第 3 个邀请了，尽管大华内部开发经验无法复制，但仍然有不少公司想要学习借鉴，甚至想直接购买该财务管理系统。如何帮助更多企业完成财务信息化的转型，风声伴着树叶声越来越响，像是在催促他快点拿个主意出来。“构建产品矩阵，加速业财融合”，笔尖轻点，魏总在纸上写下这 12 个字，就是这些字，正悄悄孕育着一个企业的诞生。

2015 年 6 月，44 岁的魏总辞去大华 CFO 职务，投入创业大军，杭州每刻科技有限公司正式成立。一时间，魏总离职的消息铺天盖地，在社会上引起了轩然大波，甚至有人怀疑大华股份内部是否出现了问题才导致高管离职。然而，面对众多质疑，魏总并没有驻足不前，在不断地探索中，“每刻报销”“每刻档案”“每刻云票”等产品纷纷上线，帮助企业客户用最高的性价比解决最棘手的问题。随着客户数量的不断增长，融资规模的不断扩大，每刻科技这个年轻的公司逐渐在当代财务行业的舞台上初露锋芒。

每刻科技自成立以来，一直坚持自主研发创新路线，先后获得软件著作权 39 项、外观专利 9 项、发明专利 2 项、商标注册证 11 项，并入选杭州市准独角兽企业榜单。基于最新的人工智能、大数据、云计算、移动互联网技术，每刻科技设计研发出了每刻报销、每刻档案等产品。迄今为止，已服务超过 3000 家企业及行政事业单位，其中上市公司超过 200 家，用户规模超过 200 万，覆盖全球 150 多个国家及地区。每刻科技提供的新一代业财税数据一体化和智能财务共享云平台，采用最新的微服务架构，底层采用灵活的流程引擎、规则引擎、报表引擎来支持不同企业多变的需求，帮助企业轻松应对变化并驱动变化，全面提升企业的组织效率和竞争力。

二、SaaS 理念革新路，每刻研发恰逢时

2005—2020 年，魏总在大华股份有限公司从事财务工作的这段经历，使他全面见证了我国企业从半手工记账到业财一体化的发展历程。在此期间，越来越多的企业都瞄准了财务数字化转型这一风向标，但是，在业财融合的过程中仍面临着诸多难题。例如，最大的瓶颈在于业务人员与财务人员的

专业方向不同，且其各自的数据规则不一致，财务和业务部门往往存在沟通壁垒；随着企业的发展，信息系统的更新迭代速度难以满足企业日益增长的财务管理需求，加之其高昂的升级维护费用及时间成本，不得不使部分企业的业财一体化半途而废；况且，业财融合所依赖的信息系统搭建更是一笔不可忽视的大额支出，这使得一些中小企业直接被拦在了业财一体化和财务数字化转型的大门之外。

2008 年，SaaS 逐渐进入中国人的视野。随着近年来我国 SaaS 服务行业的融资数量快速增长和国家高度重视，SaaS 领域已经发展成为云计算最大的细分领域，市场规模远超过 IaaS 和 PaaS 领域。根据中国信通院的数据，2021 年中国 SaaS 市场规模达到 666.2 亿元，同比增长 33.72%（图 17–1）。2020 年，全球 SaaS 模式的代表企业 Sales Force 的市值超越了传统软件巨头 Oracle，这代表着更多的企业用户开始接受互联网的服务形式，并且主动拥抱云计算带来的变革。

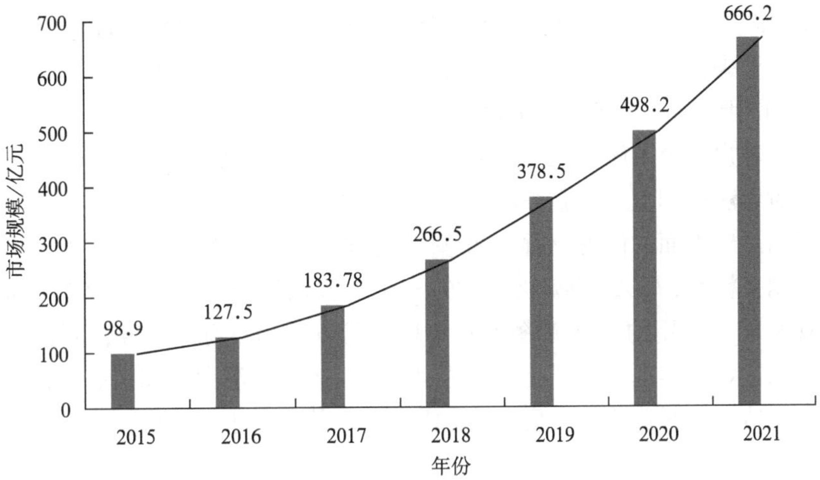

图 17–1　中国 SaaS 市场规模[①]

在过去，企业用户选购管理软件时，所要支付的服务内容一般会分为 3 个组成部分：软件费用（包括软件许可费用和承载软件运行的硬件费用）、软件咨询实施费用及软件未来的运维服务费用。以购买 ERP 软件为例，企业用户采购软件时往往需要一次性付出软件许可成本和基本等值的咨询实施成本（全球领先的 SAP 系统咨询实施费用往往是软件许可费用的 2 ～ 3 倍），并且将运维服务成本规划在未来的几年时间中，所以一次性投入成本是十分庞大的。

然而，SaaS 模式以“订阅”替代了“购买”，将软件使用费用、硬件使用费用、运维服务费用全部合并在一起计算成年费供用户选择。这种方式使得厂商和用户之间变成了长期合作的关系，软件厂商需要通过软件功能和应用体验来满足用户的要求，用户只需按使用时间支付费用（图 17–2）。随着长期的合作过程中用户需求的不断变化，厂商软件功能也随之不断更迭，再加上 SaaS 是基于 B/S 模式运行的，用户节省了配置升级和维护的成本，厂商也可以通过持续的自我调整来实现盈利和企业升值。最重要的是，SaaS 模式下企业的数据全部储存在云服务器上，服务商有专业的 IT 人员设置防火墙进行监管，可以确保企业数据的安全。

① 来源：前瞻经济学人 APP《2021 年中国 SaaS 市场研究报告》。

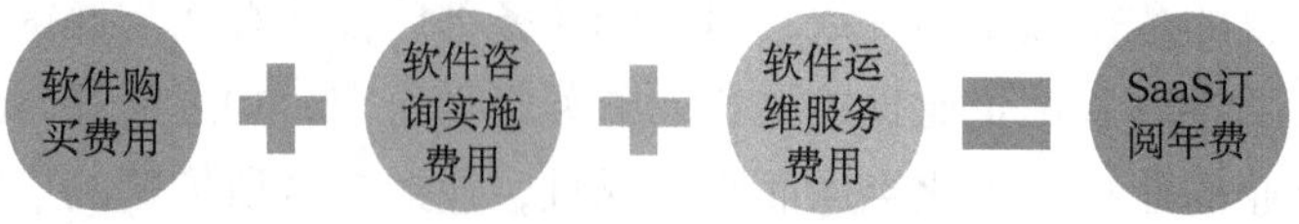

图 17-2 管理软件费用变化①

鉴于以上优势，财务共享服务市场上也逐渐兴起了一阵“SaaS 之风”。以 SaaS“订阅代替购买”为创新理念的财务软件，使企业可以省去大额的研发与搭建成本，同时可以在短时间内迅速上线应用。但任何事物都有双面性，在各企业享受 SaaS 软件带来极易上手的便利时，其强大的通用性也逐渐不能满足于市场的种种需求。由于 SaaS 软件需要适用于市场上的绝大多数客户，因此无法做到传统自主研发和搭建的精准度。而身处不同阶段、不同行业和不同规模的企业对财务管理的要求也各不相同。中小型企业也许只需要常规的财务技术支持即可满足要求。但是对于资金链庞杂、运营风险高、业务量繁多的大型企业来说，普适性的财务软件已经无法满足其需求；同时，很多财务软件提供商为了 SaaS 红利，盲目采用该服务模式，由于普遍的 SaaS 软件很少因为个别客户或一部分客户提出的需求而进行改动，在其客户需求了解不充分、自身系统不适配的情况下，导致了其客户在发展中需要做新功能或功能调整时无法得到响应，服务群体限制条件越来越多。

面对市场上逐渐浮出水面的供需矛盾，魏总作为长期工作在一线的资深财务人员，他深知，如果无法同时满足既通用又精准，那么，再盛极一时的 SaaS 财务软件，也只能是财务转型道路上的一个“临时加油站”。企业只能在通用的 SaaS 财务软件中取舍可以适用自身的业务，而真正实现全面财务数字化转型的愿景将永远难以实现。鉴于此，魏总团队利用敏锐的洞察力和精湛的技术水平抓住了这一市场缺口，立志于打造一个既普适又满足个性化需求的智慧财务生态平台，成为财务数字化变革道路上“真正的加油站”。

三、传统业财难互通，每刻砥砺破旧俗

1. 集思广益寻痛点，上下求索辟新径

路漫漫其修远兮。财务云平台 SaaS 化仅仅是魏总在财务数字化转型道路上迈出的第一步。然而这条路道阻且长，他深知，想要达成自己“服务客户，生态共赢”的愿景还远远不够。说干就干，一场集思广益的研讨会正在魏总的办公室里有条不紊地进行着。“咱们的每刻科技刚刚成立，此前大家都已经是各部门的资深老员工了，也都是从一线财务处理慢慢做起来的。今天咱们聚在这里头脑风暴一下，大家畅所欲言，想想我们要做什么样的产品？我们要解决什么问题？怎样才能真正帮助更多企业实现财务转型？”魏总首先说道。

魏总话音刚落，会场下就立刻响起一阵私语，大家都对这个雄心勃勃的初创企业充满了激情。从事报销工作近 20 载的张凡首先站了起来，“说起财务数字化转型，我最有发言权。众所周知，财务报销一直都是财务处理的一大硬骨头，之前靠着纯人工来对发票信息进行查重验真、审核发票合规性，还要对比业务类型和费用政策，简直太耗费时间了，还很容易出错。我之前在一家国企工作，他们对财务审核有着十分严格的标准，自查、巡查、稽查在我们那里已经是常态化了。我印象最深的那次是 2018 年，在一次自查员工是否乘坐了一等座的工作中，派了整整 10 个员工坐在 1 个办公室里，花费了 1 个月的时间来查 3 年来的几万份凭证，统计出每个出差员工报销的火车票和座位级别。真是一场

① 来源：www.maycur.com。

噩梦，想想都后怕！”张凡的发言引起了在场诸多同事的共鸣，李林此前虽然没有从事报销工作，却也被烦琐冗长的报销流程“折磨”得焦头烂额：“之前我们公司每次出差都需要垫付差旅费用，但是回到财务处报销时，不仅粘贴发票需要耗费大量时间，上交财务处后一个多月都报销不下来费用。不仅如此，现在一些公司虽然也上线了差旅报销场景，并接入了美亚、携程、滴滴等平台，但却缺乏一个将它们统一管理的平台。越来越多的手机应用将差旅报销复杂化了，反而成为我们员工的负担，大家的体验并不好，手机的第一界面全是财务相关的 APP。”听完他俩的话，魏总也表示深有同感，他点头说道：“是呀，费用报销这里要啃的硬骨头还多着呢！传统的费用报表手工计算，根本没有办法快速地提取数据，也无法从海量数据中快速提取关键信息。无法做到及时有效的反馈，就使企业的预算管理存在严重的滞后性，这对现代企业来说是风险极大的。”

“魏总，除了报销，还有一个我们需要关注的问题。”刘洋指了指办公室角落里的档案柜，继续说道，“那就是档案管理。我之前调研接触过圣奥档案部的员工，本想着圣奥作为内部共有 50 余套 IT 系统的企业，强大的数字化和信息化程度也许能够让我们有所借鉴，没想到他们的财务档案管理仍然耗时耗力，非常繁杂。因为圣奥经常需要和外部供应商或合作伙伴对接，但他们使用凭证管理系统却不一致，这就导致无法进行单据匹配。加之由于圣奥集团的业务单据一直以纸质为主，各部门间调取时，只能前往对应部门索要纸质单据。不仅要办理繁杂的调取手续，查询相关资料时还要多系统切换操作，效率真是太低了。在经历了等待漫长的单据处理阶段后，档案最终入账归档时也有一大堆令人头疼的事儿。首先，是档案的完整性检测，这件工作不仅量大，而且漏查、伪造、篡改的可能性也极大。其次，员工还需要准确地在杂乱无章的众多档案册中找到与其对应的位置，这又是一个需要大量人力协作，出错率高的环节。因此，他们的员工往往因为重复烦琐的工作忙到‘天昏地暗’。不仅如此，这些单据都要作为档案留存，档案堆积如山，存储成本也日益增高。大家试想，在寸土寸金的核心商圈，圣奥集团却专门准备了一个 300 平方米的档案室来进行存档，而其中 2/3 都是和财务相关的票据档案。再加上圣奥每年的复印费和纸张费，合计下来有上百万元。这对于一些中小企业来说，真是一笔不小的费用了！魏总，如果现在有一个能够将这些凭证全面电子化并进行连接的系统，不仅可以将整个流程闭环串联起来，提高信息传递效率，还能省去好大一笔存储和纸张成本呀！”刘洋的发言引起了大家的深思，财务档案的管理确实太繁杂，如果真能有这么一个高效管理的系统，那一定能为企业带去实实在在的福音。

平日里看似不起眼的报销与档案管理工作就存在如此多的疑难杂症，那么想要帮助企业构建业财一体化的生态体系更不是一件易事。这时，魏总打破沉寂：“我们现在的目的就是要挖掘问题，迎难而上。各位不要气馁。毛森，你有要补充的观点吗？”毛森在入职每刻科技前是一名专业的财务工作者，绝大部分工作内容都和发票相关，他沉思了一下说道：“从 1994 年开始，为了打击伪造、虚开增值税发票，偷骗国家税款等行为，我国正式启动了金税工程，这对于企业而言既是机遇又是挑战，企业需要根据国家政策，及时调整应对策略，通过电子发票的智能流转、数字化管理和分析，将业务数据转化为数字资产。我们可以这样说，专票电子化对财务的影响不亚于会计电算化对财务流程的影响。回过头看财务基本的核算和基本的业务流程，在发票这个环节所投入的人力、物力及时间成本是最高的。如果在这个时代的背景下，在这个时间节点做一些应对，企业就可以很好地去迎接挑战。在之前的实际业务中，企业在应收应付业务中存在的问题最大。首先，是应收方面，由于缺乏线上协同，需要与供应商手工对账，有的供应商发票开具费事、签收麻烦，一旦发现发票内容开具有误，则需要来回重开，费时费力；不仅如此，多门店或者多个分、子公司的企业，总部财务难以管理同一税号下的多个税盘，没办法批量集中认证。其次，应付方面，由于业务系统和财务系统割裂，我们自身开具发票就比较费事，同样存在合并拆分困难、交付难追踪、凭证需要手工、发票开具有误需要反复等问题，而且传统台账制作耗时，无法实时看到数据分析报表，更无法实现业务财务监控和发票相关预警。”

会议整整持续了5个小时，随着大家激烈的讨论，每刻未来的发展版图也逐渐清晰地显现在了大家眼前。自此，每刻开启了凝聚着这个团队智慧与激情的研发之路。成熟的信息技术和研发人才是实现财务云平台创新飞跃的根基，因此，魏总对于研发人员的选择慎之又慎。每刻用于产品研发的核心团队有300余人，一半以上毕业于浙江大学，拥有近20年的技术研发和管理经验，曾任职于大华股份、美国道富银行等企业。除了IT技术专家外，也有来自大型企业的HR、财务负责人和内审负责人。

每刻立志于打造一个“群智共生”财务生态平台，因此，在技术层面，每刻团队首先建立了包括客户企业内部财务系统数据的信息仓库，实现对各类数据资源的统一存储、统一管理；其次，采用分布式技术架构、机器学习、语义分析、数据索引等大数据计算挖掘技术等人工智能的应用，加大数据分析与挖掘能力，将数据重新排列组合，以形成庞大的知识图谱；最后，在海量数据支持的基础上，利用AI自我学习训练功能，将管理环节与市面上主流的OA、ERP软件相互打通，建立起完整的财务生态数据链。

仅仅做到内部技术支持是远远不够的，还需要构建一个以每刻为中心的外围朋友圈，因此，在选择生态合作伙伴时，魏总亲自带领团队围绕日常生活中的“吃、住、行”等消费APP建立合作关系，最终使其朋友圈覆盖了企业在飞机、火车、打车、住宿、用餐和支付等主要消费场景，实现了企业差旅申请、审批、管控、预订、结算和开票全流程费控解决方案闭环。

除此之外，大额的研发费用也是不可忽略的难题。难题得攻克，研发进程也不能停。好的梦想总会有人去成就，魏总坚定地在数字化浪潮中蓄力前行，在融资平台中努力地争取着投资者的支持。他和他的团队在打造财务云平台的峭壁上平稳而奋力地攀爬着，解决困难，争取资源，不断求索。

2.“驽马”加鞭勤行路，每刻生态现锋芒

“千呼万唤始出来”。在魏总和每刻团队的努力和期待下，每刻的首个产品“每刻报销”饱含着大家宵衣旰食的付出终于宣布正式上线！它作为每刻科技首个也是最核心的产品，在业内率先应用的基于深度学习的人工智能发票智能OCR光学字符识别技术，支持10多种发票的群拍群读群验真，一键拍照即可对发票信息进行识别，让员工报销不再烦恼。通过接入第三方消费平台、企业办公平台和国家税务总局，直接获取消费平台的电子数据，再自动生成凭证，进而通过费用大数据分析，每刻报销能够将企业费用数据进行灵活的分析展示，强大的自定义报表功能够将企业费用数据进行可视化呈现，帮助企业进行有效的费用管控，为企业业务决策赋能。同时，财务内部核查报销标准、预算控制、补贴计算都在系统内完成，极大减少了许多传统的基础手工工作。“每刻报销”一经推出，立即就以财务与云计算巧妙合理的结合方式冲上市场的领先位置。千里之行，始于足下，这仅是每刻大展宏图的起跑线，同时也是后期每刻打造出更多优质产品的市场基础。

每刻科技跃向的第二步便是会计档案管理，相继推出的产品则是“每刻档案”。早在2009年国家首次推行文件档案电子化时，就注定了未来档案无纸化管理的前景。面对这样的大趋势，打造一个帮助众多企业实现会计档案电子化管理的利器更是每刻的使命。在每刻档案的流程设计中，每刻为企业打造了一套从采集、归档、借阅到鉴定、移交、销毁的全流程解决方案。与其他产品一样，每刻档案对接市面上主流的财务核算系统（如SAP、金蝶、ORACLE、用友、鼎捷等），支持存储财务相关的各类数据及其附件、影像，并建立各类数据之间的关联关系，可实现银行回单、会计凭证、业务单据等原始凭证归档全面自动化、电子化，即从耗费大量人力物力来对纸质档案进行管理和储存，转变

为档案存储 0 工时占用、0 空间占用，将归档查档效率提升了 90%。

继"每刻报销"和"每刻档案"成功上线并获得众多企业客户的青睐后，每刻也从未停下在财务数字化转型这条路上的高速奔跑。2021 年，每刻又一次在新品发布会上放出一个绚烂的火花——"每刻云票"，又进一步地拓展了每刻云产品矩阵。每刻云票是每刻打造的新一代数字化业财税融合的增值税发票管理和协同云平台，主要涵盖应收共享、应付共享、增值税发票管理与电子发票服务平台四大业务模块，这将完美解决企业采购、销售业务智能配票、一键开票及增值税业务处理的需求，实现应收 / 应付共享。同时，它通过高效连接上游供应商和下游客户，构建企业采销业务生态数据网络，大幅提升企业内外协同与数据采集效率，为经营决策提供更科学化的依据，并随着时间的推移变革其各种能力来增强价值。

从"每刻报销"到"每刻档案"再到"每刻云票"，每刻的智能财务解决方案都是基于生态化、协同化的理念，通过打通消费生态、银行金融生态、供应商生态、客户生态、税务生态等，让数据的流动行云流水，让数据成为企业真正的"富矿"（图 17-3）。每刻的研发之路始终在践行"释放财务创造力"的伟大使命，持续创新引领行业进入新格局，与生态合作伙伴、客户携手共同打造企业财务数字化的未来，正如魏总所说："财税 SaaS 未来可以帮助企业实现从数据采集到数据处理、记账凭证、纳税申报、报告分析、档案管理的数据实现业财税一体化，实现数据可共享，打造实时数字会计。"

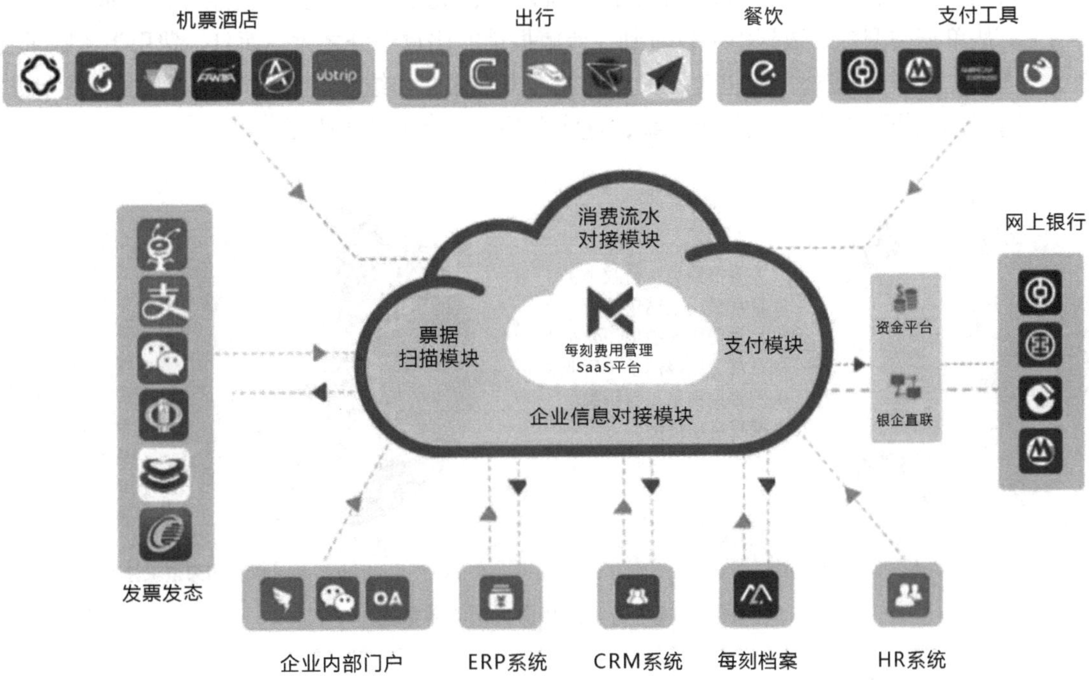

图 17-3　每刻 SaaS 云平台架构[①]

① 来源：www.maycur.com。

四、产品落地验成效，成本效率皆言表

“每刻生态”在魏总团队的努力下，一步步走向财务共享服务市场的中心处。“每刻生态”开始迅速在众多不同规模、不同行业、不同需求的企业中落地生根，在报销、档案、票务环节践行着每刻最初的使命。作为每刻优质客户企业之一的圣奥集团，创立于1991年，是一家集办公家具、生活家居、置业投资于一体的企业集团，其产品远销全球115多个国家和地区，海外展厅和网点基本覆盖全球各国的首都、经济中心等，内销网点遍布全国一二三线城市，服务了170余家世界500强企业和300余家中国500强企业，如华为、阿里巴巴、腾讯、Google、可口可乐等，是中国办公家具行业的引领者。让我们走进圣奥，共同探索办公家具领军者的财务信息化建设之旅……

1. 报销“梦魇”何所惧，每刻指路破荆棘

“通过引入你们这种管理模式，给对我们传统实业带来了改变。以前，我们财务就相当于‘衙门朝南不知冷暖’这种角色，现在财务的思维变得更加互联网+了。”圣奥集团信息中心总经理曾在一次采访中这样感叹道。圣奥集团目前主营业务包括办公家具、生活家居、置业投资等，多元化的经营必然会产生数量庞大的报销业务，但是“报销”一词在2019年以前却成为圣奥上下员工闻声色变的“梦魇”：在与每刻科技建立合作关系之前，圣奥一直采用的是传统OA报销系统，完成一笔报销至少需要15个工作日，报销的时候填写的信息麻烦而且规矩很多，即使经过培训后，也没有人能够一次性填写正确，不仅费时费力错误率也很高。

以下选取了圣奥某个月份的月报销单数据，按照单据类型统计与费用类型统计生成了两张饼图（图17-4）。从单据类型统计数据中可以看到，差旅报销的比重十分之大，而且，费用类型除了餐饮、打车票、火车票、客户招待外，还包含了很多其他类型费用，如维修安装费等. 如此多的费用报销类别，可以想象到，如果没有智能化报销系统，这将会是一个巨大的工作量。

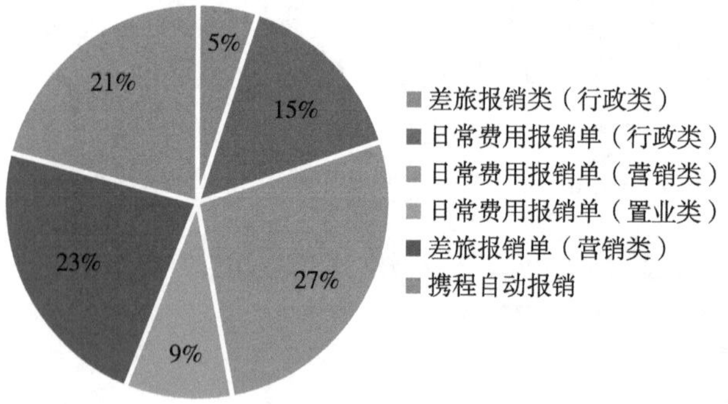

（a）某月按单据类型统计数据

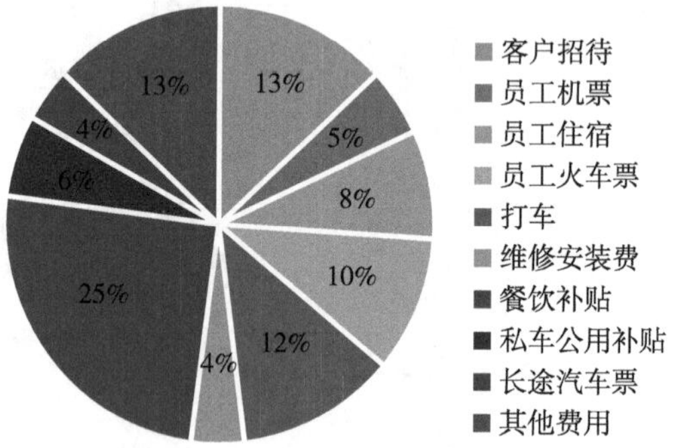

（b）某月按费用类型统计数据

图17-4 圣奥某月份月报销单数据

上线每刻报销后，对于圣奥集团的员工来说，如今的报销流程仅仅在“弹指一挥间”即可完成。

（1）一站式免票报销，降本增效，消除员工后顾之忧

在上线每刻报销后，移动化、便捷化的报销体验让员工和管理者可以利用碎片化时间进行报销和审批。对于员工来说，在出差的过程中，即可使用智能识票、发票自动导入等功能进行发票识别及报销提单；对于领导而言，可以在手机上实现远程审批，员工也可以实时看到报销进度（图17-5）。费用控制管理系统对接了差旅预订系统或其他外部系统，员工也不需事先借款、垫付，系统会根据员

工的消费记录自动汇总单据信息，直接进入系统执行自动化费用报销申请，由审核人员完成审核之后传入报销管理系统，执行自动化审批、记账并归档（表 17–1）。这一流程，降低了报销工作的人工和时间成本。一旦财务经过了审批点击确认，便自动生成财务凭证，不需要财务人员审核完以后人工录入财务凭证，节约了大家 50% 的贴票和报销的时间，员工再也不用为垫资款迟迟不能报销而顾虑，员工满意度直线上升。

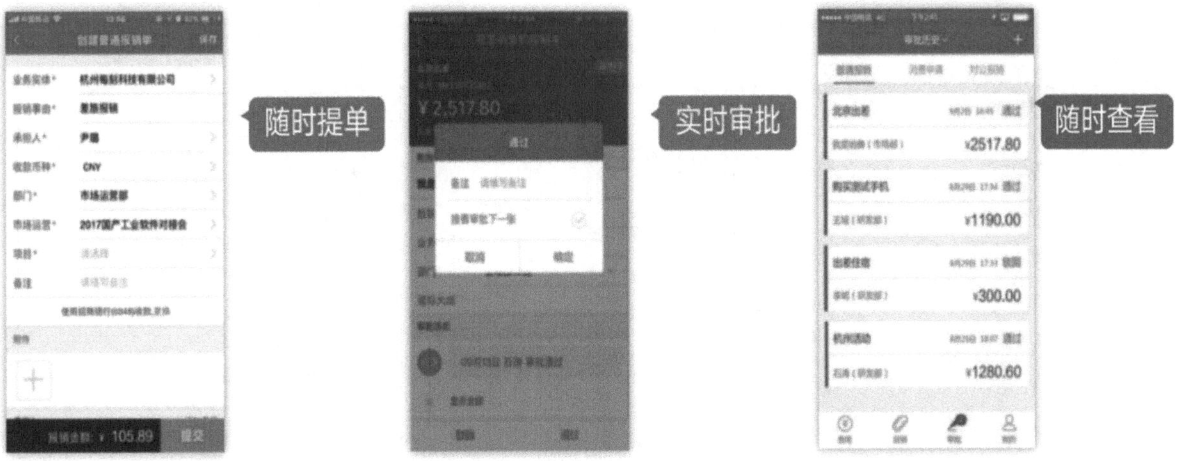

图 17–5　报销提单审批示例①

表 17–1　每刻报销上线后费用报销效率提升对比

指标	2018 年 6 月（使用每刻报销前）	2020 年 8 月（使用每刻报销后）
单个报销平均周期（从提单至收款）	15 工作日	9 工作日（效率提升 40%）
月均单据量	1200 单	2200 单
费用会计人数	5 人	2 人
单笔报销提单环节处理时间（贴票 + 填单）	30 分钟	5 分钟
单笔费用综合处理成本（人力成本 + 水电 + 办公场地 +IT 系统建设 + 档案存放）	5 元	3 元（成本降低 40%）

（2）发票验真验重，降低企业错报谎报损失

将以往后端财务审核验真的程序，转移到前端员工录入发票时，即拍即验真。员工只需要在 APP 中扫描二维码，就可以拉取真实票面信息，一旦验出是假发票，系统就不允许进行下一步骤（图 17–6），在源头处则避免了员工多报谎报的可能性。而发票数据在数据库中存储，方便财务人员随时查

① 来源：www.maycur.com。

看调阅。对于电子发票，也防止因为财务人员手动登记带来的重复报销工作失误，大大提升了报销的真实合规性。

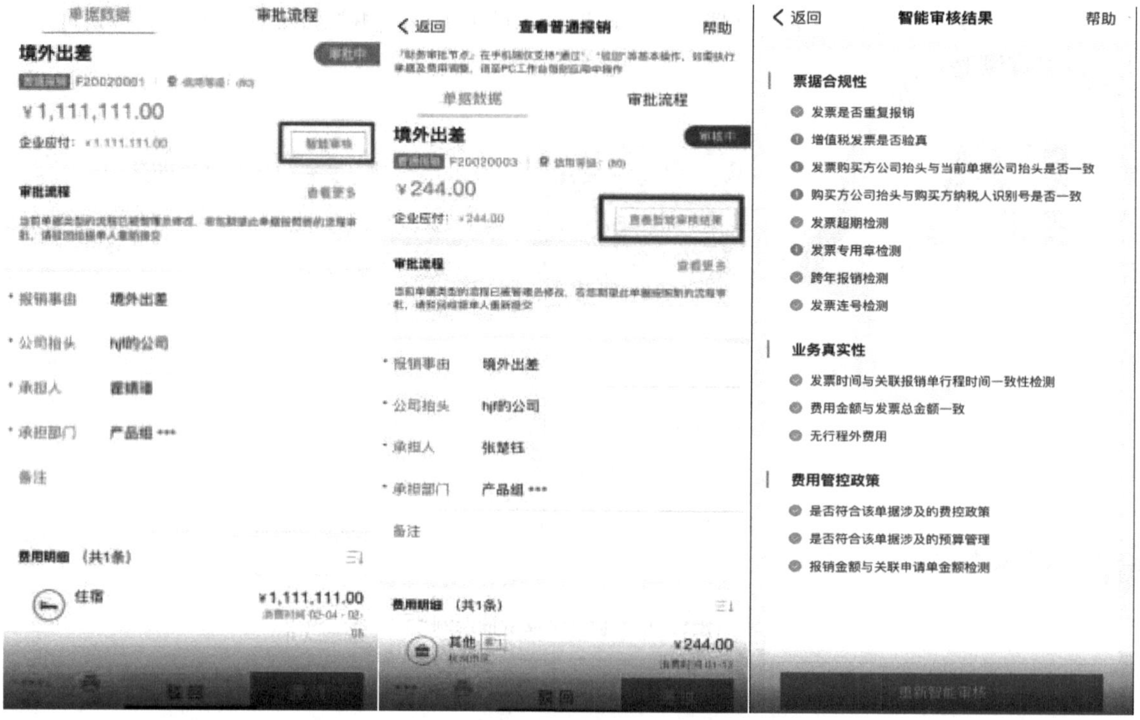

图 17-6 发票验真验重示例①

（3）严控差旅标准，加强企业合规管控政策落地性

频繁违规往往是缺乏约束机制导致的，在企业中经常会遇到员工不遵守企业的各类费用标准的情况，并不是员工不想依规执行，只是很多时候难以接触到这些规章标准，导致费用标准甚至制度成为一纸空文。针对国企相关标准的差旅管控，每刻报销自动化流程系统基于灵活的审批流程设置，可在各个节点中全面嵌入圣奥的规章制度及费用标准。因此，员工在每刻上预订机票酒店时，能够订到的选项就已经是经过每刻过滤的符合差标的差旅选项（图 17-7）。通过像这样在企业看不到的地方进行合规管控，每刻建立了一套约束机制，进行严格的预算管控，可以在源头上杜绝差错，真正将书面上的管控政策落实到了企业日常经营活动中去。

① 来源：www.maycur.com。

图 17–7　差旅报销管控示例[①]

（4）全程费控，有效协助企业管理决策

在任何分析中，对数据的掌控是重中之重。每刻报销系统由于拓展性强，可支持集成各个平台的数据，并进行有效的整合汇总，轻松地转化为各类费用报告，有力地支持管理层做出各种决策。全程费控可通过合规数据引擎发掘那些守法员工及违规专业户，通过奖罚分明的方式，提升全员的成本及守规意识；通过对各航班的价格进行汇总，筛选出低价省时的航段等。通过上述措施，圣奥可在费用发生的各个环节把控成本、分析波动。透明化并实时同步所有的费用数据，让各类型的使用者在第一时间掌握到最实时的数据，更加有效地协助企业制定管理策略。

（5）拉通系统柔性配置，加快企业组织结构变革

由于每刻报销支持个性化配置，因此，圣奥可随时并快捷地完成流程的更改及功能的配置。这样柔性化的系统使得企业的变革成本更小，意味着企业的信息化建设现在可以更快的速率响应人员的变动及组织结构的变革。在以往，当企业从复杂的金字塔组织架构变成扁平式转变时，企业的流程需要做相应调整，传统软件厂商的调整成本巨大。而每刻报销支持企业轻松修改审批流及审批规则，快速地响应企业的人员变动及组织变化。

2. 档案无纸趋势明，每刻追光再前行

随着专票电子化快速推进，财税电子化的速度越来越快。财政部于 2020 年 4 月出台了《关于规范电子会计凭证报销入账归档的通知》，其中提及，电子形式与纸质形式具有同等法律效力，电子会计凭证必须线上存档——这意味着，财务不论以何种方式报销入账，都要保存电子形式的报销材料文档，该政策的出台迅速打开了电子档案系统的市场。

圣奥作为一家全球性的制造型企业，在 108 个国家和地区拥有销售网点，其企业内部的数字化和信息化程度在业内也是走在前列。据不完全统计，圣奥集团内部共有 50 余套 IT 系统，来辅助集团业务的信息化建设。然而，在寸土寸金的核心商圈，圣奥集团却专门准备了一个 300 平方米的档案室来

① 来源：www.maycur.com。

进行存档，其中2/3的档案室财务相关的票据档案。

“咱们公司的大部分原始凭证非常繁杂，在与外部供应商或合作伙伴对接时，他们使用凭证管理系统和我们也不一致，导致进行单据匹时，很难实现整个流程的闭环和串联。我们太需要一个能够将这些凭证全面电子化并进行连接的系统了！”张雯抱怨着档案管理引发的一系列潜在问题，圣奥的管理层也意识到了问题的严重性，但是市面上档案管理系统高昂的费用也同样让他们望而却步，进退两难的境地使得圣奥迫切地需要一个“物美价廉”的帮手……

2019年，每刻与圣奥开始共同探索电子档案的建设与无纸化解决方案，助力企业稳步实现无纸化，无缝衔接纸电混合时代和全面电子化时代。每刻档案的引入为圣奥员工带来了全新的智能化档案管理体验。

（1）档案管理全程降本增效，促进生产经营发展

每刻档案模拟传统纸质档案管理流程，进行电子档案的生命周期自动化管理，可以为圣奥提供从第三方凭证对接、立卷、归档、纸档迁移与接收、检索、借阅、鉴定比对、销毁的自动化全流程管理（图17–8）。这样的智能化流程也取代了圣奥人工打印比对凭证的环节，档案管理人员工作量大大降低。在档案管理合法合规的基础上，圣奥的纸质档案平稳过渡到了电子档案。加之每刻系统操作和使用通俗易懂，使圣奥原本从未接触过电子档案管理的员工也能快速上手。

图17–8　档案自动化管理流程

除此之外，档案管理工作各环节缩减的成本也使圣奥集团的费用控制效果更加可观，与以往相比，每刻档案已为圣奥带来的项目效益提升如表17–2所示。

表17–2　圣奥档案管理效率提升对比①

指标	2019年6月（使用每刻档案前）	2020年8月（使用每刻档案后）
银行回单分类、打印工作量	240天	0天
银行回单与凭证匹配工作量	180天	0天
电子发票打印与凭证匹配工作量	160天	0天
纸张、打印费用	60 000元	0元
人员节省（打印、整理、核对等）	3人	0人

经过云端技术处理过的电子会计信息，通过网络传输并存储于云端，不仅信息运算成本相对较小，且这些会计档案信息皆可进行跨区域的异地查询、检索、处理，也可随时随地查询到历史会计档案。同时，与当下的会计档案进行直观的分析对比，可以为企业提供更精准的经营发展趋势，便于企业做

① 来源：www.maycur.com。

出更科学的经营决策，基于此，也可结合企业经营发展现状，有针对性地调整生产经营要素，为企业发展提供正确的航向指标，促进企业正常经营始终行驶于正轨，且持续前行。

（2）单据灵活配置储存，提升档案管理精细化度

针对采购、销售、物流等业务，每刻档案可进行自定义单据配置，圣奥可在业务单据配置中，自主设置单据模板类型，进入表单配置页面，可任意组合字段形成所需模板，并自动生成 API 接口。对于大量业务单据，如银行回单，也可支持批量导入，极大缩减了处理不同类型单据的耗用时长（图 17–9）。除会计档案（会计凭证、会计报表等）之外，每刻档案还可灵活定义任意档案类型，如人事档案、签约合同等。圣奥可自主编辑档案类型名称、目录号、案卷号等生成规则，并与线下纸质档案管理规则相对应。员工只需将配置好的业务单据添加进来，作为导入模板，即完成一个自定义档案的存储（图 17–10）。这样灵便的操作功能，可使企业有针对性地自主匹配所需存档的各类文件，也便于档案存储和调取。

大数据时代背景下，档案整合至关重要。传统会计档案管理工作中依靠人力进行的档案分类，不仅耗时长，工作效率也不高；但是，基于每刻档案云平台对档案进行电子化分类，运用软件对信息进行录入、分类与整合，不同类别的档案归置于不同文件夹，每个文件夹中存放一种类别，文件夹中的信息也可进行自动编码，由此，后期账目的复核与记结账效率将会大幅提升。对于仍需纸质记载和合同、订单等档案，可在纸质文件打印同时进行自动化的信息录入，将信息同步于共享系统，经过整合处理，原始数据凭证与企业生产、经营各个环节的会计信息相关联，使会计档案管理更为全面化且精细化。

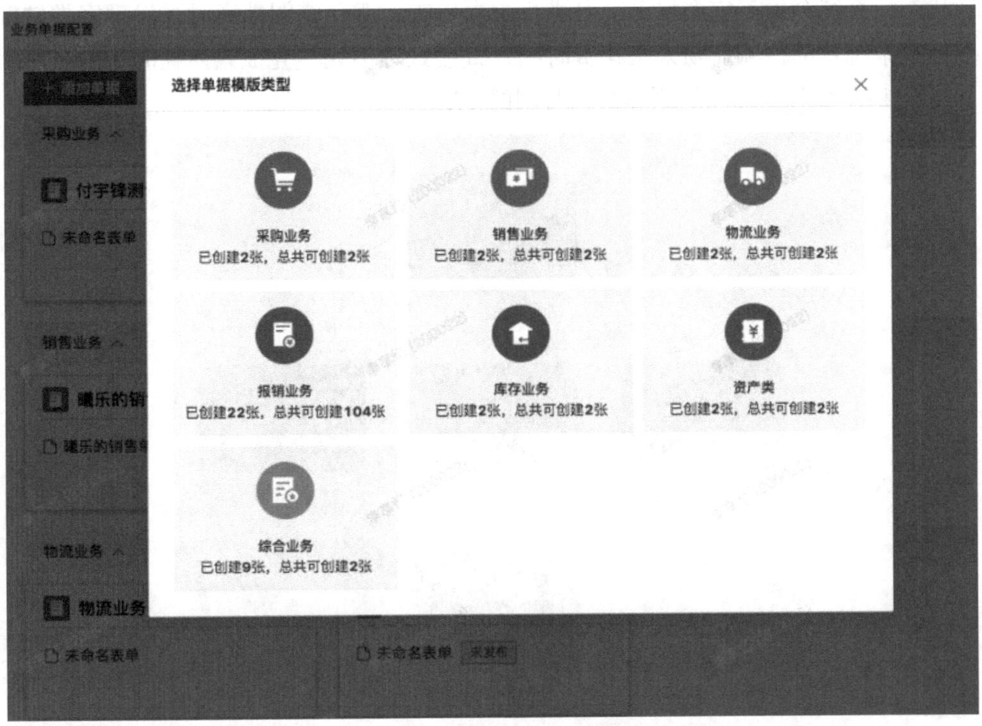

图 17–9　单据自定义配置示例

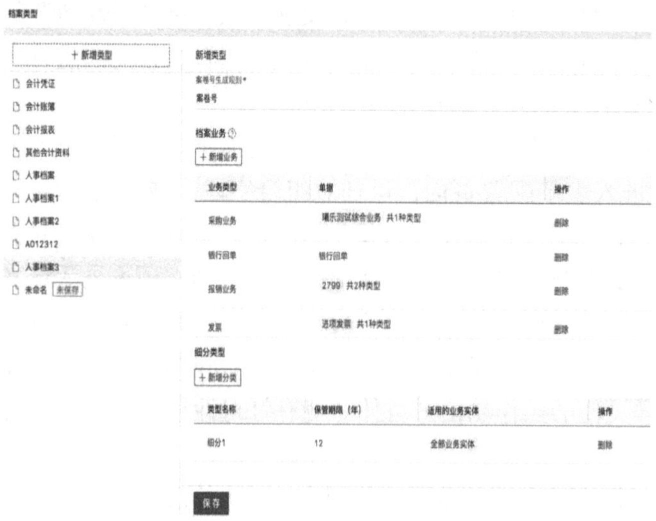

图 17–10　档案类别自定义示例 ①

（3）档案完整性检查，规范企业档案流转

在上线电子档案的过程中，是否能有效保证档案完整性一直是众多企业的一大顾虑。中国财政部国家档案局令第 79 号第八条《会计档案管理办法》也明确规定，企业必须保证会计档案的完整。基于此，每刻档案补充了完整性检查功能，可自主配置检查规则，导入凭证时触发检查，系统自动返回检查结果。当系统检测到不完整内容时，会进行提示，保证其没有经过改动与丢弃。若归档时凭证处于“检查不完整”状态，系统会做不完整提示，可进行二次检查，避免查阅档案时才发现案卷缺漏（图 17–11）。电子档案系统自动检测无须人工花费时间，直接处理不完整凭证只需耗时 1.5 小时，每月平均归档时间下降至 14.9 小时，缩减了原本归档时间的 77.3%。

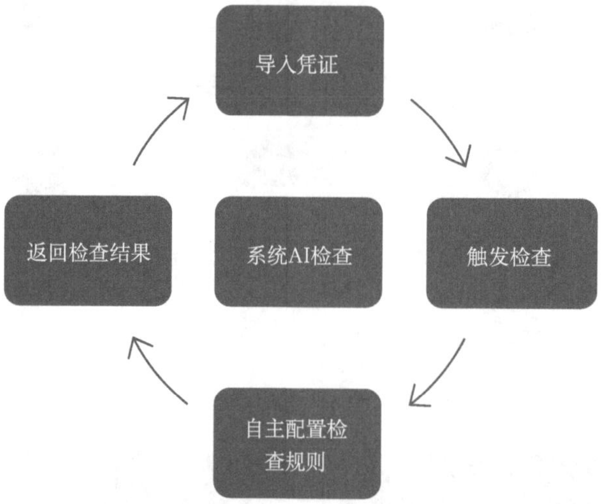

图 17–11　档案完整性检查流程 ②

① 来源：www.maycur.com。

② 来源：www.maycur.com。

（4）实时化的数据更新，档案管理的实效性有效提升

传统会计档案数据信息多为静态的，且数据间往往无直接的联系。但是财务共享模式下的电子会计档案数据信息既能独立存在，同时也可与其他信息之间建立联系。在应用每刻档案后，圣奥分公司的财务人员可以通过对档案进行扫描，基于影像识别技术对档案信息进行自动读取，而后传送至云端进行后续处理；同时，每刻档案能够按照档案类型进行自动化报表分类，便于后续搜索查询，为企业决策提供依据，切实保障了财务档案管理的有效性。将档案数据信息存储于云端，利用大数据、云计算，进行实时化的数据更新，数据存储空间较大，报表编制更为便捷，档案管理实效性凸显。

在刻板印象中，传统行业害怕变化，传统企业是顽固守旧。然而，在这次电子档案管理变革中，这家 1991 年成立的办公家具传统企业，正在迈出财务数字化转型的第一步。但“帮助更多企业实现财务数字化变革”一直都是每刻科技前行的方向，不论传统守旧还是新兴开放的企业，财务数字化转型势在必行。

3. 纸票时代终结束，每刻领军筑新路

随着我国“以数治税”的不断发展，税务工作已进入一个新的时代，金税工程四期建设也即将正式启动实施。早年，金税三期上线后，不仅实现了国地税数据的合并和统一，还通过互联网将工商、税务、社保等有关部门的信息打通，是对税务系统业务流程的全面监控。而这次即将到来的金税四期，不仅升级了税务方面，还纳入了“非税”业务，实现对企业更全面的监视；同时，建设了各部委、人民银行及银行等参加机构之间的信息共享和审计通道，实现了企业相关人员的手机号码、企业纳税状态、企业登记信息审计三大功能。

在金税四期的施行背景下，因为各方实现了税务数据共享，企业的各维度的数据会更加透明化，包括进货、销货、存货，包括纳税申报、税负水平，也包括开户行为和企业社保缴纳行为等，对企业行为起到更有效的监督。同时，这也提醒企业，一定要做好企业财务管理工作，例如，完善存货管理机制，正确合规地进行财务操作，并做好账实差异分析，尽量避免表单对账不一致、税负率异常等情况，合理有效地接受监督。

“专票电子化”浪潮、“税政”革新的推动和对数字化建设的渴求与探索，驱使着圣奥科技在数字化道路上不断进取。圣奥科技积极响应政策号召，主动报名参与了此次试点工作。基于企业本身深厚的数字化底蕴和试点期间的不懈投入，圣奥科技不负所望，成功于 2021 年 12 月 28 日通过了浙江省档案局的试点验收。

（1）采购协同相关亮点功能

①在线协同对账

在采购业务中，公司需要和多个供应商进行线下表格对账，对账工作量大且费时。针对以上问题，每刻云票具备“协同对账功能”，企业与供应商线上对账，高效协同。该功能支持对账单自动发起，无须人工操作，差异数据自动提醒，支持自定义对账审批流；支持线上协同、邮件发起对账单、支持批量导入对账。

②供应商开票协同

每刻云票支持在线创建开票申请 / 申请单批量导入，审批流程自定义设置，同时支持增值税普通 / 专用发票（纸 / 电）红字发票开具。客户公司只需提前设置好发票拆分和映射规则，支持开票预览，确认发票后一键自动实现发票的拆分和开具。该系统直联税盘，支持在线单张或批量开具发票，提升整体开票效率。

（2）应付相关亮点功能

①自动三单匹配

每刻云票通过采购订单生成收货单，收货单数据同步至对账单，根据对账单开具发票，实现自动订单、对账单、发票的三单比对，自动匹配发票明细（图 17–12）。

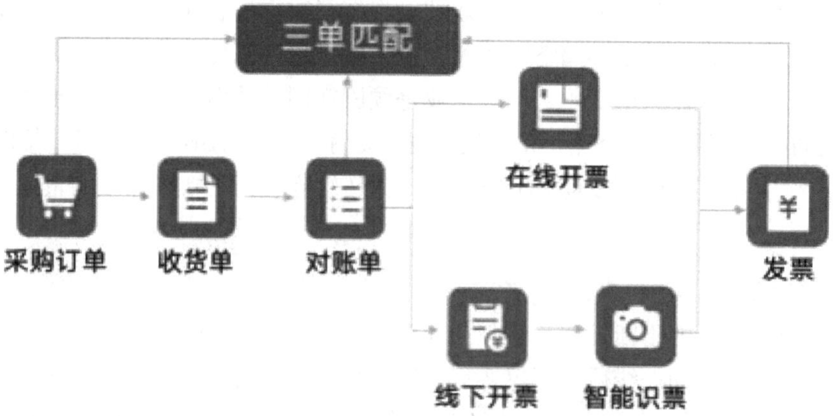

图 17–12　每刻云票三单匹配流程[①]

②智能进项认证

针对发票无法集中认证问题，“智能进项认证”功能可有效解决。进项发票自动三单比对通过后，直连 ERP 实现发票预制与进项凭证自动化，同时返回发票凭证号，发票标记已过账，同时自动完成进项发票进项勾选认证。同步税局全量进项发票数据，支持多纳税人进项发票集中勾选统计签名，无须切换税盘，大大提升认证效率。

（3）应收相关亮点功能

①税控集中管理服务

多门店 / 分子公司实现虚拟税盘统一管理；支持不同税盘开具的不同类型发票余量显示 / 查询；在线切换选择不同税控盘，开票终端自由选择。

②线上开票场景丰富

消费者可以通过手机微信公众号、APP 查看并选择交易记录，然后通过线上申请让企业开票；消费者也可以进行扫码开票，开发票的时候，填写企业名称，系统自动匹配抬头，选择需开具的发票类型，完善好必要的开票信息，一键提交快速完成开票。

每刻云票还支持电子发票通过邮件、短信、会员系统推送客户，系统在线推送纸质发票快递情况等。

③智能回款核销

每刻云票支持资金平台、银企直联流水信息批量导入，将收款情况回写到企业 ERP，完成单据信息自动匹配，免去人工操作，减轻财务工作量。

五、尾声

“魏总您好，十分荣幸您能来参加我们的节目。据我们所知，每刻科技作为行业领先的智能云财

① 来源：www.maycur.com。

务产品和解决方案服务商，通过由每刻旗下三大产品协同构成的财务云平台，帮助超过 3000 家客户打通了业财税生态数据链，助力企业深化业财融合，加速完成财务数字化转型，实现低成本高效率的云财务、云共享、云办公。那么，每刻在助推客户企业数字化改革的历程中，是否遇到过一些困难和阻碍？作为一名资深的财务人员，您认为在如今财务数字化转型的大浪潮中，企业和财务人员都应该做些什么来迎接这个时代的到来呢？”在《2021 年 B+ 轮融资成功企业家访谈》的录播室中，主持人问道。

“困难和阻碍是肯定会有的。例如，我们在帮助客户上线产品时，往往会面临一些年老员工对线上操作的生疏、财务人员很可能会被裁掉的抵触心理及一些中层管理者的不重视等。但不可否认的是，财务数字化转型是必然的。无论作为企业还是财务人员，能做的就是不断提升自我价值，转变升级财务职能。这样才能做新时代的弄潮儿，而不是退潮后岸边淘下的沙粒。”魏总面对镜头侃侃而谈。

“背灯和月就花荫，十年踪迹十年心”。从大华股份高管到每刻科技 CEO，魏总一直在坚守着一件事——“我希望再用十年时间帮助更多企业实现财务数字化变革”。魏总对初心的坚守是每刻科技走进财务变革浪潮中源源不断的燃料，每刻产品则成为这场变革中刚劲有力的助推器，探索工作新模式，创造财务新价值。然而，在这场财务数字化转型的大革命中，每一个与财务息息相关的角色都不会置身事外。如何面对，如何融入，是我们必须深思的问题。只有抓住机会，拥抱机遇，才能载着财务变革这艘方舟向更深邃的天际飞跃。

案例使用说明

一、教学目的与用途

1. 适用课程

本案例主要适用于“财务共享”和“财务变革”课程中的财务信息化、财务共享及财务数字化部分内容的教学。

2. 教学对象

本案例可以为 EMBA、MBA、MPAcc 学员及财会类本科学生学习使用，也可以供具有一定会计信息化基础和工作经验的学员和管理者学习。

3. 教学目标

案例主要描述了在新一代数字技术加速向各行各业渗透融合的数字经济背景下，每刻科技有限公司（简称“每刻科技”）如何借助 SaaS 云平台产品解决企业业财税数据割裂、报销工作烦琐、档案归档查档效率低、发票协同困难等问题，实现财务数字化转型，从而进一步助推企业数字化转型。

具体教学目的如下：

第一，帮助学员掌握财务数字化相关理论和基本概念，理解企业数字化转型的关键驱动因素及其必要性；

第二，掌握 SaaS 理念的内涵、优势及其应用过程，引导学员深度挖掘该理念为业财一体化创新带来了哪些价值；

第三，结合理论知识综合分析财务共享生态系统是如何实现闭环，协作并助力客户企业实现数字化转型的；

第四，引导学员探索数字化转型未来发展趋势，思考数字智能时代信息技术给企业与财务人员带来的变革与挑战。

二、启发思考题

① 结合财务数字化转型宏观背景，分析每刻科技从白手起家到崭露头角能够迅速发展的原因。

② 财务云平台 SaaS 化是每刻科技采用的财务共享模式的新理念。什么是财务云平台 SaaS 化？结合案例分析这一新理念对传统的业财一体化模式带来了哪些创新发展。

③ 结合每刻科技智能财务云平台的打造历程，进一步思考该平台研发的内在逻辑是什么，形成了哪些独有优势。

④ 基于价值共创及信息化赋能理论，结合每刻科技客户使用效果，阐述每刻科技产品是如何通过闭环的财务共享生态系统为客户赋能的。

⑤ 结合案例，深入解读数字智能时代信息技术是如何推动财务变革的。在瞬息万变的数智潮流中，企业与财务人员将面临哪些挑战，又应当如何应对？

三、分析思路

分析思路目的在于让教师在课堂上基于启发思考题展开教学案例的使用。本部分基于启发思考题—教学目标—理论知识点的逻辑让教师理解本案例的具体思路，开展具体的案例学习分析。但教师在使用时也可以根据教学目标灵活运用本部分，以便发挥更好的效果。案例分析思路如图 17-13 所示。

首先，教师可以向学员介绍财务数字化相关概念，带领学员通过对每刻科技“创立—发展—取得成就”的成长过程来深入剖析数字化新转型的关键驱动因素和必要性；

其次，教师可在通过引入 SaaS 的内涵的基础上，将传统业财一体化与引入 SaaS 理念后的新型业财一体化进行对比，引导学员分析其内在优势及创新性；

再次，教师可建议学员结合每刻科技有限公司的成功案例，对“每刻报销”“每刻档案”“每刻云票”等智能云平台的运作模式进行简单梳理总结。通过对每刻科技智能云平台的了解，引导学员综合分析智能云平台如何互相协作为企业降本增效，并成为财务变革浪潮中的助推器。

最后，教师引导学员站在宏观角度分析数字智能时代信息技术对财务变革的影响，探索在此过程中企业与财务人员面临哪些挑战，应采取哪些应对措施才能数字化浪潮中立于不败之地。

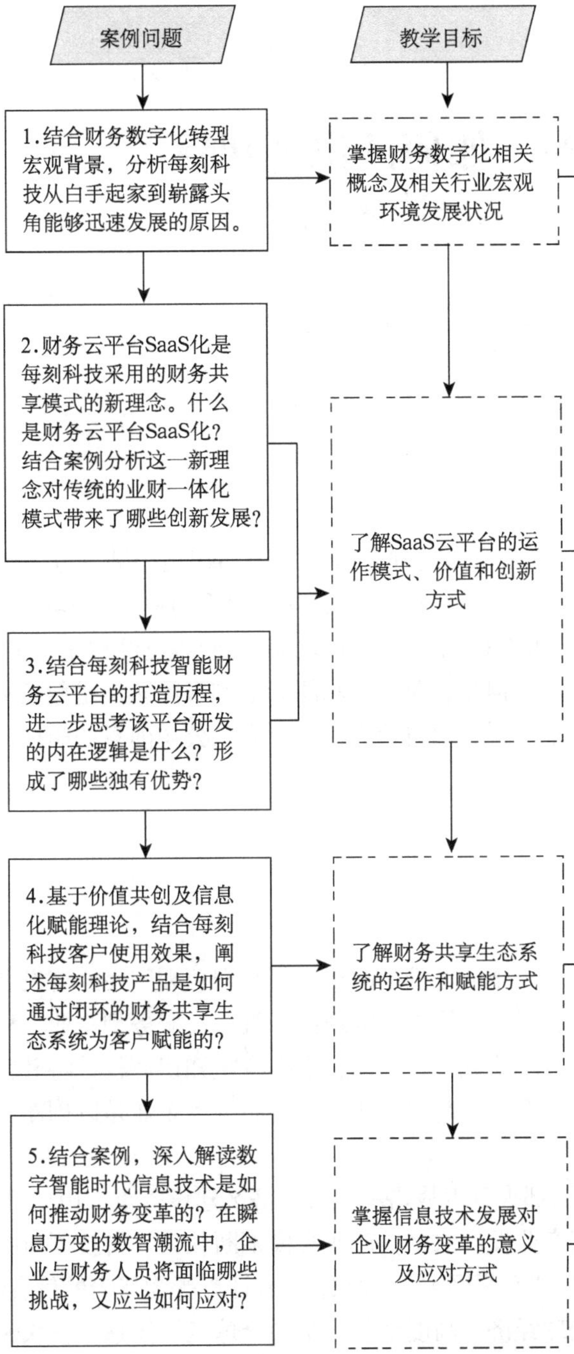

图 17-13　案例分析框架

案例 18

雏鹰展翅，如何冲出逆风区[①]
——JG 公司的初创之路

魏　明　王甜甜　王雪珂

案例正文

引言

2018 年 1 月，窗外寒风凛冽。但是办公室里的郑智鹏经理内心却是心潮澎湃。在经历了重重困难之后，终于，他在今天正式注册成立了 JG 信息科技有限公司（以下简称 JG 公司）。在喜悦过后，郑经理开始对当前局势进行了重新审视。虽然在成立 JG 公司之前，郑经理已经积累了丰富的工作经验，对信息服务业的工作模式可谓是如数家珍。但是，单枪匹马闯天下和带团队又是截然不同的状态。毕竟是要全方面领导一个完整的团队，对他来说，面对的不仅仅对未来公司前景的向往，更多的还是肩上需要扛起一份责任。

一、公司概况

1. 公司缘起

随着我国的经济结构调整，科技型中小企业在推动战略性新兴产业和国民经济发展中发挥着越来越重要的作用。在"大智移云"的时代背景下，国内外涌现出一批科技服务型企业。科技服务型企业是指依托一定数量的科技人员从事科学技术研究开发活动，取得自主知识产权并将其转化为高新技术产品或服务，从而实现可持续发展的中小企业。简而言之，科技服务型企业是以创新为使命和生存手段的企业。

"十二五"以来，陕西省紧紧抓住西部大开发战略和关天经济区建设等重大历史机遇，依托科技、人才和产业优势，全面提升战略性新兴产业发展水平，产业规模不断壮大。科技创新引发经济社会不断融合、发展、变革，工业 4.0 快速崛起，"互联网 +"、大数据、云计算等为代表的信息经济飞速发展，网络化、智能化的生产方式正在重构全球经济，高度细化分工的全球经济体系正在快速形成，特别是随着国家"一带一路"倡议的快速推进，陕西站到了开放的最前沿，战略性新兴产业必将迎来国际战略合作新机遇。

同时，科技型企业也享有国家税收优惠政策，而各种国家的优惠政策鼓励着一批又一批的科技型人才自主创业，在一定程度上促进了科技型企业的发展。科技型中小企业对国家经济的发展和科技的

① 案例来源：中国管理案例共享中心，并经案例作者同意授权引用。
本案例于 2019 年 11 月 11 日入选中国管理案例共享中心案例库。
由于企业保密的要求，在本案例中对有关名称、数据等做了必要的掩饰性处理。
本案例只供课堂讨论之用，并无意暗示或说明某种管理行为是否有效。

进步也起到了不可或缺的作用，主要源于企业本身富有知识性、创新性和成长性，所以科技型中小企业具有高成长和高回报的特点。科技型中小企业的核心竞争力就是其拥有独创性的知识或技术，这便是区别于传统企业的地方。

郑经理便是这一波创业浪潮中的弄潮儿之一。他自2008年起就从事项目管理相关工作，拥有丰富的ERP项目管理与实施的相关经验，曾先后就职于中国联通及金蝶等知名企业，主导过多家公司Cloud项目及ERP项目的实施，在项目实施期间，提出有效的项目实施建议，推进整个项目的实施与验收。在此期间，不断为客户提供解决方案，帮助客户的项目成功落地。长期独立带项目团队的经验，使得郑经理越来越清楚自己想要的是什么，想为客户提供的是什么。再加上当下政策的鼓励，他决心做出一番改变。在经过一段时间的筹备后，他便决定自己拉一支全新的队伍，加上十几个工程师，便构成了初期的创业班底，终于，在2018年1月成立了JG信息科技有限公司。

JG公司地处西部中心城市。在第一次员工大会上，郑经理说："我们现在公司有什么呢？连有限的资源都没有，但是我们都很努力，可以靠自己的双手来拼命地创造资源。我们不但有一支优秀的科研团队，还有多年来积攒的对客户需求的敏锐感知力。相信我们一定能够突破重围，打造出一支充满激情，不断向前的队伍！"

在公司成立初期，郑经理给自己公司的定位是顺应当下日趋明显的客户个性化需求，为客户提供更加优质、更加全面的企业ERP解决方案。凭借自己近10年的工作经验及人脉，在公司刚成立，他便为公司带来了能够维持企业收支平衡的客户源。这不得不归功于郑经理长年以来严谨的工作态度及"以顾客为上帝"的工作理念。

2. 公司主营业务

JG公司的主营业务除了软硬件的销售、研发及售后维护外，还会基于客户的个性化需求为其提供行业咨询服务，从而做出更加柔性的ERP解决方案。软硬件的销售主要包括代理已经成型的软件，如金蝶KIS系列及金蝶云软件，除此之外还代理了一个基于EXCEL的二次开发平台，基于客户的不同需求做出相应的软件，以解决用户的需求问题。

当时，陕西省制造业企业正在大力推行企业信息化管理，各企业对于个性化软件订制的需求逐渐增加。凭借在金蝶良好的客户基础和异常的勤奋，郑经理的团队牢牢把握住了这个机会。从2018年1月至2018年年底，JG公司完成销售额1500多万元，员工增至28人。

JG公司顺应了时代的要求，采用当代最新的信息技术，基于先进技术体系，提供从财务到全面企业管理，从部门级到多部门级、企业级的一体化，整合应用解决方案，以不同的产品形态和系列满足不同规模和管理模式企业的个性化需要。随着客户数量的增多，JG公司逐渐在陕西省市场打开了一片新天地。但由于软件项目人力成本高、项目周期长，公司现金流逐渐吃紧。为了进一步发展，JG公司决定通过"以战养战"的方式进行持续的产品研发，在向客户提供个性化的研发需求方案的过程中，不断完善自己的产品，从而保证自己企业所研发的产品是顺应企业当下的需要而产生。目前，已经进行到了软件研发的关键时期。

3. 公司组织架构

JG公司主要由交付中心、开发部和财务部3个部门组成。其中郑经理主导财务部门及其他人员安排事宜；合伙人王鑫松担任实施总监，主导技术方面，负责交付中心与开发部（图18–1）。

交付中心的职责是快速交付，保证供需平衡。作为衔接开发部、供应商和市场的一个部门，如何协调各环节以保证客户需求，是其工作价值的体现。对于应用交付工程师，经常遇到的事，莫过于客户打电话来说，软件配置安装虽然成功了，但是在使用过程中出现了异常情况，需要及时修复；或者之前设计的软件已经不能满足当前公司的运营模式，需要增加或者删减某一功能等。这个时候，交付工程师必须在最短的时间内做出令客户满意的方案并监督其方案及时实施，确保项目高质高效成功交付。除此之外，交付部门还需要负责挖掘客户服务需求，开拓客户服务机会，为客户提供整体服务解决方案，并通过客户满意度管理，提升服务质量和品牌。

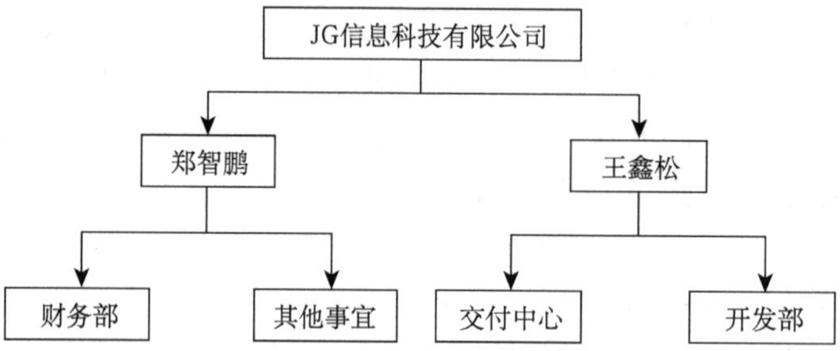

图 18-1　JG 公司组织架构

开发部的职责是负责完成交付部门提供的客户需求方案，完成客户网络设备及环境的搭建、客户个性化应用业务软件需求的代码实现、系统上线运行等工作。同时，开发部需要围绕公司业务领域和核心技术，以市场为导向，进行新技术研究和新产品开发，不断开发出技术领先、具有市场竞争力的新产品，做好公司可持续性发展的源头工作；及时跟踪相关领域技术动态，为开发提供技术积累；为交付部门提供数据库方面的技术支持，为公司的技术宣传、客户培训等工作提供必要的支持。

财务部门的职责是负责公司日常财务核算，参与公司的经营管理；根据公司资金运作情况，合理调配资金，确保公司资金正常运转；搜集公司经营活动情况、资金动态、营业收入和费用开支的资料并进行分析、提出建议，定期向总经理报告；组织各部门编制收支计划；负责企业的纳税管理，运用税收政策，依法纳税，合理避税；负责财务会计凭证、账簿、报表等财务档案的分类、整理和移交档案；完成领导交办的其他事项。

二、路漫漫其修远兮

1. 组织架构的嬗变

JG 公司在初创期规模虽然不大，但是大大小小的事情都要由郑经理经手。他不仅要负责日常经营管理，一些重大战略决策也得由他拍板做决定，公司其他人都只是负责执行。当几个部门的待办事项同时聚到一起，就会让郑经理感到头疼，力不从心。但是，如果每个部门的事情得不到及时的决策，又会造成各种工作遗留问题，造成全团队的人等待一个人决策的状况出现。郑经理逐渐意识到，这个问题必须得到及时解决。

于是，他决定寻找一位合伙人与他共同处理公司业务。但对于人选问题，郑经理又犯起了愁。正好在接女儿放学回家的路上，女儿提起，今天在学校，老师让他们全班同学看了一部电影并写观后感的事情。突然，郑经理脑海中浮现出来一个人的名字——王鑫松，他是郑经理多年的工作伙伴。还记得在《中国合伙人》电影热映的时候，俩人兴致勃勃地讨论关于创业的各种想法，但一直以来都没有机会实现。这不就正好是一个契机吗？于是，郑经理毫不犹豫地拨通王鑫松的电话，简短地介绍了公司当前的状况之后，两人一拍即合，王鑫松成为 JG 公司新的合伙人。

但在第二天，王鑫松并没有以合伙人的身份与大家见面，而是提出先以基层员工的身份进入公司，正好借助这个机会了解一下公司员工们的基本需求，以便于日后顺利开展工作。于是，王鑫松选择进入销售部工作。

在经过为期一周的工作之后，王鑫松发现，目前公司的资金流主要来源于ERP中心的销售部，虽然汽租中心偶尔也会有销售成果，但是与其部门的人员支出相比，远不能做到收支相匹配。同时，王鑫松发现，在企业成立初期，由于设置了过多的平行部门（图18–2），导致各部门之间的负责人权限意识过于细化，造成了“各扫门前雪”的状况，反而更不利于公司向前发展。

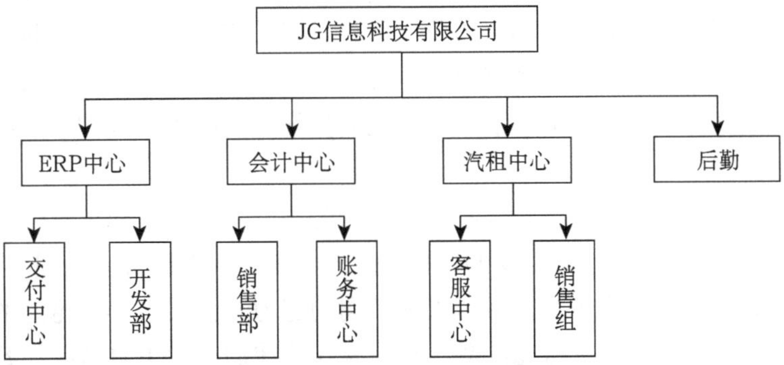

图 18–2　创业初期的公司组织架构

于是，在与郑经理研讨之后，他们暂停了汽租中心的业务，重新划分了职能部门，将公司的部门精简至3部分：交付中心，开发部与财务部。由新合伙人王鑫松担任“实施总监”，主导技术方面，负责交付中心与开发部；郑经理主导财务部门及其他人员安排事宜。次日，郑经理和王总监组织进行新一轮的部门人员安排，全新组织架构下的JG公司业务由此拉开序幕。

2. 用人难且留人更难

在组织架构转变之后，郑经理感觉自己身上的担子明显轻了许多。但是郑经理并没有因此松懈，他开始思考，人才是企业发展的原动力，而JG公司作为一个科技型初创企业，其开发部的主力军平均年龄都在23岁左右，这个年龄段的年轻人大都有较强的进取心，追求更大的工作平台，有较小的社会流动障碍。因此，开发部人才流失可能是目前需要关注的一个问题。因为一旦出现人才流失问题，就需要投入大量精力去解决这个问题。招募刚毕业的本科生，由于没有工作经验，需要付出时间成本和学习成本去培养他们；招募有经验的开发人员，又会增加企业更多的成本支出，影响企业的整体发展进程。不论采用什么样的解决方法，都会使企业陷入困境，进退两难。可是，通过什么方法能让员工对企业有归属感，使得人才的流失损失率降至最低呢？毕竟，在创业期的公司，引入优秀、扎实的科技型人才是有一定困难的，可遇不可求。因此，郑经理陷入了沉思……

3. 众志成城谋出路

2018年4月28日，又是风和日丽的一天。因为公司刚签了一个项目，郑经理哼着小曲，迈着愉快的步伐走进办公室。但在他路过办公区的时候，明显感觉到大家工作中的低气压。第二天公司晨会上，郑经理提起昨天他注意到的工作氛围问题，发现员工们依旧是状态不佳，各有心事，郑经理对其百思不得其解。会后，郑经理喊来王秘书询问此事。郑经理说：“马上就到劳动节假期了，大家应该开心才对呀，为什么办公室这么死气沉沉的？我不在的时候发生了什么事吗？”钱秘书面对经理的询问，陷入了沉思，过了一会才说道：“经理，最近我一直想给你说大家的心声，可是没有机会，我发现再不说怕是会影响各部门之间的关系了。”就这样，钱秘书将目前大家之间的矛盾讲给了郑经理。与王秘书谈话后，郑经理认为这样下去不是办法，与王总监商讨解决方法，最终决定，在5月中旬组织公司管理层在秦岭进行团建，以此来了解各部门情况，促进员工之间的感情，增加员工之间的协作力，增强对公司的归属感。

时光飞逝，很快到了团建这天。早上6点，员工在公司楼下集合完毕，公司各部门负责人在郑经理的带领下乘坐大巴车一起去了秦岭。3个小时后，大家陆陆续续地到达半山腰集合点，没有上下层之分，均是兄弟姐妹，大家相互帮助，或搀或扶，共同前进，各部门负责人之间的关系得到了缓和。早早到达集合点的郑经理看到这一幕后很是欣慰。午饭后，大家相聚在一起，郑经理说道：“公司成立也已经4个月了，我们公司在大家共同努力下，取得一定的成绩。但是前段时间，我们发现大家之间似乎有什么难言之隐。今天，就是一个好机会，各部门对公司发展有想法，或者有什么需要解决的问题，大家可以畅所欲言地提出自己的想法。只有我们把问题提出来，我们才能解决。那谁当第一个呢？给大家做个表率。”

“这样吧，我先说。大家都知道，我在刚来公司的时候，为了更好地了解公司和员工的需求，在销售部待了一周。”王总监说道，“由于我们公司处于初创期，所以常常会出现一人身兼多职的情况。但是，大家并没有因此抱怨工作任务重，经过大家共同的努力，公司也得到迅速的发展。我们不论什么时候，都会以大家的利益为出发点考虑问题，请大家相信我们！”王总监的一番话，打开了大家的话匣子。

交付中心张主任接着说道：“大家都知道，我们目前主要代理了其他供应商的产品，没有专属于我们自己的优质软件，这就导致了我们无法吸引更多的客户群。对于我们这样刚成立的新公司来说，如果不能独辟蹊径，拿什么去开发市场，去占领市场份额呢？”

听完交付中心张主任的一席话，开发部李经理迫不及待地说道：“我们研发团队说句开玩笑的话，就差睡在办公室了。每次你们交付部门的人把甲方的各种要求发给我们，光是去完成这些工作就占了我们大半的时间，而且，有时候你们传达的要求根本就不是技术方面的问题。这让我们的工作怎么进行？”

这时，财务部钱主任叹了口气说：“我们财务部的小李每天除了要负责出纳的事情，还得负责做账、审核、档案保管等工作，感觉都分身乏术了。而且，现在你们每个部门一张嘴就是要钱，现在没多余的资金啊，加上之前项目的一些尾款还没有收回来，我们也很是为难。”

开发部李经理说道：“我们理解你们的想法，但是，你们也要理解下我们的苦衷啊。首先，研发产品不是一天就成的，软件需要经过开发，还需要调试，程序稳定了才敢拿出来投入市场啊。如果我们半成品投入市场，这不是砸我们的招牌吗？而且产品更新维护、软件系统升级、人员培训都需要跟进，花费难免多了一点，钱跟不上，我们部门也是动弹不得，希望兄弟部门多多理解我们。”

交付中心张主任说：“既然兄弟部门有自己的难处，我们也互相理解下彼此的难处。我们目前出去找客源，都是要尽一切可能答应甲方的要求，以此来留住客户。但是，每次我们内部沟通敲定方案的时候，总是不能高效率完成，这就导致了一些潜在问题的出现。”

就这样，大家各抒己见地述说着自己的想法和诉求，对近期公司存在的一些问题进行充分讨论。“企业领导一定要勇于承认错误，同时要学会包容。我认为，自己的领导能力并不一定比其他领导者更强，但我最擅长做团队中每个人的一面镜子。比方说，领带打歪了自己不知道，面对镜子的时候就知道了。因此，并不需要我绝顶聪明，我只要做好一面镜子，做好一个交流者，沟通者。”郑经理说道，“大家说的都很有道理，希望回去之后，针对重研发还是重代理，以及资金等这些问题，各部门都思考一下相应的解决对策，问题解决还是需要大家共同努力的。好了好了，我们是出来团建的，气氛都压抑了，大家今天好好玩，工作的事情回去我们再说。”郑经理对此次谈话进行最后的总结和安排。就这样，大家各自敞开心扉后，各部门之间的关系缓和了很多。在大家畅所欲言中，一天的团建即将结束。

经过此次团建，各部门负责人也了解了彼此的困难，各部门之间相互帮助，相互扶持，相互理解，才能更有利于公司的发展。回公司的第二天，各部门内部召开了会议，了解自己员工的心声，同时也将其他部门的难处给大家说了下。员工在知道彼此的难处后，相互理解了起来，整个公司的氛围也缓和了，工作效率也跟着提高了。

经过管理层制定战略，通过各层次讨论，消息和资源共享，上层领导了解基层员工的心声和困难，增加了员工的幸福感和归属感，同时将消息传达给相应部门，增加了各部门之间联系，各部门根据情况调整本部门的工作流程和工作形式，在一定程度上简化了业务流程，提高了公司运营效率。

三、主动出击，寻求外援

在团建过后，郑经理和王总监决定邀请一名企业顾问为公司目前面临的困境出谋划策，提供发展的思路。2018 年 6 月，陈顾问应邀来到 JG 公司。双方在简单介绍之后，郑经理开门见山地说：“陈顾问，您是公司经营管理方面的专家，这次请您来，主要是想请您为我们近期的发展提供一些思路。我们作为一个科技型的初创企业，当然是需要自己的核心技术，虽然采用‘以战养战’的研发策略，已经降低了部分研发费用，但是，每个周期的剩余研发费用还是占了很大的支出比例。新技术的研发究竟该以何种形式开展，这真的是我们困扰已久的问题。”

王总监补充道：“除了资金的问题，新技术还面临着研发周期较长、短时间内也无法占据较大的市场份额的情况，从而导致了许多不可控的风险，如技术风险、市场风险等。各种问题加到一起，可真是前也不行，后也不行，真的很愁人。”

接着，郑经理与王总监邀请陈顾问到办公区域参观了一圈。参观过后，陈顾问基于目前企业所面临的困难及外部环境的现状，提出了自己的想法：“我们身为一个初创期的企业，在财力、物力、人力资源等方面，都远落后于大型企业，而且，我们本身没有形成一个合理的内部控制机制，这就造成了很多潜在的经营管理问题。因此，我们必须建立科学、有效的内部控制制度，这样才有利于公司的健康发展，才能提高我们公司经营管理和风险防御水平……”

四、尾声

在听完陈顾问的一番指导建议之后，郑经理陷入沉思。自从决定撸起袖子加油干的那一刻起，郑经理就明白，前途不会一帆风顺，核心技术的研发、高质量员工的激励与管理、现有资源的优化配置、组织架构的改善优化、潜存经营管理风险的规避……果真是革命尚未成功，吾等仍需努力呀！

案例使用说明

一、教学目的与用途

1. 适用课程

本案例主要适用于“管理学”“内部控制与风险管理”“高级审计学”“战略管理”等课程。

2. 适用对象

本案例适用于 MPAcc、MBA 和 EMBA 学员，也适用于相关专业的本科生和研究生教学。

3. 教学目的

本案例属于决策型案例，以 JG 科技信息公司为描述对象，对初创期的科技服务型企业进行探究。旨在帮助学习者了解初创型企业的发展战略、内部控制及经营管理方面的问题，引发学习者进行系统的分析与思考，也为类似的科技型中小企业的发展提供有价值的参考。

二、启发思考题

① 根据科技服务型企业的行业特征，分析 JG 公司的有什么特点或优势。

② 王总监经过一周基层工作后改变了原有的组织架构，这样做是否更有利于公司发展？哪种类型的企业文化更适合该公司的发展？

③ 科技型初创企业对研发人员的依赖性比较强，当研发人员积累了一定工作经验时，很多会选择跳槽到更大的平台或者自己创业，从而对所在企业的发展带来不利影响。JG 公司如何能够降低有经验的研发人员流失率？

④ 什么是内部控制？ JG 公司的内部控制如何？

⑤ 如果你是郑经理，下一步你会采取何种措施或战略？结合案例，对科技型初创企业的发展提出建议。

⑥ 听完陈顾问的建议之后，你认为 JG 公司的内部控制应当如何优化？

三、案例分析思路

教师在实际教学时，可根据具体教学目的灵活使用案例，这里给出思考题及案例分析的逻辑思路，以供参考。

本案例通过对 JG 公司发展过程及经营管理方面介绍，设计了 5 道思考题，其中涉及战略管理、内部控制、生命周期等理论知识点，帮助学员构建知识网络，掌握正确的案例分析思路，同时加深对科技型中小企业经营管理模式的认识，具体分析思路图如图 18-3 所示。

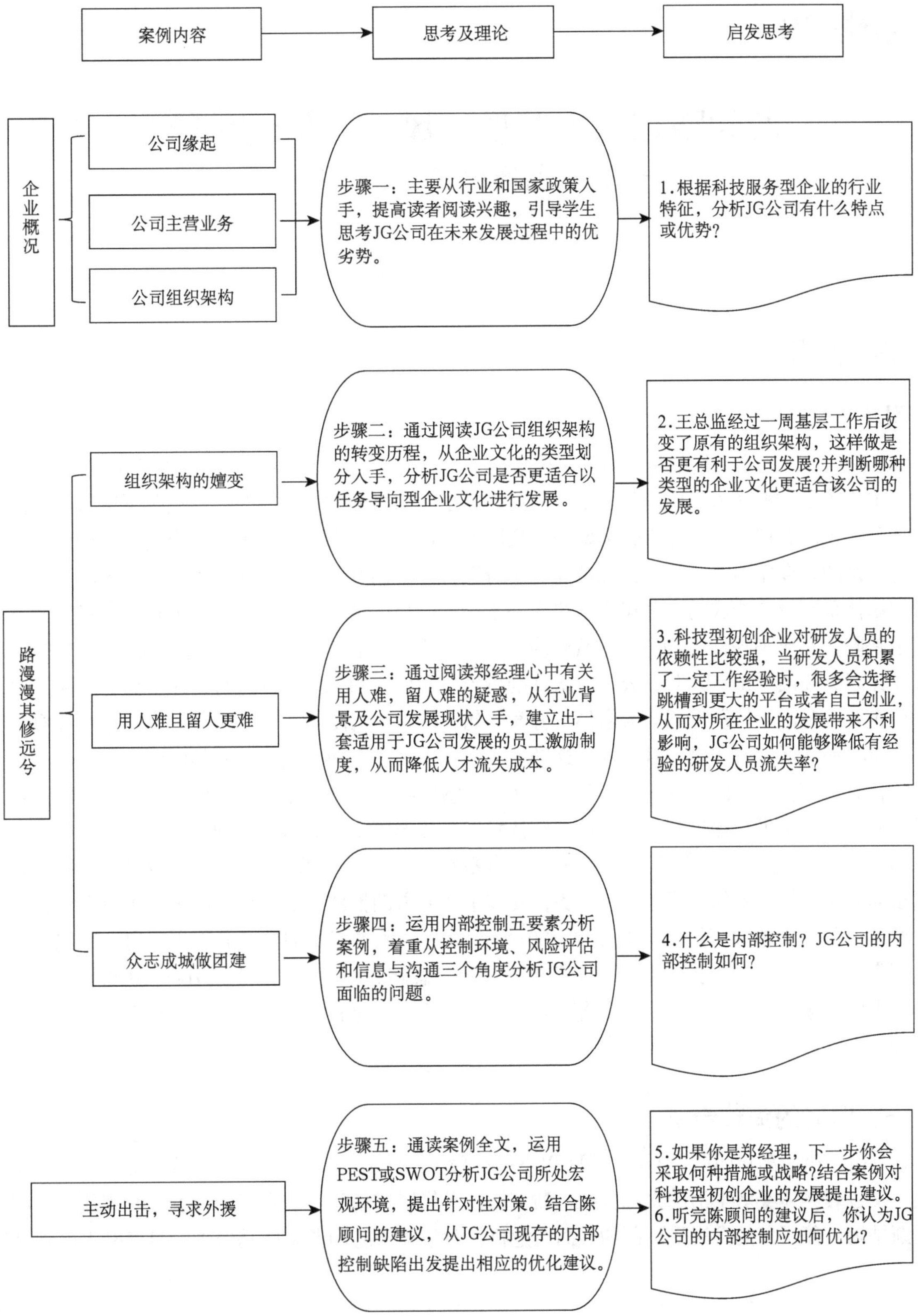
案例内容
思考及理论
启发思考
企业概况
公司缘起
公司主营业务
公司组织架构
步骤一：主要从行业和国家政策入手，提高读者阅读兴趣，引导学生思考JG公司在未来发展过程中的优劣势。
1.根据科技服务型企业的行业特征，分析JG公司有什么特点或优势？
路漫漫其修远兮
组织架构的嬗变
步骤二：通过阅读JG公司组织架构的转变历程，从企业文化的类型划分入手，分析JG公司是否更适合以任务导向型企业文化进行发展。
2.王总监经过一周基层工作后改变了原有的组织架构，这样做是否更有利于公司发展?并判断哪种类型的企业文化更适合该公司的发展。
用人难且留人更难
步骤三：通过阅读郑经理心中有关用人难，留人难的疑惑，从行业背景及公司发展现状入手，建立出一套适用于JG公司发展的员工激励制度，从而降低人才流失成本。
3.科技型初创企业对研发人员的依赖性比较强，当研发人员积累了一定工作经验时，很多会选择跳槽到更大的平台或者自己创业，从而对所在企业的发展带来不利影响，JG公司如何能够降低有经验的研发人员流失率?
众志成城做团建
步骤四：运用内部控制五要素分析案例，着重从控制环境、风险评估和信息与沟通三个角度分析JG公司面临的问题。
4.什么是内部控制？JG公司的内部控制如何？
主动出击，寻求外援
步骤五：通读案例全文，运用PEST或SWOT分析JG公司所处宏观环境，提出针对性对策。结合陈顾问的建议，从JG公司现存的内部控制缺陷出发提出相应的优化建议。
5.如果你是郑经理，下一步你会采取何种措施或战略?结合案例对科技型初创企业的发展提出建议。
6.听完陈顾问的建议后，你认为JG公司的内部控制应如何优化？

图 18–3　案例分析思路

案例 19

敢问路在何方？携“风控”保驾护航[1]
——獐子岛连续“变脸”的启示

赵晓铃 刘 立 王 楠 侯若欣

案例正文

引言

2019 年年末，资本市场的目光再一次聚集在了东经 124°、北纬 39°的这个东北小镇——獐子岛。初冬，本应该是“海洋人”收获的季节，而此时獐子岛却格外的“安分”。已过了下班时间，獐子岛集团办公大楼的会议室里，董事长吴厚刚和集团的几位高管正在就本年度虾夷扇贝大面积死亡一事展开讨论。是的，今年扇贝又死了！几位高管纷纷发言，他们有的认为，扇贝再次死亡本质上还是由于内部控制体系不健全造成的，公司应尽快进一步完善内控体系；有的则认为，公司在存货管理方面存在严重缺陷，对于消耗性生物资产的管理应进一步精细化、科学化；还有的高管认为，是风险管理的缺失才让扇贝屡屡“出事儿”，公司应认真剖析当前所面临的风险，并进行排序，做好风险应对，从而保证企业未来的可持续发展。大家你一言我一句，纷纷建言献策，但是唯有吴厚刚董事长看着办公桌上一份份深交所的关注函一言不发，这是他 6 年以来第 3 次面临同样棘手的问题。吴董事长转头望向窗外，看着那茫茫无际的大海，心中思绪万千。想当年，面对海洋资源危机，他想方设法为企业引进了优质的虾夷扇贝和先进的海洋底播养殖技术，成功养殖出市场价两倍的扇贝。在他的带领下，獐子岛迅速发展成为大连市甚至整个东北三省最富裕的小镇，变成了现实生活中人人都向往的“桃花源”。而獐子岛公司也保持着他迅猛的发展势头，安装了“上市助推器”后，獐子岛公司迅速发展并成为国内渔产行业的龙头老大。但是世事无常，2014 年 10 月，风华正茂的獐子岛因为“扇贝逃跑”事件被推上了资本市场的风口浪尖，此后獐子岛的发展势头急转直下。在随后的 2017—2019 年间，獐子岛又两次上演“扇贝死亡”事件，以及被爆出了严重财务造假的丑闻。至此，獐子岛来到了被强制退市的边缘……

一、旧时的海珍奇迹

1958 年，獐子岛集团股份有限公司（以下简称獐子岛集团）成立，当时的獐子岛还是一个吃着“大锅饭”、过着集体经济生活的人民公社，岛上居民世代以捕鱼为生。到了 20 世纪 80 年代末，海洋资源逐渐枯竭，獐子岛的发展受到制约。面对危机，时任獐子岛渔业集团总经理的吴厚刚大胆地从日本

---

① 案例来源：中国管理案例共享中心，并经案例作者同意授权引用。

本案例于 2021 年 1 月 8 日入选中国管理案例共享中心案例库。

由于企业保密的要求，在本案例中对有关名称、数据等做了必要的掩饰性处理。

本案例只供课堂讨论之用，并无意暗示或说明某种管理行为是否有效。

引进了高品质的虾夷扇贝，开始进行底播养殖，并由此开启了一段颇具传奇色彩的发展史。而“黄海明珠”“海底银行”“海上蓝筹”等这些响亮的称号，则是这段发展史最有力的见证。

2001 年，獐子岛渔业已经发展成为国内极具竞争力的渔业公司，10 多年的虾夷扇贝养殖，使獐子岛人的生活产生了翻天覆地的变化，小镇也成为东北地区最富有的乡镇。此时，吴厚刚萌生了一个大胆的想法，那就是要让獐子岛渔业上市并且成为中国渔业的第一大品牌。于是，同年 4 月，公司整体变更设立为股份有限公司，岛上所有渔民成为公司的股东，吴厚刚担任集团董事长。而此时的吴厚刚还有另外一个身份，那就是大连市长海县獐子岛镇党委书记。

獐子岛集团历经风雨，不断成长，向着现代企业制度迈进。2006 年，獐子岛在深圳证券交易所挂牌上市（股票代码 002069），股票当时的发行价格为 25 元 / 股，开市之后一路飙升，迅速涨到了 61 元 / 股。当时有资料数据显示，如果将獐子岛集团的市值量化到獐子岛的每个家庭，那么每户的平均资产竟高达百万元。而当时持有 848 万股的吴厚刚身价暴涨，一跃迈入了中国亿万富豪的行列。在之后的几年里，獐子岛集团可谓进入了发展的鼎盛期，2008 年，獐子岛股价一路飙升至百元，创造了中国农业第一个百元股的奇迹。正如集团口号所称“心有帆，海无边”，那时的吴厚刚和他的獐子岛正意气风发，挥斥方遒，大踏步地向未来迈进。

截至 2013 年 12 月 31 日，公司注册资本 7.11 亿元，累计发行股本总数 711 112 194 股，资产总额 45 亿元，员工 4000 余人，旗下设立分公司、全资子公司和控股、参股中外合资公司 40 余家。①

此时的獐子岛集团已然成为国家农业产业化的重点龙头企业，凭借着自身得天独厚的地理优势，獐子岛培育出了国内品质优良的海参、鲍鱼等海珍产品苗种，并且打造出了全国唯一的国家级虾夷扇贝原良种场。除此之外，獐子岛还拥有百余万亩的国家一类清洁海域，是国内最大的海珍品增养殖基地，其中，虾夷扇贝底播增殖面积、产量居全国首位。獐子岛还拥有 6 座水产精深加工基地，其中海胆和金枪鱼加工厂为国内最大，年总加工能力超过 2 万吨。

那时的獐子岛已然成为中国渔业的第一品牌。想到这里，吴厚刚董事长的嘴角不由得露出一丝微笑，自豪之情，溢于言表。但是片刻间，他的表情又变得凝重起来，原来现在回想起来才发现，当时盛极一时的獐子岛集团已经风险四起，危机四伏，只不过所有的风险和危机被整个獐子岛的“慷慨激昂”和“满怀信心”所掩盖。

二、暗流涌动，危机四伏

上市后，獐子岛集团开始在资本市场大展身手，当时的獐子岛也受到众多投资机构和股民的青睐，于是大量资本蜂拥而至。一时间，獐子岛的股票成为市场上最炙手可热的那一股，被誉为“水产第一股”。意气风发的獐子岛正大刀阔斧地开创着属于自己的未来，但是，看似平静的海面上实则已暗流涌动。

1. 圈海模式，愈演愈烈

2006 年登陆 A 股市场后，为提高公司的可持续发展能力，獐子岛加快了海域资源扩张的步伐，开始了其最为著名的“圈海模式”。“圈海模式”下的獐子岛的海域养殖规模迅速扩大，在 2006—2013 年期间，其养殖海域面积从 65.6 万亩增加到 330 万亩，其中虾夷扇贝的底播面积达到前所未有的 130 万亩；但实际上，在 2011 年的时候，獐子岛的确权海域已经达到了 330 万亩，短短 6 年，其

① 来源：《獐子岛集团股份有限公司 2013 年年度报告》，2014 年 4 月。

养殖海域面积增加了 5 倍[①]（表 19–1）。

海域面积的迅速增长和獐子岛管理层所奉行的“市场 + 资源”发展战略密切相关，在那时，不仅是獐子岛，甚至连许多第三方投资机构和一些业内的专家都对獐子岛未来的发展进行了十分乐观的预测。但是，事实上，养殖海域的扩张并未在后来的几年中创造巨大的经济效益。

表 19–1 獐子岛公司海域面积以及扇贝投入产出表（2006—2013 年）

投苗年份	当年底播面积 / 万亩	累计确权海域 / 万亩	收获年份	收获年份虾夷扇贝营收 / 亿元
2006	20.62	65.6	2009	5.5
2007	30.15	76	2010	9.05
2008	43.9	115	2011	11.8
2009	65.4	154	2012	10.6
2010	129.7	262	2013	9.58
2011	127.4	330	2014	6.82
2012	89.4	330	2015	10.57
2013	78	330	2016	9.59

来源：根据 2006—2014 年獐子岛集团股份有限公司年报整理。

从表 19–1 可以看出，从 2008 年开始，獐子岛集团的底播面积和海域面积均有了跳跃式的增长，而随后的 2010 年和 2011 年，獐子岛集团的底播面积和海域面积达到了顶峰。因此，獐子岛乐观地预计，公司将在 2013 年和 2014 年分别收获 2010 年和 2011 年扩张所带来利润暴增。但事与愿违，2013 年年报显示，当年獐子岛集团虾夷扇贝的营收额仅为 9.58 亿元，其与 2010 年虾夷扇贝营收额 9.05 亿元不相上下。与此同时，差异巨大的投苗面积却换来了几乎同等收益，即 2013 年所对应的投苗年份（2010 年）的投苗面积达到了 120 万亩，而 2010 年对应的投苗年份（2007 年）的投苗面积仅仅是 32 万亩。而在当年的财务报告中，獐子岛并未针对如此之大的“减产”风险，进行风险提示和及时披露。

同时，在獐子岛招股说明书中的内容显示，底播海产品的各年亩产都基本保持稳定，底播产品一般不会发生减值情况；投入到产出的增值幅度较大，不会出现减值的情形。

2. 巨额存货，节节攀升

作为以海产品养殖为主的獐子岛集团，存货是其资产的重要组成部分。但是在“圈海模式”下，存货数量逐年攀高，截至 2011 年已经远远超过了海产品养殖企业的平均值。

2006 年上市之初，獐子岛存货总额仅为 3.89 亿元，占总资产比例为 31%。但从 2007 年开始，公司的存货数量迅速攀升，此后，各年存货比重均占据其资产总额的半壁江山。截至 2011 年，獐子岛公司存货金额已经超过 20 亿元。巨额的存货所带来的财务风险和经营风险逐年累积，成为一座随时都有可能喷发的“火山”（表 19–2、图 19–1）。相比之下，与獐子岛公司同属水产养殖行业且总资产状况最为接近的 3 家上市公司——好当家、东方海洋和国联水产，它们存货占总资产的比例都仅仅

① 来源：《獐子岛集团股份有限公司 2011 年年度报告》，2012 年 4 月。

保持在 20% ～ 35%。①

表 19–2　獐子岛集团存货占比

单位：亿元

年份	存货	资产	存货资产比
2006	3.8867	12.4154	31%
2007	7.63002	15.7603	48.41%
2008	9.9019	18.2002	54.41%
2009	11.7297	22.8324	51.37%
2010	17.1559	33.0441	51.92%
2011	23.5786	44.1996	53.35%
2012	24.4949	49.2182	49.77%
2013	26.8435	53.157	50%

来源：根据 2006—2013 年獐子岛集团股份有限公司年报整理。

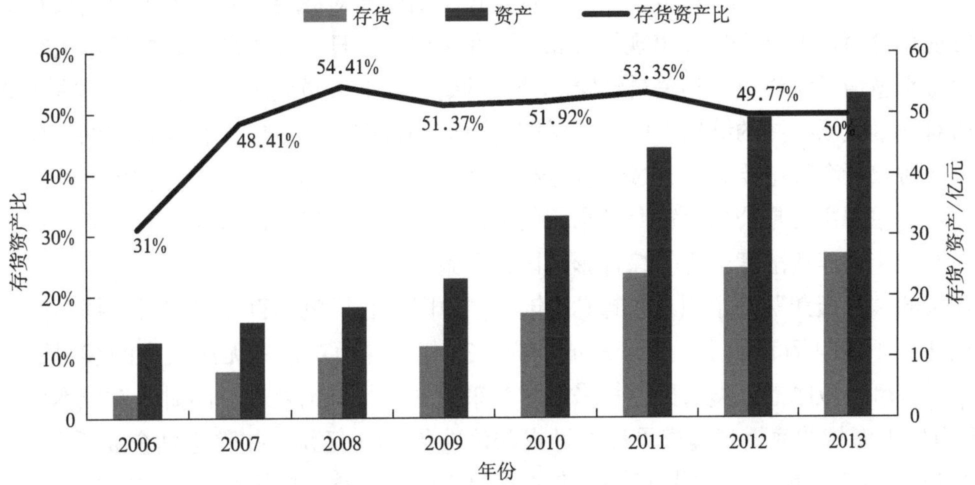

图 19–1　獐子岛集团存货占比

除了存货的数额过大、所占资产比重过高，还要注意的是，在獐子岛的存货构成中，消耗性生物资产占绝大部分。2006 年上市之时，獐子岛的消耗性生物资产占存货的比重为 72%，之后几年，消耗性生物资产的比重一直都保持在 70% ～ 85%。而獐子岛主要的消耗性生物资产就是日后屡屡“逃走”“死亡”的虾夷扇贝。面对如此高额的存货风险，獐子岛在往年的年报中都未进行风险提示和披露。

3. 财务风险，比比皆是

一方面，激进的“圈海模式”下，獐子岛的海域面积迅速扩张，但是，规模的扩大并没能带来收益上的增加。在 2009 年、2010 年和 2011 年 3 年的爆发式增长之后，獐子岛集团的净利润便逐年降低，截至 2013 年年末，归属于母公司股东的净利润仅为 9604 万元，而 2011 年的时候净利润为 4.98 亿元。

① 梁珣，陈亚男，单怡宁．“獐子岛”内部控制失效的原因及改进建议 [J]. 经济师，2015（1）: 116–119。

利润的大幅下降导致了财务风险加剧，偿债压力增大。现金的短缺致使獐子岛不得不进行频繁的短期借款和质押融资，相应的资产负债率不断增加，截至2014年年末，獐子岛的资产负债已经达到了惊人的76.29%。另一方面，海域的扩张导致了獐子岛集团的海域使用金在短期内迅速增加，即使獐子岛将海域使用金计入消耗性生物资产的成本当中而不是管理费用，但也不能掩饰资金短缺的事实。

2013年的獐子岛虽然已经暴露出来了许多问题，但是作为国内水产养殖业的老大，獐子岛人依然有信心去解决这些所谓的“麻烦”，而给予他们信心的正是2014年将要收获的在2011年投放的127万亩价值7亿多元的虾夷扇贝，此时，獐子岛上所有人都看向了2014年的捕获期。然而，天有不测风云，吴厚刚董事长怎么都想不到，“黑天鹅”来得如此之快。

三、“黑天鹅”来临

1. 风云突变

2014年10月14日，A股市场上的一则消息让股民们彻夜难眠。彼时，身为农业第一个百元股的獐子岛突然宣布停牌，停牌原因解释为与公司底播增殖海域拟披露的重大事项有关。10月30日，獐子岛发布第3季度财务报告的同时发布了一则公告，是有关部分海域的存货核销及跌价准备。公告称，在初秋，即2014年9月15日至10月12日，獐子岛公司对底播增殖海域虾夷扇贝存量进行了抽样检测，发现部分海域的虾夷扇贝出现了异常。[①] 在10月14日，獐子岛公司立即向上交所申请宣布停牌，随后特别邀请了海洋牧场相关科学家和公司的财务专业人员到现场进行专业调查。该调查基于獐子岛公司对存量牧场抽测的结果、中国科学院近海监测数据、开放航次存量调查的数据，以及《中国科学院海洋研究所会议纪要》，通过综合分析，最终判定獐子岛公司的海洋牧场已经发生了自然灾害。灾害产生的原因主要是公司北黄海冷水团的温度低及温度多变、北黄海冷水团和公司辽南沿岸流锋对海面的影响、营养盐浓度变化等综合影响因素所致。

突如其来的“黑天鹅”冷水团，卷走了几年前在中国海底投放的百万只扇贝，据测算，獐子岛公司涉事海域达到105.64万亩以上、资产总成本为7.34亿元。面对这一无法改变的客观结果，公司董事会决定，对涉事海域底播虾夷扇贝存货采取放弃采捕并进行核销处理；同时，对成本为3亿元、占地43.02万亩以上海域的底播虾夷扇贝存货计提跌价准备2.83亿元，扣除递延企业所得税影响，总计影响公司净利润7.63亿元，全部损失计入2014年第3季度损益，损失惨重。这突如其来的事件，犹如平静的湖面投下一粒石子，让资本市场泛起一片涟漪。人们匪夷所思，纷纷质疑这是獐子岛精心策划的一个“财务陷阱”。但是最后证监会给出的一项财务调查结果表明，未完全发现獐子岛在2011年的底播苗种经营过程中存在财务虚假，但是存在不规范之处，责令其依法改正。2014年12月5日，证监会正式发布了对“獐子岛事件”的核查及处理情况的公告，公告表明，獐子岛部分业务事项的决策程序不规范，内部控制管理系统也存在结构性缺陷等重大法律问题。[②]

2. 重蹈覆辙

时间已经来到2018年，在獐子岛海底安静地躺了3年的底播虾夷扇贝这次又遭遇“风霜雪雨”了。2018年1月31日，獐子岛公司发布了2017年度业绩预测修正公告，公告称，根据《企业会计准则》关于公司年度末存货管理和盘点的规定，公司进行了底播虾夷扇贝的年末存量盘点，大华国际会计师事务所对公司实施监盘，发现部分獐子岛海域的底播虾夷扇贝的存货出现异常。根据企业会计存货管

① 来源：獐子岛《獐子岛股份有限公司关于部分海域底播虾夷扇贝存货核销及计提存货跌价准备的公告》，2014年10月。

② 来源：獐子岛《关于收到大连证监局行政监管措施决定书的公告》，2014年12月。

理准则的规定及獐子岛相关存货管理规定，这会对发现的部分獐子岛海域的底播虾夷扇贝存货进行计提跌价存货准备或核销存货处理，相关的金额将全部计入 2017 年度损益，接着可能会直接造成獐子岛公司 2017 年度冬季扇贝出现亏损。鉴于此，獐子岛公司于当天向深交所申请停牌。2 月 5 日，獐子岛公司发布了公司在 2017 年年终盘点情况的公告。公告内容显示，2018 年 1 月 18 日至 2 月 4 日期间，公司按相关的规章制度如期进行了虾夷扇贝的年末生物养殖存量的盘点。根据年终盘点的结果，按照《企业会计准则》的要求及相关规定，公司拟对存货成本为 5.78 亿元、107.16 万亩的海域的底播虾夷扇贝进行核销处理，对 24.3 万亩以上海域的、成本存货价为 1.26 亿元的底播虾夷扇贝计提跌价存货准备 0.5 亿元，上述两项合计可能影响公司净利润 6.29 亿元，全部净利润计入 2017 年度损益。[①] 究其原因，公告给出的官方解释是：獐子岛降水量的减少是导致底播虾夷扇贝死亡的直接原因，也导致饵料生物养殖数量的下降；养殖市场规模的大幅扩张加剧了扇贝的饵料生物养殖短缺；此外，獐子岛海水温度的异常造成底播虾夷扇贝品质下降，甚至导致扇贝死亡。相关数据见图 19–2。

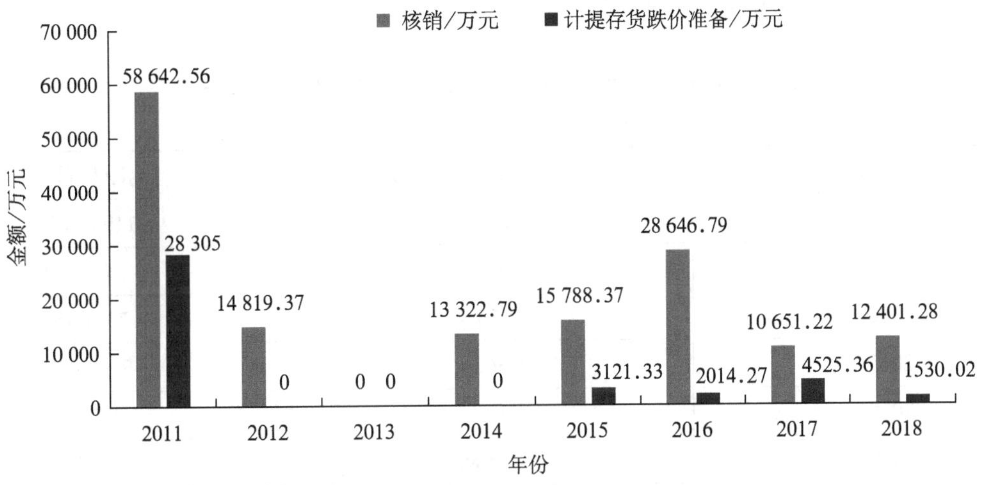

图 19–2 獐子岛公司 2011—2018 年受灾情况

2018 年 2 月 9 日，獐子岛集团收到了证监会下发的《关于对獐子岛集团股份有限公司采取出示警示函措施的决定书》（以下简称《决定书》）。《决定书》称，2017 年度，獐子岛集团在实际经营业绩与预测业绩存在重大偏差的情况下，尚未及时进行业绩预告的修正或必要的风险提示，此行为违反了《上市公司信息披露管理办法》，因此，证监会决定对獐子岛集团采取出示警示函的监管措施，并认为獐子岛应采取有效措施提高信息披露质量和内控管理水平。同日，证监会对獐子岛集团有限公司进行了立案调查。2018 年 4 月 28 日，獐子岛集团发布了 2017 年年度报告。报告内容显示，大华国际会计师事务所为獐子岛出具了两份审计报告，分别为表示保留意见的内部控制审计报告和非标准内部控制鉴证审计报告。2019 年 7 月 9 日，獐子岛集团公司收到了证监会正式下发的市场禁入告知书，表明目前獐子岛集团公司涉嫌严重财务造假，内部风险控制存在重大的缺陷，其近期披露的 2016 年和 2017 年年度报告、关于 2017 年度底播虾夷扇贝年终盘点及核销情况的公告、关于 2017 年秋季底播虾夷扇贝抽测结果的公告中均有涉嫌虚假的内容，并对獐子岛集团股份有限公司负责人给予了警告和 60 万元的经济处罚。公司董事长吴厚刚因违法情节严重，被处以 30 万元的罚款并终身禁止进入中

① 来源：獐子岛《2017 年度业绩预告修正公告》，2018 年 1 月。

国证券市场的处罚。[①] 同样的事情再度上演，但这次獐子岛公司没有幸免，引起了证监会的警觉并给予相应的惩罚。

3. 接二连三

眼看着“淘气的”扇贝安静了下来，可是好景不长，仅仅在受到证监会处罚4个月后，扇贝又开始“顽皮”了。2019年11月，獐子岛发布了《关于2019年秋季底播虾夷扇贝抽测的公告》，公告显示，根据抽测结果，目前在养的58.35万亩底播虾夷扇贝中，其中由于39.07万亩亩产成本过低，采捕成本所变现的价值不足以弥补采捕跌价准备成本，需核销采捕成本1.96亿元；其中亩产成本较低，需核销计提存货跌价准备区域的采捕面积13.9万亩，预计计提核销采捕跌价准备区域的金额0.82亿元；目前已经抽测的亩产正常及正在进行采捕跌价准备作业的海域采捕面积5.4万亩，预计核销存货的成本及需核销计提的存货采捕跌价准备区域的合计采捕变现金额2.78亿元，约相当于占公司截至2019年10月末上述底播虾夷扇贝合计采捕账面变现的价值3.07亿元的90%，对底播扇贝公司2019年经营和业绩增长构成重大的影响。[②] 相关数据见表19–3、表19–4。

表 19–3 獐子岛存货跌价准备计提额与净利润（2014—2019年）

单位：万元

年份	存货跌价准备计提额	净利润
2014	34 814.59	–119 521.72
2015	3310.15	–24 543.9
2016	65.7	7571.45
2017	9036.03	–72 576.74
2018	1556.69	339.87
2019	8205.89	–2415.66

来源：根据2014—2019年獐子岛集团股份有限公司年报整理。

表 19–4 獐子岛 2014—2019 年利润

单位：万元

项目	2014年	2015年	2016年	2017年	2018年	2019年
营业总收入	266 221.15	272 678.02	305 210.19	320 584.60	279 799.74	72 245.60
营业总成本	328 404.84	303 726.09	308 423.06	333 865.14	279 164.70	73 522.79
其中：资产减值损失	39 928.30	4887.95	499.91	10 010.42	1485.47	–
利润总额	–131 915.15	–6067.15	8292.53	–72 251.35	4196.51	–2070.46
净利润	–119 521.72	–24 543.90	7571.45	–72 576.74	3398.69	–2415.66
归属于上市公司股东的净利润	–118 932.75	–24 293.63	7959.34	–72 285.75	3210.92	–3402.69

来源：根据2014—2019年獐子岛集团股份有限公司年报整理。

① 来源：獐子岛《关于收到中国证券监督管理委员会行政处罚及市场禁入事先告知书的公告》，2019年7月。

② 来源：獐子岛《关于2019年秋季底播虾夷扇贝抽测结果的公告》，2019年11月。

獐子岛在董事会披露的 2019 年年报中明确表述：2019 年度，獐子岛公司实现营收 27.23 亿元，同比下降 2.67%；归属于獐子岛公司第一大股东的所有者净利润为实现营业亏损 3.99 亿元，同比下降 1341.79%。报告期内，公司实现营业利润、利润总额、加权平均净资产收益率、归属于獐子岛公司第一大股东的所有者权益、归属于獐子岛公司第一大股东的每股净资产均同比大幅有所下降[①]。主要的原因为：报告期内，公司獐子岛海洋牧场底播的虾夷扇贝再次发生重大自然灾害，公司有关部门拟对獐子岛底播海洋牧场虾夷扇贝的存货和成本进行核销及计提存货跌价准备的处理，影响金额约为 2.91 亿元；公司已经申请的獐子岛应减免尚未正式获准的海域使用金约 1.43 亿元，影响当期收益；受可收获虾夷扇贝资源总量和市场竞品价格影响，养殖产品销售收益减少；因海洋牧场增养殖品种重新规划区域，致使海域使用金核算分配计入当期数额增大，导致产品单位成本上升；公司一直处于涉嫌信息披露违法违规，被立案调查待听证审理最终结果（立案调查自 2018 年 2 月 9 日至今）阶段，因资金总量不足，贸易及加工等业务运营状况未能达到预期效果。受上述等因素影响，公司整体收益水平同比下降较大。这次事件的发生，又给獐子岛的未来发展蒙上了一层迷雾。

目前，相关部门正在对发生重大自然灾害导致扇贝死亡的“原因”进行调查。

四、迷雾重重，路在何方

在 2014 年的“扇贝逃跑”事件之后，证监会对獐子岛应对风险的能力产生了质疑，因此獐子岛集团在 2015 年针对公司风险防控缺失的问题进行了整改和完善；2018 年扇贝死亡事件又一次来袭，此次证监会爆出獐子岛涉嫌财务造假，责令集团应切实提高风控管理水平，完善内部控制体系；2019 年再次出现因自然灾害导致的虾夷扇贝存货异常……是獐子岛的内控体系形同虚设？还是在扇贝屡屡死亡的背后另藏玄机？

1. 风险管理，重中之重

自 2006 年上市后，獐子岛公司的内部控制水平一直饱受行业内的推崇和赞扬，2008—2010 年连续 3 年，獐子岛的内部控制有效性的综合排名都稳居农业类上市公司的前 3 名，在 2010 年，獐子岛的内部控制水平更是达到了 5A 这一最高等级；此外，通过查阅獐子岛 2008—2015 年的内部控制自评报告发现，獐子岛在自评报告中均表示公司已按照《企业内部控制基本规范》和相关监管要求建立了完善的财务报告内部控制，并未发现内部控制存在重大缺陷。第三方审计方面，大华会计师事务所在獐子岛爆发 2014 年“黑天鹅”事件之前，均出具的是标准无保留意见的审计报告和内部控制鉴证报告。[②]

2013 年，獐子岛开始了内控规范的实施工作，进行体系建设，分成四步走战略，分别为启动阶段、建设阶段、自我评价阶段和外部审计阶段。但獐子岛在后面的战略实施中，却没有达到预期的效果。2014 的发生“扇贝逃跑”事件后，獐子岛对内控工作进行了整改。2015 年 4 月 28 日，獐子岛发布了《关于内部控制规范体系建设实施方案进展情况的公告》，公告显示，2015 年度獐子岛集团的内控建设工作主要集中在完善内控体系和提升海洋牧场的风控能力两个方面[③]，并提出，根据风险评估、流程梳理结果，识别内部控制缺陷，同时要加强风险管控，提高工作效率。紧接着，獐子岛又修订并发布了《集团管控与分权规范手册》，并相应完善了现有的基本管理制度，以确保制度执行的有效性；

① 来源：獐子岛《獐子岛集团股份有限公司 2019 年年度报告》，2020 年 4 月。
② 来源：獐子岛《獐子岛集团股份有限公司 2008—2013 年年度报告》，2008 年 4 月至 2013 年 4 月。
③ 来源：獐子岛《关于内部控制规范体系建设实施方案进展情况的公告》，2015 年 4 月。

制定了《确权海域变动管理规定》，对海域面积的变动的论证流程以及审批权限进行合理安排。

一系列的整改措施，对完善内部控制制度和构建风险防控体系产生了一定的积极意义，但还是没能阻止扇贝的死亡。在不断完善内部控制体系的同时，公司还接连被爆出财务造假的丑闻，发生了2017年和2019年两次虾夷扇贝大规模死亡事件。显然，獐子岛现有的内部控制体系和风险防控措施并不能有效应对企业面临的各种风险。

作为农业企业，獐子岛在经营管理中存在诸多内部与外部风险。

从2009年开始，獐子岛虾夷扇贝苗种的底播计划就未能以单独议案的形式履行董事会的审批程序；另外，在虾夷扇贝苗种采购业务流程中，其负责人正是董事长吴厚刚的兄弟吴厚记，而更为巧合的是，2014年绝收时期的扇贝正是吴厚记团队负责采购的。据了解，2019年扇贝大面积死亡的现象也仅仅只波及獐子岛，而同一片海域的其他海岛则未出现扇贝大面积死亡现象。獐子岛所谓打捞出来堆在那边的“死扇贝”，并非全部是近期刚刚死亡。① 在存货的日常监控方面，獐子岛称会在播苗后的每个月进行一次苗种生长情况的调查，但实际上，獐子岛每年只进行两次虾夷扇贝的抽测工作，分别是5月份的春测和10月份的秋测。在抽测的过程中，采用的是以视频采集器计数的方式，但是覆盖范围却没有进行说明。种种现象表明，獐子岛风险防控措施只是在做表面文章，并未真正主动地进行风险管理与防范。

2014—2018年，獐子岛每年都有总裁、副总裁、董事、监事等离职，高管们对公司工资薪酬体系感到不满，对企业的发展前景表示担忧。高级管理人员频繁的离职，不仅使得公司具有信息泄露风险，给企业的市场竞争带来较大的隐患，还极大程度地影响到了企业的信誉，经营风险更高，稳定性更差。

通过2018年獐子岛公司年报可以发现，公司高素质及高学历人员占比低，海珍品养殖不仅需要具备丰富养殖经验的人员，更加需要具有较强专业素养及创新能力的人员。2018年獐子岛内部控制自我评价报告中提出，要向员工宣传企业的文化内涵，可是结果却是员工违规操作，私吞公司资源，大量高素质人才流失。

在信息监管方面，獐子岛集团设立了专门的信息中心，集中管理集团的数据信息安全、信息系统建设实施、日常维护等，还建立了较为全面的内部信息沟通传递机制，如例会、年会、微信群等方式，可是在2014年“黑天鹅”事件爆发前，未在信息披露的媒体上看到风险提示的公告，2018年3月才看到相关的风险提示公告，并且也未详细地描述风险。可见，獐子岛在信息与沟通方面也存在缺失。

2019年扇贝再一次跑路，显示出獐子岛对于自然环境的依赖程度。自然灾害的风险隐患依然存在，公司的风险防控措施并未显著奏效。

獐子岛持续呈现出的类似问题是不是反映出集团在运营中忽视了什么关键问题？獐子岛是否需要重新审视企业的风险管理问题？是否应将企业的战略制定和公司治理纳入到风险管理中去？是否应将风险管理意识聚焦到整体价值的提升上来？

2. 战略制定，兼顾风控

獐子岛集团的企业性质，决定了獐子岛集团特殊的股权结构。獐子岛的财务报告显示，公司第一大股东是长海县獐子岛投资发展中心，其持股比例达到了30.76%。高度的股权集中虽说在企业的管理上具有一定优势，但也存在巨大的弊端。

---

① 来源：一文读懂獐子岛扇贝死亡事件：“戏精”是如何养成的？https://finance.sina.com.cn/stock/relnews/cn/2019-11-19/doc-iihnzahi1965272.shtml。

2006年上市后，獐子岛为了实现战略目标，进行了产业结构的调整，扩张速度加快。2006年开始，獐子岛疯狂扩张虾夷扇贝的养殖海域，截至2013年，獐子岛虾夷扇贝的养殖海域面积达到了130多万亩，其确权海域也达到了惊人的330万亩。通过查阅獐子岛2006—2012年的年报可知，獐子岛对其养殖海域面积的快速增长所带来的风险并未在年报中进行披露或提示。

2011年，为了升级产业结构，实现企业的多元化发展，獐子岛公司投资1亿元对云南阿穆尔鲟鱼集团有限公司进行了收购，获得了阿穆尔鲟鱼20%的股权，而被高价收购的阿穆尔鲟鱼在此后几年表现得似乎并不出色。2014—2018年，阿穆尔的最高收入仅为3377万元，年净利润不过百万元，近5年来净利润总和也不超过3000万元，这与当年宣称的“10亿规模的鲟鱼企业”相差甚远。除此之外，阿穆尔鲟鱼每年还可以获得獐子岛集团上千万元的委托贷款。还要注意的是，阿穆尔公司一直以来的股东都是獐子岛、石振广和石振宇，其持股比例分别是20%、40%和40%，虽然石氏两兄弟持有绝大部分股权，但是阿穆尔公司的董事长却是由董秘孙福君担任。

据獐子岛2019年年报显示，目前獐子岛按持有阿穆尔20%的股权，合计为2482万元，这与当年投资的1亿元相差甚远。这项投资无论从净资产还是收益来看，都远不能覆盖最初的投资成本。但獐子岛依然屡屡借钱给阿穆尔公司，更是高度看好该公司鲟鱼产业。①

此外，从2006年上市后，獐子岛不论在海域养殖的深度或是广度上都迅速发展，2010年时，獐子岛的大部分扇贝都养殖在水深30～40米的海域，而到了2011年，獐子岛虾夷扇贝的养殖海域深度已经达到了50米。而专业的数据表明，在北黄海的低洼地区，冷水团一般出现在等深线50米处及以下，所以，深水养殖可能带来巨大的经营风险。但是獐子岛针对这种风险极高的事项并没有进行科学的实验和论证，更没有对其风险进行详细披露和揭示。

在獐子岛上述战略形成和执行过程中，其财务面临的困境日益突出，真实演绎了财务成果是战略和经营的综合结果。獐子岛当前的财务困境是不是反映出在其战略制定阶段就应当开展风险管理呢?

3. 负面风险，迫在眉睫

2014年獐子岛扇贝逃跑事件发生后，2014年11月6日，证监会召开新闻发布会，会上有部分记者反映业界人士质疑獐子岛财务造假，证监会称其目前正在就相关问题进行核查。

2014年12月5日，证监会公布了对獐子岛“巨亏”事件的核查及处理情况并召开新闻发布会。面对新闻媒体对獐子岛的质疑，证监会表明，已经采取责令整改、出具警示函等行政监管措施，深圳证券交易所也采取了自律监管措施。

2016年1月15日，有媒体报道，多人联名举报獐子岛“2014年收获期虾贝绝收事件”并非因自然灾害，涉嫌信息披露造假，引起投资者的恐慌。对此，证监会对獐子岛进行现场核查。

2018年獐子岛事件发生后，引起市场强烈关注及社会公众的各种猜疑，2月9日，大连证监局对獐子岛涉嫌证券违法违规行为正式立案，表示对于各种违法行为零容忍。

2019年7月，证监会发布对于2018年獐子岛事件的调查结果，宣布吴厚刚等人涉嫌财务造假、虚假记载，被证监会勒令终身市场禁入。

2019年，扇贝事件再一次爆发使得股民无奈地评论说“骗我可以，注意次数”。2019年，獐子岛资产负债率高达98.01%，深交所对于獐子岛的资金流动性表示质疑，并要求獐子岛说明是否存在流动性枯竭问题。

---

① 来源：獐子岛不仅扇贝跑路，100倍溢价收购鲟鱼更是8年赔钱赚吆喝。https://finance.sina.com.cn/roll/2019-12-14/doc-iihnzahi7450042.shtml。

从2014年到2019年，獐子岛连续发生的“黑天鹅”事件，引起了证监会的强烈关注及社会大众的不满，频频报道出负面消息，显示出獐子岛在信誉、经营、存货、财务等方面的负面风险。当前，针对负面风险的扭转是否对于公司的发展更为重要？正确对待负面风险的管理对于獐子岛转危为安和持续发展是否非常关键？

2020年4月30日，獐子岛集团股份有限公司发布了2019年年度报告，报告称，公司董事会、监事会及董事（除董事罗伟新外）、监事（除监事邹德志外）、高级管理人员保证本年度报告内容的准确性与完整性，不存在虚假记载、误导性陈述或重大遗漏，并承担个别和连带的法律责任。其中1位董事和1位监事对年报的发布持反对意见，理由是董事会收到年报的时间和发布年报的时间相隔太短，无法对年报内的内容和数据的合理性、真实性、公允性做出有效的判断。这也是首次有董事会成员对年度报告持反对意见。①

五、尾声

海上泛起了大雾，海浪拍打着岸边的礁石，发出阵阵响声，这响声也将吴厚刚董事长从回忆拉回到现实之中。此时，天色渐晚，烟雾缭绕的会议室中，吴厚刚董事长和集团高管们还尚未散去，比起刚才的人声鼎沸，此刻的会议室陷入了沉默之中。关于獐子岛未来如何避免类似“扇贝死亡”事件的发生，如何有效应对类似事件带来的影响等问题依旧没有答案。而獐子岛接下来将会给公众交出怎样的一份答卷呢？我们拭目以待。

案例使用说明

一、教学目的与用途

1. 适用课程

本案例适用于“风险管理”“内部控制与风险管理”“审计理论与实务”课程中的风险管理框架教学。

2. 适用对象

本案例的教学对象为EMBA、MBA、MPAcc学员和全日制本科生、研究生，同样适合企业管理人员。

3. 教学目标

本案例以獐子岛集团股份有限公司自2012年以来屡次发生的“扇贝事件”为主线，描述了公司连续曝出的由于其扇贝频繁遭遇不测而导致公司业绩亏损的国内资本市场闹剧。案例旨在通过对獐子岛“扇贝不见了”连续事件的展示，运用风险管理的相关理念分析獐子岛面临的风险，帮助学员理解、识别、掌握风险管理目标、风险管理框架和战略风险，最终实现以下教学目标：

①引导学员深刻了解最新风险管理的发展方向，了解2017版《COSO风险管理框架》和2018版ISO31000《风险管理指南》标准。

②帮助学员掌握最新风险管理的目标和战略风险管理的内容，综合运用相关知识分析企业战略风险并提出解决措施。

本案例所涉及的知识点包括：

① 来源：獐子岛《獐子岛集团股份有限公司2019年年度报告》，2020年4月。

①风险管理目标；
②风险管理框架；
③战略风险管理。

二、启发思考题

① 獐子岛系列事件反映出企业财务舞弊存在哪些动因？
② 为什么说目前獐子岛集团股份有限公司更加需要进行风险管理？
③ 对于獐子岛而言，风险管理的关键是进行负面风险的管理。对此你有何看法？
④ 从风险管理视角分析獐子岛连续出现“扇贝不测”而导致业绩亏损事件的原因。
⑤ 分析獐子岛的战略风险及战略风险管理的内容。

三、分析思路

本案例描述了獐子岛系列扇贝“黑天鹅”事件经过及影响，从风险管理的视角来审视獐子岛系列事件，深刻理解近年来风险管理理念的发展变化，掌握风险管理目标和战略风险管理内容。

1. 獐子岛系列事件反映出企业财务舞弊存在哪些动因？

这个问题可以引导学员探究企业舞弊动因，理解财务舞弊发生的机理。首先，教师可以对学员进行简单提问：“獐子岛财务舞弊发生的原因有哪些？”学员的回答可能是：企业财务业绩的压力及企业内部控制的缺失导致。通过这个问题，教师可以进一步引导学员思考财务成果是企业战略和经营执行的综合结果，财务舞弊风险来自于战略和经营风险，为接下来引导学员从风险管理视角来审视獐子岛系列事件做铺垫。

2. 为什么说目前獐子岛集团股份有限公司更加需要进行风险管理？

这个问题是帮助学员理解风险管理概念和目标。对于这个问题，首先，教师可以提问学员：“獐子岛集团可能面临哪些风险？”学员可能的答案是：战略风险、运营风险、经济风险、财务风险、技术风险、环境风险、企业声誉风险、网络风险、舞弊渎职风险及国际化风险。紧接着，教师正式切入对风险管理理念的分析中来，比较 2017 年前后风险管理认识的发展变化，结合獐子岛实际，分析其风险管理的必要性。最后，教师还可以引导学员站在管理者的角度思考：如果存在适当有效的风险管理，是否可以预防、避免财务舞弊的发生？

3. 对于獐子岛而言，风险管理的关键是进行负面风险的管理。对此你有何看法？

这一问题的目的是帮助学员理解风险管理新理念和目标。对于该问题，首先，教师可以提问：“风险管理中的风险就是可能给企业带来损失的可能性吗？”学员的可能回答为：是或者不是。接下来，教师可以进一步提问学员：“理由是什么？”教师结合案例进行补充，帮助学员理解风险管理的新理念。最后，教师可以启发学员思考獐子岛的系列事件反映出风险管理的哪些问题，为下一个问题做铺垫。

4. 从风险管理视角分析獐子岛连续出现“扇贝不测”而导致业绩亏损事件的原因。

这个问题目的是帮助学员理解风险管理不善的影响。对于这个问题，首先，教师向学员提问：“獐子岛集团对于其业绩亏损是如何进行改进的？”学员可能回答：注重消耗性生物资产减值估计，加强存货日常管理，加强存货的内部控制等。接下来，教师可以启发学员：为什么獐子岛会在同一问题上一而再再而三地出现问题？这反映出企业风险管理存在的哪些问题？通过这两个问题，帮助学员理解和梳理风险管理的作用。教师应鼓励学员站在獐子岛集团领导人的角度，思考如何实施风险管理以增加企业价值。

5. 分析獐子岛的战略风险及战略风险管理的内容。

这个问题的目的是帮助学员了解战略风险的含义及战略风险管理的内容、措施。对于这个问题，首先，教师可以提问："獐子岛是否面临战略风险？"学员可能会回答：是。接下来，教师向学员继续提问："其战略风险具体是什么？如何进行战略风险管理？"根据学员的回答，教师结合案例给予补充，引导学员梳理战略风险管理内容。

具体分析框架如图 19–3 所示。

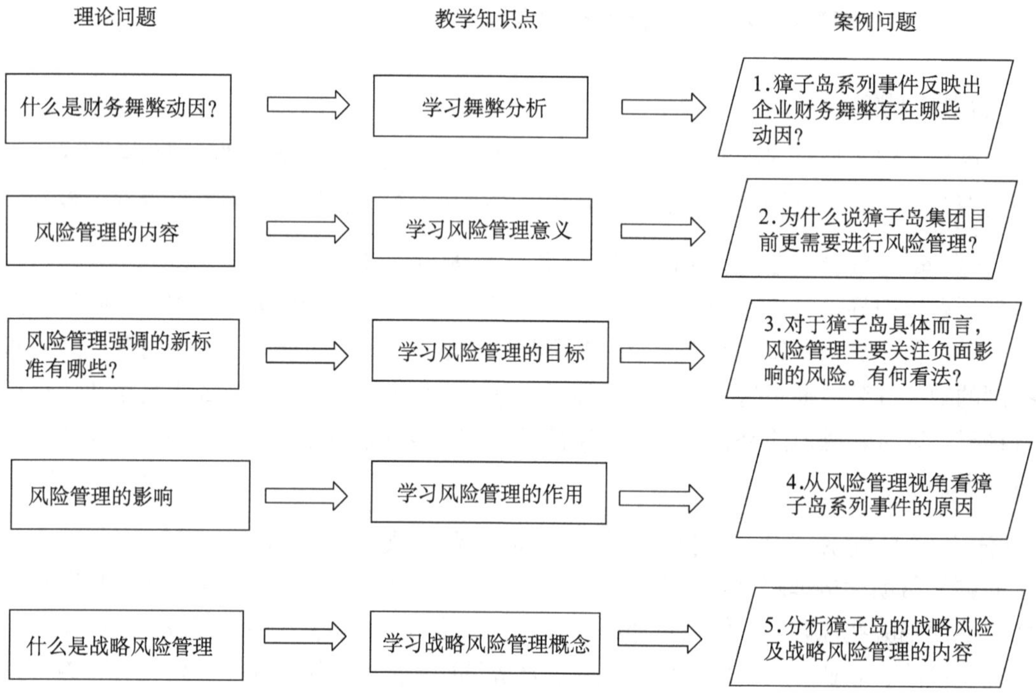

图 19–3　案例分析框架

案例 20

在疫情和油价双重大考中立稳踩实，心远路长
——C 公司内部控制落地之惑[①]

王瑞萍　楼旭明　赵晓铃　董　影　杨婧姚　夏学锋

案例正文

引言

2019 年 12 月 30 日晚，一份落款为武汉市卫生健康委员会医政医管处的红头文件《关于做好不明原因肺炎救治工作的紧急通知》在网络上广泛传播。12 月 31 日，经相关媒体求证，武汉市卫生健康委员会证实该文件内容是真实的。顷刻间“非典”卷土重来的谣言四起，造成全国民众的恐慌。伴随着严峻的疫情蔓延形式，武汉市新型冠状病毒感染的肺炎疫情防控指挥部在 2020 年 1 月 23 日发布通告：全市城市公交、地铁、轮渡、长途客运暂停运营；无特殊原因，市民不要离开武汉，机场、火车站离汉通道暂时关闭，恢复时间另行通知……随后，全球疫情暴发，100 多个国家相继取消国际航班，限制疫情地区人员入境。

C 公司沙总眼光一向敏锐，各种信息铺天盖地而来，他瞬间感受到了疫情蔓延局势下的一丝不安：各地交通系统的关闭势必会减少石油的市场需求；各地的封锁状态不知道什么时候才能结束，各项工作又怎么展开？沙总联想到公司成立一年多来的诸多不易，以及一路走来，克服种种困难取得的阶段性成绩——2018 年公司多措并举，挖掘经营价值，实现收入 8.57 亿元，增幅 9%，完成收入考核指标的 110%，实现考核利润 9210 万元，增幅 34%；同时扎实推进公司 HSE 各项工作，实现了全年安全生产无事故等一系列大伙共同奋斗交出的完美答卷。但他深知，公司目前在成本控制、风险控制，以及争取国际市场地位的一体化发展战略目标实现等方面还存在诸多瓶颈。想到突如其来的疫情对公司海外市场可能造成的无法预估的打击，沙总不由得打了个冷战。

2019 年，C 公司以提高国际化管理水平、防范国际经营风险、提高竞争软实力为目标，下大力气完善和建立了公司新的内部控制体系。但新体系刚刚建成，还未进入实际运行和磨合阶段，且据沙总私下听到的一些议论，部分部门对新的内控体系实施存在一定的抵触心理。面临疫情带来的国际油价断崖式下跌及海外市场面临的停滞风险等一系列窒息性困难，沙总能想到的唯一出路只有苦练内功、降本增效，这也增加了他加快落实内控体系运行的决心。

但企业管理犹如一局棋，牵一发而动全身，“寒冬”之下，成百上千支队伍的管控想要突破桎梏谈何容易。虽然内部控制规范体系已在公司基本确立，但实务中因内部控制发挥不好或失效而造成损失、舞弊等现象层出不穷，究其根本在于内部控制执行不到位。然而，严酷的市场环境下，市场量价

---

① 案例来源：中国管理案例共享中心，并经案例作者同意授权引用。
本案例于 2021 年 2 月 5 日入选中国管理案例共享中心案例库。
由于企业保密的要求，在本案例中对有关名称、数据等做了必要的掩饰性处理。
本案例只供课堂讨论之用，并无意暗示或说明某种管理行为是否有效。

齐跌，竞争白热化，生存空间受到剧烈挤压，举步维艰，经营成本接近企业所能承受的极限，基础工作凸显问题……内部控制管理体系顶风推进之路又在何方？

沙总决定召集公司管理层，尤其是 HSE 管理体系负责经理，进行一次彻头彻尾的情况了解和安排部署。心头悬着一块又一块巨石，这感觉真不好受！

一、登高必自卑，行远必自迩

1. 石油工程技术服务行业背景

测井是油气田勘探开发过程中极为重要的核心环节，通过对岩石地层声、电、核等物理性质的测量，从而确定测量地层的油、气、水含量及其准确埋藏深度，从而为油田后续开发方案的制定奠定基础。测井服务是所有石油技术服务中技术壁垒最高、技术更新最快的行业。

国际测井服务业市场化程度较高，各类规模企业并存，其中，斯伦贝谢（Schlumberger）、哈里伯顿（Halliburton）、贝克休斯（BakerHughes）、威德福（Weatherford）4 家跨国综合油气服务公司垄断着 80% 的市场份额。在海外油服市场上，公司面对的主要竞争对手除了四大老牌国际石油工程技术服务公司，还有近几年来异军突起的民营公司，如安东石油等，此外，还有部分国家大力扶持的本土石油技术服务公司，竞争异常激烈，市场压力极大。

从地域分布的角度来看，国际测井服务大致分为 3 类市场：北美与欧洲市场、苏联国家和地区、新兴市场地区（如拉美、非洲、中亚及中东）。北美及欧洲市场已发展成为成熟及高度发达的市场，高端测井服务最为广泛。苏联国家地区由于历史、政治、经济原因，测井市场处于相对封闭的状态，对外放开的勘探开发投资项目很少。其他拥有丰富资源的新兴市场地区（如拉美、非洲、中亚及中东）则主要依赖国外测井服务的输入，是我国涉外测井服务企业的主要市场。

国际测井服务具有以下几个突出特点：

① 绝大部分市场都集中在政治和社会不稳定的地区，面临极为复杂的外部环境。例如，C 公司海外最大的苏丹项目位于南北苏丹交接的地区，由于民族冲突、达尔富尔等问题，政府和反政府力量经常发生武装冲突，这为测井项目的运作带来极大的风险；伊拉克北部库尔德自治地区，由于自治政府与外国公司签订的石油勘探开发协议不被伊拉克政府承认，在该地区石油勘探开发活动的风险和不确定性很大。

② 服务规模市场少。以 C 公司业务为例，海外服务的国家达到 15 个，但形成规模的市场并不多。大量中小项目的存在，增加了公司的管理难度和运行成本，同时也使得公司有限的人力和设备资源十分紧张。

③ 技术和人才的竞争十分激烈。斯伦贝谢等 4 家垄断巨头都经过了七八十年的发展，积累了雄厚的技术实力和人才，在前瞻技术的研发上始终走在国际测井行业的技术最前沿，而这些技术正是国内测井企业的短板，尚未实现突破。

近几年，国际油价持续在低位徘徊，各油气服务公司纷纷缩减投资计划，同时大幅削减工程技术服务的预算，导致石油技术服务公司工作量和利润空间被持续压缩，盈利创收压力增大。公司海外项目部分所在国还存在货币贬值，政局动荡等因素，人工成本不断上涨，成本控制压力增加。2019 年，内外部环境更加错综复杂。国际油价在中低位徘徊，上升缺乏基本面支撑，震荡下行的风险依然存在。测井业务国际市场竞争异常激烈，服务价格仍处于下行区间。境外项目社会安全风险、经营风险、法律风险和施工安全压力持续上行；测井专业物资价格普涨且幅度较大，直接材料成本不断攀升；测井业务传统的苏丹、伊朗等主力区域面临很大的不确定性。

2. 公司简介

C 公司成立于 2018 年 1 月 22 日。由原测井公司国际业务项目部、原解释研究中心和原测井研究院软件组部分成员合并，成立新的公司。C 公司是集团公司推行测井专业化重组的改革成果，中长期发展确立了“软实力”领先战略。成立元年，首先实现“立得稳”，一揽子战略支撑性工作的启动和推进，为将来“走得快”“走得远”奠定了坚实的基础。

C 公司具备陆地、沙漠、海上等环境下的电缆测井、射孔、随钻测井等全产业链测井技术服务能力，拥有测井采集、井筒资料解释、储层评价、综合地质研究、测井工艺技术研究和测井方法与软件研究等技术服务和技术咨询业务能力。

C 公司业务分布在非洲、中亚、中东、美洲 4 个大区，苏丹、阿尔及利亚、乍得、尼日尔、泰国、阿塞拜疆、哈萨克斯坦、土库曼斯坦、乌兹别克斯坦、伊朗、伊拉克、古巴、厄瓜多尔等 15 个国家。公司野外施工队伍年作业能力 5000 井次以上，累计为全球 50 多个客户提供服务。公司紧紧围绕总公司“建设国际一流石油工程技术总承包商”的发展目标，按照“高质量、高效率，低成本、低风险”的总体要求，在总公司“打造中国石油海外工程技术业务典范”实践中创先争优，凝心聚力，攻坚克难，圆满完成各项任务指标，为高质量发展迈出坚实步伐。

C 公司海外队伍共计 124 支，其中测井 110 支、解释站 14 个，分布在 15 个国家的 25 个项目。C 公司所有队伍全年能承担的最大工作量达 10000 井次，其中测井 7000 井次、解释 3000 井次。两个基层研究所每年可承担 8 ～ 10 个区域储层评价、地质油藏研究和地质工程一体化服务研究项目。

3.“生命线”——HSE 管理体系

中国石油的安全管理发展历程经历了从经验教训到制度约束，再到重视 HSE 管理体系建设，最后上升到企业安全文化建设 3 个阶段。C 公司也借鉴了母公司宝贵的发展经验，制定年度 HSE 工作计划，囊括责任落实、风险防控、隐患治理、体系建设、审核检查、事故事件、HSE 培训、考核激励、文化建设、专项工作共 10 个方面。C 公司拥有 A 版 HSE 管理体系，新版“两书一表”在一线全面推广使用，强化过程管控和责任落实；全员参与“写风险、评风险、控风险、消风险”活动，常态化开展隐患排查，建立重大隐患问责制度，从结果问责向过程问责延伸，倒逼工作质量提升；发布 8 项重点风险防控方案，进一步抓实重点工作，事前管理得到进一步强化；定时召开公司月度 HSE 例会，系统回顾重点工作落实情况，研究解决存在的问题；公司每季度抽查项目基础工作，随机抽查五大风险管控的专项工作，发挥项目经理上井，检查、巡视监督、内外审现场检查等监督管理体系的作用，及时发现和解决存在的问题，持续提升基层执行力；确保放射源、民爆物品安全“绝无一失”，修订完善放射源、民爆物品管理制度，推动放射源在线监控系统建设，进一步提升本质安全水平。 HSE 管理体系实施内容如表 20–1 所示。

表 20–1　C 公司 HSE 管理体系实施内容

工作计划	具体内容
责任落实	修订岗位 HSE 职责，QHSE 月度例会，季度安委会，安全专题课，个人安全行动计划，安全联系点活动，承诺书和目标责任书，全年 HSE 运行计划表
风险防控	危害辨识与风险防控，HSE 方法与工具应用，“四新”风险管理，作业许可清单，变更管理，升级管控

续表

工作计划	具体内容
隐患治理	明确隐患排查制度，监督落实执行
体系建设	完善管理制度，“两书一表”
审核检查	体系审核，内审员队伍建设
事件事故	关注各项事件、事故，统计 DOWNTIME 时间
HSE 培训	确保全员持证上岗，开展全员 HSE 培训
考核激励	遵照《HSE 绩效考核标准》，开展考核
文化建设	HSE 标准化示范队建设，HSE 科技与论文，HSE 工具方法推广应用
专项工作	危品管理：放射源台账完善，废旧放射源处理，放射源出口办理，中子表、伽马表台账及标定，放射性体检，OMS 系统海外民爆台账上线，井控安全责任状、重点井作业审核，交通安全，健康管理，社会安全，应急管理

二、拨云见日终有时

疫情尚未结束，油价风暴又至。上一轮低油价的影响还未散去，新一轮的暴跌就再度来袭。多重因素叠加，市场恐慌情绪蔓延。面对当前复杂形势，沙总召集管理层召开线上应对工作会议。

看到大家陆续进入会议，沙总直奔主题：“同志们，我先简要介绍一下目前我们面临的基本形势。今年3月，国际石油“减产联盟”减产谈判破裂、叠加新冠疫情在全球范围持续扩散、经济活动显著减弱，导致石油市场基本面严重恶化，国际油价大幅下跌。4月20日，WTI史上首次出现价格跌至负值区域，21日布伦特原油期货盘中一度触及2001年以来最低点。预计5月国际油价环比将进一步下跌。市场剧烈变化对我们公司冲击很大，2月以来我们已有4个项目停工，将装备封存。为了积极应对新冠疫情和低油价冲击，最大限度消化市场剧烈变化带来的不利影响，总公司部署了2020年提质增效专项行动实施方案，确保全面完成集团公司下达的年度业绩指标和提质增效任务目标。同志们，危与机、利与弊，犹如硬币两面，从来都是相伴而行、正反相生。危机挑战当前，如果对形势研判不到位、把握不好，就是挑战，是停滞，就是挫折的开始；认识到位、把握好，就是机遇，就是发展，就是成功的新起点。关键是我们怎么做。下面我想了解一下大家的见解和看法。”

负责落实和健全公司生产协调管理制度和业务流程的生产运行科张经理表示：“我非常赞同沙总的观点，面对当前挑战，关键是要坚定信心、科学应对、逆势而上。从企业发展内在动能来看，疫情危机为企业深化改革发展开启了倒逼转型的窗口。越是困境，越能激发干事创业的激情。我们要抓住公司在低油价时期暴露出的矛盾和问题，充分发挥我们公司的 HSE 管理体系和内部控制体系优势，利用倒逼机制，持续推动改革、加快创新发展，增强企业应对风险的免疫力。以对降低成本的始终‘不变’，来应对市场的‘万变’；以对竞争能力和盈利能力的追求‘不变’，来应对油价剧烈起伏的‘万变’，实现高质量发展。”

负责组织公司发展战略、发展规划编制及公司生产经营分析的经营管理科程经理接着说：“上一轮低油价是高位俯冲，石油公司应对尚有回旋空间。本次低油价则是中低位再跌，海外市场形势也更复杂，没有完全走出困境的我们将承受比上一轮低油价更大的压力。毫无疑问，此轮油价下跌将给油企生产经营、效益提升、深化改革等带来更大的考验，公司下一步发展面临更多不确定性，挑战也更加复杂严峻。”

主抓公司财务资产科的石总会计师紧随其后：“前两位经理说的都很有道理，我觉得应该从全要素管控着眼的内部控制抓提质增效。如果说 HSE 管理体系是我们着眼于作业层面的安全生产管理、公司层面的社会责任和企业可持续发展的生命线，那么，内部控制就是我们站在全面发展的战略层面主动出击，以合规要高效。”

听到总会计师的发言，沙总一机灵：“确实啊， HSE 管理体系是我们的生命线，这方面我们也算是行业里的领先者了。内部控制这块呢，2019 年，我们以《中华人民共和国公司法》《中华人民共和国合同法》《中华人民共和国会计法》等国家法律法规及美国《萨班斯法案》为指引，也进行了内控体系的建设。结合大家之前汇报的文件资料来看，也是比较完整的一个体系了。”

感受到沙总关切的目光，石总会计师扶了下鼻梁的眼镜继续讲道：“去年被通知，我的业务范围除了负责公司财务、资产、预算、保险、经营考核、成本、税费、法律合同、合规等，还添加了一项内控管理工作。所谓内部控制，是一个单位为了实现其经营目标，保护资产的安全完整，保证会计信息资料的正确可靠，确保经营方针的贯彻执行，保证经营活动的经济性、效率性和效果性而在单位内部采取的自我调整、约束、规划、评价和控制的一系列方法、手段与措施的总称。可说实话，直到今天，在实际的工作中我并未体验到整个公司层面的各部门间的整体参与和协调，内部控制只是在我们财务这边体现出来了吧。”

此话一出，培训中心、纪检监察审计科及生产运行科的参会同志欲言又止，因为他们各自负责落实公司的生产协调管理制度、纪检监察审计管理制度、培训管理制度，并参照相关制度，健全本单位的相应制度和业务流程。

“总会计师您这样说容易造成误会，我们还是要好好沟通一下的。您这番话是在质疑我们的内控体系建设吗？之前大家可是都看到了那个白纸黑字真真实实的一套内部控制体系。您这样说，好像我们之前没有作为似的。您不记得当初我们几个科室的人为了这个项目的事，跟大家协调职责分工和构建展开工作，都快把你们财务的门槛踩平了吗？”纪检监察审计科室的副总稍带情绪的语气，大家一听便知。

石总会计师突然笑道：“我这人大家都知道，没有针对哪个部门，也没有单独针对哪个同事。当然，咱们之前的内控体系建设工作非常成功，针对每项业务流程，都有附加的风险控制文档（RCD）明确业务流程中的控制风险点及廉洁风险点，提出了控制活动的具体要求和控制目标。可是在没有具体责任追溯之前，大部分人习惯于按之前熟悉的流程规章制度办事，在内部控制实施上采取不作为，这个体系就会给人一种文件是文件、制度是制度的感觉，就像是为了应付上面检查而交的书面作业一样，并没有人真正践行这个内部控制体系，让其发挥应有的作用。因此我认为，实施内部控制，首先要理顺机构设置和权责分配。就拿让我这个总会计师全面负责内控管理工作来说，我认为，是我们对内部控制工作的理解还不充分。不知道这次我说明白了没有？”

沙总听出来了点东西，会心一笑：“找大家来就是为了我们大家坐下来，一起同心协力把我们的问题挖出来，商讨应对措施。总会计师为我们做了表率，大家有什么说什么，不用顾忌太多，最终我们都是奔着解决问题去的。”

主抓公司组织人事科、培训中心、经理办的外事工作、质量安全环保科的质量工作的刘部长发言：“公司内控体系包括控制环境、风险评估、控制活动、信息与沟通、监督 5 部分组成。我们应该奔着这具体的内容展开深层次的推进部署，分析新体系在各层面的可执行性和效力，以及对一些固有问题是否做到了覆盖和制度性解决。例如，在项目施工现场安全、质量风险管控等方面，因为设立项目经理部 HSE 管理部、公司质量安全环保科和纪检监察审计部门，因而日常监督检查较好；而物资采购、招标、合同、流程执行、制度遵循等，由于之前缺乏系统性和规范性的全面内部控制体系，未设立内部控制管理部门，未全面地开展日常检查工作，这是项目风险控制监督的薄弱环节。”

“刘部长的一番话让我想起 2018 年 3 月，在为 Savannah 公司服务的过程中，咱们的项目经理金子辉看到了我们与西方公司管理之间的明显差距，为跟上甲方的节奏，边学习边摸索，结合实际现场和甲方作业的优点，认真梳理和完善，最后形成了包括作业、HSE、井控等 22 项 SOP，在后期逐步固化，形成了适合尼日尔作业特点的管理工具。全面管控手段的运用实实在在保障了项目可持续，实现了产值与效益双提升。这个经验值得我们思考和借鉴。我们确实应该从分散的、不系统的自发探索逐步建立起企业上下同频共振的思想和制度环境。”生产运行科的张经理补充道。

三、路虽远，行则将至

沙总听着大家的讨论逐渐深入，回忆起自己在 2019 年年初的工作报告中对新征程的展望——“2019 年是公司创新超越、高质量稳健发展的关键一年，新的机遇和挑战摆在面前，没有哪一段路程是一帆风顺，没有哪一个梦想会轻松实现。路虽远，行则将至；事虽难，做则必成。”还有对公司发展问题的深刻剖析——“长期没有新增规模市场，装备整体动用率低，储备资产仍旧是公司成本的包袱而没变成创收创效的利器；高端市场的一些技术瓶颈仍未突破；资源保障力度和效率仍需提高；基础工作弱化的态势还未得到根本性好转。”

此刻，沙总深知，内控不能代替管理，更不是万能钥匙，但却能在企业艰难时刻为战略实现保驾护航，好高骛远不如埋头苦练内功。然而，结合公司目前的情况来看，内控体系的建章立制仅仅是开始，各科室、研究所、海外国际测井综合项目全面推行内控体系将面临怎样的内部环境阻力？如何避免内部控制“设计有效”与“执行有效”之间的矛盾与鸿沟？高风险、高竞争压力下的 C 公司怎样才能做到内部控制体系的执行有效？这些关键问题对国际测井内控体系的顺利实施及提高公司国际化管理水平、防范国际经营风险、提高竞争软实力意义重大，亟待解决……

附件：C 公司组织结构

C 公司领导班子由 10 人构成，其中党委会 7 人：1 名党委书记、1 名总经理、4 名副经理和 1 名总会计师；同时设置副总师 2 名和地质专家 1 名；公司下设 9 个职能科室、2 个附属机构、4 个科研所、1 个装备保障中心及 28 个境外基层单位。具体组织结构图如图 20–1 所示。公司根据业务特点，每个项目所在国的人力资源配置模式基本如图 20–2 所示。

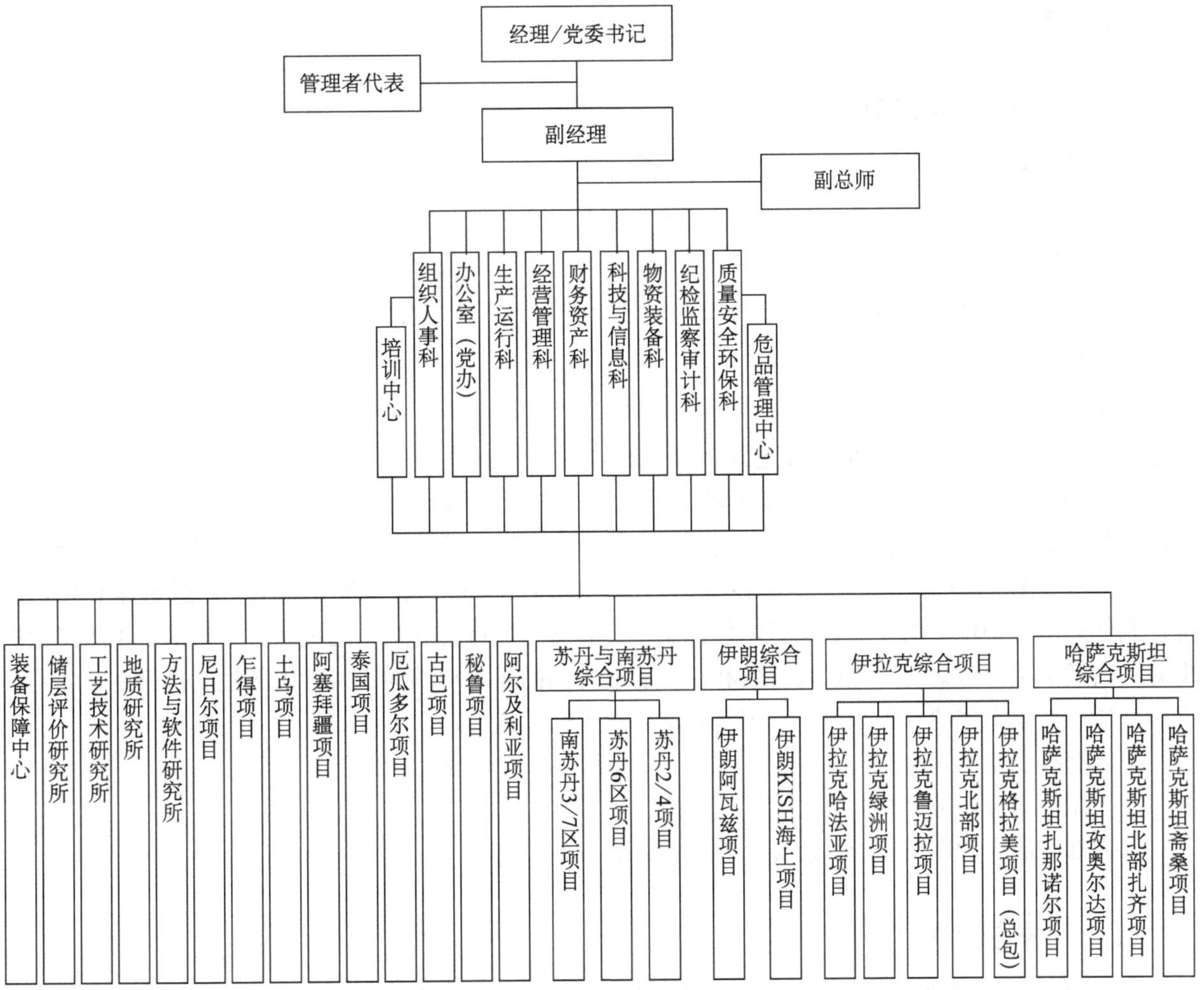

图 20-1　C 公司组织结构

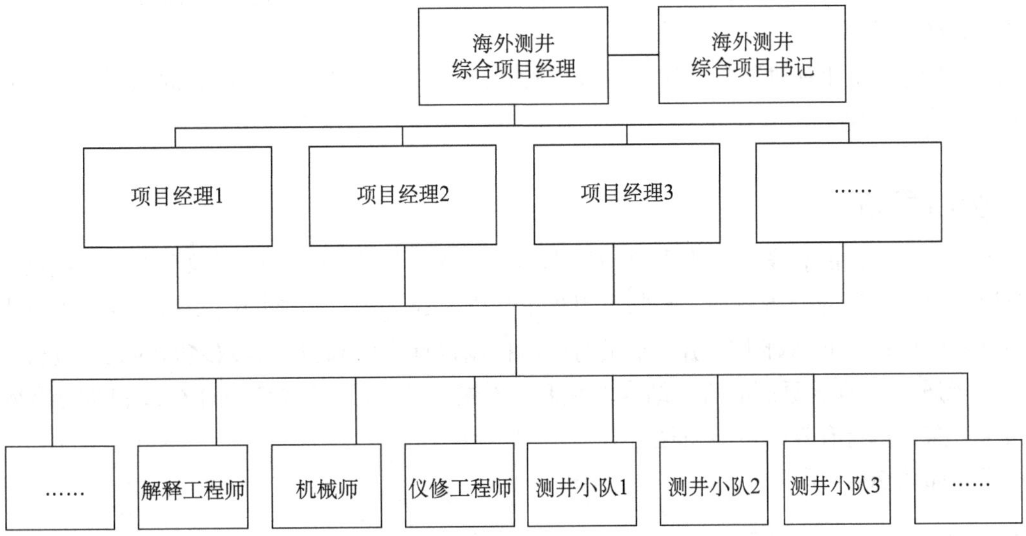

图 20-2　海外测井项目组织结构

案例使用说明

一、教学目的与用途

1. 适用课程

本案例适用于“内部控制”“内部控制理论与实践”“企业管理”等专业课程。

2. 适用对象

本案例教学对象为 MBA、EMBA、MPAcc 学员和全日制本科生、研究生，同样也适用于企业管理人员培训。

3. 教学目的

本案例以 C 公司为例，重点描述其在疫情影响和油价下跌双重压力下，基于成本控制、风险控制及争取国际市场地位的一体化发展战略目标实现等方面的需求，力图通过全面落实 2019 年制定完成的内部控制体系，聚焦企业软实力以达到降本增效和实现企业长远发展目标的事件背景，引导学员分析企业内部控制的动因，掌握内部控制的内涵、目标、构成要素等基本理论；通过聚焦 C 公司内部控制体系落地困境，引导学员思考内部控制设计有效与执行有效之间的关系，分析两者矛盾产生的根源；启发学员思考如何避免设计有效和执行有效之间的矛盾与鸿沟，探索内部控制执行有效的路径方向。通过对本案例的分析和讨论，理解和掌握以下知识点：

①内部控制基本理论；

②控制环境在内部控制体系中的基础作用；

③内部控制有效性及评价，设计有效与执行有效的关系。

二、启发思考题

① 国际测井工程技术服务行业有什么特点？ C 公司实施内部控制的动因是什么？

② 内部控制环境包括哪些要素？根据案例分析 C 公司的控制环境基础如何。

③ 如何理解内部控制有效性？根据案例情境，谈一谈你对“设计有效”和“执行有效”关系的理解。分析两者矛盾产生的根源。

④ 如何避免“设计有效”与“执行有效”的矛盾与鸿沟，做到内部控制的执行有效？请结合 C 公司案例给出你的思路。

三、分析思路

教师可以根据自己的教学目标来灵活使用本案例。本案例的课堂讨论问题和思路，仅供参考。本着由表及里、由浅入深的分析原则，教师可以先引导学员讨论内部控制的内涵和目标，以及内部控制的构成要素和作用；在此基础上，引导学员对内部控制设计有效和执行有效之间的关系进行思考，分析讨论两者矛盾产生的根源；最后，结合案例具体分析 C 公司如何避免设计有效和执行有效之间的矛盾和鸿沟，探索执行有效的可能路径。

分析思路如图 20-3 所示。

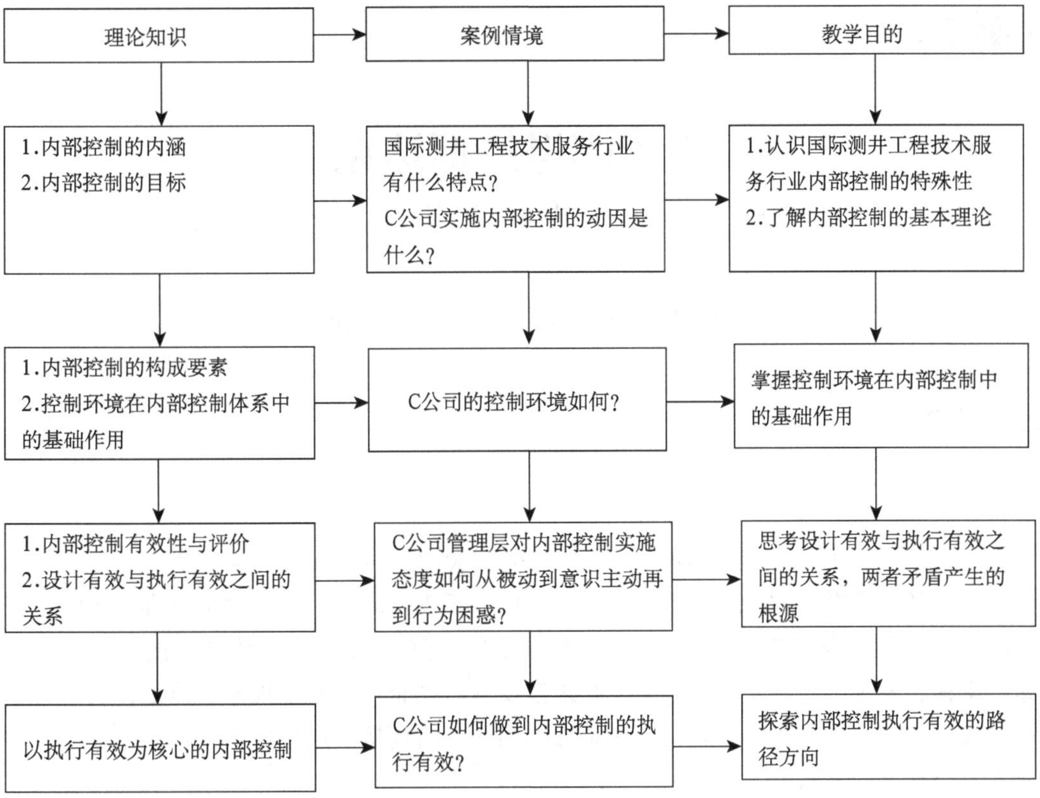

图 20-3　案例分析框架与思路

具体分析思路如下：

第一，从 C 公司在疫情影响和油价下跌双重压力下，基于成本控制、风险控制及争取国际市场地位的一体化发展战略目标实现等方面的需求，力图通过全面落实 2019 年制定完成的内部控制体系，聚焦企业软实力以达到降本增效和实现企业长远发展目标的背景出发，引导学员分析企业内部控制的动因，进而掌握内部控制的内涵、目标等基本理论。

第二，通过对国际测井工程技术服务行业背景及市场特点的介绍，认识 C 公司内部控制的重要性和特殊性。

第三，通过分析 C 公司在达成内部控制实施共识的讨论中呈现的矛盾冲突，引导学员分析公司内部控制环境的缺陷，进而掌握内部控制的构成要素及控制环境在内部控制体系中的基础作用。

第四，通过聚焦 C 公司管理层对内部控制实施态度从被动到意识主动再到行为困惑的决策情境，引导学员思考内部控制设计有效与执行有效之间的关系，分析两者矛盾产生的根源。

第五，通过 C 公司内部控制体系落地困境，启发学员思考如何避免设计有效和执行有效之间的矛盾与鸿沟，探索内部控制执行有效的路径方向。

案例 21

瑞幸闪退纳斯达克
——新商业模式下审计风险的识别与应对[①]

曹翠珍　李　瑞　吴佳敏　李雅楠

案例正文

引言

2020 年 1 月 31 日清晨，天色阴沉犹如刚下过瓢泼大雨，仿佛人的心情也变得更加不明朗了，不知去向何方。担任瑞幸咖啡注册会计师审计的小王惴惴不安。半个月前的瑞幸咖啡股价曾达到巅峰时刻，今日凌晨却收到财务造假的做空报告。虽然从 2017 年就开始担任瑞幸咖啡的审计，可瑞幸咖啡的发展速度迅猛，资本市场一片利好，似乎并未违反互联网企业的基本规律。但是，看着手上瑞幸目前现金流量表，小王心中似乎已有答案，只是悔不当初，为何接下这单生意……

物是人非空断肠，梦入芳洲路。

正当消费者沉浸在“小蓝杯”疯狂折扣咖啡券时，资本市场上传来骇人听闻匿名报告“瑞幸财务造假”的消息。但是，与瑞幸合作的投行与同业做空机构对匿名估值报告做出正面回应，使得此次事件被认为是“虚惊一场”。随着造假事件逐渐发酵，最终，美国证券交易委员会调查报告显示，从 2019 年第二季度，瑞幸咖啡的首席运营董事及其员工有虚构交易的不当行为。随后，瑞幸咖啡宣布成立特别委员会，负责对 2019 年财务报表审计展开调查，最后不得已在 2020 年 5 月 20 日自曝：自 2019 年第二季度起，公司的 COO 兼董事刘剑及其几名下属参与进行了违规行为，包括伪造高达 22 亿元人民币的虚假交易。原本受新冠疫情影响，服务行业备受打击，“自曝”事件发生后，瑞幸咖啡盘前暴跌超过 80%，暂停了交易，随后在 40 分钟内又 6 次出现暂时停牌。

曾被誉为咖啡界互联网新零售商业模式的一匹黑马，在成立 17 个月就成为纳斯达克 IPO 上市最快的世界纪录的打破者，也是曾立下目标要“打败星巴克”成就中国咖啡的“小蓝杯”，仅仅上市一年后，便在美国纳斯达克画上了“句点”。瑞幸咖啡在这两年多的经营过程中，经历了怎样“自我膨胀”？本案例将娓娓道来。

一、瑞幸咖啡一路走来

1. 瑞幸之“生”

瑞幸团队的核心人物大多来自于神州优车，其中，瑞幸咖啡的创始人兼 CEO 钱治亚就曾是神州

---

① 案例来源：中国管理案例共享中心，并经案例作者同意授权引用。
本案例于 2020 年 12 月 11 日入选中国管理案例共享中心案例库。
由于公司保密要求，在本案例中对有关名称、数据等做了必要的掩饰性处理。
本案例只供课堂讨论之用，并无意暗示或说明某种管理行为是否有效。

租车创始团队的核心骨干，后来担任神州租车的首席运营官，尤其擅长线下运营与门店管理，负责神州优车 1000 多家门店运转，具有丰富的运营经验，曾被称为“运营一姐”。当钱总决定“一键清零”，开启自己创业生涯的时候，神州优车的市值已经高达 460 亿元。这让瑞幸咖啡从一开始就具备了 O2O 模式的运营“基因”。

钱治亚是个具有敏锐嗅觉的创业新秀，由于工作经常要加班，她成了咖啡重度爱好者。出于职业习惯，她便对咖啡行业做了一点“功课”，她比较了中外市场对于咖啡的消费需求发现：发达国家和地区的咖啡消费水平极高，但在亚洲市场，中国大陆每年人均咖啡的饮用量仅为 4 ～ 5 杯，在北京、上海、广州等大城市也仅是每年人均 20 杯。这说明我国咖啡的消费需求尚未普及，且在这片蓝海中大部分是海外品牌。于是，她决定开创一个以“从咖啡开始，让瑞幸成为人们日常生活一部分”为愿景的中国咖啡。

钱治亚明白，星巴克在中国开了 20 多年的连锁咖啡店，也没有普及中国如此大的咖啡消费市场。带着 O2O 运营“基因”的钱总，从新的商业模式下手，接受前老板陆正耀的天使投资（图 21-1），瑞幸咖啡就此诞生。

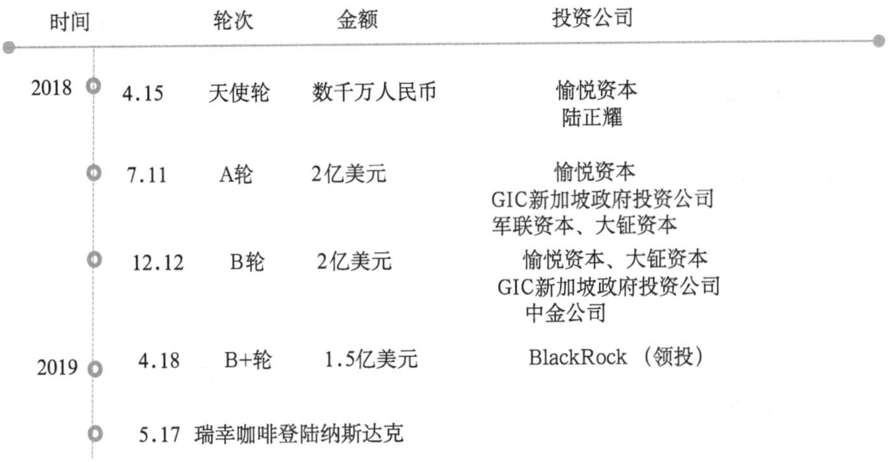

图 21-1　瑞幸咖啡融资节点[①]

2. 瑞幸咖啡的“成长”之路

瑞幸咖啡于 2017 年 6 月注册成立，2018 年从试营业转为正式营业，仅用 5 个月的时间，门店数量从 525 家到 2019 年末超过 4500 家，门店遍布全国（图 21-2）。瑞幸咖啡仅用 2 年时间，成为我国最大的咖啡连锁品牌。而被其视为竞争对手的星巴克则是用了 20 年的时间，在全中国开了 3000 多家连锁店。除了门店扩张速度最快的纪录，瑞幸咖啡也是咖啡品牌历史上首个最快上市的企业，从创立到登陆美国纽约纳斯达克，仅用了 19 个月，成为当年纳斯达克上市融资规模最大的亚洲公司。

① 来源：https://zhuanlan.zhihu.com/p/128676622。

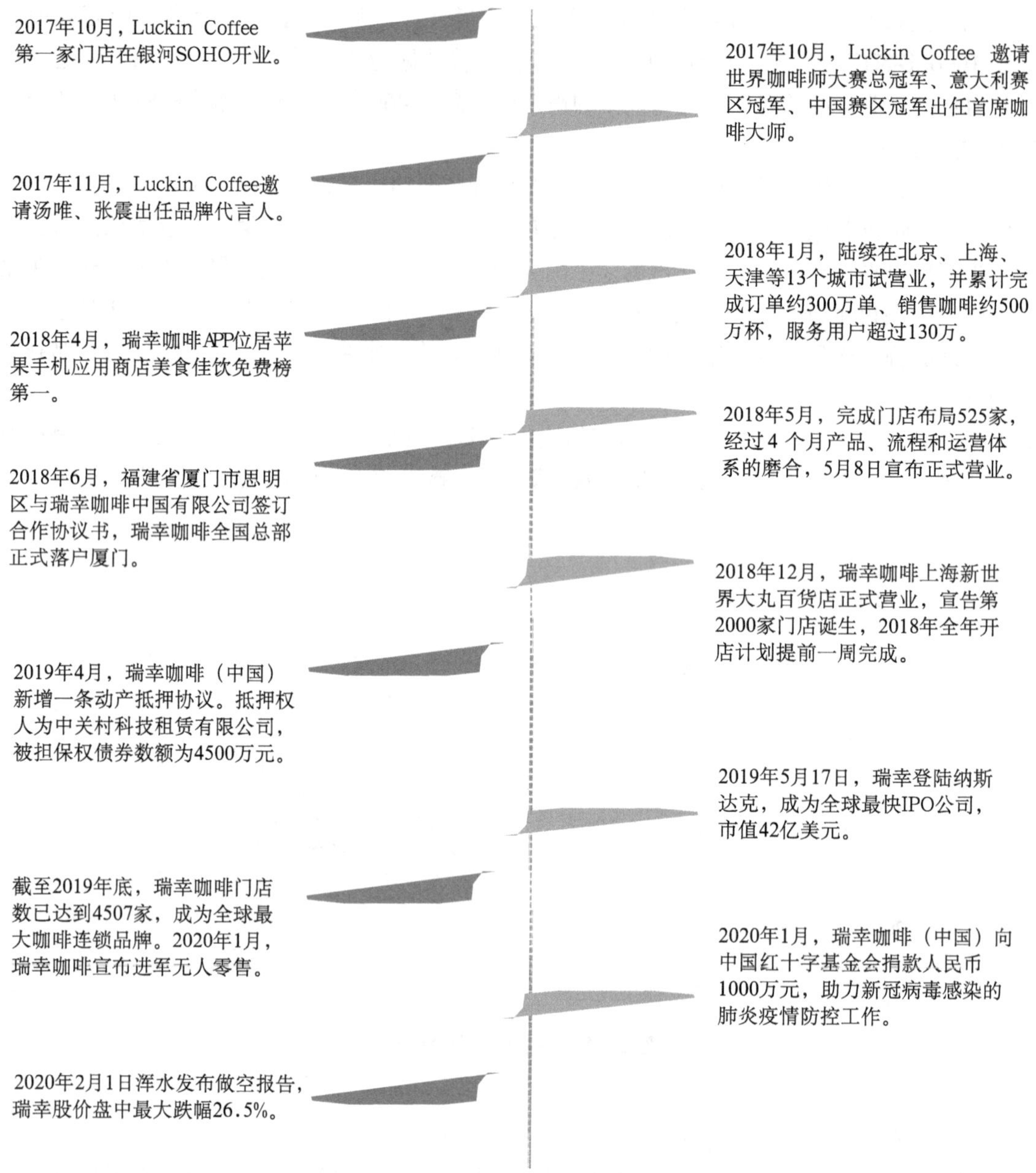

图 21-2　瑞幸咖啡发展历程①

瑞幸咖啡如何做到在两年的时间得到投资者的青睐，并实现快速扩张的呢？这得益于公司商业模式的创新及风险资本对瑞幸的投资。瑞幸利用互联网技术，采取“线上＋线下”的经营模式，吸引了大众和资本的眼球，开启了快速成长道路，成为咖啡界的趣谈。

（1）瑞幸之“名”：吉祥，幸福与长寿

咖啡本是舶来品，瑞幸通过精准的市场调研，将中国咖啡的目标消费人群设定在接受度更高的年轻人。为了让咖啡融入年轻人文化，瑞幸以品牌定位为“切入点”。首先，将咖啡命名为 Luckin，代表吉祥幸运；其次，选择小鹿作为标志，既做到了简单易识别，又代表着吉祥、幸福和长寿的美好寓

① 来源：https://zhuanlan.zhihu.com/p/128676622。

意；最后，蓝色的包装主色调与星巴克的绿色形成了强烈的对比，实现了产品的差异化。瑞幸咖啡选择深蓝色为主色调，包围白色的鹿头，颜色饱和度高并带来视觉冲击。

（2）瑞幸之“躯”：“重”资产下的“高”性价比

随着社会经济的快速发展，年轻人对于生活品质也有着更高的追求。作为都市白领的钱总明白，品牌的核心是产品。由于瑞幸咖啡的受众定位是职场白领、学生等年轻一代的消费者，那么产品的品质和价格就都要满足受众人群的消费水平。因此，瑞幸咖啡对于产品定位便是高性价比。

为此，钱总对于产品的硬件设施与软件配置的投入“毫不吝啬”，就是为了高品质。对于咖啡生产团队，她选择了 3 位世界级咖啡大师；咖啡豆供应商则选择了全球首屈一指的日本百年咖啡豆贸易商——三井物产；咖啡烘焙商则是选择了台湾地区规模最大的现磨咖啡烘焙厂——源友；咖啡机则是由瑞士 Schaerer（雪莱）供应。这样，瑞幸咖啡的产品配置都是高端资源配置的模式。

（3）瑞幸之“魂”：新商业模式

要想在众多咖啡品牌中脱颖而出，瑞幸必须打造新零售模式，实现线上线下的布局，用高密度、多数量的开店方式，快速占领市场。由于线上运营主要以外卖或自提的方式进行，因此，每间店铺“短小而精干”，只需方便用户取咖啡即可。这样节省租金且简单的运营模式，让瑞幸决定开放更多线下快取店，门店数量也呈“爆炸式”的增长。除了主打咖啡产品，瑞幸还提供各种零食，为顾客提供更多选择。

除了在运营模式上瑞幸咖啡提供了新思路（图 21–3），在运营场景中，瑞幸更是提出了打造“无限场景”的运营模式。以外卖咖啡为主、其他线下模式为辅的多形态经营模式，主要分为旗舰店（Elite）、悠享店（Relax）、快取店（Pickup）和外卖厨房（Kitchen）。

此外，为了推广瑞幸咖啡，钱治亚借力微信朋友圈并推出“玩转”APP，并以大量优惠补贴来吸引消费者，如此通过微信朋友圈及线下门店的合力推广，让瑞幸咖啡的口碑不断完善。例如，下载 APP 送免费咖啡，结束一次消费行为后会收到 APP 内赠红包。这种营销模式，在激活更多活跃用户方面起了很大的作用，也同时利用互联网大数据分析用户的需求，精准定位目标客户，推送广告。

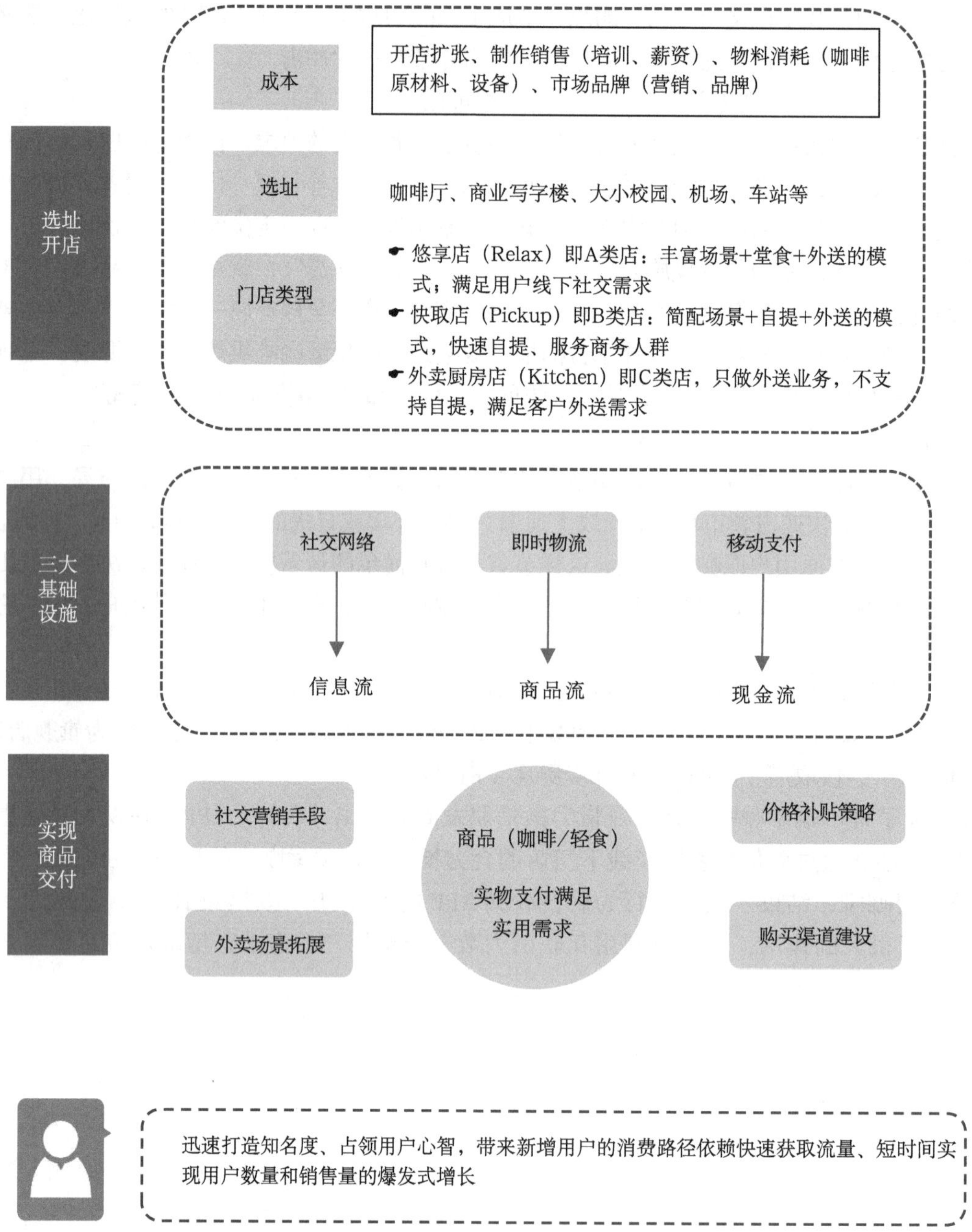

图 21-3　亿欧智库：瑞幸咖啡发展路径[①]

二、资本催熟瑞幸　悲欢上演离合

1. 瑞幸之"荣"：繁荣与高额补贴

在疯狂的营销模式带动下，瑞幸咖啡的客流量的确有明显的提升。但是，在实际经营过程中，高额补贴的方式吸引来的顾客远远多于固定客户。就瑞幸咖啡的财务数据来看，2017 年、2018 年和 2019 年第一季度营销费用分别为 2550 万元、74 600 万元、16 810 万元。高额的补贴费用说明，瑞幸

① 来源：自亿欧智库。

咖啡的客户消费黏性可能并非来自消费者对于其产品的依赖程度。换句话说，短期的顾客吸引力是靠优惠券、补贴等营销费用的支出换来的结果。长期来看，多次消费的客户群体是否建立，仍是无法确定的。在用户黏性附加值并不高的项目上大费周折，使得瑞幸咖啡走上了不断筹资的恶性循环。在管理细节上，很多门店没有微波炉加热食品的问题也没有解决，这说明其产品的吸引力更多是营销补贴的结果，而不是靠除了产品以外的优质服务吸引“回头客”。饮品以外的小吃、零食都是以外购方式获得，缺乏产品的创新。

通过 O2O 的商业模式，可以实现两种场景自由切换：一是从线下到线上，用户通过线下实体店体验选择适合自己的产品，再由线上下单来购买商品；二是线上到线下，用户在线上选购或预订服务，再到线下实地享受服务。瑞幸咖啡通常是第 2 种模式居多，这使得瑞幸与其他咖啡企业的经营模式形成鲜明对比，100% 无收银台是瑞幸的亮点之一，从选购到支付都在 APP 上进行。这种交易模式不仅能够通过后台数据收集用户的消费行为与习惯，为产品的需求定制和创新设计提供数据支持，还节省了用户的时间，为快节奏生活的人们提供品质服务，从而为瑞幸上市成功加分，吸引了海外投资者关注并购买这支“不同寻常”的中概股。

新型商业模式只是瑞幸咖啡获得资本的外壳，高额的补贴营销费用和运营成本是其重资本的本来面目。如图 21-4 所示，或许从瑞幸 2019 年第二季度的各项成本费用及同比增长中，能够找到瑞幸造假动机的蛛丝马迹。

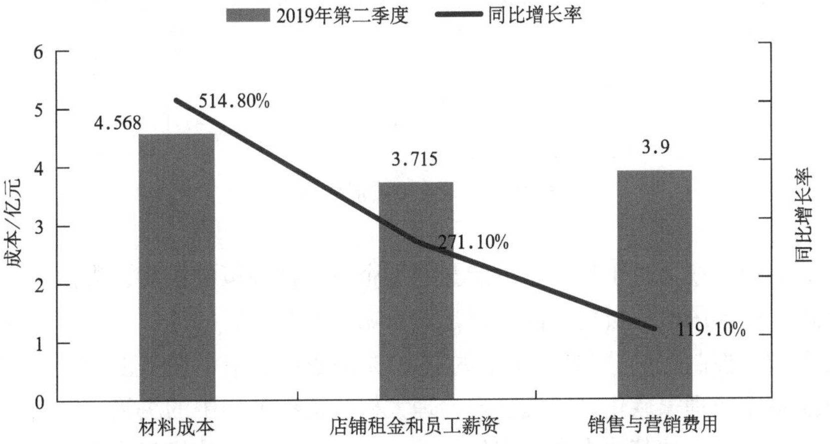

图 21-4　瑞幸咖啡 2019 年第二季度相关成本情况[①]

2. 瑞幸之“衰”：畸形股权结构与公司治理

瑞幸咖啡出现财务危机的起因是公司创始人和大股东过于追求快速回报。由于产品的创新存在机会成本、研发投入、周期长等不确定因素，使得对于资本市场缺乏敬畏心的创始人通过烧钱补贴、非理性补贴的营销方式制造早期业绩，通过扩充门店来制造融资需求，虚增市场容量，伪造销售业绩和财务绩效来吸引外部投资者。

除了商业模式的美丽谎言外，瑞幸咖啡的股权结构也并非招股说明书说的那么美好。在瑞幸咖啡的股权结构中（图 21-5），控股股东或大股东掌握着公司的实际控制权，其中第 1 大股东、董事长陆正耀的家族信托，持有该公司股份的 26.06% 及投票权的 30.02%；而第 2 大股东则是瑞幸咖啡创始

① 寇鑫，崔彩萍．瑞幸咖啡财务造假事件的分析及启示：基于资本运作与实业经营视角 [J]. 财会研究，2020（8）：50-55。

人、首席执行官钱治亚的家族信托，持有该公司股份的 16.80% 及投票权的 19.35%；Sunying Wong 控制的 Mayer Investments Funds 为第 3 大股东，持有该公司股份的 10.58% 及投票权的 12.19%。而第一大股东陆正耀的姐姐则是 Sunying Wong 的关联方，兜兜转转过后，瑞幸实际上都归以上几个人控制（图 21–6）。这样的管理结构正是神州系再度重演，在股权结构中，公司的创立者与实际控制人属于同一决策者，并占据公司过半的股份，具有绝对控制权，大股东对小股东的不利影响再次加大。

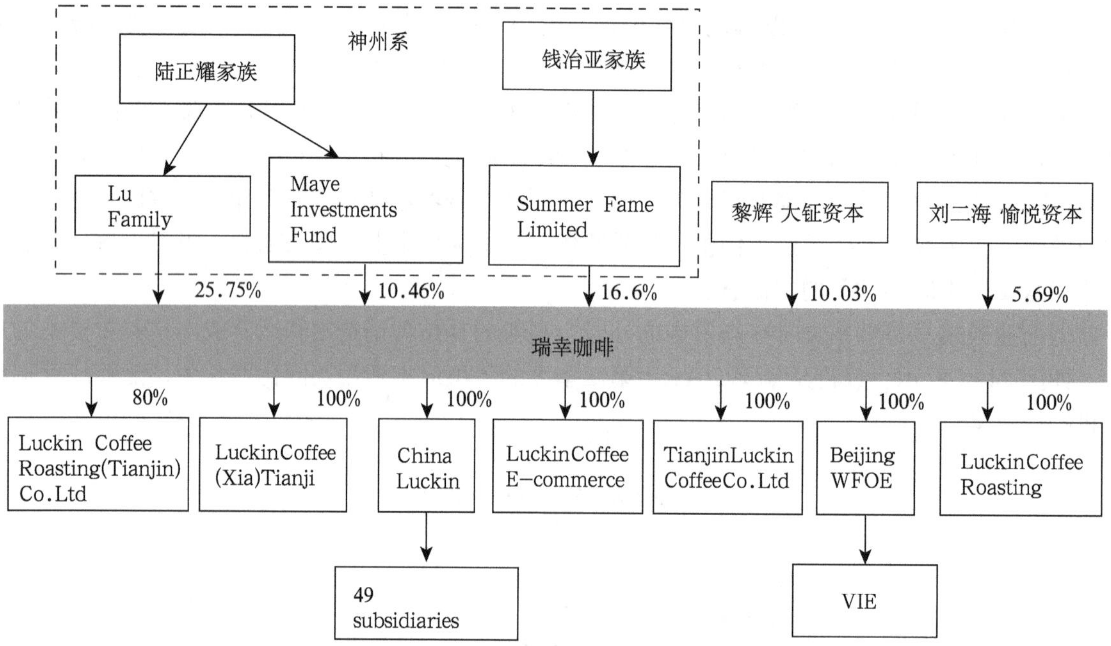

图 21–5 瑞幸咖啡股权结构[①]

股权结构中，大股东权力过于集中，可能会增加企业经营决策的风险，进而会传导至财务报表，增加重大错报风险。畸形的股权折射出的仅仅是瑞幸咖啡财务造假的冰山一角。产权理论认为：公司治理可以看作是产权与控制权的一体化。由于约 36.21% 的股份都集中在陆正耀家族，这样的股权结构，会导致董事会成员甚至经理家族化，独揽公司治理大权，把控公司中的决策、运营、管理，势必会导致滥用权力的现象，进而侵蚀其他中小股东的权益，最终产生昂贵的代理成本。而且，根据瑞幸咖啡的经营状况，过度投资消耗企业资源，一味地追求业务得到扩展、企业规模得到扩大，罔顾企业实际发展规划与资产现状，最终造成瑞幸以虚增销量来标榜营销效果的结局。

① 来源：瑞幸咖啡公告、天风证券研究。

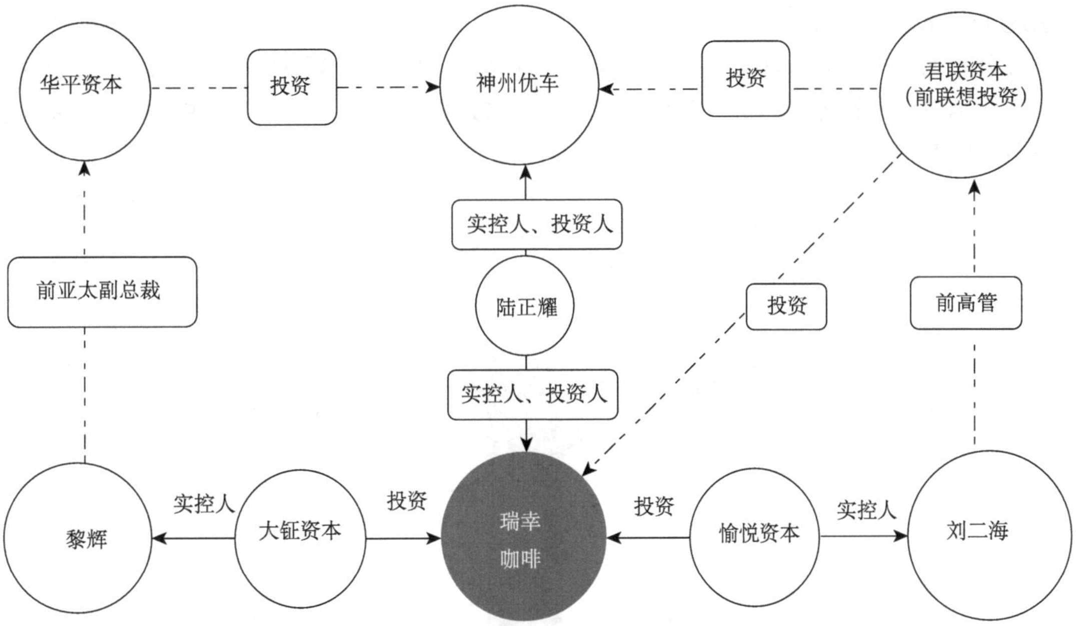

图 21-6 瑞幸咖啡背后的“资本游戏”①

三、美丽传说背后的审计隐患

1. 商业模式凸新颖，错报风险“埋伏深”

瑞幸凭借着“新零售独角兽”的标签，不仅吸引了资本市场的眼球，把自己包装成股票界的“千里马”，还通过讲述自己“互联网零售”模式 + 世界第一消费市场的“故事”，从而收获资本市场青睐。然而，美丽传说的背后却是浑水公司的做空报告。由此可见，华丽的商业模式背后是更大的审计风险。

从瑞幸上市的发展历程中可知，新商业模式下，瑞幸披着互联网运营的“外衣”，迅速地将各类资源整合在一起，从产品、选址、开店，直到海外上市，在短短 18 个月的时间里便可完成。一般的零售企业，在这样短的时间内仍处于构建管理体系、打磨管理能力的时期。而瑞幸通过“烧钱补贴”的行为，无暇顾及管理本体，甩开互联网企业轻资产运营的包袱，将导入期与成长期大幅压缩，为达到高市场占有率“不择手段”，这样揠苗助长的结果就是管理体系不健全、运营机制有缺陷，外部运营到内部管理的缺陷，都使瑞幸虚有新零售的表象，而自身的盈利能力却没有达到应有的水准。这种“烧钱 + 补贴”的商业模式，对于其他行业或许有奇效，但对于咖啡类似餐饮业，市场极度分散，很难通过快速占领赢得顾客忠诚，反而使其容易陷入资金困境，这些都是审计人员应该予以关注的重大错报风险。企业所面临的经营及战略风险扩大，转化为重大错报风险加大，进而影响着整体审计风险。

2. 存货周转反常规，实地考察显端倪

从对外公开的数据可知，瑞幸 2019 年下半年收入较上半年有大幅提升，但与之对应的存货储备却非常低，存货总额的变化如图 21-7 所示，呈下降态势。存货周转天数也由 55 天到 41 天再到 28 天，3 个季度周转速度持续加速。对于发展处于黄金阶段且不断扩张门店的瑞幸来说，正常情况下原材料定会增加，以保证门店供应充足。但实际上存货却呈现下降态势，并且存货的周转速度过快，这些异

① 来源：天眼查、公开资料。

常现象引起了浑水公司的兴趣。浑水公司突破传统思维，在并未获取瑞幸咖啡内部资料的情况下，根据瑞幸对外公布的数据，分析其商业模式、客流，推算其产品的成本和利润；按照瑞幸前期亏损的程度，大胆猜测瑞幸财务舞弊的动机，并采用实地调查的方法去求证；雇佣多人在收银台处进行录像，根据前来取件的客户数量及外卖订单的外卖袋数量，统计店内均订单量；严格按照瑞幸公开数据中店面比例分布进行调查，并选择绝对完整的店访录像进行统计，从而得出可信度较高的结论。

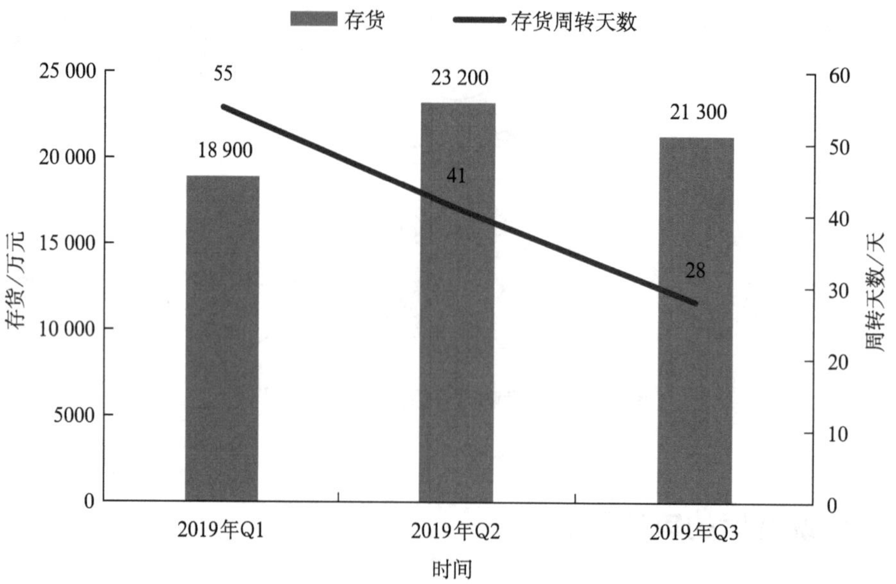

图 21-7　瑞幸 2019 年第一至三季度存货及周转天数①

此外，浑水公司将线下收集的数据与瑞幸 APP 的日活用户数量进行对比，得出了瑞幸实际用户数量少于官方用户的结果，但是瑞幸公布的销量却多于实际用户数量。“羊毛出在羊身上”，蹊跷的线上与线下销售数据结果，只能通过取餐号跳号的方式来完成。而如此“操作”，仿佛是给存货周转速度加快、收入上升一个合理的答案。

3. 虚增收入难觉察，单据跳号显“真知”

虚增利润是财务造假的典型手段，瑞幸也不例外。如图 21-8 所示，瑞幸在 2019 年第一到第三季度中，营业收入增速达 90% 和 70%，而营业利润依次是 -5.27 亿元、-6.9 亿元和 -5.91 亿元，亏损一直存在，令人困惑。通过浑水报告对瑞幸单价与销量的调查，可以发现，第二、第三两个季度的单价明显偏高，但日销量不降反增，并不符合价格上涨需求下降的规律，存在虚增单价和销量的巨大风险。浑水公司通过组织人员在 600 多家门店核实、消费，取得大量销售小票和 11 000 多小时的视频监控，通过缜密的分析证实了瑞幸咖啡在单价和数量上造假的事实，这不得不引起安永的反思。尽管审计在调查过程中，时间和预算都受到限制，无法进行如此大规模的详细调查，但基于新商业模式，交易数据电子化与线下真实交易难以一一核实，从而可能忽视非财务数据对于审计质量的影响，导致瑞幸以取餐号跳号、提高产品单价的方式虚增利润，进行财务造假。

① 来源：万得数据库。

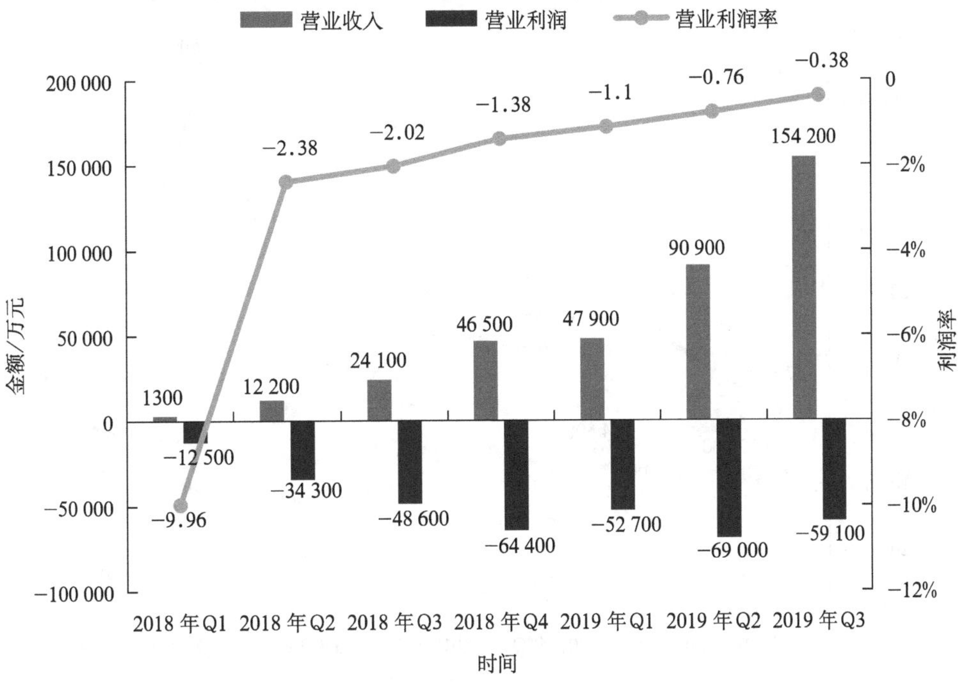

图 21-8　2018—2019 年第三季度瑞幸的利润变动趋势①

4. 现金流“负”高风险，收入激增悖常理

当公司处于粉饰其经营成果的关键时刻，现金是经营成果真实性的最好佐证。瑞幸的现金流量表，可以更加真实地反映出瑞幸经营过程中存在的困境。如图 21-9 所示，瑞幸的经营活动现金净流量全部为负，经营活动现金流出大于现金流入，结合上文中对瑞幸经营的分析，企业用于材料采购、支付广告费及昂贵门店租金和人员工资等活动的现金流出较大。同时，瑞幸正处于上升期，规模不断扩张，销量也在迅猛增长，而且咖啡饮品基本都是现销产品，这些都与瑞幸大量存在的应收账款相悖。因此，就可能存在因业绩压力而进行虚假销售等行为的风险，没有现金支撑的收入与高额的成本支出必然出现资金链断裂的状态。再通过比较瑞幸的投资和筹资活动的现金净流量，投资活动现金净流量大部分为负，而筹资活动现金净流量基本为正，在 2019 年第二季度时达到峰值，这说明瑞幸在很大程度上是依靠外部融资来缓解资金紧张问题的，一旦失去投资者的支持，瑞幸将入不敷出，更加印证了瑞幸造假的动机。此外，瑞幸咖啡 2019 年前 3 个季度的现金流量水平与前 3 个季度的收入水平也有悖常理。前 3 个季度现金流均为负数，但是收入却从第二季度的 9.019 亿元人民币增加到第三季度的 15.42 亿元人民币，同时门店数量也在持续增加。对于一般企业，新品牌门店占领市场需要一个爬坡期，单店收入的增速应该有一个缓冲期，而瑞幸咖啡却异常上升，不得不引起人们的关注。

① 来源：万得数据库。

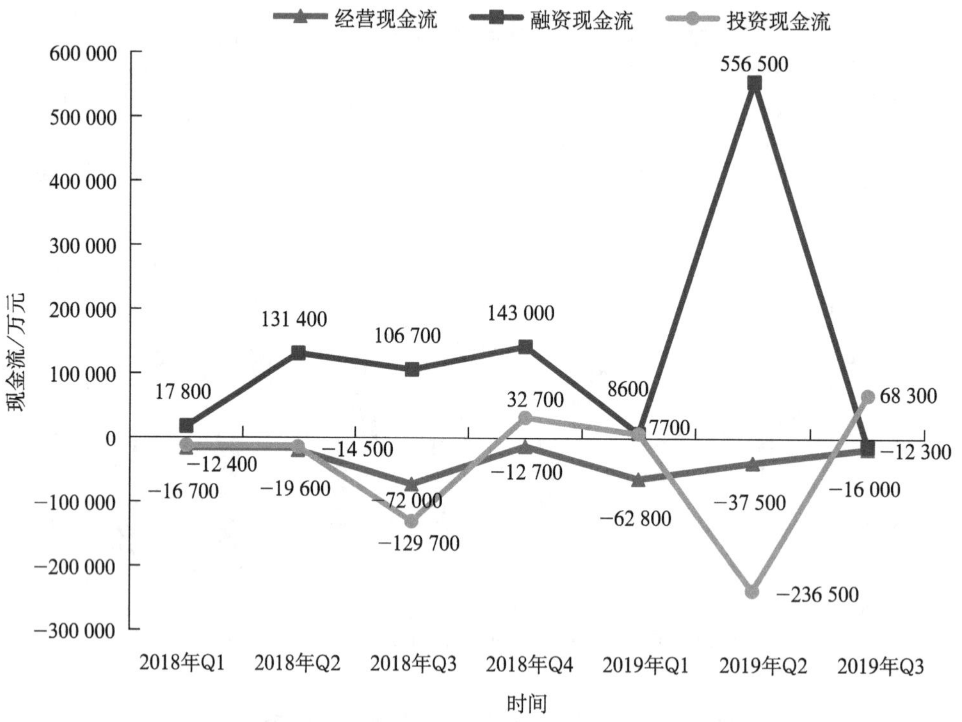

图 21-9　瑞幸经营、融资、投资现金流变化趋势①

四、不攻自破：是传说还是谎言？

1. 海外上市非偶然，内控风险需重视

瑞幸选择海外上市，也许是因为受到了国外资本市场中“同股不同权”的 AB 股模式的追捧。据 2020 年 4 月 2 日晚瑞幸咖啡盘前发布显示，董事长陆正耀持有 48.4 亿股 B 股股票，拥有 36.86% 投票权，公司增发股票完成后，他与 CEO 钱治亚拥有 75% 的投票权。在海外这种“同股不同权”制度下，管理层凌驾于内控制度之上的情况更易发生，这是审计师在审计中概股时不得不关注的风险因素。因此，基于“同股不同权”的公司治理结构下，审计人员在判断企业内控有效性时，应该有必要引入“商业伦理”。瑞幸咖啡继承了“神州系”基因，上演了与“神州租车”如出一辙的“烧钱”占领市场，然后上市后大股东减持股份套现离场的“套路”。审计人员在了解到瑞幸咖啡管理层的不良经历后，应对管理层的商业伦理道德水平予以充分关注，及时发现内控风险。

2. 瑞幸模式风险大，审计方式应升级

基于现代风险导向审计，瑞幸咖啡“互联网 +”的商业模式一定程度上增加了重大错报风险。通过提供免费产品体验和快速打开市场，获得大量原始客户，然后依靠活跃用户数量来增加企业估值，获得资本融资，如此商业模式将使管理层迎合资本，以追求更多交易机会来粉饰报表增加估值，而忽视企业盈利的本质，势必会增加瑞幸的重大报错风险。

瑞幸咖啡交易记录电子化，看似增加了企业财务数据的准确性，实则增加了检查风险。它区别于传统企业经营过程中主要通过现金或银行转账完成支付，审计证据轨迹居多且易查找。虽然瑞幸依托

① 来源：万得数据库。

虚拟平台进行收付款活动，突破了时间与空间的束缚，但基于其零售业产品特征，大量小额支付不利于审计人员进行银行函证，审计检查风险由此增加。此外，互联网运营中 IT 运算的安全性和可靠性也与审计质量紧密相关。瑞幸咖啡就是利用管理流程不规范，通过篡改 APP 交易取餐号来虚增利润，在自以为的灰色地带屡屡涉险，间接影响着安永事务所的审计质量。同时，如果瑞幸管理层干预 IT 技术对原材料采购进行虚假交易，那后果将会严重影响着审计人员整体的职业判断。

五、尾声

据安永华明会计师事务所公告声明，安永华明对瑞幸咖啡自 2017 年 6 月 16 日（瑞幸咖啡成立日）至 2017 年 12 月 31 日期间及 2018 年度财务报表进行了审计，并出具了审计报告。在对此上市审计的过程中，安永华明严格恪守了职业道德和执业准则，做到了勤勉尽责，独立审慎。而瑞幸咖啡财务造假行为开始于 2019 年 4 月，由于安永华明并未对瑞幸咖啡 2019 年度财务报表出具审计报告，故安永无需对瑞幸咖啡 2019 年度披露的财务信息承担审计责任。该师事务所在 2020 年 1 月下旬对瑞幸咖啡 2019 年度财务报表进行年度审计工作的过程中，注意到瑞幸咖啡迅速增长的代理业务模式及相关代理商存在疑点，在及时引入反舞弊调查团队后，安永华明发现了瑞幸咖啡部分管理人员在 2019 年第二季度至第四季度通过虚假交易虚增了相关期间的收入、成本及费用，并对此发现向瑞幸咖啡审计委员会做出了汇报。虽然，安永华明会计事务所在瑞幸事件中没有承担责任，但瑞幸咖啡财务造假也并非一蹴而就的。为何浑水公司能先于安永发现财务造假呢？大数据时代，新商业模式下，如何识别与应对此类审计风险？

案例使用说明

一、教学目的与用途

1. 适用课程

本案例主要适用于“审计学”“审计理论与实务”等相关课程。

2. 适用对象

本案例适用于 MBA、MPAcc 学员和审计、会计等相关专业的高年级本科生、研究生。

3. 教学目的

本案例通过对瑞幸咖啡从上市到自曝造假退出纳斯达克的历程回顾，结合相关审计学理论知识，基于注册会计师的角度，从商业模式出发，分析了瑞幸财务舞弊的动机及手段，剖析了新零售模式下注册会计师面临的审计风险，使学员了解审计风险的类型，掌握其基本原理，引导学员用审计维度思考新商业模式对于审计风险的影响，以及注册会计师如何识别与应对新零售互联网企业的审计风险。最后，反观浑水公司做空瑞幸咖啡的过程，思考如何对传统的审计模式进行改进升级。

二、启发思考题

① 依据财务舞弊风险因素理论，从商业模式的角度，探讨瑞幸咖啡财务舞弊的动机及造假手段。

② 结合瑞幸的新零售模式，探讨注册会计师在审计过程中应特别注意哪些风险点，如何识别瑞幸咖啡存在的审计风险。

③ 依据新商业模式审计风险的特点，探讨如何应对审计风险。

④ 结合案例，谈谈在应对新商业模式时，相较于做空机构，传统的审计模式需要如何改进升级。

三、分析思路

本案例回顾了瑞幸咖啡在纳斯达克快速上市又退市的全过程，基于注册会计师角度，分析了在新商业模式下瑞幸涉及的审计风险，引导学员掌握审计风险模型，识别瑞幸财务造假过程中存在的审计风险，思考如何应对被审计单位存在的审计风险，并提出面对新商业模式，传统审计模式如何在大数据时代改进升级。教师可以根据自己的教学目标来灵活使用本案例。这里提出本案例的分析思路，见图 21-10，仅供参考。

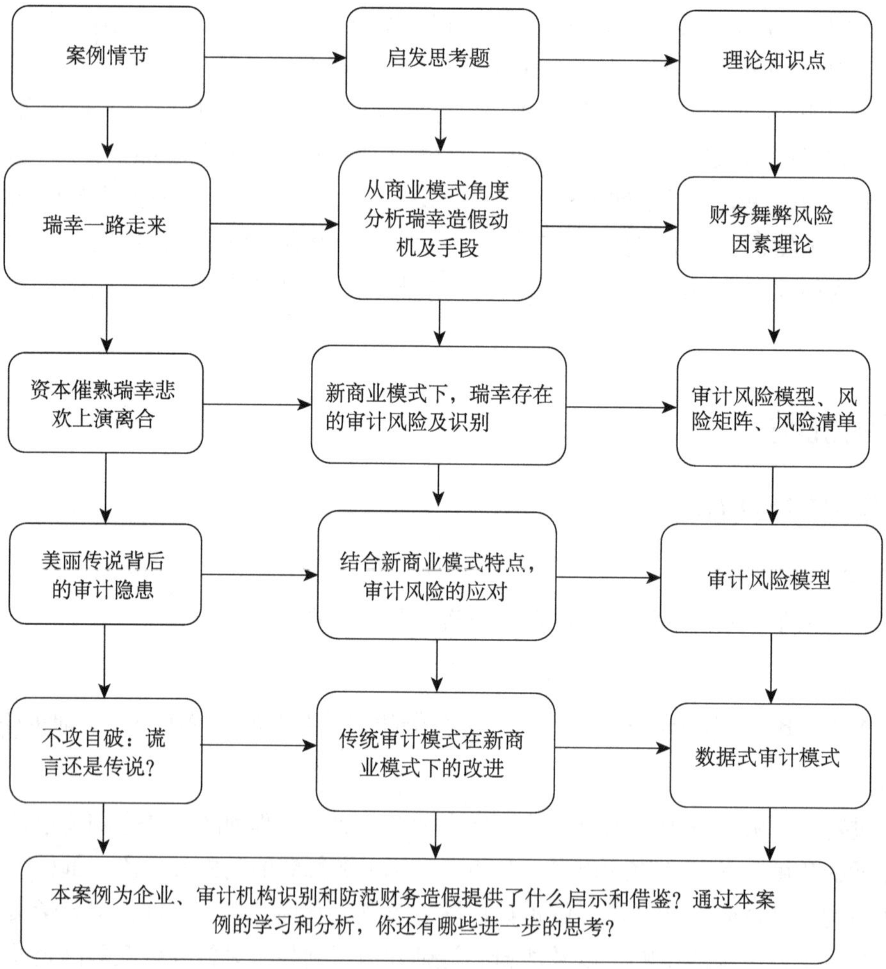

图 21-10　案例分析思路与步骤

案例 22

铺就一方大数据，构建企业小世界
——XD 公司大数据背景下的内部控制[①]

李 瑞

案例正文

引言

寒冬腊月，大雪纷飞。办公室的窗也已凝结上了霜。XD 公司的董事长在屋内埋头看着“最新出炉”的公司内部控制评价报告。报告显示，公司在内部控制及风险防范各方面做得都很好。但是这却让董事长的内心有些担忧，想起自己在访问一线员工时提到“加快推进数字化建设，从设备、管理等全方位进行数字化升级，在重塑企业运营模式上下功夫”，公司这些年一直都在转型升级、改革发展这条路上不断前进，设备在数字化升级，管理的升级步伐也不能落后，而目前公司的内部控制还是“新瓶装老酒”，令人忧心。董事长深知，大数据时代，智能技术正在悄无声息地改变着商业环境，推动着企业进行转型，传统的内部控制制度还能适应当前社会的发展吗？

一、期于趋时适治

1. 公司概况

XD 公司作为一家高压与超级高压输电与配电相关配套设备的研究与制造机构，被国务院国资委列为直接监管对象。XD 公司的王牌业务主要包括输电、配电及相关管控设备的研究、设计、建造、出售、检验和相关成套装备的技术开发、配套人员培训与工程包揽，核心业务是高电压、超高电压及特高电压直流电、交流电的输电配电设备制造、研究与检验。经过多年的不懈努力与持续经营，现在 XD 公司已成为整个中国乃至亚洲规模集群最大、配套供应能力最强的高电压、超高电压乃至于特高电压交流电与直流电的输电设备及其他电力设备的生产与装配基地。

2. 发展历程

XD 公司的主要发展历程见图 22–1。2004 年 11 月中旬，XA 电力机器公司成为国内首批被国务院国资委选中的经营战略清晰明确的国企之一。2008 年 4 月上旬，XA 电力机器公司带头申请并成功获批建立中国 XD 公司。2009 年 5 月上旬，由国务院国资委批准，XA 电力机器公司正式改名为中国 XD 公司。2009 年 9 月 17 日，国务院国资委正式批准，BJ 市国资委将 BG 公司 92% 股权无偿划转中国 XD 公司，BG 公司成为中国 XD 公司一级控股子公司。2017 年 5 月，XD 公司完成了国企公司体制

---

① 案例来源：中国管理案例共享中心，并经案例作者同意授权引用。
本案例于 2022 年 7 月 5 日入选中国管理案例共享中心案例库。
由于企业保密的要求，在本案例中对有关名称、数据等做了必要的掩饰性处理。
本案例只供课堂讨论之用，并无意暗示或说明某种管理行为是否有效。

的改组工作，将公司的制度由全民所有制正式变更为有限责任公司（国有独资），企业的名字也由“XD有限公司”改为“XD公司”。2019年9月26日，世界上的首个+1300kV赣东—淮南特高电压直流变电工程正式投产，XD公司在该工程的建设中提供了关键技术的支持。2021年9月25日，XD公司与国家电网下属几家公司重组整合，组建成立中国电气装备集团有限公司。XD公司坚持扮演好国家重大电力工程的领头羊、国家走出去战略最坚实的执行者的角色，已成为代表中国输变电领域最大企业的名片，并成为我国参与国际输变电市场竞争的一支不可或缺的力量。

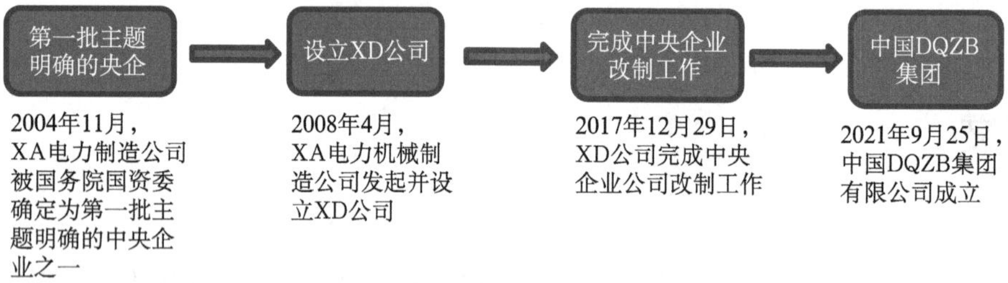

图 22-1　XD 公司发展历程[①]

二、“望闻问切”

党的十八大以来，企业内部控制开始进入党中央和国家领导人视野。习近平总书记在十八届五中全会第二次全体会议上指出：“要把风险防范放在突出位置”，“要加强对各种风险源头的排查和判断，提高动态监测和实时预警能力”，还要推进风险防控工作科学化、精细化。党的十九大报告也明确提出，要把“防范化解重大危险”放在三大攻坚战的首位，要“增强风险管控能力，健全全方位风险防控机制”。

2018年年末，西安的空气透着些许刺骨的寒冷，人们走起路来都不由得加紧了步子，恨不得一眨眼就能钻进屋里暖和身子。但眼前，屋子里这几位XD公司高管心中改革的热情丝毫没有减少。XD公司董事长语速飞快地说道：“这几年，咱们公司经营环境的变化大家都看在眼里，随着产业未来发展方向和国家发展战略的进一步调整，公司所面临的风险也随之发生变动。裴总经理，我之前交代的事情现在怎么样了？”

裴总经理起身回答：“报告董事长，我已经安排调研小组发起了问卷调查，近几天调查结果将会呈现在大家的面前，还请大家拭目以待……”

3天后，XD公司董事长和管理层们汇聚一堂，董事长率先发话：“今天把大家召集过来，主要是围绕这份风险调查问卷的结果进行探讨。大家都先仔细看看结果表（表22-1），然后再谈一谈自己的想法吧。”

① 来源：据XD公司官网资料整理。

表 22-1　风险评定调查问卷结果[1]

一级风险	二级风险	三级风险	风险描述	风险影响程度	风险发生可能性	风险值	风险等级
财务风险	预算管理风险	预算编制风险	由于预算目标与公司战略目标、企业实际相脱离，预算编制程序不合规，依据不充分等原因，导致预算难以落实，影响公司战略及经营目标的实现	2	4	8	中
		预算调整风险	由于公司未根据预算执行情况、预算外事项、外部环境变动等原因，及时合理进行预算调整，导致预算调整不及时、不科学，影响公司经营目标的实现	1	4	4	低
		预算执行风险	由于预算执行控制不严，监控不到位，分析和预测不准确，导致预算执行偏差过大，预算执行刚性不足	2	3	6	中
运营风险	销售管理风险	营销计划风险	销售的初始步骤是制定合理的销售计划，这能够对公司业务起到激励作用，会有利于经营目标的实现，如果销售计划不合理反而会影响企业经营目标的实现	1	3	3	低
		产品交付风险	交付前交付产品发现检查报告由客服部组织，项目部、设计部、销售部协同参与，全面对产品进行自查，同时汇总及发现交付阶段可能存在的各类产品质量、设计及销售变更、销售承诺类交付风险和隐患	1	3	3	低
		销售回款风险	销售计划是销售业务的开始，而销售回款的结束则是销售完成的标志，在销售回款过程中一个重要的环节就是客户信用管理	2	3	6	中
		售后服务风险	售后服务的提升将有助于企业参与市场竞争，也有助于提升用户的黏性和依存度。在激烈的市场竞争环境下，企业通过产品经营和宣传不断开发新的客户，通过售后管理服务维护老客户，两者相辅相成，但是在目前企业的售后服务管理工作中存在一定的问题影响了企业对客户的售后服务	3	3	9	中
	采购风险	采购计划风险	由于年度物资需求计划编制依据不充分，物资需求信息不准确等原因，造成采购批次计划制定不合理，影响公司正常生产经营活动	2	4	8	中
		采购方式风险	由于公司长期采取低价优先的采购方式，导致采购资金常年低于正常水平，迫使供应商提供次等原料，严重影响了公司产品质量	3	3	9	中
		物资 / 服务提供风险	由于物资采购因此因为没有提前规划导致采购物资的到货周期不够、采购数量不足或者采购的物资质量存在问题而影响到实际的生产计划完成，影响客户产品的正常交付	4	2	8	中

[1] 来源：XD 公司运营工作部。

续表

一级风险	二级风险	三级风险	风险描述	风险影响程度	风险发生可能性	风险值	风险等级
运营风险	采购风险	供应商管理风险	由于供应商的资质与能力等方面缺少严格的考核与现场审查，导致了很多不稳定的供应商鱼目混珠，这种宽松的审核制度增加了供应商管理的混乱程度，给后期的采购管理带来了负担	2	4	8	中
		采购流程风险	由于公司的采购流程比较呆板，缺乏根据市场情况变动的灵活性，使采购工作陷入被动的境地，进而导致物料库存情况不符合实际，加大了企业的物资采购与管理成本	3	3	9	中

大家看着手中的调查结果表，过了一会儿，朱副总经理说道："那我就先说说我的看法吧。从结果来看，现在公司确实隐藏着很多我们平时都没有注意到的风险点。比如，我们虽然经常在做预算编制，但是调查结果显示的我们的预算编制风险还是挺高的，之前也有基层员工向我反映我们的预算难以落地这些情况。"

裴经理紧跟着说道："咱们的内部风险管理做得还不到位、防范风险的能力不足，这对实现咱们公司的发展目标造成了十分不利的影响。而导致这一问题出现的根本原因在于什么呢？这值得大家进一步的探讨……"

对此，集团高级管理层再次召开了内部会议。会议期间，董事长请大家根据风险来源的调研，对本公司动态监控、实时预警等能力做出评价。经讨论，大家一致认为：公司目前在推进科学化、精细化风险防控工作上还没有做到位。在大数据环境下，风险又呈现出新的特征，例如，由于成本更加透明导致谈判优势变为谈判掣肘；因数据分析不充分，错失最佳运营模式；因建模不完善、数据不完整丧失竞争优势，从而导致风险扩大。究其原因，在于公司内部控制没有发挥出应有的作用。虽然企业在此方面已经引入信息技术，但从整体情况来看，应用水平较低，内部控制对于企业运营过程中风险防范的效用还需进一步提升。

三、内部控制"水土不服"

会议结束后，XD 公司现有内控体系的设计不适合当前大数据环境的这一问题引起了大家的重视。XD 公司现有内控体系的设计依旧没有摆脱把人工管控及业务流程的经验当作基础逻辑，将业务风险作为导向，仅仅使用经验判断来识别产生业务风险的原因，同时匹配大量业务步骤或流程，导致内部控制体系流程冗长、体量庞大且不够机敏，虽然对于 XD 公司内部滋生的风险具有一定的预告和警示作用，但对于输入型风险则相对被动，表现还是较为滞后。

总经理认为，XD 公司内控体系的要素关系不适合当前的大数据环境，在接下来的改进中，要保证公司严格遵守国家给定的内部控制标准和指南中给出的制度建议，划分控制环境后，再根据发展策略并结合风险评估和偏差做好设置，选择合适的内控对策，防范或降低潜在风险点，然后上报各项工作的全过程信息内容，并进行监督和改进，使得公司内部控制系统的自循环系统运行良好。

同时，总经理提出，目前公司内部控制系统至少存在 3 个问题：第一点是控制环境的局限性，比如，业务流程环境和组织结构不能完全反映整个环境，造成重要信息丢失，错失风险暴露的重要机会；第二点是风险识别准确性不规范；第三点则是信息沟通的有效性不能通过控制活动很好地体现出来。

XD 公司董事长听完总经理提出的 3 个问题，点头道：“眼光很敏锐，刚刚总经理这 3 点问题也正是我想说的。同志们，那咱们就围绕这 3 个问题展开讨论吧，争取明天之前得出一定的结论。”

经过公司管理层的头脑风暴，第二天一大早，一份问题汇总清单（表 22–2）放在了董事长的办公桌前。

表 22–2　XD 公司内部控制问题汇总

XD 公司内部控制问题汇总	
内部控制措施未形成系统体系或可操作性不强	在当前环境中，公司部分管理层对管控体系认识不全面、不深入，导致具体的内控措施未能形成系统性的体系或可操作性差
公司内部控制覆盖面不完整	在整个内控体系运行过程中，应根据具体的风险点制定相应的规定或要求，但目前公司还不能将内部控制的应用覆盖到整个公司
信息沟通不畅	信息和数据的碎片化会极大阻碍着内部控制制度的有效实施，同时会加大公司对全局信息汇总的难度

董事长拿起眼前这张轻薄却充满分量的汇总报告，眉头紧紧地皱了起来。为了解决这些问题，XD 公司再一次召开了内部会议，董事长引导大家集思广益，严谨假设，将 XD 公司在新旧两种不同环境下的内控体系中各个要素加以对比，为之后展开新的内部控制工作提供支持。对比结果见表 22–3。

表 22–3　XD 公司传统环境与大数据环境下内控体系的比较①

项目	XD 公司传统环境		XD 公司大数据落地后环境	
	描述	后果	描述	后果
控制目标	相对固定	从控制目标到控制措施，基本属于传统业务环境下的岗位视角，存在主观性、延迟性等缺点，自我学习和优化能力较差，不再适应当前 XD 集团战略目标的实现	相对灵活	与传统的“业务导向”型内控设计思想不同，实现控制目标、风险识别、触发控制、自我优化等环节的大数据模式，满足 XD 集团转型发展期间对适应性、自我学习性的要求
风险起点	人工判断		数据预警	
控制触发机制	人工启动		自动启动	
循环优化	非自动		自动	
归约效果	无		有	
系统学习能力	一般		高	
控制半径	短	影响企业反应速度	长	大数据效率替代传统控制流程，大幅提升内控半径、幅度和层级

① 来源：XD 公司内部控制管理部门。

四、辞“旧”迎“新”

1. 穿好大数据的“马甲”，为内控插上“翅膀”

经过对对比结果的研讨论证，大家意识到公司当前使用的内部控制体系已经不能很好地防范和化解公司出现的风险，因此，内部控制体系在传统环境中的运行必须做出一些新的调整，以适应公司建立内部控制体系的初衷。大数据环境造成了传统内控体系的诸多不兼容，阻碍了内部体系效用的充分发挥。这就需要在建立新的内控体系时进行深入分析。在技术部门和管理层相互研讨后，搭建XD公司新的内部控制体系的准备工作就开始进行了……

在经过长达半年多时间的考察学习和走访调研之后，XD公司于2019年9月完成了新的大数据环境下内控体系整体结构模型的构建，经董事长等高层管理层人员审阅批示之后，公司全体管理层召开了围绕新体系的展示报告会。XD公司内部控制改革专项领导小组对新体系的整体结构模型进行了展示，见图22-2。

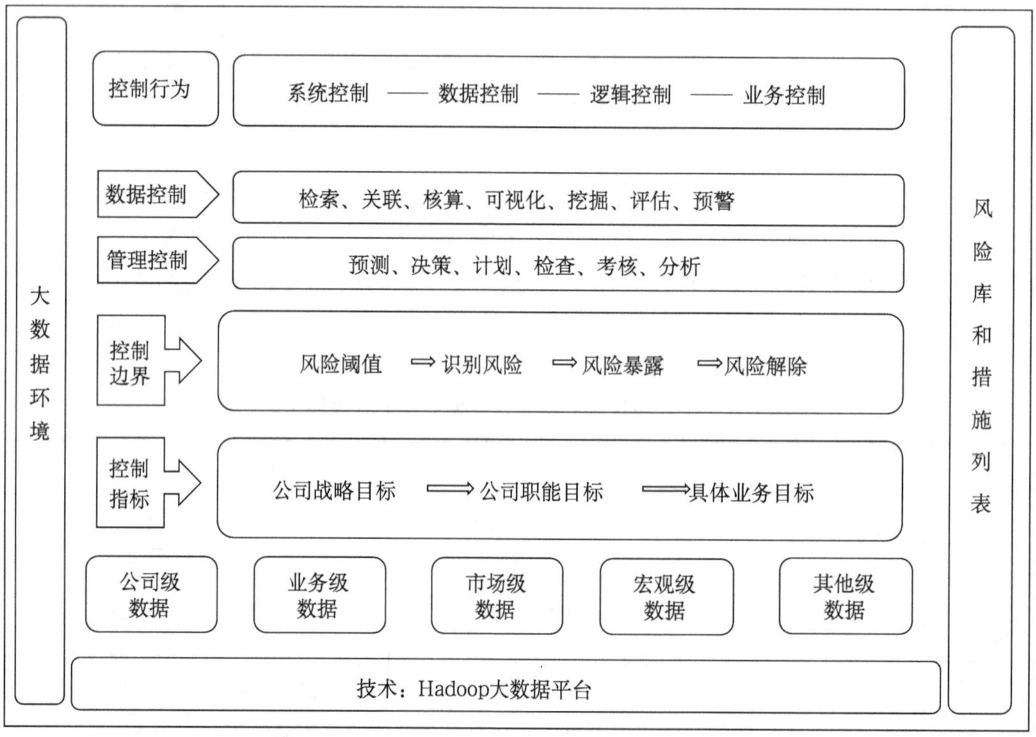

图22-2 大数据环境下的内控体系①

专项领导小组派出代表对新构建的体系进行了解释：新的内控体系由4部分组成，底层以大数据平台作为基础技术层、专用工具层、方法层。以此为基础，存储各种控制参数和指标值，经过比对识别，能够快速识别潜在风险，获得即时监管措施。管理方法控制和数据信息控制作为控制行为的主体，同时可以调整到操作面板完成查看和交互通讯，整个系统将会结合内部控制体系进行自动运转。

新构建的内控体系将目标值与安全值进行了及时的对比，这样一来就发现大数据下内控体系的优

① 来源：XD公司内部控制管理部门。

势在于它可以使业务流程关键环节的所有内外部环境风险得到全面覆盖，包括自生型和传入型等一系列风险，摆脱单一性、滞后性和主观判断不足的影响，有利于建设将目标的识别、风险的判定、控制的触发以及自我完善等环节都结合起来的大数据型的内控模式，满足公司转型发展期间对适应性、自我学习性的要求。

大家听完对新体系的解读之后，掌声雷动，对公司之后的发展充满期待……

2.“最强大脑”精打细算

2020 年 6 月，在 XD 公司的半年度总结内部会议上，董事长说道：“我们去年建立的新的内部控制体系成效卓越，给公司带来的好处大家也是有目共睹的，值得表扬。但是，改革的步伐不能停止，经过这一段时间的不断学习，我们还是要向先行者们看齐。许多国企都陆续引进了更为先进的内部控制信息化平台，我们已经有了新的内控体系。这对于搭建我们自己的内部控制信息化平台来说是一个好消息。大家怎么看？”

裴总经理点头说道：“是啊，董事长说的这一点我很认同。见贤思齐，我们要时时刻刻保持企业管理的先进性，争做新时代的改革先锋。”

话音刚落，大家纷纷表示赞成，踊跃发言……

此次会议结束后，又经过了 3 次讨论会，最终确定引进先进的内部控制信息化平台，计划于 2021 年之前完成并于 2021 年上半年正式实施。XD 公司成立专项研究小组，展开了为期半年的平台搭建工作。小组成员一致决定，要从公司内部控制的痛点出发，结合公司行业特征，从实际出发，完善公司的内部控制。经过对已经实施信息化平台企业的考察学习，专项小组拟定了平台设计思路：①注重风险点的控制，对预算、核算、采购这些容易产生经营风险的环节加强系统化的监管，全面实施线上管理。②将内部控制的流程做到信息化、系统化。以大数据技术手段为支撑，以实现效率和管理双赢。③做好决策系统。通过各个系统的有效连接来整合和传输数据，同时利用大数据技术构建模型来分析数据，以此支持决策。在专项小组明确了设计思路之后（图 22–3），便如火如荼地开展了准备工作。

终于，XD 公司在 2021 年 5 月正式搭建了内部控制信息化平台框架，在试运行一段时间后，成绩斐然。该内控信息化平台不但整合了业务流程、信息流程和控制流程，还整合了内控工作和系统要求，并将控制方式直接嵌入系统，利用控制预置和后台计算来达到内控的预期效果。该平台另一个优点是控制方式实现了从人工到机控的转变，这样就能使得由人为干预所带来的误差减少到最小，不仅能让 XD 公司内控制度全方位实施，并且执行力会大大加强，还能够建立起一个长期有效的管理机制；同时，有机沟通实现了对业务和财务信息的实时、动态、完整的过程控制，从而提高工作效率，降低潜在风险。

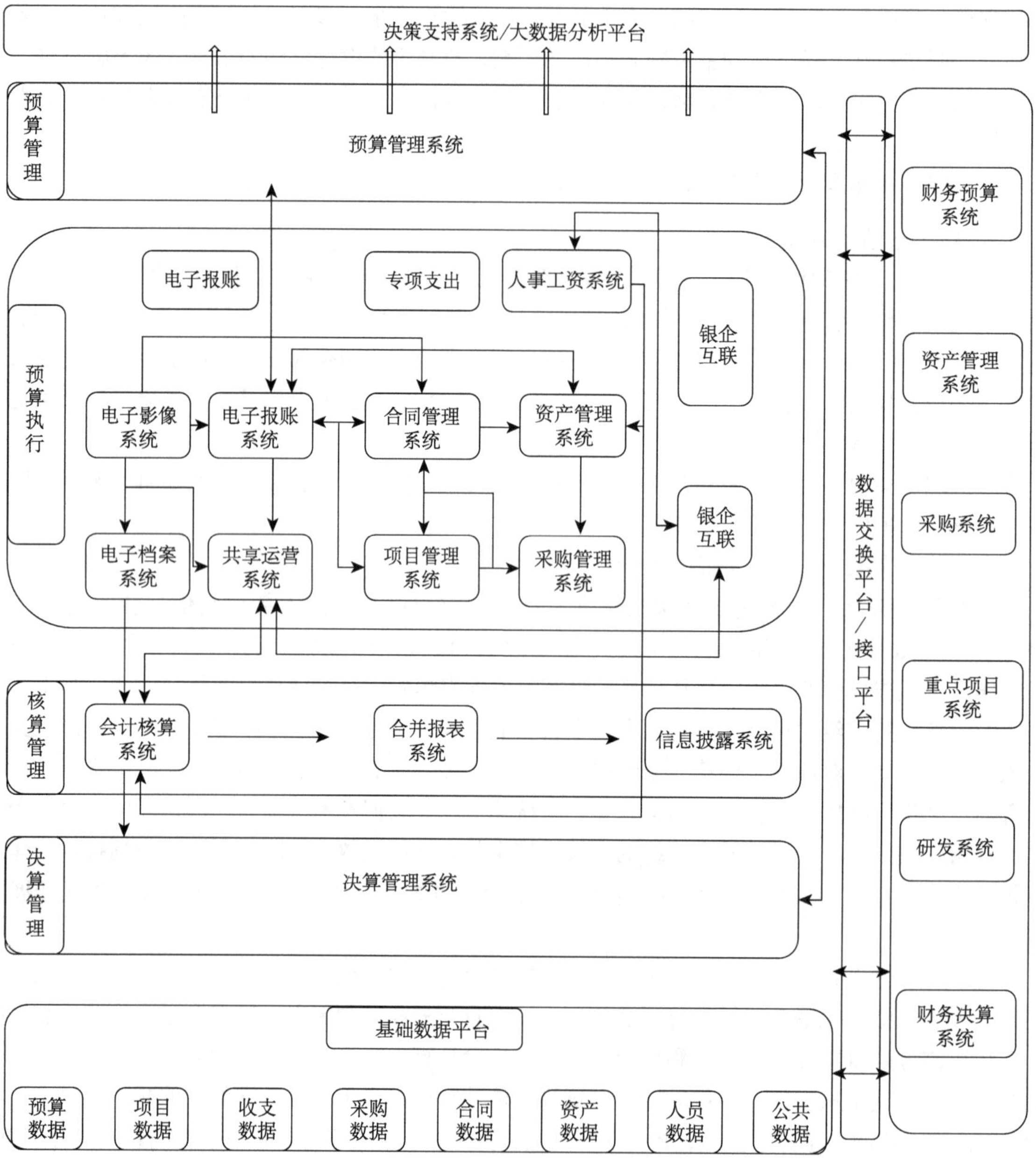

图 22-3　XD 公司内部控制信息化平台框架①

五、尾声

2021 年 9 月 25 日，中国 DQZB 集团有限公司正式成立，中国 DQZB 集团作为新设立的中央企业，面临着难得的发展机遇。当前，资本格局重构，国资混改加速的形势愈发明显，XD 公司要想转型发展成为世界一流的智慧电气装备企业必然会伴随着风险。目前，XD 公司根据自身的实际状况建立了相应的内控信息化平台，为打好防范风险这场攻坚战做好了充分的准备。但是，公司该如何去化用平台，将其切实有效地与公司的内部控制结合起来，从而去更好地防范风险，还需要进一步的思考。在 XD 公司未来的建设发展中，距离构建成为一个内部控制更为规范的国有企业还有很大的成长空间，

① 来源：XD 公司内部控制管理部门。

大数据技术不但得用，而且得用好。未来 XD 公司的内部控制工作将会呈现出怎样崭新的面貌？道阻且长，行则将至，让我们拭目以待。

附件：

第一部分　调研提纲

此次调研是针对 XD 公司当前大数据背景下内部控制执行与落实情况进行评估的重要步骤，通过与 XD 公司管理层、业务部门、内部控制部门进行访谈，深入了解公司当前的内部控制与风险管理情况，本次调研一共分为两部分。

调研时间：2021 年 5 月

调研地点：XD 公司本部

调研目的：了解 XD 公司内部控制与风险管理情况

调研对象：XD 公司管理层、业务部门、内部控制管理部门

调研方式：实地调研、电话访谈

调研提纲细则

1.XD 公司发展历程及未来发展前景。

2. 当前公司的管理层组织架构是什么样的？各管理层对本公司内部控制与风险管理的认知是什么样的？请管理层谈谈当前公司内部控制与风险管理中有哪些完备之处，又有哪些不足。

3. 目前公司对于内部控制及风险控制所实施的主要措施有哪些？如何对企业内部监管起到促进作用？公司内部的信息沟通是如何实现的？

4. 公司在风险评估上是依靠传统的经验判断还是根据大数据分析来判断？

5. 当前公司有多少子公司？在公司子公司众多的情况，内部控制是如何实施的？

6. 由于当前公司子公司众多，请问公司有没有统一的内部控制与风险管理准则？当前 XD 公司内部控制与风险管理政策在各公司实施过程中的主要障碍和解决办法是什么？

7. 在当前大数据背景下，公司的内部控制存在缺陷吗？如果存在缺陷，对于存在的缺陷分为几个等级，缺陷等级的划分标准是什么？

8. 企业是怎么为风险管控和内部风险决策提供技术支持的？企业是否以智能化管理为核心？能否做到将大数据和智能分析技术融合，把企业的建设、生产、经营、提升、管理等行为数字化，构建内部控制信息化平台？具体的措施都有哪些？

9. 在大数据时代，很多实力雄厚的国企已经到达了全面信息化发展的程度，那么，在使用现代化软件的过程中，针对使用软件会产生的如信息系统的网络风险等相关风险，公司如何开展内部风险控制活动？效果如何？

10. 企业是否配备专业人员来进行数据的开发以及设备管理维护工作？大量数据是否设置权限？录入和修改及查看是否有严格的审批制度？业务数据是否得到有效保障？

11. 当前管理层对于新系统引进以及新技术应用态度如何？当前公司的信息系统有哪些？

12. 公司目前员工的职责分工是否明确？是否存在一个经理主管两个部门，如总经理主管财务部门和业务部门的情况？可否提供公司领导所担任职务的具体分工？各部门职能划分又是如何呢？

13. 公司决策的方式，包括重大事项决策、重大活动的内容决策、重大人事任免决策及大额资金使用决策等。

14. 公司是否针对各个风险控制点建立风险管理系统？是否通过风险预警、风险识别、风险评估、风险报告等措施，对财务风险和经营风险进行全面防范和控制？

15. 各部门日常管理制度涉及哪些？目前实际执行情况是否与制度规定一致，具体体现在哪些方面？原因是什么？

16. 请重点描述采购、销售、预算管理、资金管理和工程项目等业务领域各岗位职责权限和审批程序。相应的风险防控措施又是如何？

17. 针对电气行业普遍存在的应收账款较高问题，请问公司有哪些管控措施？

18. 据了解，公司内部控制评价报告、内部控制审计报告发现，财务报告内部控制缺陷和非财务报告内部控制缺陷均不存在重大缺陷和重要缺陷，只是有部分的一般缺陷。请问，针对于此，企业内部有无专门应对措施？大数据背景下，企业的内部控制有无变动？会对公司的经营发展带来什么影响？

第二部分　调研问卷

尊敬的先生 / 女士，您好！我们是西安邮电大学经济与管理学院的学生，此问卷是为了了解贵公司的内部控制和风险管理现状，很感谢您能在百忙之中填此问卷，请您针对问卷中的问题如实回答。感谢您的配合。

注意事项：请针对风险评定问卷中的各项风险分别评价其影响程度和发生可能性并进行打分，其中风险影响程度评级请综合考虑持续经济损失、运营、企业形象 / 声誉及安全 4 个方面，分值仅限于【1 ～ 5】区间内的整数。分别对应轻微、较小、中等、严重、非常严重 5 个层级。风险发生可能性分值同样对应分值【1 ～ 5】，分别表示风险发生概率 10% 以下、发生概率在 10% ～ 30%、发生概率在 30% ～ 70%、发生概率 70% ～ 90%、发生概率 90% 以上。具体问卷调查内容如下：

1. 您的职务是：
2. 您所在的部门是：
3. 您于哪一年加入贵公司？
4. 您认为风险管理对您的工作是否有帮助？
5. 在您的日常生活中，您是否关注所在岗位可能面对的风险？

	名称	风险评定问卷	风险影响程度	风险发生可能性
1	业务结构和转型风险	由于公司产业结构及现有资源分配不合理，影响公司市场竞争力提升的不确定性		
2	政策变动风险	由于政策、法律和法规的变动，且未能及时识别监管政策、法律法规的变动并做出有效应对，阻碍战略目标实现，增加经济成本，造成违反法律法规风险		
3	企业文化建设风险	由于企业文化建设忽略不同员工的文化背景，缺少核心价值观等，造成企业文化涣散，缺乏凝聚力，影响员工的工作态度和职业素养，直接或间接影响企业运营中的工作效率和效果		

续表

	名称	风险评定问卷	风险影响程度	风险发生可能性
4	制度建设风险	由于制度建设不完善、体系不健全，可能导致制度交叉，管理规定不清晰，公司制度规章与外部法律法规、监管要求不相符，或未遵循规章制度要求等，影响公司日常经营秩序，导致公司治理风险，引起法律纠纷		
5	管理报告风险	由于管理报告不及时，信息不完整、不准确，导致报告内容缺乏时效性和可依赖性，影响管理层做出正确决策，公司经营目标实现受阻		
6	海外政策风险	由于对当地政策环境等研究不深入，未能准确了解到国外政策及法规变化导致海外业务出现问题		
7	账户管理风险	由于银行账户的开立、变更、撤销程序履行不当，闲置账户注销不及时，未达账项未及时处理而导致资金使用效率或对资金的监管效果较低		
8	现金管理风险	由于现金管理程序不完善，现金、支票盘点不及时，现金存量设置不合理，发票管理不规范等因素，造成现金存量无法满足日常收支需求，现金流失，给公司带来经济损失		
9	市场开拓风险	由于传统市场份额固定，潜在客户挖掘不足，特高压市场趋于饱和，海内外市场拓展策略不清晰明确，导致市场拓展受阻，公司预期市场拓展目标难以完成		
10	改制重组风险	由于国家经济体制调整，宏观经济政策发生变化，可能造成公司的发展方向、管理模式、组织架构等发生重大变化，而企业未能实现内部资源的有效整合与协同，从而影响公司经营发展		
11	需求分析风险	由于国内外经济形势、行业动态、市场需求等信息获取不全面，缺乏具有胜任能力的专业人才，导致市场分析不全面，市场营销策略制定不准确，企业竞争力下降，未能把握市场先机，造成经济损失		
12	供应商管理风险	由于供应商评选不到位，未能及时更新相关信息而导致供应商选择失误，采购效率降低		
13	原材料价格风险	由于未能发现并管理未预期的原材料或其他用于产品开发的商品价格波动；未能采取措施应对相关行业的价格转移风险，企业利润空间受到挤压		
14	采购计划风险	由于采购计划与实际使用采购物资数量差距大而导致公司生产经营活动出现影响		
15	采购成本风险	由于管理不善，沟通不及时，使得库存积压严重，占用企业资金，影响企业正常经营		

续表

	名称	风险评定问卷	风险影响程度	风险发生可能性
16	采购信用风险	由于供应商未能及时履行付给承诺而给公司造成损失的可能性		
17	采购方式风险	由于公司长期采取低价优先的采购方式，导致采购资金常年低于正常水平，迫使供应商提供此等原料，严重影响了公司产品质量		
18	采购流程风险	由于公司的采购流程比较呆板，缺乏根据市场情况变动的灵活性，使得采购工作陷入了被动的境地，进而导致物料库存情况不符合实际，加大了企业的物资采购与管理成本		
19	预算调整风险	由于公司未根据预算执行情况、预算外事项、外部环境变动等原因，及时合理进行预算调整，导致预算调整不及时，不科学，影响公司经营目标的实现		
20	预算编制风险	由于预算编制与实际差距太大或与企业发展前景相背离而导致企业经营与发展目标难以实现		
21	预算执行风险	由于预算执行控制不严，监控不到位，导致预算计划的设置形同虚设，没有落实到位		
22	预算资金使用效率风险	由于对资金的预算审核不到位，导致资金预算流于形式，使得资金预算使用效率低		
23	往来款管理风险	由于应收与应付款型处理不及时，管理不到位而导致长时间占用资金，资金使用效率下降等问题		
24	营销规划风险	由于营销规划不符合国家、行业、企业发展要求，不符合产品特性、客户特点，不符合公司实际工作情况等，导致营销成本浪费，未能达到预期营销目标		
25	营销计划风险	销售的初始步骤是制定合理的销售计划，合理的销售计划能够对公司业务起到激励作用，若计划不能够契合公司的自身情况，则不利于经营目标的实现		
26	客户信用风险	由于客户未能及时履行付给承诺而给公司造成损失的可能性		
27	客户管理风险	由于客户信息管理不规范，客户关系管理职能不清晰，导致与客户难以建立长期稳定的业务联系，影响双方的合作利益		
28	销售回款风险	由于产品质量问题，工程进度暂停，付款方式不合理，付款条款不完善，客户经营不善、恶意拖欠等因素，导致公司回款效率低，造成公司收入流失		

续表

	名称	风险评定问卷	风险影响程度	风险发生可能性
29	售后服务风险	由于售后服务不到位而导致客户流失，企业风评较差，最终丧失忠实客户同时也不能吸引新客户的风险		
30	供应链管理风险	由于公司部门间协同效率不高，缺乏沟通协调机制，对供应链各环节数据分析不深入，战略合作伙伴选择不当等，导致供应链运作效率较低，产线的效率没有得到提升，降低企业竞争力，难以实现生产经营利润最大化		
31	危机公关风险	由于企业整体员工危机意识不强，对于处理危机的流程不了解，部门间协同处理能力较弱，可能导致在声誉危机事件中应对无序或出现失误		
32	物资 / 服务提供风险	到货期规划不合理导致不能按时完成生产计划，或临时采购导致质量较差，影响产品正常生产流转		
33	物资信息化管理风险	由于系统功能设计未充分考虑实际生产经营情况，未进行有针对性的个性化设计，导致系统实际效用不足，造成成本浪费		
34	科技规划风险	由于与国家技术发展规划、行业技术发展趋势、公司战略发展前景不一致而导致研发规划欠缺系统性、纲领性，影响公司技术水平提升		
35	生产计划风险	由于合同签订的交货期未充分考虑生产周期、技术难度、原材料供应、产能等诸多因素，导致生产计划不合理，产能未能有效利用，造成资源浪费		
36	产能管理风险	由于公司产能投入、产能配置与公司发展战略、行业发展趋势、国家相关产业发展方向不符，导致产能过剩，资源浪费，竞争力削弱		
37	产品交付风险	由于部门间沟通协调不及时，信息不对称，未考虑公司生产经营情况，用户需求变更，合同签署不规范等因素，导致交货延迟，造成经济损失		
38	数据信息保密风险	由于未明确划分公司数据信息的密级等级，未明确保密工作中相关部门岗位的职责，影响公司数据信息安全的不确定性		
39	人力资源需求分析风险	由于未根据公司规划的变化编制人力资源计划，未形成人才供求动态分析调整机制等，导致人力资源需求预测不准确，影响公司人员结构与人才储备		
40	人员岗位配置风险	由于未考虑员工职业背景、内部人员调配不合理、轮岗机制不健全等原因，导致人员配置与实际业务需求不匹配，存在总量冗员或结构性缺员情况		

续表

	名称	风险评定问卷	风险影响程度	风险发生可能性
41	干部选聘风险	由于干部选拔聘用机制不完善，监督管理不及时、不全面等因素，导致选拔的干部不合格或不胜任，影响公司的持续稳定发展		
42	员工培训风险	由于培训制度、培训需求调查不完善不充分、培训人员能力不足经费使用不规范等原因，导致培训过程管控不力，培训效果不佳，影响员工整体素质提升		
43	薪酬与考核激励风险	由于企业薪酬与市场水平存在差异，考核的激励作用还有待提升，“三能”机制建设还需加强，考核薪酬制度不能满足企业发展需要，存在核心技术人才流失现象，员工工作效率还需提升，还需要从用工结构调整、薪酬竞争力提高等破解难题		
44	信息化规划风险	由于信息化规划期间，缺乏业务系统规划纲要，可能导致信息化业务系统规划在支撑业务应用方面存在缺陷		
45	审计质量风险	由于审计方案不合理，审计人员配备不足，审计执行过程不规范等因素，导致没有发现重大问题，造成潜在风险		
46	合同制度管理风险	由于合同管理制度不完善或执行不力，合同管理制度与国家法律法规存在差异，影响合同管理工作正常开展和公司运营		
47	合同履行监督风险	由于未及时对合同履行、变更、解除与终止等环节进行充分的监督管理，导致未按合同条款履约，造成合同管理工作未按制度正常开展，合同履行偏差未被发现和纠正，公司产生经济损失		

案例使用说明

一、教学目的与用途

1. 适用课程

本案例主要适用于“内部控制与风险管理”课程，也适用于“审计学”“大数据与公司治理”等课程。

2. 适用对象

本案例主要适用于本科生、研究生和 MBA、EMBA 学员的案例教学，也适合具有一定工作经验的学员和管理者学习。

3. 教学目的

本案例旨在引导学员通过了解 XD 公司目前发展中存在的风险，在掌握内部控制基本理论的基础上，将传统环境和大数据环境下内部控制体系要素进行对比，构建大数据环境下新的内部控制体系，并分析在现有的内部控制体系中所遇到的阻碍和问题，思考如何搭建一个内部控制信息化平台来解决问题。通过学习，使学员掌握必备的内部控制、风险管理、大数据治理的相关知识和分析能力。具体教学目标如下：

① 引导学员从企业面临的内外部环境、行业背景出发，理解国有制造业企业进行转型发展的动因。

② 帮助学员理解国有制造企业在实施大数据型内部控制后风险防范程度所发生的变化，并进一步要求学员对比大数据落地后企业风险防范的变化及内部控制的异同点。

③ 启发学员深入理解国有制造业企业构建大数据型内部控制体系和内部控制信息化平台的重要意义，以及国有制造业企业如何使用大数据技术搭建内控平台体系的过程，思考为其他国有企业的内部控制建设可以带来哪些借鉴意义。

二、启发思考题

① XD 公司数字化转型与发展的动因是什么？

② 转型后的 XD 公司面临的主要风险有什么？内部控制存在的主要问题有哪些？

③ XD 公司如何建设新的内部控制体系？ XD 公司实施新的内部控制体系的主要做法是什么？

④ XD 公司内部控制转型升级能给其他国有企业的内部控制建设带来哪些启示？

三、分析思路

首先，本案例从分析 XD 公司为什么要进行数字化转型入手，以大数据环境、国资混改加速背景下最新成立的电气装备集团为背景，帮助学生发现 XD 公司改革与转型中所面临的风险，理解数字化转型的动因。其次，利用内部控制理论与 COBIT 2019 控制目标等来分析风险出现的原因，通过对传统环境与大数据环境下的内部控制各个要素的对比，深入理解两者的优劣势，进而构建大数据环境下的内控体系，然后结合企业信息化建设风险理论建设 XD 公司内部控制信息化平台，启发学员理解国有企业搭建内控信息化平台的优越性及建设收益。最后，基于对 XD 公司数字化转型的整体理解，引导学员开放性思考企业面对巨大的内外部环境的变化，应该如何提高企业大数据技术的应用水平去防范化解风险。

以下根据启发思考题具体展示本案例的分析思路框架，仅供参考，教师可以根据自己的教学目标

（目的）来灵活使用本案例（见图 22-4）。

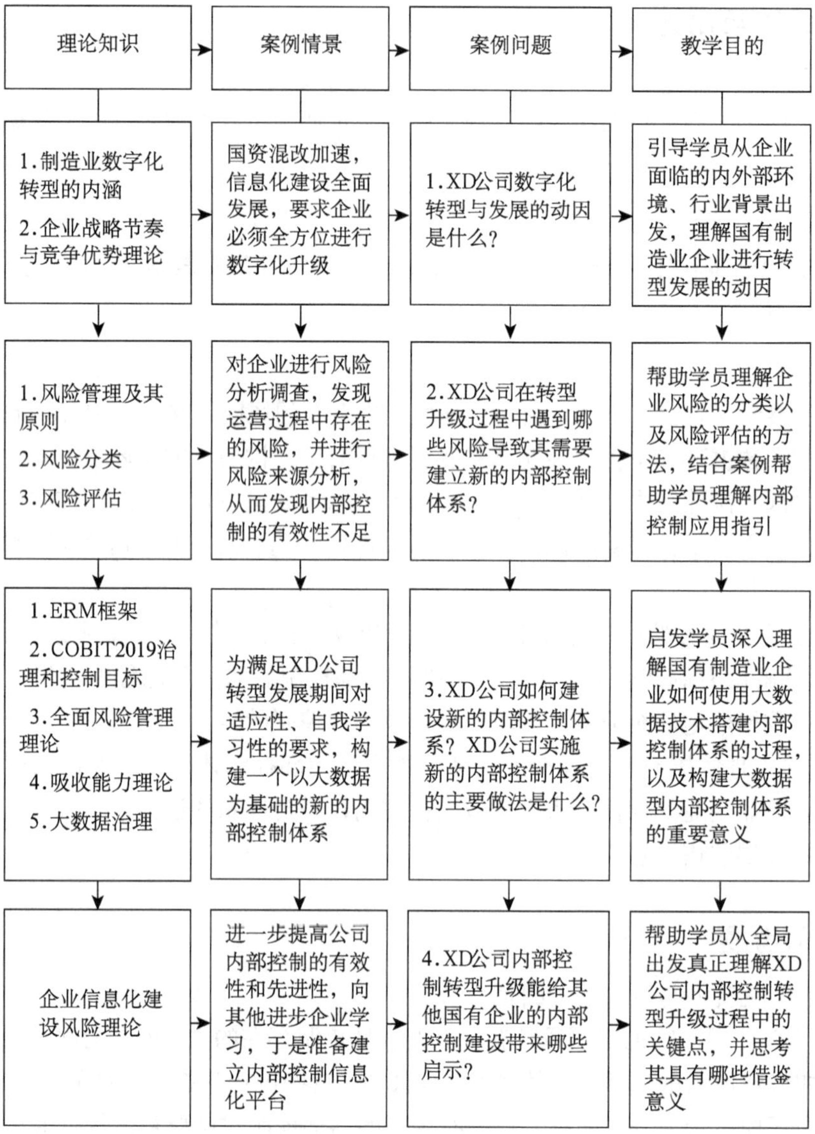

图 22-4　案例分析思路